KB248585

기독교 근본주의와 교육

기독교 근본주의와 교육

2010년 5월 13일 초판 1쇄 발행
2011년 10월 13일 초판 2쇄 발행

지은이 임희숙   펴낸이 김영호
펴낸곳 도서출판 동연
편   집 조영균 디자인 이선희   관   리 이영주
등   록 제1-1383호(1992. 6. 12)
주   소 서울시 마포구 망원2동 472-11 2층
전   화 (02)335-2630
전   송 (02)335-2640
이메일 ymedia@paran.com
홈페이지 www.y-media.co.kr

ISBN 978-89-6447-111-1 93200

기독교
근본주의와
교육

임희숙 지음

책을 출판하면서 개인적으로 근본주의에 대한 관심을 갖게 된 동기를 생각해 보았다. 그 용어를 처음 접하게 된 것은 신학교에서 교회사와 조직신학 교과 과정에서 "근본주의 신학"과 "근본주의자들"에 대해 배울 때였다. 그 당시 접했던 근본주의는 단순하고 교리 중심의 개념으로만 내 기억에 남았다. 그러나 독일 유학 생활에서 근본주의가 신학에서만이 아니라 인문·사회과학 영역에서 다양한 관점과 방법으로 연구되는 것을 보면서 한국 교회를 지배하는 근본주의에 대해 새로운 질문을 던지며 깊은 연구를 하게 되었다.

첫째, 왜 근본주의는 시대의 변화와 무관하게 일관된 신학 체계와 그에 따른 신앙 형태를 유지해야 하는가? 시대마다 살아 있는 성서적 증언의 필요성을 어떻게 성서 문자주의로 감당할 수 있는 것일까?

둘째, 근본주의를 유지하고 확대시키는 원동력이 신학의 생산을 담당하는 신학 교육과 근본주의적 신앙을 사회화하는 교회에서 비롯된다면 그 설득과 수용의 기제는 무엇일까?

셋째, 근본주의가 공고화되는 과정에서 근본주의자들에게 형성되는 멘탈리티는 무엇이며 그런 멘탈리티가 신앙 생활과 생활 세계에서 어떤 모습으로 나타나는 것일까?

넷째, 급변하는 현대 사회의 도전에도 불구하고 근본주의가 세계적으로 활성화되고 시대적 불안에 대한 대안으로 자리를 잡게 만드는 이유는 무엇일까?

이 책에 수록된 논문들은 이와 같은 기본적인 관심과 질문을 갖고 답을 찾아보려는 시도의 결과들이다.

I부에는 근본주의가 현대의 급변하는 가족 문화에 대응하는 특유의 방식과 효과에 대하여 연구한 글들을 모았다. 성 인지적 관점에서 근본주의의 가족관과 그 사회화 과정을 분석했고, 한국과 미국의 사례를 비교해 보았다. "한국 가족 문화와 기독교"라는 논문은 I부를 이해하는 데 필요한 배경 지식을 제시하기에 부록으로 소개해 둔다. 연속적으로 진행된 연구논문 3편은 한국학술진흥재단(한국연구재단의 전신)의 지원으로 이루어졌음을 밝힌다.

II부에 실린 글들에서 나는 근본주의에 대한 개념을 주로 독일 학자들의 연구를 중심으로 폭넓게 성찰하고, 그것을 기초로 한국 교회의 근본주의적 성향을 분석하고 기독교 성인 교육의 차원에서 대안을 제시하고자 하였다. 이러한 연구를 통해서 나는 오늘날 한국 기독교와 교회에서 근본주의적 성향은 특정 교단에 한정된 현상이 아니며, 근본주의적 멘탈리티를 극복하기 위해서는 성인 교육 차원에서 매우 많은 노력을 기울여야 한다는 것을 확인하였다.

III부에는 근본주의에 대한 직접적인 연구는 아니지만, 세계화 시대에 일어나는 다양한 현상들에 대한 한국 기독교의 대응을 여성주의적 관점에서 분석한 글들을 수록하였다. 여기서는 지구화 시대의 민족 담론, 전쟁과 평화, 양성평등, 먹거리 문화, 제국 시대의 교육 문제 등을 다루면서 대안 문화와 대안 교육의 가능성을 성 인지적 관점에서 모색하였다.

이 책에 수록된 11편의 논문은 2000년 이후 여러 학술지들에 게재된 글들이다. 이 글들은 발표 시기와 무관하게 주제별로 배열했고, 그 제목들도 책의 목차에 알맞게 일부 수정했다. 책 말미에 논문의 출처와 원제목이 수록되었으니 참고하기 바란다.

이미 학술지에 발표되었던 글들을 한 권의 책으로 묶기 위해 다시 꼼꼼하게 읽다 보니, 학술 논문 특유의 압축적인 서술 방식으로 인하여 상세한 설명과 정보 제공이 생략되어 독자들에게 친절한 책이 아니라는 생각이 들었다. 이 책에 실린 글들에서 펼친 생각을 더욱더 가다듬어서 앞으로 우리 사회와 교회가 필요로 하는 책을 집필할 때에는 좀 더 친절한 글쓰기로 독자 여러분께 보답하고 싶다.

끝으로 출판이 되기까지 많은 도움을 준 여러분들께 깊이 감사를 드린다. 이제까지 나의 학문의 길에서 가르침과 배움을 제공해 준 동료들과 학생들 그리고 스승님들, 특히 신학의 길로 이끌어 주신 김성재 교수와 나의 박사학위 논문을 지도하며 따뜻한 격려와 도움을 주신 훌버트 슈테펜스키 교수를 기억하며 감사드린다. 독일에서 만나 우리 가족과 깊은 우정을 맺은 게르하르트 슈나이더 박사, 생명의 신비를 일깨우고 인생의 큰 기쁨을 선사하며 앞으로 부단히 나아갈 수 있도록 힘과 용기를 준 아들 환국, 삶과 학문의 길을 동행하면서 한없는 도움의 손길과 따뜻한 마음으로 격려해 준 남편 강원돈, 그리고 건강한 몸과 쉽사리 좌절하지 않는 의지를 나에게 주신 부모님을 기억하며 이들에게 깊이 감사드린다. 오랜 인내로 출판의 결실을 맺게 한 동연출판사 김영호 사장과 직원 여러분들에게도 마음을 모아 감사의 인사를 드린다.

2010년 4월

임희숙

■ 차례

머리말

제Ⅰ부 근본주의와 가족 문화

한국 사회의 가족 변화와 기독교 근본주의의 대응

미국 사회의 가족 변화와 기독교 근본주의의 대응

한국과 미국의 가족 변화에 대한 기독교 근본주의의 대응

제II부 근본주의를 넘어서는 기독교교육

근본주의 연구의 최근 동향과 그 기독교교육학적 함의

기독교 성인 교육의 탈근본주의적 구상

성인들을 위한 교회교육의 전망과 과제

제III부 세계화 시대의 기독교 여성교육

세계화 시대의 민족 담론과 여성신학

먹거리 문화에 대한 기독교교육적 성찰

제국 시대의 대안 교육

제 I 부

근본주의와 가족 문화

한국 사회의
가족 변화와
기독교 근본주의의 대응[1]

I. 머리말

현대 세계에서 근본주의는 매우 중요한 종교 현상으로 간주되고 있으며, 특히 사회문화적 변동에 대한 근본주의자들의 대응은 매우 큰 파장을 갖는다. 정보화와 지구화의 급속한 진행으로 인해 문화 간 접촉과 이종결합(異種結合)이 촉진되는 오늘의 상황에서 종교적 다원주의와 관용이 확산될 것이라는 예상과는 달리, 종교적 근본주의가 도리어 강화되고 있어서 학계의 비상한 주목을 끌고 있다. 이것은 이슬람권뿐만이 아니라 기독교권도 마찬가지이다.

---

1) 이 논문은 2005년도 정부재원(교육인적자원부 학술연구조성사업비)으로 한국학술진흥재단의 지원을 받아 연구되었다.(KRF-2005-050-A00011)

한국에서 기독교 근본주의는 매우 강력한 종교 현상이다. 선교 초기부터 미국의 근본주의 운동과 그 신학의 영향을 크게 받았던 한국 기독교 일각에서는 기독교 근본주의를 정통 신앙 노선으로 받아들이기까지 하였으며, 기독교 근본주의는 한국전쟁과 급속한 산업화, 도시화 등 한국 사회가 위기나 급격한 변동에 처할 때마다 활성화되었다. 특히 오늘의 한국 사회에서 기독교 근본주의는 급격한 가족 변화에 대응하여 근본주의적 가족관을 중심으로 사회문화적 에토스를 새롭게 형성하려는 활발한 움직임을 보이고 있다.

이런 점을 감안할 때, 오늘의 한국 사회에서 기독교 근본주의가 활성화되는 것은 가족 변화에 대한 근본주의 특유의 대응과 연관되어 있다고 볼 수 있다. 기독교 근본주의는 전통적인 가족의 해체, 가부장적 권위의 상실, 전통적인 성 역할의 동요, 성윤리의 파탄, 동성애의 수용, 다양한 가족 형태의 발달 등 가족을 둘러싼 변화의 소용돌이 속에서 사람들의 혼란과 위기의식, 불안감을 잠재우고, 흔들리지 않는 가족관을 제공한다. 따라서 기독교 근본주의는 많은 사람들을 끌어들이고 강력한 사회문화적 응집력과 정치적 역량을 발휘한다.

현대 한국 사회에서 가족 변화는 한편으로는 가족적 결속과 개인적 독립 사이의 격렬한 긴장의 형태를 취하고 있으며, 또 다른 한편으로는 가부장제 문화의 해체와 유지라는 날카로운 갈등의 양상을 띠며 진행하고 있다. 가족 해체와 가족 기능의 약화는 노인 유기, 아동 방치, 가정 폭력, 이혼 급증, 청소년 가출, 우울증, 자살 등의 사회적 문제를 발생시키고 있다.

본 연구는 이러한 가족 변화에 대응하는 한국 기독교 근본주의의 신학적 담론을 성 인지적 관점에서 분석하고자 한다.[2] 이를 위해 우선 한국 사회에서 나타나는 가족 변화를 심도 있게 분석하고, 그다음에는 이에 대응하는 기독교 근본주의의 가족 신학과 그 논리를 비판적으로 규명하고, 끝으로 근본주의적 가족주의를 넘어서기 위해 추구해야 할 과제들을 제시하고자 한다.

II. 현대 한국 사회의 가족 변화

1960년대 초 이래의 산업화로 인해 급격한 구조 변동을 겪은 한국 사회는 오늘날 정보화와 지구화로 인해 엄청난 변화의 소용돌이에 휩쓸리고 있으며, 그 안에서 근본적인 가족 변화가 나타나고 있다. 아래서는 가족 가치관의 변화, 가족 형태의 변화, 가족 관계의 변화, 성 윤리의 변화 등에 초점을 맞추어 가족 변화를 분석하고자 한다. 이를 위해 가족 변화에 영향을 미치는 사회문화적 요인을 간략하게 짚는 것이 좋을 것이다.

1. 가족 변화의 사회문화적 요인들

현대 한국 사회에서 가족 변화를 촉진하는 요인들은 여러 가지가 있다. 정보화와 지구화, 노동시장의 재편, 성 윤리의 변화 등이 그것이다.

먼저 정보화는 정보를 공유하고 소통하는 사람들 사이에 결속을 강

---

2) 역사적으로 여성들이 가족과 밀접한 관계에 있음에도 불구하고 기존의 가족 정책과 가족 연구의 대부분은 남성 중심적으로 이루어져 왔다. 이로 인하여 가족과 관련된 여성의 경험을 반영하고 이에 근거한 실천적 대안을 제시하는 일이 부족했다. 하지만 가정과 사회에서 여성이 맡는 역할이 변화된 상황을 감안할 때, 가족 변화에 대한 대응책을 모색하는 데 여성의 관점과 참여가 필요하다. 성 인지적 관점은 이러한 상황을 반영한다.

화시킨다는 것이 일반적인 견해이지만, 세대에 따라 정보 처리 능력과 지식 접근 능력의 차이가 두드러지는 가족 안에서는 도리어 가족의 결속력을 약화시키는 경향을 보이고 있다. 정보화는 서로 다른 문화들의 접촉과 혼융을 촉진시키기 때문에 개개인에게 가치관 혼란과 정체성 위기를 가져오기도 한다. 정보화 시대에 서구의 지배적인 문화가 우리 문화에 미치는 영향은 그 어느 때보다도 크며, 특히 가족 이해나 성 윤리의 측면에서 그 영향은 매우 두드러진다.

둘째, 경제의 지구화는 여러 가지 측면을 갖고 있지만, 가족 변화와 관련해서 주목되는 현상은 무엇보다도 국제적 이주이다. 우리 사회도 외국인이나 해외 동포 노동자들이 많이 이주해 옴으로써 다문화, 다인종 사회로 빠르게 변모되고 있으며, 국제결혼이 매우 빠른 속도로 증가하는 추세에 있다. 또한 경제의 지구화는 신자유주의 경쟁체제에서 교육과 취업을 삶의 최우선 과제로 만들고 대량실업과 고용구조의 불안정 속에서 여성의 경제 참여를 증가시켰다.

셋째, 1997년 IMF의 경제신탁이 시작되면서 전통적 가족주의를 강화하는 가족주의 담론이 활성화된 것도 중요하다. 가족주의 담론은 그 당시 발생한 대량실업의 문제에 대응하기 위하여 실직한 남편과 가정 경제의 타격을 개별 가족에게 떠넘기는 통제 방식과 밀접한 관계가 있는데, 여기서 강조된 것은 무엇보다 가족 통합을 위한 여성의 희생과 헌신이었다. 기죽은 남편에게 가장의 권위와 위신을 세워 주는 아내의 역할을 권장하고 여성의 인권을 주장하는 시도들은 이기적인 행위로 여겨져 부정적인 평가를 받았다.3) 이 시기에 칭송되는 이상적 여성상

---

3) 성시정, "IMF시대 가족주의 담론의 등장과 성 정체성의 위기," 『여성학연구』 8/1 (1998), 81.

은 남편과 가족들을 위한 '감정노동'을 제공하고 살림을 알뜰하게 꾸리고 필요시 경제 활동에 나서는 새로운 현모양처이다. 이에 반해 남성들은 자본주의 경쟁에서 살아남는 강한 남성상을 강요받는다.

넷째, 2000년대 들어와 결혼 기피와 저출산은 새로운 가족 문제로 제기되었다. 이미 1920년대에도 여성 노동자들이 임금 노동과 가사 노동의 이중 부담과 고정된 성 역할에 대해 저항한 적이 있었는데, 오늘날까지도 이 문제들은 해결되지 않은 채 남아 있다. 여성의 사회적 노동이 증가하는 데도 불구하고 가정 내 성 역할에 관한 의식 변화가 지체됨으로써 여성들은 결혼을 기피하는 경향을 보이고 있다. 또한 양육 시설이 턱없이 모자라고 사교육비가 감당할 수 없을 만큼 증가함에 따라 결혼한 여성들은 출산을 기피하는 현상이 나타나고 있다.

끝으로, 개인주의와 물질주의가 발달함에 따라 소비와 향락 문화가 확산되고, 이혼이 증가하고 가족이 해체되는 경우가 빠르게 늘고 있다. 이를 근대화의 부작용으로 인식하는 사람들은 타락한 사회를 도덕적으로 재건하려고 나서기도 한다. 그들의 도덕 회복 운동은 많은 경우 전통적 가족주의를 복원하여 전통적 현모양처론을 옹호한다. 그들은 1980년대 후반부터 우리 사회에 큰 영향을 미치기 시작한 서구의 여성 운동을 비판하면서 전통주의를 내세운다.

그러면 이러한 변화의 소용돌이 속에서 가족 변화가 어떻게 일어나고 있는지 살피기로 하자.

2. 가족 가치관의 변화

전통적 가족 문화를 대변하는 부계 혈연 중심의 가족주의는 약화되고 있다. 부계 혈연 가족주의의 핵심은 결혼과 출산인데, 오늘날 성인의 결혼과 결혼한 부부의 출산은 필수에서 선택으로 바뀌는 경향이 증가하고 있다.[4] 일반인들과 기독교인들을 대상으로 해서 실시한 가족 문화에 관한 2005년도 설문조사에 따르면, 결혼의 의미를 집안 간 결합이나 혈통 유지에 두기보다는 인생의 반려자를 구하는 개인과 개인의 결합으로 보는 견해가 우세하다(일반인 52.1%, 기독교인 55.6%). 결혼을 거부하는 경우에도 '독신이 편하다'는 응답이 높은 것을 보아(일반인 55.4%, 기독교인 59.3%) 예전보다 개인주의 성향이 강화된 것으로 평가된다. 결혼을 거부하는 사람들 가운데 여성(일반인 33.3%, 기독교인 26.2%)이 남성(일반인 21%, 기독교인 12.7%)보다 높은 비율을 차지하는 것은 결혼이 남성보다 여성에게 더 부담이 된다는 현실을 반영할 뿐만 아니라 결혼에 대한 여성들의 주체성이 강해졌음을 시사한다.[5]

저출산이 사회 문제로 부각하는 상황에서[6] 출산과 자녀가 필요하다는 응답은 일반인 65.9%, 기독교인 73.2%로 나타났다. 이것은 출산이 결혼 공동체의 필수가 아니라는 의식이 확산되었음을 시사한다. 기독

---

4) 1980년과 2000년의 세대별 가족 형태를 살펴보면 2세대 가족은 68.5%(1980년)에서 60.8%(2000년), 1세대 가족은 8.3%(1980년)에서 14.2%(2000년), 1인 가구는 4.8%(1980년)에서 15.5%(2000년)로 변화한 모습을 보이고 있다. 이에 대해서는 『2004 여성통계연보』를 참조하라.

5) 임희숙, "한국 가족문화와 기독교," 『한국인의 문화의식 조사 – 가족문화의 변화를 중심으로』, 한신대학교 학술원 신학연구소 편 (서울: 한울아카데미, 2005), 112.

6) 출산율 저하(1980년 2.8명, 2000년 1.5명)는 한국 사회에서 심각한 문제로 제기되고 있다. 통계청 발표 자료에 따르면, 지난 한 해 전국에서 태어난 신생아는 48만1,085명으로 1970년 통계청이 인구 통계를 낸 이후 최저를 기록했다. 출산 주력층의 출산 기피현상도 심각한 수준에 이르고 있다. 『2004 여성통계연보』에 따르면, 자녀가 있건 없건 30~34세 기혼자의 50%는 '출산계획이 없다'고 대답했다. 또한 혼인율은 1980년을 정점으로 계속 감소 추세이며, 이혼율은 2003년에 혼인 100건 기준으로 볼 때 54.8%로 증가하고 있다.

교인들이 결혼과 출산의 필요성을 일반인들보다 더 적극적으로 옹호하는 것은 결혼과 출산을 창조질서의 맥락에서 이해하는 기독교의 가르침과 가치관을 반영한 것으로 풀이된다.[7]

이와 같은 통계 자료들은 부계 혈연 중심의 전통적 가족 개념이 오늘 중대한 도전에 직면하였음을 말해 준다. 이것은 가족 의식에 대한 김규원의 3세대 비교연구에 의해서도 뒷받침된다. 김규원에 따르면, 노인 세대에서 부모 세대를 거쳐 자녀 세대로 갈수록 가족의 범위가 좁아지고 함께 동거하는 식구를 가족으로 여기는 경향이 나타난다고 한다.[8]

바로 이 맥락에서 여성주의자들이 부계 혈연 중심의 생물학적 가족 개념을 비판한 까닭을 음미할 필요가 있다. 생물학적 가족 개념은 남성 중심의 지배 구조를 기반으로 한 가족 형태를 가장 자연스럽고 초역사적인 불변의 실체로 여겨지게 만든다는 것이다. 여성주의자들은 고정된 가족 개념(the Family)을 넘어서서 다양한 가족들(families)로 나아가야 한다고 주장한다. 생물학적으로 고정된 가족 개념은 개인의 자율성과 자유를 억압하고 가족 이외의 공동체와의 협력과 유대를 저해할 수도 있다.

3. 가족 형태의 변화

우리 사회는 오랫동안 부모와 자녀로 이루어진 전통 가족을 이상적인 가족의 형태로 인식하며 살아왔다. 하지만 시대의 흐름에 따라 가족의 형태가 2004년도에 부부와 미혼자녀(57.8%), 3세대 이상 가족

---

7) 임희숙, 앞의 글, 113.

8) 김규원, "가족 개념의 인식과 가치관," 『가족학 논집』 7 (1995), 133.

(10.1%), 부부 가족(14.8%), 한 부모 가족(9.4%), 미혼모 가족, 동거 가족, 기러기 가족, 재혼 · 입양 · 국제결혼 가족 등으로 다양해지고 있다. 1980년과 2000년의 20년 동안 3세대 이상 가족은 17.0%에서 8.4%로 감소하고, 1세대 가족은 8.3%에서 14.2%로, 1인 가족은 4.8%에서 15.5%로 증가하였다.[9]

이상에서 살펴보듯이 산업화 이후 지배적인 핵가족은 다양한 형태로 변모하고 있다. 이혼, 재혼, 무자녀 가족, 한 부모 가족, 조합 가족, 비혈연 가족, 독신 가구, 동성애 가구, 독거노인 가구, 소년소녀가장 가구는 혈연 중심의 전통적 가족만을 정상 가족으로 간주하던 관점에서는 결손 가족이나 비정상 가족으로 평가되었지만 그러한 가족 형태는 증가하는 추세에 있다.

그럼에도 불구하고 가족 의식은 전통적 가족 수준에서 크게 벗어나지 못하는 경우가 많고 의식 변화와 제도 변화 사이의 괴리가 클수록 가족 갈등과 문제가 빈번하게 발생하는 실정이다. 가족주의 전통이 강한 한국 사회에서 다양한 형태의 가족을 인정하고 수용하는 일은 시급한 과제로 떠오르고 있다. 맞벌이 가족, 장애인 가족, 입양 가족, 분거 가족, 결혼이주 가족, 치매노인 가족, 실직자 가족, 이주노동자 가족 등,[10] 국제화 시대에 가족의 형태와 성격이 변화되고 있기 때문에 이를 고려한 적절한 배려와 지원이 필요하다. 가족을 결혼, 혈연, 입양으로 이루어진 사회의 기본 단위로 보던 관습적 견해를 넘어서서 생계와 주거를 함께하는 생활 공동체로 재인식하고, 가족의 건강성이 가족의 구

---

9) 변화순, "한국 가족정책의 발전방향,"『가족정책의 새 패러다임 모색을 위한 심포지엄』자료집 (2005. 3. 28, 국회헌정기념관 대강의실), 4.

10) 정현숙, "가족정책의 방향설정을 위한 과제,"『가족정책의 새 패러다임 모색을 위한 심포지엄』자료집 (2005. 3. 28, 국회헌정기념관 대강의실), 70.

조나 형태에 좌우되는 것이 아니라는 의식의 전환이 이루어져야 한다는 견해가 제시되고 있다.[11]

4. 가족 관계의 변화

전통 가족에서의 가족 관계는 '효' 사상을 기본으로 부모-자녀의 위계질서를 강조하고 가장의 권위와 독점적 역할을 인정함으로써 가장에 대한 가족 구성원의 복종을 요구하였다. 이에 비하면, 핵가족의 가족 관계에서는 가장권이 약화되고 주부권이 부각되며, 가족 성원들의 민주적인 의사 결정과 정서적 유대가 중시되는 특성을 보인다. 또한 전통적 대가족에서 아버지와 아들의 관계가 부부 관계보다 중시되었다면, 핵가족은 부부의 애정과 정서적 결속을 기반으로 부부 관계가 중시되는 경향이 있다.[12] 그러나 우리의 가족 관계에는 이러한 일반적인 설명으로 포착되지 않는 특이한 점이 있는데, 그것은 자녀의 교육 문제가 가족의 중대지사로 간주되기 때문이다. 핵가족이 지배적인 가족 형태임에도 불구하고, 부모와 자녀의 관계가 소홀히 여겨지지 않는다. 기러기 아빠처럼 자녀의 교육을 위해 부부가 따로 떨어져 지내는 경우도 있다.

가족 연구자들은 한국의 핵가족에서 전통적인 성 역할 분담과 부모에 대한 자녀의 의존이 변형된 모습으로 유지되고 있다고 지적한다.

---

11) 이승미, "가족정책의 방향과 과제 – 건강가정기본법을 중심으로,"『가족정책의 새 패러다임 모색을 위한 심포지엄』자료집 (2005. 3. 28, 국회헌정기념관 대강의실), 55.

12) 이효재, "서울시 가족의 사회학적 고찰,"『한국문화논총』(서울: 이화여대출판사, 1959).

2005년도 설문조사에 따르면,[13] 남편의 가장권을 인정하고(일반인 49.8%, 기독교인 53.5%), 부부 사이에 의견 차이가 있을 때 남편의 의사를 우선적으로 따르며(일반인 39.2%, 기독교인 41.1%), 남성 가장이 가정의 경제적 책임을 담당해야 한다는 견해가 높은 것으로 나타났다(일반인 43.4%, 기독교인 46.0%). 이것은 전통적 성 역할이 아직도 지배적임을 보여 준다고 볼 수 있다. 부모가 반대하는 결혼을 재고하겠다는 견해가 과반수에 달한다는 것(일반인 50.1%, 기독교인 50.5%)은 자녀의 결혼에 대한 부모의 영향력이 여전히 크다는 것을 의미한다. 이것은 이념적으로 개인주의가 증가하는 추세이지만 현실적으로는 결혼을 앞둔 자녀 세대가 경제적, 심리적 측면에서 충분히 독립하지 못했다는 것과 사회복지 제도가 성숙하지 못한 사회적 조건 아래서 부모의 지원과 도움을 요청하는 것이 불가피하다는 것을 시사한다.

또한 가족 관계에서 부모를 배우자보다 더 중요하게 여긴다는 견해(일반인 45.4%, 기독교인 39.7%)는 효의 가치관이 여전히 중시되고 있음을 의미하고, 부모 봉양이 시가와 친정의 차별 없이 평등하게 이루어져야 한다는 견해가 지배적인 것(일반인 60.0%, 기독교인 69.2%)은 양계화[14] 추세가 반영된 것으로 평가된다. 그러나 양계화 현상은 혈연가족이 확대된 형태로 실질적인 양성평등을 구현한 것으로 보기 어렵다는 연구 결과[15]도 주목할 필요가 있다. 이와 같이 가족의 변화가 급속히 이루어지고 있지만 그 변화의 모습이 혈연 중심의 가족 연대를 강조

---

13) 임희숙, "한국 가족 문화와 기독교,"『한국인의 문화의식 조사 - 가족 문화의 변화를 중심으로』, 한신대학교 학술원 신학연구소 편 (서울: 한울아카데미, 2005), 112.

14) 양계화란 친족 관계의 범위에 남편과 아내의 친족 모두를 포함하는 것을 의미한다.

15) 이재경, "여성의 경험을 통해 본 한국가족의 근대적 변형,"『한국여성학』 15/2 (1999), 75-78.

하는 가족주의가 극복되는 것이 아니라 변형되었다는 점에서 신가족주의로 이해되기도 한다.[16]

19세기 이래 모성의 역할은 애정적 돌봄, 자기희생, 헌신 등 이상적 이미지와 함께 여성의 미덕으로 강화되어 왔고 이것은 여성 스스로도 극복하기 어려운 상태로 유지되고 있다. 그러나 지구화 과정에서 나타나는 시장의 고용 구조가 불안정함에 따라 여성들의 경제 참여가 상대적으로 증가하는 현상은 전통적인 성 역할의 변화를 초래하는 요인이 되고 있다. 또한 아동 돌보기, 노인 수발, 살림 기능 등 기존 가족들이 담당하였던 가족 돌봄 기능도 더 이상 가족이 담당하기가 어려워지고 있다. 전통적으로 아이 양육을 여성의 몫으로 돌리는 문화가 이제는 여성도 사회참여에 더 가치를 두고, 이를 위해 더 이상 아이 양육이 개인의 몫이 아닌 사회의 몫이며, 이에 대한 정책적 지원이 필요하다는 것을 보여 준다. 이것은 이제까지 가족과 사회에서 관행적으로 유지되어 온 성 역할과 그에 따른 사회문화적 기대와 압력이 혁신적으로 달라져야 하는 것을 의미한다.

5. 성 윤리의 변화

한국 사회의 성 윤리와 성적 관행을 형성하는 데 지대한 영향을 끼친 것은 유교적 성 문화이다. 조선 시대에는 부계 혈통의 순수성과 문중 세력을 유지하려는 통제 기제로 여성의 순결을 강조하고 재가를 금지하였다. 국가적으로는 풍기문란을 단속하여 사회 질서를 세운다는 명목으로 성 윤리를 강조하였고, 이를 어길 경우 가문의 명예를 더럽힐

---

16) 이재경, 앞의 책, 77.

뿐만 아니라 자식의 출세를 가로막는다는 이유를 내세워 여성의 성을 통제하였다. 이에 반해 남성에게는 축첩과 향락의 자유를 허용함으로써 전통적 가족은 이중적 성 윤리를 일반화하였다.

선교 초기 기독교는 여성의 인권을 보호하고 권익을 주장하는 차원에서 조혼과 축첩을 반대하고 일부일처제를 창조질서에 합당한 것으로 강조하였다. 그러나 유교적 순결 이데올로기를 극복할 수 있는 성 윤리 의식을 기독교가 제공했다고 볼 수 없다. 기독교의 이원론적 전통은 육체와 성에 대한 금욕적이고 부정적인 가치관을 중시해 왔기 때문에 성 문화는 오랫동안 교회에서 터부시되었다.

오늘날 성 의식이 개방적으로 바뀌는 추세에서 성은 개인과 가족의 문제뿐만 아니라 사회 문제로도 인식되고 있다. 성 정체성과 성적 자율성과 결정권을 두고 생겨나는 성별, 세대 간 격차는 외도, 성매매, 혼전 성관계를 중심으로 가족 갈등을 불러일으킨다. 2005년도 한신대 설문조사에 따르면, 장래의 결혼 배우자와 혼전 성관계를 나누는 것에 대해 절대 반대 의견은 기독교인(50.7%)이 일반인(30.6%)보다, 여성(36.6%)이 남성(24.8%)보다, 연령이 많을수록(10, 20대가 17.4%, 60대 이상이 72.7%) 높게 나타나 보수적인 성 의식을 보인다. 배우자나 가족들의 혼외 성관계(일반인 67.4%, 기독교인 71.8%)와 성 매매(일반인 78.5%, 기독교인 83.6%)에 대해서도 상당히 비판적이다. 이런 성향은 응답자들이 2004년 9월에 시행된 성매매방지특별법을 크게 반겼다는 조사 결과와 맥을 같이 하고 있다(폐지론 일반인 7.9%, 기독교인 6.8%). 성별로는 남성이 여성보다 가족들의 혼외 성관계에 엄격한 태도를 취한다는 점이 주목된다(5%포인트 증가). 이것은 전통적인 이중 성 윤리를 반영하는 결과로 해석된다.[17]

성 윤리와 성 의식을 논할 때, 성은 부부의 친밀감과 상호 신뢰를 도모하여 결혼 생활을 안정되고 풍요롭게 한다는 점을 짚어야 할 것이다. 성생활은 애정, 열정, 보살핌과 배려, 상호의존, 개방적 의사소통, 정서적 지지, 스스로 만족하고 자신이 쓸모 있는 존재라는 느낌을 준다.[18] 가족은 성에 대한 개인의 주관적 의미 체계와 파트너 사이의 성 공유의 의미를 형성하는 데 가장 중요한 역할을 한다.[19] 가족 성원들은 가족 규범과 사회적 상호작용에 의하여 성 인식, 성에 대한 가치관과 태도를 형성한다. 가족의 변화에 따라 성은 전통적으로 강조되던 출산의 목적 이외에도 개인의 행복을 추구한다는 차원에서 그 가치와 의미를 새롭게 인정받고 있다. 여기서 주목되는 것은 부부의 성 인식과 두 사람의 관계 형성이다.[20] 부부가 성에 대해 서로 다른 기대나 태도를 가지고 있는 경우에는 부부 갈등이 일어날 가능성이 높다.

III. 기독교 근본주의의 가족신학

한국 사회에서 나타나는 급격한 가족 변화에 대응하여 한국 기독교 근본주의는 어떻게 대응하고 있을까? 무릇 근본주의는 시대의 변화에 무관하게 불변하는 진리를 주장하는 근거로 성서의 권위를 제시한다. 성서는 일점일획의 오류가 없는 하나님의 말씀이고, 신앙과 행위의 표

---

17) 임희숙, 앞의 글, 114.

18) 이홍식, 『완전한 부부: 전문의가 쓴 알기 쉽고 완벽한 성의학 백과』 (서울: 오늘, 1989).

19) J. Maddock, "Wealthy family sexuality: Positive principles for education and clinicians," *Family Relations* 38 (1989).

20) 정현숙, "가족학 연구와 발달적 접근," 『가족학연구의 이론적 접근』, 한국가족학연구회 편 (서울: 교문사, 1994), 171-195.

준이기 때문에, 성서에 대한 문자적 해석은 모든 시대, 모든 상황에 그대로 적용되어야 한다. 이런 점에서 근본주의는 변화하는 사회와 시대를 감안하며 성서를 해석하는 모든 시도를 "하나님의 말씀을 (세상과) 타협"하게 만든다고 단정한다. 그렇게 하면, "성경은 그 권위를 빼앗기고 시대에 편승하는 교회와 신학이 탄생"[21]한다는 것이다.

근본주의자들이 가족과 관련하여 주장하는 원리와 규범은 시대를 초월하여 변함없이 타당하며, 어떠한 반론이나 상황적 유보도 용납하지 않는다. 기독교 근본주의는 하나님이 제정한 가족 제도가 현대에 들어와 훼손되고 파괴되었다고 보기에 본래의 질서를 회복하는 것이 문제를 푸는 첩경이라고 본다. 이런 점에서 기독교 근본주의는 본래의 전통으로 되돌아가려는 급진적 전통주의의 성격을 띤다고 하겠다.

1. 근본주의 신학의 핵심 범주로서의 가족

근본주의가 급변하는 사회 변동에 따라 정체감의 위기를 인식하는 요소 가운데 하나가 가족이다. 가족은 성서가 제시하는 기본적인 사회 단위일 뿐 아니라 하나님이 창조한 기본 질서이다. 가부장제 사회가 반영된 성서의 기록은 전형적인 가부장제 가족을 묘사하고 하나님을 따르는 신앙 공동체도 하나님의 백성 또는 가족으로 명명되고 있다. 그러나 성서의 문자적 권위를 인정하는 근본주의자들에게 가부장제 가족은 단순히 역사적 산물이 아니라 신성한 창조의 결과로 불변의 가치와 신적 질서를 지닌 어떤 것이 된다. 결국 가부장적 가족이란 신적 질서에

---

21) 정훈택, "존재론적 평등성, 기능적 종속성? – 우리의 여성 안수불가 논의에 관하여," 『신학지남』 여름호 (1997/6), 247.

따라 구현된 이상적 가족의 원형이다. 이것은 하나님의 가족이라는 신앙 공동체의 개념에도 적용되어 교회가 가부장제 질서와 관계로 구성되는 것을 자연스럽게 수용하도록 만든다.

이런 전제 아래에서 근본주의는 근대적 사상이 사람들의 전통적 의식과 가치관을 변화시키고 이에 따라 사회적 에토스와 생활양식이 달라지는 현상을 신적 질서에 도전하는 사회적 혼란과 위기로 판단한다. 그 가운데 특히 성 해방 의식, 여권 신장 운동,[22] 전통적 가족의 변화는 도덕적 타락을 초래하고 신성한 신적 질서의 보전과 유지를 훼손하고 침해하는 악으로 간주한다. 따라서 가부장제 가족의 형태와 관계가 변화하는 현상을 가정 파괴나 가정 붕괴로만 단정하고, 한 부모 가정과 미혼모 가정을 결손 가정이나 비정상적인 가정으로 폄하하는 것을 주저하지 않는다. 이것은 근본주의가 가정의 가치를 사회를 유지하는 기본적 도덕성과 윤리로 강조함으로써 사회적 인정을 획득하고, 특히 자신의 삶에서 가정의 의존도가 상대적으로 높은 여성들의 호응과 지지를 얻게 되는 것과 맥을 같이 하고 있다. 다음의 글은 여성들이 가족 문제를 두고 교회에 바라는 기대를 잘 묘사하고 있다.

"(⋯) 변화하는 우리 자신을 막을 길이 없고 붕괴되어 가는 가정을 막을 방도가 없습니다. 그러한 이유에선지 요즈음 부인들이 더 위기감을 느끼고 교회를 찾아오는 예가 많습니다. 자기 자신에 대한 어떤 갈등, 또 허무감 같은 것이 있겠지만 그 배경에는 무엇인가 위기의식이 있는 것으로 보입니다. 그래서 교회를 찾아옵니다. (⋯) 이 험한 세상에서 자녀

---

22) 여성신학에 대한 근본주의의 비판은 '성경을 파괴하고 교회의 권위를 무시하고 배격하는 극단적 이단운동'으로 요약된다. 홍치모, "여성신학의 역사적 배경과 최근의 동향,"『신학지남』가을호 (1996/9), 64.

들을 키우는 부모들은 자신의 문제뿐만이 아니라 장차 자녀들이 자라면
이 사회가 어떻게 될까, 자녀들의 가치관이 어떻게 변할까 하는 근심이
늘 그림자처럼 따라다닙니다."[23]

근본주의자들은 가족 변화로 초래되는 다양한 가족 문제들을 '말세
의 고통'이 드러나는 부정적 현상으로 평가하고, 이 '위기와 문제'들은
자신들이 확신하는 절대적 진리로만 해결할 수 있다고 본다. 따라서 이
를 방해하는 사악한 세력들은 결코 타협함이 없이 투쟁해야 하는 대상
이라고 본다. 다음의 글은 이와 같은 근본주의의 관점을 잘 보여 주고
있다.

"변천하는 시대상이 하나님의 불변하는 진리에 영향을 끼쳐서는 안 된
다. 오늘날 그리스도의 교회가 세상의 흐름을 따라 그 신념과 정책들을
바꾸어가서는 안 된다. 교회와 세상은 두 매우 상이한 기초 위에 서 있
는 서로 반대되며 대결하는 두 개의 질서이기 때문이다."(사 40:6-8, 롬
12:2)[24]

시대와 세상 조류와 타협하지 않고 전통적인 가족을 수호하는 길은
우선적으로 근본주의 가족신학을 확립하여 전파하는 일, 근본주의 신
학에 동조하는 가족 전문가와 상담가를 동원하여 각종 가족 프로그램
을 전개하는 일, 다양한 대중매체와 시청각 자료들을 활용하여 종교사
회화를 시도하는 일이다. 다양한 가치관이 혼재하고 가족 변화에 대한

---

23) 옥한흠,『예수 믿는 가정 무엇이 다른가』(서울: 국제제자훈련원, 1991), 32.
24) 박아론, "여성의 목사안수에 관한 여권주의자들의 주장과 우리의 견해,"『신학지남』
　　가을호 (2006/9), 45.

적응이 제대로 이루어지지 않은 상태에서 근본주의자들이 제시하고 주장하는 확고하고 분명한 가족관과 가족 개념은 기독교인들은 물론 일반인들에게도 영향을 끼치고 있다. 이것은 가족과 종교가 전통적으로 보수적인 사회적 에토스를 갖고 있기 때문에 나타나는 현상일 것이다.

근본주의는 신으로부터 주어진 가정의 신성함이 세속화된 시대와 사회의 조류에 의해 오염되지 않도록 수호해야 하고, 가정을 제대로 지켜야만 사회의 혼란과 병폐를 해결할 수 있다고 강조한다. 아래의 글은 이 점을 분명하게 역설한다.

"가정이야말로 무엇보다도 최우선에 놓아야 할 위기관리의 대상이 아닌가. 그만큼 우리가 몸담고 있는 가정의 운명이 매우 심각한 국면에 처해 있는 것이다. (…) 그것은 하나님의 말씀을 경시하거나 거역하는 현대인의 오만불손한 태도에 있다. (…) 우리의 가정을 구원하는 길은 하나님의 말씀 앞으로 돌아와 모든 식구들이 그 말씀에 순복하는 것밖에 없다. 본 연구자는 목회경험을 통하여 말씀에 순종하기만 하면 가정에서 빚어지는 갖가지 비극들이 치유되는 것을 자주 보았다. (…) 하나님의 가정은 병들어 썩어 가는 현대 가정의 방부제 역할을 할 수 있을 것이다."25)

2. 신성한 제도로서의 결혼

근본주의에서 결혼은 가족을 이루는 목표로 하나님이 하신 일이다. 하나님은 "자기 형상 곧 하나님의 형상대로 사람을 창조하시고 남자와

---

25) 옥한흠, 앞의 책, 5-7.

여자를 창조하시고 하나님이 그들에게 이르시되 생육하고 번성하여 땅에 충만하라. 땅을 정복하라. 바다의 고기와 공중의 새와 땅에 움직이는 모든 생물을 다스리라 하시니라."(창 1:27-28) 그리고 "남자가 부모를 떠나 그 아내와 연합하여 둘이 한 몸을 이루었다."(창 2:24) 근본주의자들은 이 성구들에 근거하여 하나님에 의해 창조된 남녀가 한 몸이 되어 가족을 이루는 결혼은 삶의 신성한 의례이고 일부일처제의 원형을 제시한다고 본다. 그들의 관심은 가족 관계에서 이러한 결혼의 의미가 지속되고 있는지의 여부에 있다. 즉 사람들이 결혼을 창조주 하나님이 원하시는 신성한 의미로 받아들이는가 아니면 시대에 따라 변할 수 있는 사회적 제도로 여기는가? 일부일처제의 모범적인 가정을 따르고 있는가? '생육하고 번성'하는 출산의 기능을 결혼의 필수적인 의무로 이행하고 있는가? 그렇다면 불임의 경우는 축복의 대상에서 벗어나는 것으로 극복의 대상이 되어야 하는가? 급증하는 이혼은 하나님이 맺어 주신 결혼을 사람이 파괴하는 행위로 수용하고 결혼의 유지에 주력하고 있는가? 등의 문제들에 주목한다.

가정의 신성함은 가정이 하나님이 하신 창조물이라는 점과 아울러 가정은 사랑으로 이루어진다는 점에 근거를 두고 있다. 아래의 글은 결혼으로 형성된 가정의 성격을 단적으로 요약하고 있다.

"말세가 되어 사랑이 식어지는 현상이 일어날 때 사랑에 대해서 가장 예민한 반응을 보이는 곳은 가정입니다. 우리가 잘 아는 바와 같이 가정은 사랑이라는 토양에다가 그 뿌리를 두고 있습니다. (…) 가정은 사랑의 샘이 솟는 우물이요, 그 사랑을 마시며 해갈할 수 있는 지상의 유일한 오아시스입니다. 따라서 사랑이 식어지는 시대가 되면 가정은 치명적인 피해를 입게 됩니다. (…) 오늘날 세계적인 현상으로서 부부 간의 별거,

이혼, 계약 결혼, 동성애, 성적 문란, 외톨이 자녀들의 방황, 사생아의 증가, 노인 학대 등 끔직한 사건들이 비일비재하게 일어나고 있습니다. 이런 현상들은 사랑이 없는 가정에서 일어나는 사건들입니다."[26]

앞의 필자는 이처럼 가정의 피해가 초래하는 원인을 "개인주의, 이기주의, 실리주의, 혹은 공리주의에 근거하여 결혼"하는 데서 찾으면서 다음과 같이 바람직한 결혼관을 강조한다.

"현대의 여권은 급속도로 신장되는 추세에 있습니다. 여자들의 위상에 따라 가정의 양상도 많이 바뀌어지리라 생각합니다. 아내가 가족을 위해 희생하는 것을 거부하고 자기 욕구대로 가정을 이끌어 가려는 시대가 오지 않을 것이라고 보장할 수 없습니다. 그러면 이혼하는 부부, 별거하는 부부, 자식을 내버리는 부부, 가출하는 부부 등 변질된 결혼관이 기승을 부리게 될 것입니다. 말세의 사랑은 이기주의적 사랑입니다. 이것이 바로 현대 사회에서 가정을 붕괴시키는 주범이라는 것을 잊지 말아야 합니다."[27]

앞의 인용문들에서 본 바와 같이, 근본주의적 결혼관은 전통적 가부장제 가족 개념에 근거하고 있음이 분명하다. 그러나 이러한 근본주의적 결혼관이 성서의 이름으로 지지될 수 있을까? 성서가 가부장제 가족에서 중시하는 혈연관계에 대해 어떤 말을 하는가를 살피면, 이 물음에 대한 적절한 답변을 얻을 수 있을 것이다.

---

26) 옥한흠, 앞의 책, 64-65.
27) 옥한흠, 앞의 책, 67-68.

구약성서의 이스라엘은 분명히 종족의 혈연 의식을 중심으로 출발한 공동체로 인식되는 측면이 있다. 종족 구성원들을 결집시키는 원동력은 혈연관계이다. 이스라엘의 혈연관계에는 모권제의 흔적이 남아 있기는 하지만(창 20:12; 창 35:18; 삼하 13:13; 삿 14장) 부계 혈통이 지배적이다. 구약에서 자주 나오는 '암 야훼'(야훼의 백성, 삿 5:11, 13; 삼상 2:24; 출 19:6; 신 7:6)라는 용어에서 '암'은 원래 아버지 쪽의 형제를 의미했다. 그러나 이스라엘은 이 용어를 아버지의 형제만이 아니라 모든 가족에게 확대 적용하였다. 그 결과, '암 야훼'는 야훼 하나님을 아버지로 모신 대가족을 뜻하고 혈연 의식이 가미된 신앙 공동체를 뜻하게 되었다.[28]

그러나 이스라엘의 가족사[29]에 나타난 신앙 공동체는 협의로는 야곱의 후예들을, 광의로는 하나님과 계약을 맺은 사람들을 의미했다는 점이 지적되어야 한다. 이것은 야훼의 백성을 배타적인 혈연 공동체나 아니면 신앙고백을 중심으로 한 열린 공동체로 해석할 수 있는 가능성을 제시한다. 특히 후자의 경우는 이스라엘 가정의 원형을 출애굽의 하나님이 하신 구원 행위에 응답하면서 시내산 계약을 맺은 하나님의 백성(출 19:6)에서 찾는다. 이것은 예수가 "하나님의 뜻을 행하는 자들이 나의 형제요 가족"이라고 한 선언과도 그 정신이 상통한다. 예수가 말한 "하나님의 뜻을 행하는 것"은 다름이 아니라 하나님의 통치에 참여하는 것을 의미한다.

이렇게 보면, 가족은 혈연관계를 중심으로 이루어지는 것이 현실이기는 하지만, 그 배타성을 주장하기보다는 하나님의 뜻을 중심에 놓고

---

28) 왕대일, "성서에서 본 혈연, 혈연주의, 가정,"『기독교사상』473 (1998/5), 10-19.
29) 기원전 10-6세기 왕국 시대로부터 기원전 4세기 이후 유대주의를 형성하기까지 초기 야훼 공동체는 가족, 부족, 씨족, 지파로 이루어졌다.

서 서로 결합하는 사람들의 생활 공동체로 보는 것이 성서의 기본 입장일 것이다.

결혼과 출산에 대한 기독교인들의 의식과 가치관에 대한 설문조사를 보면, 기독교인들이 일반인들에 비하여 결혼과 출산의 필요성과 혈연의 중요성에 대해 더 보수적인 태도를 취하고 있는 것으로 나타나는데, 이는 비판적 성찰을 필요로 하는 대목이다.[30] 서구 기독교인들과 비교해 볼 때, 한국 기독교인들의 보수적 혈연 의식은 훨씬 강한 것으로 여겨지는데, 이것은 그들이 유교 전통에서 크게 자유롭지 않기 때문인 것으로 풀이된다. 이 점은 입양 문제에서 나타나는 혈연 의식에 의해서도 뒷받침된다. 자녀가 없을 경우에 입양을 하겠다는 의사는 기독교인들이나 일반인들 사이에 차이가 거의 없지만(일반인 51.0%, 기독교인 49.1%), 입양을 원치 않는 이유는 주로 양육 부담(일반인 38.5%, 기독교인 31.4%)과 혈연 문제(일반인 32.9%, 기독교인 31.4%)로 나타났다. 여기서도 기독교인의 혈연 의식은 일반인들과 다르지 않게 나타난 것은 한국 기독교인들의 가족관이 유교적 가족관과 차별성을 보이고 있지 않음을 반영한다고 볼 수 있다.

3. 가부장권의 옹호

근본주의가 이상적으로 제시하는 가부장제 가정에서 가장은 가족의 '머리'이며 대표이고 가족 구성원들을 지배하고 통솔하는 권한이 부여된다. 일반적으로 가부장권은 부계 혈통을 중시하고 남아 출생을 선호하는 사회적 산물로 사회 변동에 따라 그 가치와 기능이 달라지는 것으

---

30) 임희숙, 앞의 글, 111-113.

로 평가되지만, 근본주의자들에게 가부장권은 창조주가 부여한 불변의 가치와 권한을 갖는다. 이에 대한 첫째 근거는 남자는 여자보다 먼저 창조되었기 때문에 남자가 더 큰 권한을 갖는다는 것이다. 아래의 글은 이러한 주장을 명료하게 제시하고 있다.

> "남자가 우선적으로 창조되었다는 것은 남편의 '머리됨'(headship)과 아내의 복종의 이유이며, (…) '창조의 순위'는 두 영역 즉 결혼과 교회의 영역에서 여성이 권위를 갖고 지도자 노릇을 하는 것을 금한다는 것이다."[31]

> "남편의 '머리됨'에 관한 성경적 가르침(민 30:1-15; 엡 5:21-33; 골 3:18, 19; 벧전 3:1-7 등)은 '창조의 질서'의 중요성을 지지하며 상하계급적 관계가 하나님의 구원 계획에 위배되지 않음을 우리에게 가르쳐 준다."[32]

둘째 근거는 여자가 남자의 갈비뼈로 지음 받았기 때문에 여자는 남자에게 종속된 존재라는 것이다. 이것은 성서에 기록된 확실한 사실인 만큼 시대와 조건을 초월해서 일관되게 지켜야 하는 신적 원리가 된다고 주장한다.

셋째 근거는 여성은 하와의 타락과 관련이 있기 때문에 남녀 관계에서 여성의 종속성은 필연적이라는 것이다. 남녀 차별을 성서의 가르침으로 주장하는 단적인 경우는 다음과 같다.

---

31) 박아론, 앞의 책, 43.
32) 박아론, 앞의 책, 44.

"창조 시 부여된 권위의 차이를 '평등'이라는 단어로 대체할 수 없다. (…) 차라리 하나님께서 그렇게 차별하셨다고 말하는 것이 더 성경적이다. 하나님께서 제정하신 이 차별을 '그러나 남녀의 인권은 동등하다'는 식으로 말하는 것은 남녀평등을 부르짖는 현대 사회의 시각을 반영하는 것이다. (…) 현대 조류에 편승하여 하나님의 창조질서는 남녀의 인권과 인격을 평등하게 하셨다고 설명하는 것은 성경의 목소리를 변질시키는 첫걸음이다."33)

"권위의 차별과 질서를 성경이 말하고 있다. (…) 권위의 차이란 분명 서열이나 우선순위를 말하고 있다. (…) 우리 사회에서 위계질서 혹은 주종관계라고 표현하는 바로 그것이 남녀 간의 관계를 규정하는 성경의 목소리이다. (…) 남녀 간의 권위의 차이 그리고 질서를 성경이 말한다면 누구도 그것을 바꿀 수 없다."34)

"창조의 순서, 그리고 타락의 책임이 하와에게서 태어나는 인류의 남녀 관계 질서를 규정하는 원리가 된 것이다. (…) 타락의 역사적 책임성이 남성과 여성의 역할을 바꾸지 못하도록 규정하고 있다. 모든 여성은 하와와 같은 책임성 아래서 권위에 복종하도록 명령받고 있다. 남자의 권위 하에 여자가 놓여 있어야 한다는 이 종속성은 모든 사람에게 본질적인 것이다. 그리고 역사적인 것이다. (…) 창조의 순서가 바뀌거나 타락의 책임이 옮겨지지 않는 한 이 차별은 인간이 만들어진 때부터 영원히 존속하는 것이다."35)

---

33) 정훈택, 앞의 책, 251-252.
34) 정훈택, 앞의 책, 253.
35) 정훈택, 앞의 책, 254.

　　가부장권의 확립과 인정은 가족 관계를 분명하게 규정하고 그 규정에 따라 가족의 통술이 이루어진다. 남자와 여자의 관계는 남존여비 혹은 남성 중심적이고 남성 우위적인 위계질서를 형성한다. 이 위계질서에 합당한 것은 순종과 희생의 여성상이며, 불순종하고 이기적인 여성은 위계질서를 위협하는 처벌의 대상이 된다. 이렇듯 고정된 남녀 관계는 남편과 아내 관계와 부모와 자식 관계를 형성하는 근간이 되고, 이 기본적인 관계 구조는 '신-인간' 관계에도 적용된다고 본다.[36] '하나님 아버지'라는 호칭은 그 용어가 종교적 상징 의미를 지녔다 하더라도 하나님의 남성적 이미지와 부성적 특성을 형성하여 신도들의 멘탈리티에 영향을 끼친다.[37] 결국 시대의 변화가 민주적 관계와 상호 의사소통 구조를 강조한다 하여도 근본주의의 가부장권 옹호는 신의 뜻과 신적 질서를 수호한다는 점에서 변함없이 한결같다. 이러한 근본주의의 탈역사적인 가부장권의 옹호는 사회 변화로 예전에 누리던 남성적 특권과 권위를 상실한 남성들과 지구화의 불안정한 고용구조에서 부양권을 상실함으로써 기가 죽은 남성들에게 전통적 가족의 재건과 가부장권의 강화를 강조함으로써 커다란 지지를 얻는다.

　　따라서 근본주의자들에게 양성평등적 부부 관계는 아예 불가능하다. 그들의 견해는 성서의 문자적 해석에 의해 뒷받침된다.

---

36) 하나님과 인간의 관계가 이분법적 위계 구조를 이룬다는 관념은 권위적인 하나님 상을 형성하고 권위적인 하나님 상은 복종을 내면화하도록 만든다. 근본주의에서 심판하고 복종을 강제하는 하나님 상이 지배적인 것은 이런 맥락에서 이해될 수 있다.

37) 그 단적인 예를 들면 다음과 같다: "우리는 하나님을 아버지라고 부릅니다. 이 호칭은 바로 가정에서 통용되는 말입니다. 그것은 하나님과 우리 사이에 가장 중요한 호칭으로 사용되는 말입니다. 그러므로 가정에서 아버지라고 불러보지 못한 사람은 하나님을 향해서 아버지라고 부르는 것이 무엇인지 그 분위기나 느낌에 있어서 다른 사람보다 이해하는 면이 약하다고도 할 수 있습니다." 옥한흠, 앞의 책, 47-48.

" '아내들이여, 자기 남편에게 복종하기를 주께 하듯 하라'(엡 5:22), '남편들아, 아내 사랑하기를 그리스도께서 교회를 사랑하시고 위하여 자신을 주심같이 하라.'(엡 5:25) 왜 하나님께서 부부 중에서 아내에게 먼저 충고하고 권면할까 하는 점입니다. 하나님은 가끔 순서를 중시하는 경향이 있습니다. (…) 그것은 아내가 어떻게 하느냐에 따라서 부부 생활의 행복이 좌우되는 것이라는 하나님의 판단일 것입니다. (…) 그것은 이 말씀이 남편 쪽보다도 아내 쪽에 문제가 더 많다는 것을 암시하고 있다는 것입니다."[38]

"이 말씀(엡 5:23)에는 여자의 머리는 남자라는 뜻이 포함되어 있습니다. 따라서 여자의 위치는 남자 다음이라는 말입니다. (…) 여자가 가장 아름답고 자연스러울 때는 바로 여자 위치에 있을 때입니다. 가정에서 아내가 남편 위에 올라서면 그것만큼 보기 싫은 것이 없습니다. 하나님이 지정해 주신 제 자리를 벗어났기 때문에 보기가 싫은 것입니다. 가정에서는 남자가 중심이 되어야 합니다. 아내는 반드시 남편의 리더십을 존중해야 합니다. (…) 가정에서 여자가 머리 구실을 하면 그 집안은 그만 중풍 병자처럼 비정상적인 가정이 되어 버립니다. 그리고 더 나아가서 그 집안은 괴물이 되고 맙니다. 하나님은 가정에 머리를 하나만 주셨는데 여자가 머리 노릇을 하면 그 가정은 머리가 둘이 되는 괴물이 되는 것입니다. 그러므로 하나님이 보실 때 얼마나 보기 싫은 가정이 되겠습니까?"[39]

---

38) 옥한흠, 앞의 책, 95-97.
39) 옥한흠, 앞의 책, 98-100.

이상에서 살펴본 대로 가부장권을 지속적으로 옹호하는 근본주의적 주장은 오늘날 가정 내에서 확산되는 억압과 폭력을 은폐하고 있지만, 전통적 가부장권이 약화되고 있는 현실에 대한 위기감을 반영하고 있기도 하다. 하지만 특정한 성구를 인용하여 가부장제의 복권과 강화를 시도하는 것은 한계가 있다. 차라리 기독교인들의 덕목인 겸손(고후 12:9-10; 고전 15:10), 순종(삼상 15:22), 충성(마 25:21), 신뢰(롬 8:28; 고후 12:8, 9), 기쁨(빌 4:4)을 특정 사람들에게만 강요하지 말고 그리스도를 따르는 사람들 누구나, 특히 가족 구성원 모두가 함께 나누고 배워야 할 미덕이라는 점을 강조하는 것이 더 설득력이 있을 것이다.

4. 창조질서로서의 성 역할

근본주의가 옹호하는 가부장권은 가부장 질서에 부합되는 성별 역할을 규정하고 역할의 수행을 감독한다. 남자의 역할은 남자가 창조된 목적처럼 피조물에게 "이름을 짓고"(창 2:19-20) 창조세계를 "정복하고 다스리는"(창 1:28) 것이다. 이에 대응하는 여자의 역할은 창조의 목적에 따라 "남자의 돕는 짝"(창 2:18, 20)으로 "약한 사람이 강한 사람의 부족을 보충"[40]하는 것이다. 이처럼 남자와 여자는 동등하게 창조되었으나 그 특성과 역할에는 차이를 두는 것이 창조질서이다[41]. 이것을 남자의 '머리됨'(headship)과 연결지어 주장하는 논지는 다음과 같다.

---

40) 정훈택, 앞의 책, 256.
41) 이관직, "성경 속에 나타난 여성안수에 대한 이해,"『신학지남』여름호 (1997/6), 296.

"동등 가치와 차별 역할 면에서의 남성 헤드십 원리는 창조의 원리(창 1-3장)이고—하나님은 창조 시 아담을 언약적 대표로 삼으심—구속의 원리(엡 5:22-31)이다. (…) 남편은 아내의 희생적 섬김과 돌봄의 헤드로서의 구별된 역할이 있고 아내는 남편의 권위에 순복하고 남편을 돕는 역할이 있는 것이다."[42]

여기서 여성에게 부여된 역할이란 모성적 역할이다. 여성성을 대표하는 모성은 출산과 양육 그리고 가사와 노인 부양을 포함하는 돌봄 노동을 수행하는 원리이며 여성들이 신으로부터 부여받은 특별한 능력으로 본다. 모성 원리는 모성에 적합한 특정한 역할을 규정하고 그 어떤 상황이나 조건에도 불구하고 모성에 부여된 과제를 수행하는 것이 곧 신의 뜻에 순종하는 것이다. 가정은 여성들의 모성적 역할이 펼쳐지는 자리이며 가정을 위한 여성들의 희생과 헌신은 신의 인정과 칭찬을 받는 길이다. 이런 의미에서 전통적 모성을 거부하고 모성의 역할을 소홀히 하거나 바꾸려 하는 온갖 시도는 신의 뜻을 거스르는 죄가 된다.[43] 따라서 시대에 따라 여성들의 인권 의식과 사회 참여가 증가한다 해도 여성의 본래 자리가 가정이고 가족을 위한 여성의 전통적 역할은 변함없다는 것이 근본주의의 주장이다. 근본주의 영역에서 여성들의 대내외적 활동이 적극적으로 전개되는 현상을 여성해방적 측면으로 이해할 수 없는 것도 근본주의가 여성들의 사회 활동을 가정생활의 연장으로

---

42) 권성수, "딤전 2:11-15에 관한 주석적 고찰,"『신학지남』가을호 (1996/9), 90, 119.
43) 여성들에게 평등권, 직업선택권, 소유권을 부여하게 되면 이혼, 낙태, 가정 파괴가 증가하리라는 생각과 세속적 페미니스트들은 여성의 직장생활을 절대시하면서 인간 생명의 가치와 결혼의 신성함을 상대화한다는 주장을 무비판적으로 수용하고 있다.

여기고 어떤 경우에도 가부장제 가족이 여성들의 최고의 자리임을 강조하고 있기 때문이다. 근본주의의 이런 사고방식은 가정과 사회로부터 이중 부담을 감내하는 여성들에게 '모성 찬양'[44]이나 '아내 찬양'을 통하여 전달되어 체화되기도 한다. 전도를 중시하는 근본주의에서 파괴되어 가는 가정이 온전히 살아남는 유일한 길은 아내가 '가정의 제사장'이 되어 가족들을 믿도록 하는 것이다. 다음의 글은 가정의 제사장이 되어야 하는 여성의 구체적인 모습을 잘 표현하고 있다.

"(…) 안 믿는 남편이 신앙 문제 때문에 도저히 살 수 없다고 하면 어쩔 도리가 없다는 말입니다. (…) 그러나 나누어지는 것이 능사가 아니라는 것입니다. (…) 예수 믿는 한 사람으로 인하여 가족 모두가 구원받을 수 있다는 것입니다. 그러므로 예수 믿고 아무리 고통과 갈등이 따른다고 할지라도 가정을 함부로 포기해서는 안 된다는 것입니다. (…) 안 믿는 가족으로 인한 그 눈물, 그 고통, 그 한숨은 절대로 헛되이 돌아가지 않는다는 사실을 잊지 마시기 바랍니다. (…) 결국 믿는 부인을 통해서 남편이 돌아와야 합니다. 그러기 위해서는 무엇보다도 부인이 남편에게 본을 보여야 합니다. (…) 그럴 때에 남편이 부인을 따라 주님 앞으로 나올 수 있습니다. 그를 하나님께 거룩한 제물로 제사 드리는 제사장이 될 수 있습니다."[45]

한국 근본주의가 성 역할의 고정화에 대한 견해를 단적으로 드러내는 것이 여성 안수 문제이다. 이미 1930년대 한국 교회 여성들에 의하

---

44) "가정에서 어린이를 양육하는 일은 신으로부터 받은 축복이고 (…) 가정을 지키는 어머니가 되는 일은 세계에서 가장 훌륭한 책임"이라고 한다. Hawley, 앞의 책, 48.
45) 옥한흠, 앞의 책, 34-39.

여 제기되었던 여성 안수는 당시 근본주의자들의 반대에 부딪혀 무산된 이래 지금도 근본주의 성향의 교단에서는 과거와 똑같은 이유로 허용되지 않고 있다.[46] 1996년에 그들이 여성 안수를 반대하는 근거는 다음과 같다.

"여성의 목사 안수를 반대하는 이유가 여성은 남성과 비교하여 열등하다든가 평등하지 못하다는 것이 결코 아닌 것이다. 하나님의 정확 무오하게 기록된 말씀인 성경의 가르침을 따르면 여성은 남성에 대하여 열등한 존재가 아니며 존재론적으로 남성과 여성이 똑같이 하나님의 피조물인고로 평등함을 알아야 한다는 것이다. 다만 남성과 여성의 평등성이 문제가 되기 때문이 아니라 남성과 여성 사이에 존재하는 신체 구조적 차이(이는 하나님의 창조에 기인함)와 그것으로부터 비롯되는 '남성과 여성의 삶에 있어서의 역할과 위치에 불가교체성'을 믿기 때문에 우리가 여성의 교회에서의 지도자적인 위치에 오르는 것을 반대하는 것이다."[47]

"장로 장립이나 목사 안수는 여권주의자들의 주장과 같이 우리가 주장해야 할 교회 안에서의 우리의 권리가 아니라 하나님이 주시는 은사요, 그런고로 하나님의 은혜인 것이다. (…) 성경은 하나님께서 그의 교회 내에 '상하계급구조'(a hierarchy)를 둘 것을 가르치고 있기 때문이다."[48]

---

46) 한국 기독교를 구성하는 200여 개의 교단 가운데 여성 안수를 허용하는 교단이 7개에 불과한 현실은 한국 교회의 성격을 잘 대변하고 있다.

47) 박아론, "여성의 목사안수에 관한 여권주의자들의 주장과 우리의 견해," 『신학지남』 가을호 (2006/9), 40.

"여성의 목사 안수를 반대할 수 있는 유일하고 충족한 변론은 성경이 이를 금지하기 때문이라는 것 외에는 존재하지 않는다. (…) 디모데전서 2장 12절이 (…) 여성으로 하여금 장로나 목사 또는 교사가 되는 것을 금하고 있다는 데 대하여는 의심할 수가 없다. 왜냐하면 이 직분의 의무와 책임은 가르치는 일(딤전 3:2)과 다스리는 일(딤전 5:17)이기 때문이다. 여자가 가르치는 일과 다스리는 일을 할 수 없는 (…) 오직 확실하고 분명한 이유가 있다면 그것은 (1) 남자가 먼저 지음을 받았다는 것과 (2) 남자가 속임을 받지 않고 여자가 속임을 받았다는 것 두 가지이다. 이 두 가지 이유가 우리에게 공평하거나 합리적인 이유인지는 별로 큰 문제가 아니다. 이 이유들은 '하나님의 이유'(God's reason)이기 때문이다."[49]

"여성들이 할 수 없는 것은 설교하는 일이다. 여성들은 '잠잠하라'는 명령을 받았지만 공적으로 기도할 수 있고 예언(성경 봉독)을 할 수 있고 가정예배나 주일학교에서 또 개인적으로 성경을 가르칠 수 있다. 교회 행정에 사무보는 자로, 그리고 복음을 전파하고 선교하는 일에 '봉사자'로 일할 수 있다. 그러나 여성은 목사나 장로나 부흥사가 될 수 없다. 이와 같은 직분들은 가르치고 다스리는 일을 해야 하기 때문이다.(딤전 2:11, 12)"[50]

이 인용문들을 분석해 보면, 근본주의자들은 고정된 성 역할을 주장

---

48) 박아론, 앞의 책, 41.
49) 박아론, 앞의 책, 43.
50) 박아론, 앞의 책, 45.

하기 위해 성서의 문자적 해석에 근거하지만, 관련 성구에 대한 해석이 임의적임을 알 수 있다. 그들은 한국 교회의 가부장제 목회 구조에서 '임시직'으로 일하는 여전도사들의 지위가 얼마나 불안정한가를 전혀 고려하지 않는다.51) 여성을 가정의 제사장으로 칭송하면서 정작 여성에게 목사 안수를 배제하는 것은 내외법과 남존여비 관념에 기초해서 여성을 제례에서 소외시키는 유교 전통과 다를 바가 없다.

게다가 근본주의는 여성신학자들의 성서 해석을 "여성의 목사 안수에 유리하도록 성경의 명백한 가르침을 왜곡하여 이해하며 재해석하는 것은 성경의 신적 권위를 훼손하는 일"로 평가함으로써 학문적 대화의 가능성을 배제하고 있다.52) 배타적으로 성서의 권위를 주장하는 근본주의 견해는 다음의 글에 잘 나타나 있다.

"성경은 여성 안수에 대해 도대체 무엇이라고 말하고 있는가? 문제는 성경에는 유감스럽게도 여성 안수라는 말은 한 마디도 나오지도 아니한다는 것이다. (…) 성경에 없는 여성 안수에 대한 찬반의 논란은 그 자체가 성경과는 거리가 먼 신학적인 이데올로기 논쟁이다. 정말 성경대로

---

51) 정정숙, "한국교회에서의 여교역자의 역할에 관한 연구," 『신학지남』 봄호 (1997/3), 22-32를 참조하라.

52) 여성신학자 피오렌자는 성서를 "남성 중심적인 가부장제 문화와 역사의 부산물"로 본다. 또한 그녀는 성서를 가부장적 문서로 성격화하고 비판적 성서 읽기를 옹호하기 위하여 E. C. 스탠튼의 글을 다음과 같이 인용한다: "1. 성서는 중립적인 문서가 아니라, 여성들의 해방 투쟁을 거역하는 정치적인 문서이다. 2. 그 까닭은 성서가 하나님을 본 적이 없고 하나님과 더불어 이야기를 나누어 본 적이 없는 남성들의 인장(印章)을 지니고 있기 때문이다." 이에 대해서는 E. S. Fiorenza, *Zu ihrem Gedaechtnis: Eine feministisch-theologische Rekonstruktion der christlichen Urspruenge, aus dem amerikanischen Englisch uebersetzt von Christiane Schaumberger*, 2. Aufl. (Muenchen: Kaiser, 1993), 14.

살고 싶으면 성경에 없는 것은 하지 아니하면 될 것이다. 그리고 성경이 명령하거나 가르치는 것은 성경대로 하면 될 일이다."[53]

마지막으로 근본주의는 교회의 성장과 선교를 위하여 여성 인력을 개발하고 활용해야 한다는 주위의 압력에 대해서도 자신들이 주장을 굽히지 않는다.

"현대 교회가 여성들이 갖고 있는 풍부한 은사와 재능과 인력들을 교회의 발전을 위하여 사용하지 않는다면, (…) 현대 교회와 나아가서 기독교 자체가 '존망의 위기'에 놓이고 될 것이라고 경고하는 자들이 있다. 그러나 우리의 대답은 이것이다. 하나님의 교회는 하나님이 지킬 것이다. 우리가 그토록 염려할 필요가 없다. 또 여성 인력의 개발과 동원도 하나님이 성경 가운데서 정해 주신 방식대로 할 때에 하나님께 영광이 되고 (…) 진정한 교회 발전과 (…) 기독교의 세계 복음화의 위업을 우리가 분명하게 달성하게 될 것이라고 믿어 의심치 않는 바이다."[54]

5. 신앙과 윤리의 기초로서의 성도덕

근본주의가 신성한 가족의 가부장제 질서와 전통적 성 역할을 지지하는 데 필수적으로 요구되는 것이 성 도덕의 확립이다. 가정의 도덕성과 부계 혈통의 순수성은 무엇보다 엄격한 여성의 순결을 요구한다. 인간에게 성적 쾌락과 유혹이 치명적이리만큼 강렬하고 여성은 감정에

---

53) 심창섭, "여성 안수에 대한 소고," 『신학지남』 여름호 (1997/6), 196.
54) 박아론, 앞의 책, 48.

쉽게 지배당하며 유혹에 약하다는 오래된 통념은 여성의 성을 통제하고 훈련하는 일을 정당화한다. 또한 가부장제 사회는 여성의 성적 이미지를 예수의 어머니 마리아처럼 순결한 어머니상과 성적 방종을 일삼는 창녀상으로 이원화하는 전통이 지배적이다. 이와 같은 사회문화적 조건에서 가족과 사회의 질서를 유지하는 데 성 도덕의 확립은 중요한 요소이고 그것의 핵심은 여성의 성을 통제하고 관리하는 것이었다. 역사적으로 종교는 한 사회의 성 도덕을 체계화하고 사회화하는 과정에서 주요한 역할을 담당해 왔다. 기독교에서 성적 문란과 방종은 영적 수행의 걸림돌이 될 뿐 아니라 종교적 배교를 저지르는 죄[55]가 된다는 점에서 주목되는 부분이다. 예를 들어 복음주의적 여권주의자들은 여성의 목사 안수에 대한 반대 입장을 성 도덕과 연관하여 다음과 같이 비판하고 있다.

"(그들은) 성경과 여권주의라는 두 주인을 섬긴다는 점에서 성경과 하나님에 대하여 정절을 지키지 않고 불륜을 저지르는 것이 되기 때문에 그들에 대하여서도 우리가 비판의 목소리를 낮추어서는 안 될 줄 안다."[56]

성(性)을 종교적 의미로 비유하는 방식은 통제력을 강화시키는 효과를 가질 수 있다. 그 단적인 예는 다음과 같다.

---

55) 그 단적인 예로 호세아서가 자주 인용된다. 호세아서는 하나님과 그를 배신한 이스라엘의 관계를 호세아와 불륜을 저지른 아내 고멜과의 부부 관계로 비유한다. 여기서 강조되는 것은 탕녀인 고멜을 다시 받아들이는 호세아의 신앙, 하나님의 말씀에 순종하는 행위이다.

56) 박아론, 앞의 책, 47-48.

"갈라디아서 5장 19~21절에서 세 가지 범주로 죄의 목록을 구분할 수
가 있습니다. 첫째 범주는 음행 계통, 성적인 것으로 음행과 더러움과
방탕, 이 세 가지입니다. 둘째 범주는 종교 범죄에 속하는 것으로 우상
숭배와 술수와 이단입니다. 우상 숭배는 영적인 간음입니다. 우리의 인
격과 하나님의 인격과의 관계는 부부의 관계와 같습니다. 사랑의 교제
관계입니다. 그렇기 때문에 순결해야 합니다. 한 남편만 섬겨야 하는 것
처럼 한 하나님만 섬겨야 합니다. 우상을 섬기면 인격적인 영적 간음을
하는 것과 같습니다. 우상이 있으면 반드시 성적 부패가 생깁니다. 성적
간음과 영적 간음은 공존합니다. 우상에는 두 가지가 있습니다. 어떤 형
상을 만드는 우상이 있고, 정신적으로 마음에 모시고 있는 정신적 우상
이 있습니다. 정신적인 우상은 보이지는 않지만 그런 우상을 섬기게 되
면 영적으로 간음을 하기 때문에 성적인 퇴폐가 그 사회에 꽉 차게 됩니
다."[57]

또한 교회에서 적용되는 여성의 역할(딤전 2:15)도 성 도덕성과 관
련하여 성 역할을 일반화시키고 있다.

"디모데전서 2장 15절의 충고 '정절로써 믿음과 사랑과 거룩함에 거하
는 것'과 '해산함'은 어디서나 여성이 해야 하는 일이다."[58]

전통적 성 도덕이 변화하는 현대 사회에서 근본주의가 가장 위협적
으로 느끼는 성 담론은 간음과 동성애와 인공 유산으로 볼 수 있다. 간

---

57) 김준곤, "도덕적 건강 진단을 위한 일곱 가지 죄목," www.kccc.org.
58) 정훈택, 앞의 책, 255.

음은 기독교의 금욕주의 전통에서 오랫동안 징계의 대상이 되어 왔다. 이것에 대한 예수의 가르침은 간음의 행위보다 간음의 의도를 강조한다. 또한 간음에 대한 사회적 형벌이 여성에게 더 가혹한 현실도 고발하고 있다. 여성을 타락한 하와의 후예로 보는 근본주의는 가부장제 사회에서 이중적 성 윤리에 의해 피해와 고통을 당하는 여성들의 현실에는 큰 의미를 부여하지 않는다.

동성애는 남성 중심의 이성애를 부정할 뿐 아니라 출산을 기초로 하는 결혼 제도를 거부한다는 점에서 근본주의가 결코 용납할 수 없는 것이다.

인공 유산은 근본주의가 자신의 몸에 대한 여성의 자율권을 반대할 뿐 아니라 "생육하고 번성하라"(창 1:28)는 성서 말씀에 순종하지 않는다는 점에서 악으로 규정한다.[59] 또한 낙태의 문제가 신학적 윤리적 문제가 되는 이유를 다음과 같이 주장한다.

> "하나님의 말씀인 성경은 하나님의 백성인 기독교인들이 해야 할 것과 하지 말아야 할 것을 규정하고 있다. 이는 곧 하나님의 주권의 문제이기 때문이다. 다시 말하면 사람은 자기 몸도 자신의 마음대로 할 수 없다는 것이 성경의 뜻이다.(고전 6:19-20)"[60]

여기서 문제가 되는 것은 낙태에 대한 성서의 가르침과 정신보다 성서의 문자적 해석이 중요하다는 것이다. 마찬가지로 여성의 성적 자율권을 통제하는 방식은 성서에 기록된 대로 여성이 입는 의상과 치장을

---

59) 강남순, "종교근본주의의 담론과 젠더,"『신학사상』 123 (2003/겨울), 102.
60) 한춘기, "성경과 낙태,"『신학지남』 봄호 (1994/3), 5.

감독하게 된다. 의상을 통한 몸의 노출과 화려한 장신구와 화장은 성적 유혹과 탈선과 타락의 가능성을 시사하기 때문이다. 종교의 금욕주의가 기본적으로 여성이 몸으로 표현하는 모든 것을 단속하는 것도 같은 맥락으로 볼 수 있다.[61]

이상과 같은 근본주의의 성 담론은 현대 사회에 만연한 가부장제 성 윤리의 이중성과 성 폭력으로 대다수 여성들과 성적 소수자들이 희생자가 되고 있는 현실을 추상화하거나 방관한다는 점에서 비판받아 마땅하다. 가족은 사랑과 헌신의 자리일 뿐 아니라 정의와 평화의 영역이 되어야 하기에 성 도덕에 대한 종교적인 가르침은 설교 수준을 넘어 상황 윤리적 고려의 대상이 되어야 하고 인권을 현실적, 구체적으로 보장하는 힘을 가져야 한다. 근본주의자들은 타락한 세상이 어떻게 되든지 간에 개인의 영적 구원을 획득하면 된다고 하는 탈정치적이고 탈역사적인 성향이 있지만, 동시에 그들의 신앙적 아이덴티티를 외적으로 표시하는 윤리적 엄격주의를 추구하는 경향을 보이고 있다. 이러한 윤리적 엄격주의는 외적인 행위의 표징을 중시하는 유교의 윤리적 형식주의와 유사성을 갖는다.

IV. 맺음말: 향후 과제

본 연구는 현대 한국 사회에서 가족 변화의 성격과 거기서 비롯되는 문제들을 분석하고, 이에 대한 기독교 근본주의의 대응을 입체적으로

---

61) J. S. Hawley, ed. *Fundamentalism and Gender* (New York & Oxford: Oxford University Press, 1994), 35.

분석하였다. 그 결과, 한국 교회에서 큰 영향력을 발휘하는 근본주의는 현대 가족의 변화에 대하여 독특하게 대응하는 것으로 밝혀졌다. 기독교 근본주의는 전통적인 가족의 해체, 가부장적 권위의 상실, 전통적인 성 역할의 동요, 성 윤리의 파탄, 동성애의 수용, 다양한 가족 형태의 발달 등 가족을 둘러싼 변화의 소용돌이에 휩쓸린 사람들에게 혼란과 위기의식, 불안감을 극복할 수 있는 확고한 가족관을 제시·보급하면서 강력한 사회문화적 응집력과 정치적 역량을 발휘하고 있는 것이다.

하지만 성 인지적 관점에서 볼 때, 가족 변화에 대한 근본주의의 대응은 문제점이 적지 않음이 드러났다. 근본주의가 주장하는 가족신학은 성서의 권위를 앞세우면서 가족과 관련된 특정 성구를 문자적으로 해석한다. 성서 해석의 결과를 성속(聖俗)과 선악(善惡)의 이분법에 따라 가족 상황에 적용하고, 비판적 사고를 결여한 권위주의를 강조하면서 가부장제 가족 전통을 옹호하고 있다. 역사적 가부장주의를 비역사적인 절대 진리로 탈바꿈시키는 신학적 기획에서 가족은 더 이상 역사의 구체적인 상황에서 살아가는 사람들의 역동적인 관계가 될 수 없다. 딱딱하게 굳어진 가부장제 질서를 하나님의 이름으로 옹호하기에 이르면, 이 질서를 흔들거나 위협한다고 여겨지는 모든 것은 악으로 규정되고 죄로 단정될 수밖에 없을 것이다. 한국 사회에서 이러한 근본주의 가족 담론은 부분적으로 유교 전통 문화를 용인하고 종교적 가족 유사주의를 제공함으로써 대중의 지지를 받는 효과를 얻는다. 그러나 근본주의의 특정 교리를 중심으로 현대 가족의 사회문화적 변동에 저항함으로써 탈권위주의와 양성 평등을 지향하는 시대의 흐름에 역행하고 있는 것은 분명하다.

이상과 같은 연구 결과에 근거하여 나는 근본주의적 가족주의를 넘어서기 위해 추구해야 할 과제들을 몇 가지 제시하고자 한다.

첫째, 우리 사회에는 서구 사회와는 달리 가족주의의 뿌리가 아직도 매우 깊게 뿌리박고 있다. 외형적 근대화가 급속하게 진행되었음에도 불구하고 내면 깊숙한 곳에는 전통적인 가족주의가 도사리고 있으며, 오늘의 한국 사회에서는 개인주의와 가족주의의 교묘한 절충이 큰 문제가 되어 있기까지 하다. 내 가족만 잘되면 된다는 생각이 얼마나 많은 사회적 폐해를 불러일으키고 있는가? 이러한 이기적 가족주의를 배척한다는 명분을 내세워 가족의 의미를 평가 절하한다면, 그것은 매우 어리석은 일일 것이다. 개개인들이 고립 분산되어 불안과 공포 속에서 살아가기 쉬운 오늘의 상황에서 가족의 결속과 정서적 안정을 도모하는 것은 의미 있는 일임에 틀림없다. 이러한 상황에서는 전통 문화와 민족 정서에 대한 이해의 폭을 넓히고 대안적 가족 문화를 형성하는 노력이 절실히 필요하다.

둘째, 근본주의의 전통적 결혼관과 가부장제 가족관은 삶의 현장과 유리되지 않는 종교적 가르침으로 변화해야 한다. 그러기 위해서는 가족을 불변의 고정된 실체가 아니라 살아 있는 생활 공동체로 보는 인식의 변화가 먼저 이루어져야 한다. 그것은 가족에 대한 전통 교리를 고수하면서 살아 있는 사람들의 고통과 아픔을 은폐하거나 왜곡하는 일을 변화시킬 것이다. 더 나아가 교회는 결혼, 재혼, 무자녀, 비혈연, 독신, 동성애 가구 등 혈연 가족을 뛰어넘는 다양한 생활 공동체와 함께 살아가는 개방적인 생활 세계와 다양한 의례를 준비해야 할 것이다.

셋째, 근본주의의 문자주의적 성서 해석과 가르침을 비판적으로 이해하고 수용할 수 있는 신학 작업과 사회의식화가 필요하다. 성서 문자주의는 그것에 익숙한 독자들을 자신의 경험과 바람, 욕구와 관심으로부터 소외시킬 뿐만 아니라 실제의 생활 세계로부터도 소외시킨다. 성서 텍스트의 문자적인 부연 설명은 주석가가 자기 자신과 자신의 생활 세계 경험들을 성찰하면서 시도하는 해석일 수 없다. 문자주의의 강력한 영향 아래서 형성된 교회의 상투어들(Schablonen)은 특정 상황과 장면에 자극을 받으면 신자들의 현실 지각을 미리부터 규정하는 괴력을 발휘하기도 한다.[62] 또한 성서에는 여성에 대한 남성의 지배를 정당화하고 이를 당연한 규범으로 보는 해석 모형들이 들어 있다. 이러한 성서를 무비판적으로 해석하면, 이러한 남성들의 지배 요구들을 절대화할 위험이 있다.

근본주의적 멘탈리티는 근본주의 신학의 강력한 영향 아래 다양한 종교적 사회화 과정이 진행됨으로써 나타난 결과이다. 한국 기독교가 미래의 변화에 대비하면서 생활 세계를 건강하게 형성하는 데 이바지하기 위해서는 근본주의적 멘탈리티를 극복하는 기독교 교육의 개발이 시급하다. 그 가운데 가부장제 가족관을 맹종하는 여성들의 의식화는 필수적이다. 이를 위한 여성신학의 정립과 보급은 여성학과의 연계로 이루어질 필요가 있다.

넷째, 기독교는 사랑과 정의의 관계로 구현되는 대안적 공동체 운동을 통하여 대안적 가족 문화를 모색하는 사회를 형성하는 데 기여할 필요가 있다. 한국 사회에서 교회는 종교적 배타성과 지역적 폐쇄성을 극복하고 지역 사회에 뿌리를 내리며 봉사함으로써 사회를 선도할 수 있는 역할을 모색해야 한다. 이를 위한 종교사회학적 연구와 지역사회 교육이 요청된다고 본다.

---

62) 상투어(Schablonen)의 언어 파괴에 대한 심리분석적, 언어이론적 연구에 대해서는 A. Lorenzer, *Sprachzerstoerung und Rekonstruktion: Vorarbeiten zu einer Metatheorie der Psychoanalyse*, 2. Aufl. (Frankfurt am Main: Suhrkamp, 1976), 113ff.를 보라.

미국 사회의
가족 변화와
기독교 근본주의의 대응[1]

I. 머리말: 문제 제기와 연구의 필요성

오늘날 기독교 근본주의는 세계 곳곳에서 전성기를 구가하고 있다. 그 가운데서도 특히 미국과 한국은 기독교 근본주의 운동의 중심으로 여겨질 정도로 기독교 근본주의가 큰 영향력을 발휘하고 있다. 미국에서 19세기 말과 20세기 초에 급격한 산업화·도시화·모더니즘의 발흥에 대한 반동으로 기독교 근본주의가 크게 발흥한 바 있었고, 20세기 후반과 21세기 초반에 기독교 근본주의가 강력하게 부활하였다. 20세기 후반에 미국이 처한 국가적 위기와 사회문화적 위기가 가족의 위기

---

1) 이 논문은 2005년도 정부재원(교육인적자원부 학술연구조성사업비)으로 한국학술진흥재단의 지원을 받아 연구되었다.(KRF-2005-050-A00011)

에서 비롯되었다고 믿었던 기독교 근본주의 지도자들은 가족 회복 운동을 통하여 위대한 미국을 재건하겠다는 프로젝트를 내걸었으며, 기독교 근본주의는 전통적인 기독교 애국주의와 결합하여 강력한 정치 세력으로 자리를 잡기에 이르렀다.

이런 점에서 현대 미국 사회에서 기독교 근본주의가 활성화되는 것은 가족 변화에 대한 근본주의 독특한 대응에 힘입은 것으로 볼 수 있다. 기독교 근본주의는 전통적인 가족의 해체, 가부장적 권위의 상실, 전통적인 성 역할의 동요, 성 윤리의 파탄, 동성애의 수용, 다양한 가족 형태의 발달 등 가족을 둘러싼 변화의 소용돌이에 휩쓸린 사람들에게 혼란과 위기의식, 불안감을 극복하고, 흔들리지 않는 세계의 청사진을 제시한다고 여겨지고 있기 때문에 많은 사람들을 끌어들이고 있는 것이다.

기독교 근본주의의 확산과 영향력 확대에 대해서는 조심스러운 대응이 필요하다고 지적된다. 기독교 근본주의는 많은 경우 성속(聖俗)과 선악(善惡)의 이분법에 따라 세계를 보기에 자기와 다른 것에 대해 적대적 태도를 취하고, 비판적 사고와 담론 능력을 마비시켜 권위에 대한 맹종을 부추긴다고 알려져 있으며, 특히 가부장제의 급진적 활성화를 통해 사회문화적 변동에 저항한다고 지적된다. 이런 점에서 기독교 근본주의는 탈권위주의와 양성 평등을 지향하는 시대의 흐름을 거스른다고 평가되기도 한다. 이러한 의식과 태도는 근본주의적 사고방식의 내면화나 근본주의적 가치관의 사회화에서 비롯된 것으로 간주되기도 하는데, 이에 대해서는 계속적인 연구가 필요하다.

우리나라 신학계와 종교계에는 기독교 근본주의를 절대적 진리로 여기는 고정된 교리 체계로 간주하거나 이를 고수하려는 종교적 입장

정도로 보는 견해가 널리 퍼져 있다. 우리나라 기독교계 일각에서 선교사들이 전한 근본주의 신학을 정통 신학으로 받아들인 바 있기 때문에 이런 견해가 무리 없이 통용되었겠지만, 사실 그것은 근본주의에 대한 지극히 피상적인 견해에 불과하다고 할 것이다. 본시 근본주의는 급격한 사회문화적 변동의 경험과 거기서 비롯된 위기의식을 극복하기 위해 일단의 사람들이 종교적 전통과 상징을 급진적으로 재해석하여 세계의 문제를 해명하는 독특한 관점과 사고방식을 빚어내고, 타락한 현실 세계를 초월하는 새로운 질서를 수립하기 위하여 사회적·도덕적 정체성을 형성하려는 움직임과 밀접한 관계가 있다. 경우에 따라 근본주의는 세계로부터의 도피라는 모습을 띠기도 하지만, 많은 경우 세계를 나름대로 지배하려는 노력으로 나타난다. 한 마디로 근본주의는 급진화된 전통주의에 입각하여 세계를 재구성하려는 종교적 프로젝트이다. 이 점에서는 기독교 근본주의도 마찬가지이다.

본 연구는 기독교 근본주의를 종래의 교회 중심적 시각이나 교리 중심적 관점에서만 보지 않고 사회문화 변동에 대한 기독교인들의 특정한 대응 방식으로 해석하여 1) 미국 근본주의가 형성·발전하게 된 역사적 배경을 사회문화적 측면과 교리적 측면에 주목하여 정리하고, 2) 현대 미국 사회에서 일어나는 가족 변화에 대한 기독교 근본주의의 대응을 근본주의적 가족관의 정립과 그 사회화 과정에 초점을 맞추어 분석함으로써, 기독교 근본주의의 사회문화적 성격을 체계적·비판적으로 규명하고자 한다. 단 현대 미국 사회에서 가족 변화의 성격과 거기서 파생된 문제들을 실증적으로 분석하는 일은 생략할 것이다.

본 연구는 기독교 근본주의 연구에서 성 인지적 관점을 일관해서 견지할 것이다. 성 인지적 관점은 세계와 현실에 대한 여성의 경험과 그 경험에 대한 여성의 주체적 성찰을 중시하는 관점인데, 이 관점은 오늘의 인문사회과학 분야에서 설명과 해석의 방법을 혁명적으로 전환시키는 데 공헌하고 있다. 성 인지적 관점에 근거한 젠더 연구는 여성해방이라는 페미니즘 고유의 관심을 견지하면서도 남성과 여성의 사회문화적 성격을 총체적·비판적으로 고려하는 문화이론의 패러다임을 제시하는 것으로 평가된다. 성 인지적 관점은 특히 가족과 종교에 대한 연구에서 큰 성과를 거둘 것으로 기대되고 있다.

II. 미국의 기독교 근본주의의 형성과 발전

현대 미국 사회에서 가족 변화에 대한 기독교 근본주의의 대응에 대한 성 인지적 연구에서 미국의 기독교 근본주의를 역사적으로 이해하는 것이 선결 과제이다. 미국의 기독교 근본주의는 자생적 성격을 강하게 띠고 있으며, 이러한 특성은 미국의 국가 형성 초기부터 현대까지 이어진 맥을 이루고 있다. 또한 미국 역사에서 개인의 존엄성과 가족의 신성함을 강조하는 기독교 근본주의는 미국 문화의 필수불가결한 구성 부분으로 여겨지고 있을 정도이다. 미국 문화에서 기독교 근본주의가 차지하는 의미를 정확히 파악하지 않고서는 미국사의 여러 굴곡에서 나타난 근본주의 운동의 성격을 제대로 이해할 수 없을 것이다.

1. 미국의 국가 형성과 후천년적 애국 신학

뉴잉글랜드로 이주한 청교도들의 종교적 열정과 신념은 당대에만 제한되는 것이 아니라 미국 역사에 끼친 영향이 지대하다는 점에서 주목할 만하다. 대부분 가족 단위로 신대륙에 온 이주민들은 대부분 영국 동부 출신의 지식인들로 경건한 신앙인들이었다. 그들의 신앙관은 성서를 진리의 기준으로 중시하고 하나님과 개인의 직접적인 관계를 기반으로 중생의 체험과 복음 전도를 강조하며 세상과 문화에서 나타나는 신정 정치를 지지하였다. 또한 청교도들은 개인의 근면·절약을 바탕으로 부를 축적하는 것을 신의 축복으로 여기는 금욕적 현세주의와 도덕주의와 개인의 책임을 중시하는 개인주의를 추구하는데, 이러한 신념은 종교뿐 아니라 미국인들의 생활을 지배하는 주요한 가치와 이념이 되었다. 청교도들은 영국 개신교도들과는 달리 기존 종교와 권위, 종교적 타락에 대한 거부와 저항을 드러내는 회중주의와 청교도주의를 형성하여 미국적 개신교의 특성을 이루었다.[2]

청교도주의는 개인의 합법적 영리 활동을 권장하여 미국 건국의 자본주의 정신의 기초를 제공하였다. 부의 축적을 추구하지만 세속적 쾌락을 거부하는 청교도주의는 "자기 훈련을 요구하는 도덕적 관점"[3]을 지닌 현세적 금욕주의로서 개인의 도덕적 의무를 강조한다. 미국 개신교에 지대한 영향을 끼친 칼빈의 예정론은 선민의식을 부각시켰으며, 하나님의 선택을 받았다는 증거를 개인의 세속적 선행에서 찾을 수 있다는 논리를 제공하였다. 선행의 수행에서 가장 대표적인 것이 소명에 따른 직업이었다. 하나님의 선택을 받은 사람은 직업을 통하여 단순히 돈을 버는 데 그치지 않는다. 그는 근검과 절제를 통하여 부를 축적하

---

2) 이것을 저항적 개신교주의라고 명하는 학자들도 있다. John Green, *Religion and the Culture Wars: Dispatches from the Front* (Lanham, MD: Rowman and Littlefield, 1996); Eugene Wittkopf, *American Foreign Policy* (CA: Thomson & Wadsworth, 2003)을 참조하라.

3) Anthony Giddens, *The Constitution of Society* (London: University of California Press, 1986), 288.

여야 하고, 나태와 사치를 멀리 하여야 한다.4) 이러한 직업윤리는 미국 청교도들에게 사회 변혁보다는 개인윤리에 더 비중을 두게 하였다. 이 것은 당시 도덕적 해이함을 보이던 식민종주국 영국의 개신교도들보다 도덕적으로 더 우월하고자 한 청교도들의 의식과 노력에서 비롯한 것 이기도 하다.

청교도들의 선민의식은 그들의 나라가 하나님의 선택을 받은 '약속 의 땅', 곧 새로운 이스라엘이라는 생각과 연결되었다. 새로운 이스라 엘은 세계에서 구원사적 지위와 역할을 갖는다는 것이다.5) 이러한 미 국적 선민사상은 미국 문명의 진보와 발전을 신봉하는 낙관주의적 역 사의식과 결합하여 애국주의적 전통으로 연결되었다.

건국 초기에 형성된 낙관주의적 역사관은 후천년설(postmillennial-ism)에 의해 뒷받침되었다. 후천년설은 성서에서 언급된 천년 왕국이 예수의 재림 이전에 지상에 세워진다고 믿는 종말론으로 인간의 자유 의지와 역사의 진보와 사회 개혁의 가치를 중시하는 이념이다. 이러한 후천년설의 영향으로 미국 개신교는 한편으로는 물질문명의 발전을 축 복하는 부의 복음(Gospel of Wealth)을 발전시켰고, 또 다른 한편으로 는 물질문명의 모순을 극복하고자 사회 개혁을 지지하는 사회 복음 (Social Gospel)을 발전시켰다.6)

---

4) 장정애, "미국의 앵글로-개신교 문화에 나타난 저항적 프로테스탄티즘: 노동윤리와 개인주의를 중심으로," 『춘계학술대회』(자료집), 국제지역학회 편 (서울: 국제지역학 회, 2007), 1030.

5) 17세기 청교도들은 뉴잉글랜드 광야에 모범적인 기독교 공동체를 만들어 한편으로 는 종교개혁을 제대로 수행하지 않는 영국과 유럽에 모범이 되고, 다른 한편으로는 원주민들에게 기독교와 기독교 문명을 전한다는 사명감을 갖고 있었다.

6) Catherine Albanese, *America: Religion and Religion* (Belmont: Wadsworth Publishing Company, 1992), 134-139.

2. 대부흥 운동과 세대주의적 전천년설의 확산

남북전쟁 전후의 산업화와 도시화, 대량 이민의 유입은 사회경제적 변동, 사회적 혼란, 문화적 세속화 등을 가져와 사회적 불안을 불러일으켰다. 이러한 상황에서 낙관주의적 역사관은 점차 약화되고 비관주의적 역사관이 대두되면서 전천년설(premillennialism)이 확산되었다. 전천년설은 예수의 재림이 천년 왕국의 건설 이전에 이루어진다고 보는 종말론으로서 예수가 재림할 때까지 세상은 점점 더 타락하여 심판을 면하지 못한다는 점을 강조한다. 전천년설은 그 당시 영국으로부터 전해진 세대주의(dispensationalism)[7]와 결합하여 세대주의적 전천년설로 공고화되었다. 이 종말론은 무엇보다 당시 문명의 실패를 보여주는 '시대적 징표'에 주목하였다. 전쟁, 사치, 도덕적 타락, 사회개혁, 사회주의, 민주주의, 과학과 기술, 로마 가톨릭 등이 그것인데 이 모든 것이 세상의 종말이 도래하고 예수의 재림을 예고하는 것으로 보았다. 역사와 문화의 발전에 대한 비관적 견해는 교회와 정치의 분리를 주장하고 현시대를 위한 교회의 사회개혁보다 세상으로부터의 분리를 강조하였다.

세대주의적 전천년설은 부흥운동과 결합하면서 새로운 양상을 보이기도 했다. 부흥운동은 우주를 신과 사탄의 영역, 의인과 악인의 영역으로 이분화하고 이 두 영역 사이의 투쟁에서 의가 최종적 승리를 거둔다는 신념에 기초를 두고 있다. 부흥운동은 이 세상에 대해서는 비관적인 생각을 하고 있지만, 개인의 삶을 승리와 평화로 이끄는 성령의 은

---

7) 세대주의는 성서 문자주의에 입각하여 역사를 7단계(세대)로 나누고 각 단계마다 신의 섭리의 역사를 예언한다.

총에 대한 낙관적 견해를 제공하였다.

부흥운동에 의해 고무된 세대주의적 전천년설의 신봉자들은 사회개
혁이나 정치 문제보다 개인의 영혼 구원에 관심을 두고 복음화와 해외
선교에 집중하게 되었다. 임박한 그리스도의 재림을 신봉하는 사람들
에게 선교의 주요 목표는 이교도의 회심이 아니라 복음 그 자체를 세상
끝까지 전파하는 것이었다. 세상 끝까지 복음이 전파되면 비로소 예수
가 재림한다고 믿었기 때문이다. 따라서 그들의 해외 선교는 기독교의
문명을 전파하기보다는 복음 전파에 적극적일 수밖에 없었다.

3. 모더니즘에 대한 반동으로서의 근본주의

모더니즘은 근대적인 것으로 간주되는 것을 의도적 또는 의식적으
로 지지하는 태도를 의미하는 지적, 문화적 개념으로 볼 수 있다.[8] 모
더니즘적 사조를 대표하는 것은 진화론과 역사주의였는데, 그 영향으
로 유럽 신학계에서는 다윈주의와 성서 고등비평에 대한 논란이 시작
되었다.[9] 이 과정에서 진화론을 수용한 개신교는 하나님이 역사와 문
화에서 자신의 의지를 점진적으로 실현한다는 진보주의적 입장을 가지
고 역사주의적 성서 비평을 수용하였다.[10] 이러한 신학 사조를 가리켜
자유주의 신학이라고 하는데, 이를 대표하는 신학자들은 종교의 본질

---

8) John Wilson, "MODERNITY," *Encyclopaedia of Religion* 10, (New York: Macmillan
   and Free Press, 1987), 18.
9) 조지 마드슨,『근본주의와 미국 문화 1870-1925』(서울: 생명의 말씀사, 1997), 226.
   진화론과 역사주의는 변화와 개체성을 중시한다는 점에서 세계의 합리성과 불변성
   을 강조한 18세기 계몽주의와는 거리가 있다.
10) William Hutchison, *The Modernist Impulse in American Protestantism* (Cambridge:
   Harvard University Press, 1976), 2.

을 교리보다 종교적 감정으로 강조하고 성서를 '교리에 대한 백과사전'이 아닌 '종교 경험에 대한 기록'으로 해석하였다.[11]

유럽의 자유주의 신학이 미국에 전파된 것은 19세기 말부터인데, 그 당시 미국 사회는 남북전쟁, 산업화, 도시화, 대규모 이민 유입 등으로 급격한 사회문화적 변동을 겪고 있었다. 당대의 미국 기독교는 외관상으로 번영하는 모습이었으나 유럽으로부터 들어오는 새로운 지성적 도전으로 영적 위기를 경험하고 있었는데, 이에 대한 반작용으로 형성된 것이 미국 개신교 근본주의이다.

미국 개신교 근본주의는 프린스턴 신학교의 구학파 장로교인들이 주장하는 성서무오설과 문자주의적 성서 해석에 따라 진리의 기준을 규정하고자 하였다. 성서무오설은 하나님의 영감으로 기록된 성서의 말씀에는 오류가 없다고 주장하고, 성서의 말씀이 신앙뿐 아니라 역사와 과학 등 삶의 모든 영역에서 문자적으로 적용되어야 한다고 강조한다. 이 때문에 근본주의자들은 성서 고등비평을 단호히 거부하고 자유주의 신학을 배격한다. 성서 문자주의는 스코틀랜드 상식철학의 영향을 받아 상식을 가진 사람이라면 누구나 성서에 기록된 대로 진리를 파악할 수 있다고 보는 입장이다. 성서에 기록된 말씀은 사실적인 것으로 검증될 수 있다고 믿기 때문에 성서 문자주의자들에게 종교와 과학은 서로 분리되지 않는다.[12]

문자주의적 성서 해석은 세대주의 전천년설의 기반이 되었다. 20세기 초에 확립된 미국 개신교 근본주의는 성서 문자주의와 세대주의적

---

11) George Marsden, *Understanding Fundermentalism and Evangelicalism* (Grand Rapids: William B, Eerdmans Publishing Company, 1991), 34.

12) 이런 주장은 대표적인 근본주의자 메이첸에서 찾아 볼 수 있다. 마드슨, 앞의 책, 217.

전천년설의 결합체였다. 이러한 근본주의는 한편으로는 급속한 산업화와 도시화, 세속화로 인한 사회문화적 충격에 대응하고, 또 다른 한편으로는 자유주의 신학의 도전에 맞서고자 한 미국 개신교 일각의 극단적인 방어 논리와 배타적 태도에서 비롯되었다고 볼 수 있다. 이러한 현대 사회의 문화적, 사상적 도전에 대한 근본주의의 대응은 1925년에 이른바 '원숭이 시조론'을 둘러싼 진화론자들과 창조론자들의 논쟁으로 표출되기까지 하였는데, 진화론을 학교에서 가르치지 못하도록 요청한 창조론자들의 청구가 법정에서 패소함으로써 근본주의는 교단과 사회에서 인정받지 못하는 소수 종파로 전락하였다.

4. 정치적 보수주의로서의 근본주의

20세기 중반 이후 미국 개신교 근본주의는 국가의 정치적 이해관계와 맥을 같이 하면서 급부상하는 모습을 보이기 시작하였다. 당시 베트남 전쟁 등 미국 사회의 혼란과 갈등을 수습하고 사회적 통합을 이루려는 움직임들 가운데 하나는 17세기 청교도 전통을 이어받은 시민종교의 보급이었다. 미국의 시민종교는 미국이 하나님에 의해 선택된 약속의 땅이며 세계를 구원하기 위한 의무와 소명을 지닌 나라임을 전면에 부각시킨다. 미 국민은 선민으로서 정의와 덕을 세우는 모범적인 삶을 살아야 하고, 미국이 악의 세력에 의해 위기에 처할 때 목숨을 바쳐 나라를 지켜야 한다. 이와 같은 믿음과 규범은 애국자나 전몰자를 기리는 국립묘지나 성지의 방문, 대통령 취임 연설 청취, 독립기념일 기념, 국기에 대한 맹세 등을 통해서 이루어진다.[13] 국가가 위기와 혼란에 처했

---

13) Catherine Albanese, 앞의 책, 9-10.

을 때 그 해결책은 뉴잉글랜드 청교도 공동체와 건국의 아버지들이 표방한 미국적 가치를 회복하는 것이다.

미국의 개신교 근본주의들이 보기에 1960년대는 개인주의와 청교도주의에 기반한 전통 문화가 혁명적인 신좌파[14]의 대항 문화에 의해 도전을 받고 페미니즘, 낙태, 동성애, 포르노, 이혼 등 기존 도덕과 질서가 광범위하게 붕괴되는 시기였다. 진보 좌파 세력의 출현과 영향력 확대에 두려움과 반감을 가진 사람들이 결집하기 시작하면서 신우파가 형성되었다. 이들은 정치적 보수주의를 표방하며 조직적 활동을 전개하였다.[15] 신우파의 다수는 '중산층 미국인'이라고 불리는 중류층 근로자들로 구성되어 있었으며, 대부분 근본주의 신앙을 지닌 개신교도로서 미국 남부와 중서부에 분포되어 있었다. 그들은 자신들이 '미국적 이상'과 '미국적 가치'를 수호하는 진정한 미국인이요 애국시민이라고 생각하였으며, 그들에게 동조하지 않는 사람들과 집단을 '적그리스도'로 규정하였다. 그들은 정치, 경제 문제보다 사회, 문화 문제에 관심을 두고 특히 보수주의적 생활방식을 강조하였다. 그들이 당대의 현실에 대해 가장 분노한 것은 미국이 중산층과 청교도의 나라로부터 빈민과 범죄의 나라로 전락하고 세속 문화에 물들어 도덕적으로 타락한 점이었다. 그들은 이러한 타락이 무엇보다도 전통적으로 내려온 직업윤리와 가정의 중요성을 부정한 데서 비롯되었다고 보았다. 그들은 연방 정

---

14) 신좌파는 제2차 세계대전 이후에 태어난 '베이비 붐' 세대에 속하는 백인 청년들로 구성되었고, 문화혁명의 과정에서 성 해방과 마약 사용을 수용하였다.

15) 1975년 하워드 필립스는 보수주의자협의회를 조직하여 보수적 정치인들을 위한 홍보 활동을 전개하고, 존 테리 돌란은 전국보수정치활동위원회를 조직하여 진보적 정치인들의 낙선운동을 하였다.

부가 펼치는 복지 정책이 세금으로 빈민들의 게으름과 부도덕함을 조장한다는 이유를 내세워 이에 적극 반대하고, 여성운동은 이혼, 낙태, 동성애 등을 부추기어 사회 질서를 문란하게 만든다고 맹렬하게 비난하였다.

이러한 맥락에서 개신교 근본주의자들은 1970년대부터 국가를 구원하는 십자군 운동을 전개하였다. 이 운동은 과거의 '진짜 미국', 곧 '기독교적 미국'(Christian America)을 되찾음으로써 빈민, 마약 중독자, 동성애자의 미국을 청교도, 애국시민, 중산층의 미국으로 바꾸는 것에 중점을 두고, 보수적인 정치인들과 연합하여 청교도적 가치 체계를 활성화하고자 하였다.[16] 이 운동에 참여한 다양한 단체들이 이른바 기독교 우파[17]를 표방하는데, 그 가운데 가장 중요한 역할을 한 것이 근본주의자이면서 방송 목사로 유명한 제리 폴웰이 조직한 '도덕적 다수'(moral majority)였다. 이 단체는 1980년 미국 대통령 선거에서 진보적 정치인들을 낙선시키고 레이건을 대통령으로 당선시키고 공화당이 의회를 장악하도록 하는 데 결정적인 역할을 한 수백만 명의 유권자 집단이다. 그 밖에 팻 로버트슨 목사가 1992년에 조직한 '기독교연합'(the Christian Coalition)도 정치적 활동을 목표로 활동한 대표적인 종교 단체이다.

---

16) 1980년 레이건이 대통령 선거에서 "근본으로 돌아가자"고 외치며 전통으로의 복귀를 호소한 것도 같은 맥락이다.

17) 여러 개의 기독교 우파 단체들이 다양한 배경 속에 다양한 방식으로 사역하고 있지만, 그들이 제기하는 주장은 거의 동일하다. 종교적으로 보수적 복음주의자들이고, 정치적으로는 보수적 공화당 지지자들이라는 공통점 때문이다. 그들 내부에 다양한 차이가 있음에도 낙태 · 동성애 · 여성운동에 반대하고, 종교의 자유를 부르짖는다. 나아가 자유민주주의를 신봉하고, 군비 증강을 두둔하며, 유엔의 간섭을 배제한 미국의 독자적 세계 경영을 주장한다.

1980년대부터 근본주의는 더 과격한 양상으로 무장 단체를 조직하는 극우파로 변화하기 시작하였다. 준군사조직인 '기독교애국방위연맹'을 위시하여 다양한 민병대들이 조직되었는데, 그들의 이상형은 200여 년 전 미국 독립을 위해 싸우던 민병대들이었다. 특히 1994년 침례교 목사 노만 올슨에 의해 조직된 미시간 민병대는 '신의 군대'로 자처하면서 연방 정부의 총기 규제, 사회주의적 성향의 교사와 교수의 학교 침투, 낙태 허용과 같은 도덕적 타락에 대하여 저항하였다. 민병대 이외에도 기독교 신앙을 무장 투쟁과 결합시킨 종교 단체들이 1990년대부터 생겨나기 시작했다. 자칭 '기독교 애국자들' 같은 조직의 출현은 미국이 미국의 붕괴를 도모하는 국제적 음모 세력과 최후의 대결을 벌이게 될 것이라는 아마겟돈 전쟁론의 확산과 밀접한 관계가 있다. 팻 로버트슨 목사는 1991년에 쓴 소책자 『새로운 세계질서』(*The New World Order*)에서 유대인 음모론을 내세워 사회적으로 큰 반향을 불러일으키기도 하였다.

III. 미국 사회에서 가부장적 가족 회복 운동으로서의 기독교 근본주의

미국 근본주의자들에게 가정은 이상적인 도덕 질서의 강력한 상징이 되어 왔으며, 이상적인 가정 형태로 복귀하는 것은 근본주의자들이 내거는 사회적 의제들 가운데 최상의 우선순위를 갖는다.[18] 1970년대

---

18) Helen Hardacre, "The Impact of Fundamentalism on Women, the Family, and Interpersonal Relations," *Fundamentalisms and Society: Reclaiming the Sciences, the Family, and Education*, ed. by Martin E. Marty and R. Scott Appleby (Chicago: The

부터 1980년대 사이에 미국 가족학 연구에서 종교에 대한 관심이 크게 증가한 것은 이 시기에 미국 사회에서 종교적 활동이 두드러지면서 종교에 대한 미국인들의 관심이 증가하고 가족 연구에서 종교가 중요한 변인으로 밝혀졌기 때문이다. 예를 들면, 부부의 결혼만족도나 결혼의 안정성에 종교가 유력한 변수의 하나로 지적되고 있다.[19] 1985년에는 1980년에 비해 이혼율이 감소하였는데, 이 이례적인 현상은 근본주의 자들이 벌인 가족 회복 운동에서 비롯된 것으로 해석되기도 한다. 이른바 '전통적' 가족의 복원을 주장하는 근본주의는 프라이버시, 가족, 가정에 대한 충실성, 가부장주의, 성도덕 등을 강조하고, 낙태의 합법화, 동성애 등 가족을 위협한다고 여겨지는 이슈들에 대해 분명한 입장을 취한다.[20]

여기서는 미국 사회에서 가족 변화에 대응하여 일어난 기독교 근본주의자들의 가족 회복 운동이 가족에 대한 근본주의 특유의 해석에 근거하고 있음을 밝히고, 학교 교육, 사회 선교, 매스 커뮤니케이션 등을 통해 근본주의적 가족관이 사회화되는 과정을 분석한다.

1. 근본주의적 기획으로서의 가부장적 가족 회복 운동

1) 신성한 결혼과 가족

미국에서 1960년대에 급진적으로 진행된 가족의 변화는 전통과 기존 질서를 위협할 정도로 도전적이었다. 1960년대 저항 문화는 전통적

University of Chicago Press, 1993), 131.

19) Tim Heaton & Edith Pratt, "The Effects of Religious Homogamy on Marital Satisfaction and Stability," *Journal of Family Issues* 11 (1990)을 참조하라.

20) Helen Hardacre, 앞의 글, 135.

인 가족 모델을 비판함으로써 이에 저항하는 분위기를 조성하였고, 70년대까지 그 영향을 미쳤다. 이에 대응하여 1970년대 후반부터 기독교 우파는 가족의 가치를 강조하면서 성적 쾌락과 자유를 옹호하는 페미니즘을 반격하였고, 출산과 관련 없는 성욕, 낙태, 레즈비언의 권리를 반대하면서 가족주의의 부활을 주장하였다.[21]

근본주의자들, 특히 미국 남부의 보수주의자들에게 가정 수호 운동은 1980년대의 주요 과제였다. 그들에게 가정은 다른 모든 제도들을 뒷받침하는 가장 기본적인 사회 제도이고 가정이 무너지면 다른 모든 사회 제도들도 무너진다는 생각이 지배적이었다. 이와 같은 맥락에서 근본주의자들은 다음과 같이 주장하였다.

> "만일 우리가 우리 국가를 다시 세우고자 한다면, 우리는 우리의 가정을 강화시켜야 하고 그 가정이 그리스도 중심적임을 확신하여야 한다. 남편들과 부인들은 기독교적 부모의 책임을 떠맡아 자녀들이 주의 길을 가도록 하여야 한다."[22]

이처럼 가정의 회복은 '기독교적 미국'을 건설하는 데 필수적이고 오늘의 가정 혼란과 무질서를 극복하는 것은 건국 초기의 기독교 도덕을 회복하는 일이다.

근본주의자들은 결혼과 가족에 대한 자신들의 주장을 성서를 통하여 확신시킨다. 그들은 창세기 1장 27절의 "하나님이 자기 형상 곧 하

---

21) Estelle Freedman et al., "Introduction to 'The Feminist Sexuality Debates'," *Signs* 10/1 (1984),

22) James Davison Hunter, *Evangelism: The Coming Generation* (Chicago: The University of Chicago Press, 1987), 82.

나님의 형상대로 사람을 창조하시되 남자와 여자를 창조하셨다.”는 말씀과 창세기 2장 24절의 “남자가 부모를 떠나 그 아내와 연합하리라.”는 말씀을 근거로 삼아 결혼과 가족의 중요성을 강조한다. 신약성서에서 예외적인 독신을 인정한 경우를 제외하고, 결혼은 남자와 여자가 하나님 앞에서 맺는 계약 관계라는 점에서 신성한 특성을 지닌다.(잠 2:17; 말 2:14) 남녀의 결합과 생산으로 이루어지는 가족도 신성하다. 부부 관계가 깨질 때, 당사자들은 하나님 앞에서 책임을 져야 한다.(마 19:6) 이혼은 하나님의 결정에 대한 인간의 도전이고, 하나님이 허락하신 결혼의 신성함을 모독하는 일이다. 한 마디로 근본주의는 이성애 결혼만을 인정하고 이혼을 죄악시한다.

그러나 근본주의의 결혼관은 가부장제 가족을 전제로 한다. 가족 내부의 갈등, 불평등, 폭력이 빈번한 사회에서 사랑, 돌봄, 나눔, 안식으로 가족을 미화하고 이상화하는 근본주의적 가족관은 결혼과 가족제도의 문제점을 의도적으로 간과하고 은폐하는 정치적 기능을 담당한다. 결혼과 출산에 대한 의무와 가치를 인간 본연의 것으로 당연시함으로써 독신, 동거, 이혼, 재혼에 대하여 부정적 인식과 낮은 평가를 갖도록 한다. 이혼이 자녀들에게 끼치는 부정적 영향을 두고 어떤 대안을 모색할 것인가에 주목하기보다 이혼을 이기적이고 부도덕한 행위로 죄악시하는 근본주의의 가족관은 결혼 내부의 갈등과 폭력으로 피해를 당하는 약자들의 상황을 무시하고 은폐하면서 가부장제의 남성적 특권을 옹호하는 이데올로기를 반영한다.

이러한 맥락에서 반드시 짚고 넘어가야 할 것은 미국 근본주의자들이 전통적 가족을 언급할 때, 그들이 부르주아적 핵가족을 염두에 둔다는 점이다.

"오늘의 복음주의자들(설교가들, 연설가들, 가정전문가들, 로비스트들, 정치가들)이 기독교 가정, 전통적 가족, 혹은 전통적 가치들을 말할 때, 그들이 실제로 말하고 있는 것은 19세기의 원형적인 부르주아 가족이다. 그 가정에서 나타나는 관계의 구조(핵가족)와 관계의 특성(친밀성과 정감의 위치), 그리고 근대 사회에서 그 가정이 차지하는 위치와 기능은 비슷한 방식으로 이상화된다."[23]

그러나 근본주의자들이 주장하는 이상적 가정상과 미국 생활 사이의 틈은 너무 넓다. 1960년대에 이미 분명해졌듯이 핵가족은 이미 미국에서 통계상 지배적인 형태가 아니었다. 1980년대에 아버지가 직장에서 일하고 어머니가 집에서 살림을 하는 가정은 7~15%에 불과하게 되었고, 이혼은 결혼한 가정의 3분에 1에서 발생하였고, 초혼자의 이혼율은 절반에 달했다. 1976년 당시 학령 전 자녀를 둔 여성의 37%가 가정 바깥에서 임금노동에 종사하였으며, 미국 노동력의 절반을 여성이 구성하였다. 심지어 1990년 로스앤젤레스에서 이성 부부와 자녀들로 구성된 가정의 비율은 22%에 불과했다.[24]

2) 가부장적 가족의 질서와 성 역할

결혼을 신성시하고 이혼을 죄악시하는 근본주의는 하나님의 이름으로 가부장제 질서를 정당화하고 성 역할을 고정시킨다. 근본주의자들에게 남성의 지배와 여성의 종속으로 이루어지는 가부장제 질서는 변화 가능한 역사적 산물이나 시대적 풍조가 아니라, 하나님의 뜻에 따라

---

23) James Davison Hunter, 앞의 책, 92.
24) Helen Hardacre, 앞의 글, 134.

제정된 창조질서이다. 가부장제 질서는 인간들의 판단과 합의에 의해 조정 가능한 것이 아니다. 인간은 단지 이 불변의 질서를 지켜야 할 의무와 책임을 지니고 있을 뿐이다. 이러한 주장은 특정 성서 구절을 근거로 해서 제시되는 '대표의 원리'에 잘 나타난다. 가령 창세기 1장 27절의 '사람'은 남자를 뜻한다고 주장하고 나서 남녀 관계에서 남자가 대표가 된다고 결론을 내린다. 창세기 2장 18절의 '돕는 배필'은 여성이 남성에게 종속된 동반자임을 분명히 한다고 해석된다. 창조의 순서에서도 남자가 먼저 지어졌기에 여성에 대한 남성의 우위를 주장할 수 있다고 본다. 이러한 '대표의 원리'는 창조의 질서에 반영된 하나님의 계시이며, 가족과 교회와 사회에 적용되어야 한다는 것이다.[25]

근본주의자들은 남성과 여성이 서로 다른 존재로 창조되었기 때문에 가부장제 가족 질서는 당연하다고 주장한다. 폴웰 목사는 이러한 견해를 다음과 같이 대변한다.

"전능하신 하나님은 남자와 여자를 생물학적으로 다르게 창조하셔서 다른 욕구와 역할을 갖게 하셨다. 그는 남자와 여자가 서로 보완하고 서로 사랑하도록 하셨다. (…) 성서는 하나님이 가장을 가정의 영적 지도자로 부르셨다고 선포한다. 부인과 자녀는 가장을 따르고 그의 보호 아래 있기를 원한다. 남편은 의사 결정자이고 사랑으로 가정을 움직이는 사람이어야 한다. (…) 그는 보호자여야 한다."[26]

바로 이 때문에 가부장적 가족의 질서를 깨뜨리고 남편의 권위에 여

---

25) Raymond Ortlund, "Male-Female Equality and Male Headship," *Recovering Biblical Manhood and Womanhood* (Wheaton: Crossway, 1991), 98-99.
26) Jerry Falwell, *Listen, America!* (New York: Bantam Books, 1981), 110-111.

성이 도전하는 것은 창조질서에 대한 도전이요, 그 질서를 세운 하나님의 뜻에 대한 모독이다.

근본주의자들은 창조론적인 논거에 그치지 않고 그리스도적 논거를 내세워 가부장제를 옹호한다. 에베소서 5장 23절은 그리스도를 교회의 머리로 규정하여 교회에 대한 그리스도의 주권을 분명히 하였는데, 근본주의자들은 바로 이러한 주권 개념을 여성에 대한 남성의 지배에 문자적으로 적용한다. "그리스도가 교회의 머리가 되신 것처럼 남편이 아내의 머리가 된다."는 에베소서의 말씀을 근거로 해서 남자와 여자의 관계를 수직적 관계로 규정하고, 남편에 대한 부인의 순종 의무를 강조하는 것이다.

근본주의자들은 가부장제를 신학적으로 정당화한 다음에 남편의 역할과 부인의 역할을 엄격하게 구별한다. 남편은 가족을 부양하고 부인과 가족을 다스리는 권위를 행사한다. 부인은 내조와 자녀 양육과 가사의 책임을 진다. 여성이 이러한 역할을 맡는 것은 여성의 본성에 합당한 일이다. 이러한 근본주의자들의 견해는 아래의 두 인용문에 잘 나타난다.

"부인의 역할은 남편이 하나님으로부터 부여받은 권위를 행사하도록 돕는 것인데, 우선 그 권위에 스스로 복종함으로써, 그다음에는 자녀들을 훈련시켜 그 권위를 존경하고 복종하도록 함으로써 그렇게 한다."[27]

"여성의 본성은 단순하고 타자지향적이다. (…) 전통적인 여성에게 자기중심성은 언제나 추악하고 죄된 것으로 남아 있다. 여성이 자신을 위

---

27) Helen Hardacre, 앞의 글, 132.

해 쓰는 시간이 적으면 적을수록 그녀는 더 행복하다. (…) 여성은 그
본성상 타인의 욕구를 충족시키는 데 자신을 쓰도록 정해져 있다."[28]

이러한 여성의 역할을 수행하기 위해서는 여성은 현대 사회에서조
차 돈벌이 노동에 종사해서는 안 된다. 여성이 서 있어야 할 자리는 가
정이다. 그 가정에서 여성은 훌륭한 아내로서 현명하고도 엄격한 어머
니로서 제 역할에 헌신해야 한다. 이러한 근본주의자들의 생각은 다음
과 같은 인용문에 잘 나타난다.

"모성의 올바른 실현은, 첫째, 임금을 지불받는 일자리에서 떠나 가정에
머물며 남편과 자녀들에게 쓸모가 있게 하는 것이다. 둘째, 어머니들은
자녀들에게 관용적이어서는 안 되고, 마땅히 분명한 규칙을 부여하여
복종을 강제하여야 한다."[29]

근본주의자들은 남성과 여성에게 부여된 성 역할을 변경하는 것은
하나님의 신성한 질서를 깨뜨리는 죄된 일이라고 본다.

그러나 남성과 여성의 바람직한 성 역할에 대한 규범이 시대와 사회
에 따라 다르게 형성되는 문화적 산물로 이해한다면, 가부장적으로 고
정된 성 역할을 하나님에 의해 제정된 불변의 질서로 주장할 이유가 없
다. 전통적인 성 역할을 변화시키는 일이 신성한 질서에 대한 도전이
고, 그 질서를 통해 드러나는 하나님의 뜻에 대한 모독으로 해석할 이
유도 없다.

---

28) Helen Hardacre, 앞의 글, 131f. 에서 재인용.
29) Helen Hardacre, 앞의 글, 132.

남편을 생계 부양자로, 부인을 가사와 양육의 전담자로 나누는 성별 분업은 산업화 이후에 자급자족의 경제가 붕괴하면서 나타난 전형적인 성 역할 분담이었다. 이 분담 체계에서 남성은 가족 부양의 역할을 통하여 자신의 남성다움과 남성의 능력을 드러내고 공적 존재로서 남성의 정체성을 형성하지만,[30] 여성은 가사 담당자로 사회와 분리된 가정에 속하고 미성숙한 사회인으로 평가를 받는다. 사회적으로 가족 부양자로 인정받는 남성들은 취업 기회와 가족 임금이 포함된 소득을 얻기가 용이하고, 이를 기반으로 해서 가정에서 부인에 대한 지배력과 가사 노동의 면제라는 특권을 획득한다.[31]

그러나 경기 침체 등 경제적 위기와 탈산업화 과정에서 여성 취업과 남성의 가사 참여가 증가하면서 성 역할이 고정되었다는 관념은 더 이상 설 땅이 없다. 문제는 성 역할이 실제로 변화되고 있음에도 불구하고 전통적 성 역할 의식이 변하지 않고 유지된다는 데 있다. 남성들은 가족 부양자라는 특권적 역할을 상실하거나 그 역할이 약화됨으로써 흔히 남성다움을 잃고 자존심을 상하고 심리적 갈등을 겪는다.[32] 취업

---

30) Fenstermaker Berk, *The Gender Factory: The Apportionment of Work in American Households* (New York and London: Plenum Press, 1985); Barbara Ehrenreich, *The Hearts of Men* (New York: Anchor Press, 1983)을 참고하라.

31) Denise Bielby & William Bielby, "She Works Hard for the Money: Household Responsilities and the Allocation of Work Effort," *American Journal of Scociology* 93/5 (1988), 1031-1059.

32) 그 결과 기존 부부위계질서의 유지가 어려워지고 남편은 자신들의 기득권에 대한 부인의 도전을 감지하면서 긴장과 상대적 박탈감을 경험한다고 한다. Ronald Kessler & James McRae Jr., "The Effect of Wives' Employment on the Mental Health of Married Men and Women," *American Scociological Review* 47 (1982), 216-227; L. Thompson & J. Walker, "Gender in Families: Women and Men in Marriage, Work, and Parenthood," *Journal of Marriage and the Family* 51 (1989), 845-872를 참조하라.

여성들은 성 역할의 변화를 부부 간 권력관계의 변화로 당당하게 받아들이지 못하고 '가장의 권위'를 인정하지 않는다는 사회적 비난을 우려하고 심지어 죄책감에 시달린다는 것이다.[33]

이런 점들을 감안할 때, 근본주의자들이 기획하는 성 역할의 고정화는 가부장적 문화가 붕괴되는 것에 대한 저항 전략으로 해석될 수 있다.

3) 낙태에 대한 반대

1973년 미 대법원은 로우 대 웨이드(Roe vs. Wade) 판결로 임신중절을 합법화하였다. 이 판결은 임신과 출산을 국가가 간섭할 수 없는 시민의 사적인 권리로 인정했기 때문에 낙태의 권리를 두고 산모의 선택권과 태아의 생명권이 서로 대립되는 결과를 초래하였다. 근본주의자들과 신보수주의자들은 생명권을 옹호하며 낙태를 살인으로 규정했고, 페미니스트들은 낙태를 여성의 선택권으로 주장했다. 낙태 문제에 대한 근본주의자들과 신보수주의자들의 주장은 여성이 독립적이 되려면 금욕해야 하고, 남성과 성교를 하는 아름다운 여성이 되려면 출산을 해서 남성에 의지해서 살아야 한다는 것이다.[34]

1980년대에 미국의 도덕적 가치를 회복하고자 하는 기독교 정치 운동은 낙태의 합법화에 대한 반대 캠페인으로 시작되었다. 이 문제는 섹슈얼리티와 여성 인권이 중첩된 주제로 성 도덕의 문란과 여성해방운동의 여파에 반감을 가졌던 근본주의자들을 자극하고 낙태 반대에 대

---

33) Ruth Wallace & Alison Wolf, *Contemporary Sociological Theory: Continuing the Classical Tradition* (New Jersey: Prentice Hall, 1991)를 참조하라.
34) 조은 · 조주현 · 김은실,『성해방과 성정치』(서울: 서울대학교 출판부, 2002)를 참고하라.

한 운동을 촉발시켰다. 근본주의자들이 낙태를 반대하는 성서적 근거는 다음과 같다.

첫째, 살인은 십계명에 거역하는 죄이다.(출 20:13, "살인하지 말지니라.")

둘째, 사람은 자기 몸도 자신의 마음대로 할 수 없다.(고전 6:19-20, "너희 몸은 너희가 하나님께로부터 받은 바, 너희 가운데 계신 성령의 전인 줄을 알지 못하느냐. 너희는 너희 것이 아니라 값으로 산 것이 되었으니, 그런즉 너희 몸으로 하나님께 영광을 돌리라.")[35]

셋째, 생명의 존엄성은 사람이 하나님의 형상으로 지음받은 존재이기에 부여된다. 태아는 '완전한 사람'이기에 낙태는 생명의 존엄성을 해하는 일이다.(시 139:13-16, "주께서 내 장부를 지으시며 나의 모태에서 나를 조직하셨나이다. (…) 내 형질이 이루기 전에 주의 눈이 보셨으며 (…)"[36]; 눅 1:41, "엘리사벳이 마리아의 문안함을 들으매 아이가 복중에서 뛰노는지라.")[37]

넷째, 태아는 수정될 때부터 완전한 사람으로 간주한다.(눅 1:42, "네 태중의 아이도 복이 있도다.")

위에서 본 바와 같이, 근본주의자들은 특정 성서 구절들을 문자적으로 해석하여 낙태 반대의 성서적 근거로 삼고 있다. 그러나 그들은 태아의 생명권만을 강조함으로써 모성의 생명권을 뒷전에 놓고, 여성의 성적 자유와 욕구의 평등권을 전혀 고려하지 않는다.

---

35) 도날드 슈메이커, 황영철 역, 『임신중절과 성경의 가르침』(서울: 말씀사, 1988), 46.
36) 슈메이커, 앞의 책, 58.
37) Fritz Rienecker, *Linguistic Key to the Greek New Testament* (Grand Rapids, Mich.: Zondervan, 1976)을 참조하라.

4) 동성애의 정죄

동성애는 인류의 역사에 깊이 뿌리를 내리고 있었음에도 불구하고 기독교 목사들과 신학자들은 1970년대까지 동성애를 거의 언급조차 하지 않았다. 1970년대에 들어와 급진주의 페미니스트들의 레즈비언 운동과 성 해방 풍조는 동성애에 대한 사회적 관심과 신학적 논쟁을 불러 일으켰다. 한 여론 조사에 따르면, 대부분의 미국인들은 동성애를 부도덕한 것으로 생각하고, 동성애자들이 판사, 교사, 목사가 되는 것을 반대하고, 그들에게 의사나 공무원이 되는 권리를 제한하기를 바라고 있는 것으로 나타났다.[38] 그러나 동성애를 성적 소수자의 인권 문제로 보고 이에 대한 이해와 관용적 행동에 동조하는 움직임이 증가하고,[39] 동성애자의 결혼의 권리가 정치적 이슈로 부각되면서 동성애에 대한 찬반 논의는 사회적 쟁점이 되었다.

근본주의자들은 성서 구절의 문자적 해석에 근거하여 동성애를 다음과 같이 반대한다. 첫째, 동성애는 창조질서에 어긋난다. 인간을 창조하신 하나님은 남자와 여자가 관계를 맺고 자녀를 낳아 번성하면서 피조물을 다스리도록 하셨는데(창 1:26-28), 동성애자들은 이를 거부한다는 것이다. 그들은 출산을 전제로 한 성 관계를 부정하고 성적 쾌락만을 추구한다.

둘째, 성서는 동성애를 금지하고 있다. 레위기 20장 13절에 "누구든지 여인과 동침하듯 남자와 동침하면 둘 다 죽일지니 그들이 가증한 일

---

38) Levitt and Klassen, "Public Attitudes Toward Homosexuality," *Gay Men* (1980), 20-35.

39) 1964년 샌프란시스코에 '동성애자와 종교에 관한 위원회'가 창립되었고 1968년 게이들을 위한 메트로폴리탄 교회(Metropolitan Community Churches)가 섭립되어 그 후 게이들을 위한 비영리단체 가운데 최대 규모를 지닌 것으로 성장하였다.

을 행하였음이라. 그들의 피가 자기들에게로 돌아가리라.”고 기록된 것처럼 동성애는 금기로 여겨진다. 창세기 19장에 나타난 소돔과 고모라의 멸망도 동성애가 포함된 성적 타락이 그 원인이었다. 고린도전서 6장 9절은 남색하는 자를 하나님 나라의 유업을 받을 수 없는 자로 기록한다. 로마서 1장 26절은 동성애를 다른 악한 죄들과 함께 사형에 처해야 할 죄로 규정한다.

셋째, 동성애는 건강한 공동체에 해악을 끼친다. 공동체의 선을 위해서는 결혼을 통해 바른 성 관계를 맺어야 하는데, 동성애 관계와 동성애 가족은 전통적 가족의 안정성을 위협한다. 이처럼 부도덕한 죄악으로부터 남자와 여자로 이루어진 일부일처제 결혼과 그를 기반으로 한 가족을 보호하고 지켜야 한다.(고전 7장)

동성애에 대한 문자적 성서 해석 이외에도 근본주의자들은 동성애에 대한 편견, 즉 동성애자들은 정상적인 성 관계를 거부하고 죄와 두려움에 의한 성적 방종을 추구한다는 일반적인 사회 인식을 수용하고 있다. 특히 페미니스트들의 레즈비언 운동이 성 혁명을 확대시킨 것 이외에도 가정 해체의 원인이 된다는 점에서 근본주의자들의 반감과 분노를 자극하였다.

이상과 같은 근본주의의 동성애 반대 주장에 대한 반론도 다양하게 제기되고 있다. 첫째, 동성애는 가부장제와 성차별을 극복하려는 비전을 지닌 것이다. 물론 동성애 커플에 내재되어 있는 부치-펨(butch-femme) 역할은 남성의 능동성과 여성의 수동성을 전제하는 기존의 커플 모델과 유사한 구조를 이룬다고 해서 비판을 받고 있다. 그러나 여성이 능동적인 남성의 역할을 맡는 것은 남성 지배를 뒤엎는 혁신적 의미로 재평가되기도 한다.

둘째, 성적 소수자인 동성애자들의 정체성을 존중하고 인정해야 한

다. 동성애 혐오는 가부장제 문화의 존속을 위한 통제 기제이다.[40)]

셋째, 창세기에 나타난 성과 결혼의 의미는 재해석되어야 한다. 성이란 단순히 출산을 위한 것이 아니라 상대방과 친밀감을 나누는 상호 관계를 위한 것이다.[41)] 결혼의 목적은 출산보다 두 사람 사이의 헌신과 응답으로 이루어진 신실한 결합에 있다. 따라서 하나님 앞에서 헌신과 신실한 관계를 약속하는 동성애자들의 결혼은 부당한 것이 아니다.

넷째, 동성애자들도 하나님의 형상으로 지음 받은 인간의 존엄성과 관계성을 지녔다는 점에서 존중되어야 한다.

다섯째, 동성애에 대한 문자적 성서 해석은 시대적 배경과 통찰을 고려하여 재해석되어야 한다. 성서기자들의 시대는 성 지식의 부족으로 동성애에 대한 이해가 미천했고, 동성애에 대한 성서적 언급은 성폭력(레 18장)이나 이방인의 문란한 성행위(롬 2장)와 함께 다루어진 점에서 모든 동성애자들을 정죄한 것으로 보기 어렵다.[42)]

5) 가부장적 가족 회복 운동의 설득력

앞에서 살펴본 대로 근본주의의 가족 회복 운동은 남성에 대한 여성의 종속, 여성에 대한 남성의 지배를 뼈대로 하는 가부장제의 복원과 강화, 여성의 자기실현 기회의 박탈, 다양한 생활 스타일과 자립으로부터의 여성 배제 등을 골자로 한다. 그런데 이러한 근본주의의 기획에 여성들이 동조하는 까닭은 무엇인가? 근본주의는 어떻게 여성들을 설

---

40) Adrienne Rich, *Compulsory Heterosexuality and Lesbian Experience* (London: Onlysomen Press, 1981), 10-13.

41) Adrian Thatcher, *Liberating Sex* (London: SCM Press, 1993), 12.

42) 이에 대해서는 Robin Scroggs, *The New Testament and Homosexuality* (Philadelphia: Fortress Press, 1988); David Matzko, "Heterosexuality and the Practices of Marriage," *Modern Theology* 13/3 (1997), 7을 참조하라.

득할 수 있었을까? 이에 대한 하다크레의 연구는 다음과 같은 여섯 가지 논거를 제공한다.

첫째, 변화에 대한 공포: 도시화, 산업화, 농촌 지역의 황폐화 등의 급격한 변화로 인하여 넓은 친족 관계가 보장하는 안전망이 상실됨으로써 남성들 못지않게 공포를 갖게 된 여성들에게 친족 관계의 언어를 구사하고 종교를 '가족'으로 묘사하는 근본주의자들의 인간관계 중심의 네트워크가 큰 호소력을 발휘한다.

둘째, 직업 생활에서 배제당하거나 낮은 지위의 직장생활을 강요당함으로써 남성들에게 점점 더 많이 의존하게 된 여성들은 가족에 대한 충성과 가족 부양의 의무를 남성들에게 부여하는 근본주의적 가르침을 받아들이기 쉬웠고 좋은 남편 얻기가 여성들의 목표로 설정될 수 있다.

셋째, 여성들은 남성들만큼 교육받을 필요가 없다는 생각이 여성들로 하여금 대안적인 가치와 생활 스타일을 추구하지 못하도록 가로막는다.

넷째, (호메이니 지배하의 이란처럼) 여성들이 남성들의 요구에 동조하지 않고 복종하지 않을 경우 여성들에게 가해질 수 있는 보복에 대한 두려움, 예컨대 제재와 격리, 여성과 자녀에 대한 경제적 지원의 철회 등이 있다.

다섯째, 하나님의 인정을 받지 못함, 교회나 종교 공동체로부터의 출교나 파문, 초자연적 징벌에 대한 공포가 있다.

여섯째, 여성의 경제적 독립, 동성애, 임신, 피임 등이 여성의 선택 사항이 된 오늘의 세계에서도 근본주의는 개인의 구원에 필수불가결한 도덕적 행위의 패턴을 수행하기 위해 전통적 가족과 그 가치관으로 복귀해야 한다는 것을 주장하고 많은 근본주의적 여성들이 이에 기꺼이 따른다.[43]

2. 가부장적 가족 회복 운동의 전개

1) 기독교 학교를 통한 가족 회복 운동

기독교 학교 운동은 미국 사회에서 영향력을 다시 얻기 위한 근본주의자들의 가장 중요한 동원 노력들 가운데 하나이다. 1만여 개를 헤아리는 기독교 학교에 등록한 학생들의 수효는 약 1백만 명에 달하며, 이는 사립학교 학생들의 20%, 학생 총수의 2~3%에 달하는 규모이다. 기독교 학교 운동은 "미국 사회에서 종교적 권위를 회복하고 부모의 권위를 강화하고 자녀들을 공립학교에서 나타나는 마약, 섹스, 폭력, 무규율 상태 등으로부터 보호하면서 그들에게 질 좋은 교육을 제공하려는 동기"를 갖고 있다.[44]

기독교 학교 운동은 후원자들의 계급적 배경과 신학적 성향에 따라 다양한 유형으로 나타나지만, 반인본주의, 반공주의, 반페미니즘 등을 표방한다는 점에서는 공통점을 갖는다. 분리주의 유형은 주로 노동 계급 중심의 근본주의자들에게서 두드러지게 나타나며, 비자영업에 종사하면서 가족을 부양하는 데 적합하도록 학생들을 훈련시키는 경향을 보인다. 이에 반해 중상층 중심의 기독교 학교들은 학생들에게 고등교육을 베풀어 사회적 경력을 준비하게 하며 사회에서 영향력 있는 인물들을 키워내 사회를 내부로부터 변혁하려는 의도를 갖고 있다.[45] 대표적으로 폴웰 목사는 1971년 린치버그에 리버티 대학교를, 로버트슨 목

---

43) Helen Hardacre, 앞의 글, 141ff.

44) Susan Rose, "Christian Fundamentalism and Education in the United States," *Fundamentalisms and Society: Reclaiming the Sciences, the Family, and Education*, ed. by Martin E. Marty and R. Scott Appleby (Chicago: The University of Chicago Press, 1993), 454-455.

45) Susan Rose, 앞의 책, 460.

사는 레전트 대학교를 각각 설립하였다.

기독교 학교의 일차적 관심은 규율이다. 하나님에게 궁극적으로 복종하도록 아동들을 준비시키기 위해 그들은 아동들에게 부모와 교사들과 영적 지도자들과 공무원들에게 순종하도록 가르친다. 매를 아끼면 아이를 버린다는 성서의 가르침을 전거로 삼아 기독교 학교들은 체벌을 일반적으로 사용한다. 학교 규율을 유지하고 적절한 행동에 관한 규준을 강화하는 가시적인 방법은 엄격한 복장 규율을 강제하는 것이다. 정숙과 예의가 강조되는 것이다. 부모들은 기독교 학교에 등록하기 전에 채플, 성서 공부, 체벌, 복장 규율 등에 관한 학교 당국의 정책에 동의하여야 한다.[46]

2) 사회 선교를 통한 가족 회복 운동

1979년에 시작한 선교 단체 '종교적 원탁회의'는 정기적 집회를 통하여 사회 문제에 대한 신우파와 근본주의자들의 강연을 제공하였다. '도덕적 다수'와 보수적 단체들이 연합하여 1979년에 조직한 '라이브러리 코트'는 여성해방운동 조직인 전국여성기구(NOW)가 추진하는 남녀평등헌법수정조항(ERA)의 비준을 막기 위해 적극적으로 활동하였다. 그들에게 여성해방은 이혼의 증가, 취학 전 아동을 둔 여성 취업의 증가, 낙태의 증가. 성병의 만연, 사생아의 증가. 음란물의 범람, 동성애의 학대, 아동 성폭력의 증가 같은 사회악과 밀접한 관련이 있는 것으로 판단되었기 때문이다. 이런 의도로 근본주의자들은 1979년 가정보호법을 의회에 제출하였는데, 그 내용 가운데는 사립학교보호법, 교과서 검열권, 동성애자들의 규제, 효도 사항 등이 포함되어 있다. 근본

---

46) Susan Rose, 앞의 책, 461-462.

주의자들에게는 진보적 교사들에 의해서 자녀들을 잘못 가르칠 수 있는 공립학교보다 기독교 단체가 운영하는 사립학교를 선호하면서 그런 사립학교에 대한 정부의 간섭을 방지하는 법이 필요했다. 교과서도 마르크스 사상이나 전통적 성 역할을 따르지 않는 사상으로 가정을 파괴하는 내용들 그리고 창조론을 부정하는 내용들이 많은 점에서 문제가 되었다. 결국 가정보호법은 건국 초기의 '기독교 미국'을 회복하기 위하여 미국 사회를 개신교의 교리와 윤리로 지배하려는 것으로 평가된다.[47]

1980년대 가족 수호 운동을 주도하면서 기독교 도덕적 가치의 부활을 지도했던 '도덕적 다수'는 정교분리를 주장하던 청교도 전통과는 다르게 정교일치를 시도하여 '기독교적 미국'의 비전을 보여 주었다. 폴웰 목사는 특히 낙태 문제, 가족의 가치, 미국 건설의 기초가 된 도덕적 토대 등에 대해 분명한 기독교적 가치관을 제시하였다. 또한 정치 세력들을 적극적으로 활용한 근본주의자들은 추수감사절 직전 일요일을 국가 지정 기도일과 금식일로 선포하는 청원서를 의회에 제출하고, 학교에 정기적 기도 시간과 기도 장소를 만들고 공공 행사가 기독교 의식으로 이루어지도록 노력하였다. 또 텔레비전 방송에서 음란 프로그램을 추방하고 기업들에게 그런 프로에 광고를 하지 말도록 종용하며 자기들의 뜻에 협조하지 않는 기업에 대해서는 불매운동을 전개하였다.

3) 대중 매체를 통한 가족 회복 운동

근본주의자들은 미디어를 다루는 데 탁월한 능력을 과시했다. '기독교적 미국'을 회복하려는 근본주의자들의 운동은 처음에 라디오 방송

---

47) 이주영,『미국의 좌파와 우파』(서울: 살림, 2003), 38-42.

을 통해 이루어졌다. 로스앤젤레스를 중심을 한 '기독교인의 목소리'(Christian Voice)는 목사와 신도를 대상으로 입법 투표 활동의 내용을 다루면서 자신들의 견해를 알렸다. '올드타임 가스펠 아워'로 불리는 텔레비전 방송은 폴웰 목사의 설교로 영향력이 큰 프로그램이었다. 1980년 폴웰 목사의 라디오 프로그램의 타이틀은 "미국이여, 너는 이대로 죽기에는 너무 젊다."였다. 이 타이틀에서 전달되는 메시지는 당대 미국의 부패하고 부도덕한 사회상을 멸망의 징조로 판단하고 이러한 붕괴를 시급히 막아야 하는 절박함을 애국심에 호소하는 것이다.

이처럼 대부분의 방송 종교지도자들은 반세속화를 주장하면서 방송 매체를 상업적이고 오락적 방식으로 적극 사용하고 전파 내용도 건강, 부, 마음의 안정 등 신자들의 요구에 부응하는 부흥회 방식을 선호하였다. 미디어를 활용하여 근본주의적 가치관을 전파하는 교회는 전자 교회(electronic church)로 일컬어지기도 하는데, 전자 교회의 시청자들은 남성보다는 여성이 많고, 젊은이들보다는 나이 든 사람들이 많으며, 수입과 교육 정도가 낮은 사람들이 더 많고, 남부와 중서부 지역 사람들과 교회에 열심히 다니는 사람들이 더 많은 것으로 분석되고 있다.[48]

마지드 테라니안은 윌리엄 F. 포어의 연구에 기대어 근본주의자들의 미디어 전략을 다섯 세대로 구별할 수 있다고 본다.[49] 첫 세대는 빌리 그레이엄(Billy Graham)이 대표한다. 그는 스포츠나 정치 행사 중계처

---

48) W. E. Biernatzki, "Televangelism and the Religious Uses of Television," *Communication Research Trends* 11/ 1 (1991), 13.

49) Majid Tehranian, "Fundamentalist Impact on Education and the Media: An Overview," *Fundamentalisms and Society: Reclaiming the Sciences, the Family, and Education*, ed. by Martin E. Marty and R. Scott Appleby (Chicago: The University of Chicago Press, 1993), 338. 참고: William F. Fore, *Television and Religion: The Shaping of Faith, Values, and Culture* (Minneapolis: Augsburg, 1987).

럼 부흥 집회를 전파하기 위하여 텔레비전을 사용했다. 둘째 세대는 거대한 텐트를 치고 부흥 집회를 열고 신유 행사를 벌였던 오럴 로버츠(Oral Roberts)의 스타일과 기술이 지배했다. 1960년대에 등장한 셋째 세대는 렉스 험바드(Rex Humbard)가 대표하는데, 그는 텔레비전을 위해 특별히 고안된 교회를 세웠다. 넷째 세대는 팻 로버트슨(Pat Robertson)의 '700인 클럽'으로 시작되었다. 그는 '호스트 쇼' 방식을 채택하였는데, 그것은 전화 통화와 '700인 클럽' 멤버십을 통하여 청취자를 스튜디오와 친밀한 관계를 맺도록 하는 방식이었다. 로버트슨은 기독교방송네트워크(Christian Broadcasting Network)를 설립함으로써 제5세대로 넘어가는 가교를 설치했다. 기독교방송네트워크는 케이블과 위성 안테나를 이용한 텔레비전 시청 네트워크인데, 이 방식은 짐과 티미 백커(Jim and Timmy Bakker)의 'PTL 클럽' 같은 수많은 네트워크들에 의해 모방되었다.

1980년대에 근본주의 운동은 여러 텔레비전 방송국과 프로그램을 통하여 광범위한 시청자를 확보하였고, 천문학적인 기금을 모았다. 이 기금은 로버트슨이 레전트 대학교를 세우는 데 흘러 들어갔다. "텔레비전과 고등교육의 결혼은 이 운동에서 강력한 힘을 입증했다."[50)

IV. 맺음말

본 연구의 제II장에서는 미국에서 기독교 근본주의가 발전되어 온 과정을 분석하면서 근본주의가 생활 세계의 위기에서 비롯되는 불안을

---

50) Majid Tehranian, 앞의 글, 327.

해소하고 그 위기에 대응하는 하나의 기획임을 밝혔다. 근본주의는 모더니즘의 도전에 대응하여 흔들리지 않는 확신의 기초를 확립하고자 하며, 죄악으로 가득 찬 세상으로부터 도피하여 그들만의 공동체를 세우려는 분리주의적 성향을 갖기도 하고, 그들이 믿는 이상적인 질서를 수립하기 위하여 세상을 변화시키려는 강력한 의지를 갖기도 한다. 미국의 역사에서 정치적 보수주의로 나타나는 근본주의는 후자의 경우에 가깝다고 볼 수 있다.

본 연구의 제III장에서는 현대 미국 사회에서 가족 변화에 대응하는 근본주의의 가족 회복 운동이 전통적 가부장제 가족을 복원하려는 것임을 밝혔다. 근본주의가 이상화하는 가족은 놀랍게도 산업화 이후에 나타난 부르주아적 핵가족이었지만, 근본주의자들은 특정한 역사적 시기에 탄생한 가족 형태를 하나님에 의해 제정된 신성한 질서로 간주하고, 이 신성한 질서의 원형이 뉴잉글랜드의 청교도 가족에서 구현되었다고 보았다. 근본주의자들은 이 신성한 가족 질서와 도덕적 가치를 유지함으로써 세상을 타락과 멸망으로부터 구원하겠다는 기획을 추진하고 있다.

한 마디로, 근본주의자들이 이상화한 가족은 강력한 가부장적 규율을 중심으로 하는 가족 형태였다. 이러한 근본주의적인 가족의 이상은 여성과 남성의 성 역할에 대한 전통적 주장이 약화되고, 결혼한 여성들이 직장생활을 하도록 경제적으로 강제되고, 페미니즘이 등장하고, 현금 수입에서 남성들이 차지했던 독점적 지위가 사라지게 됨으로써 가부장적 권위가 크게 도전받는 상황에서 강력하게 천명되었다. 마르틴 리제브롯은 이러한 근본주의적 대응이 "현대의 탈개인적이고 관료적인 구조들과 사회도덕에 의해 가부장적 구조와 사회도덕이 대체되는 것에 대항하는 저항 운동"51)이라고 규정하였는데, 이것은 정곡을 찌르는 해석이라고 본다.

미국 근본주의자들 가운데는 앵글로-색슨 중심의 백인 지배가 동요
하는 데 대한 반발로 군사적 대응을 하고자 하는 극단적인 세력도 있기
는 하지만, 가족의 복원을 통하여 위대한 미국을 재건하겠다는 근본주
의 운동은 대체로 보수적 개혁주의 노선에 서 있다고 평가할 수 있다.
그들이 가족의 복원에 집착하는 이유는, 이미 앞에서 분석한 바와 같
이, 가정을 하나님이 세운 가장 기본적인 질서라는 신념에 근거한 것
이기도 하지만, 어떤 점에서는 근본주의자들의 전략적 선택으로 볼 수
있다.

"근본주의자들은 그들의 통제 범위를 벗어난 외적인 힘을 다루는 데 좌
절감을 느낀 나머지 인간 상호 간의 관계, 특히 가정 내의 인간관계에
의미심장한 변화를 이끌어 낼 수 있다는 데 집착하게 되었다. 그들은 여
성과 남성 사이의 불평등 관계, 여성 차별의 패턴, 힘 있는 지위로부터
여성의 배제 등에 발판을 두고서 땅 위에서 하나님의 의지를 표현하는
것으로 성스럽게 치장된 '전통'으로 복귀한다는 이름으로 남성과 연장
자의 특권을 강화시키자고 호소한다."[52]

이 인용문에서 헬렌 하다크레는 보다 큰 사회적 범위에서 나타나는
사회적 불평등을 당연한 것으로 받아들이는 근본주의자들이 그들의 목

---

51) Martin Riesebrodt, "Fundamentalism and the Political Mobilization of Women"
    (Paper presented at the 85th Annual Meeting of the American Sociological
    Association, Washington, D.C., 11-15 August 1990) - Helen Hardacre, 앞의 글,
    135에서 재인용.
52) Helen Hardacre, 앞의 글, 138.

표를 달성하기 위해 기본적인 사회 구조들을 뒤집어엎을 필요가 없었다는 것을 생생하게 증언한다. 근본주의자들의 전략은 오히려 기존 구조들 속에서 남성의 힘을 고양시키는 데 초점을 맞추었던 것이다.

한국과 미국의
가족 변화에 대한
기독교 근본주의의 대응[1]

I. 머리말

근본주의는 급격한 사회문화적 변동에서 초래된 위기의식과 불안을 극복하기 위해 종교적 전통과 상징을 급진적으로 재해석하고, 타락한 현실에 대응하여 새로운 질서를 수립하려는 사회적–도덕적 정체성의 움직임과 밀접한 관계가 있다. 이러한 움직임은 '세계로부터의 도피'하거나 '세계를 지배'하려는 양상을 보일 수 있다. 어느 경우든 근본주의는 급진적인 전통주의로서 세계를 재구성하려는 종교적 프로젝트로 평가할 수 있고, 이 점에서는 기독교 근본주의도 다르지 않다.[2]

---

1) 이 논문은 2005년도 정부재원(교육인적자원부 학술연구조성사업비)으로 한국학술진흥재단의 지원을 받아 연구되었다.(KRF-2005-050-A00011)
2) 임희숙, "현대 미국 사회에서 가족 변화에 대한 기독교 근본주의의 대응에 관한 성 인

이와 같은 기독교 근본주의의 이해에 입각하여 본 연구는 현대 가족 변화에 대한 미국과 한국의 기독교 근본주의의 대응을 서로 비교하는 것을 목표로 한다. 이러한 비교 연구는 기왕에 본 연구자가 수행한 바 있는 두 가지 사례 연구, 곧 현대 가족 변화에 대한 한국과 미국의 기독교 근본주의의 대응에 대한 연구를 근거로 한다.3) 본 연구는 현대의 가족 변화에 대한 두 기독교 근본주의의 대응에서 나타나는 공통점과 차이점을 밝히고, 기독교 근본주의의 가족신학을 성 인지적 관점에서 평가하여 기독교 근본주의의 사회문화적 성격을 규명하는 데 초점을 맞추게 될 것이다.

미국 근본주의와 한국의 근본주의는 많은 점에서 공통점을 띤다. 무엇보다도 미국 기독교와 한국 기독교는 선교 모국과 대상국으로서 역사적, 신학적, 교회 제도적으로 밀접한 관계가 있었다. 미국의 기독교 근본주의는 초창기부터 오늘에 이르기까지 한국 기독교 일각에서 교과서적 전형으로 받아들여져 왔으며, 미국에서처럼 한국에서도 대부분의 교회는 국가 교회나 국민 교회의 형태를 취하지 않고 자유 교회의 형태를 취하고 있다.

그러나 자세히 살펴보면 둘 사이의 차이점도 눈에 뜨인다. 우선, 미국과 한국의 기독교 근본주의는 자생적 근본주의와 선교적 근본주의라는 점에서 크게 다르다. 둘째, 미국 근본주의와 한국 근본주의의 사회문화적 배경도 크게 다르다. 한국 근본주의는 전통적 가족주의를 계승하여 개인의 독립을 별로 강조하지 않는 데 반해서, 미국 근본주의는 청교도 시대부터 개인의 독립을 어느 정도 전제한다. 셋째, 한국과 미

지적 연구,"『한국기독교신학논총』 56 (2008), 257.
3) 임희숙, 앞의 글, 257-277; 임희숙, "현대 한국 사회에서 가족 변화에 대한 기독교 근본주의의 대응에 관한 성 인지적 연구,"『신학사상』 138 (2007), 279-316.

국의 근본주의는 가족 변화에 대응하는 정치적 전략의 선택에서 차이점을 보인다. 미국에서는 기독교 근본주의가 기독교적 가족의 가치를 유지하여 기독교 국가를 건전하게 유지하여야 한다는 애국주의적 전통이 강한 데 반해서, 한국에서는 이러한 전통이 아직 확립되어 있다고 보기 어렵다.

미국과 한국의 근본주의가 갖는 이와 같은 공통점과 차이점에 유념하면서 본 연구는 우선 기독교의 자생성과 외래성, 사회문화적 배경, 가족 변화에 대한 정치적 대응 방식에 초점을 맞추어 가족 변화에 대하여 미국과 한국의 근본주의가 보이는 대응에서 어떤 차이가 있는가를 규명할 것이며, 그다음 위기의 인식과 대응 방식, 근본주의적 가족신학의 논리와 구조 등에서 나타나는 한국 근본주의와 미국 근본주의의 공통점을 밝힐 것이다.

II. 현대의 가족 변화에 대한 미국과 한국의 기독교 근본주의의 대응에서 나타나는 차이

본 연구자는 현대의 가족 변화에 대해 한국과 미국의 기독교 근본주의가 대응하는 방식이 어떤 점에서 다르고, 그 차이가 어디서 비롯되는가를 규명할 것이다. 이러한 차이의 규명에서 본 연구자가 초점에 두고 있는 것은 기독교의 자생성과 외래성, 사회문화적 배경, 사회문화적 변동에 대한 대응의 정치적 전략 등이다.

1. 기독교의 자생성과 외래성

기독교는 미국에 종교문화적 뿌리를 이루고 있고, 근본주의 역시 이러한 뿌리에서 파생된 성격을 띠고 있다. 미국 기독교 근본주의가 갖는 자생성과는 달리 한국 기독교 근본주의는 전혀 이질적인 종교 문화 전통에 이식된 외래성을 그 기본 특성으로 하고 있다. 이러한 자생성과 외래성은 현실의 변화에 대한 대응에서 근본적인 차이를 나타나게 한다.

미국의 기독교 근본주의는 뉴잉글랜드로 이주한 청교도들의 종교적 열정과 신념에 뿌리를 두고 있고, 미국의 국가 형성 초기부터 현대에 이르기까지 그 맥을 잇고 있다. 청교도들의 선민의식은 그들의 나라가 하나님의 선택을 받은 '약속의 땅', 곧 새로운 이스라엘이라는 생각과 연결되었다. 새로운 이스라엘은 세계에서 구원사적 지위와 역할을 갖는다는 것이다.[4] 이러한 미국적 선민사상은 미국 문명의 진보와 발전을 신봉하는 낙관주의적 역사의식과 결합하여 애국주의적 전통으로 연결되었다.

건국 초기에 형성된 낙관주의적 역사관은 후천년설(postmillennialism)에 의해 뒷받침되었다. 후천년설은 성서에서 언급된 천년 왕국이 예수의 재림 이전에 지상에 세워진다고 믿는 종말론으로 인간의 자유의지와 역사의 진보와 사회개혁의 가치를 중시하는 이념이다. 이러한 후천년설의 영향으로 미국 개신교는 한편으로는 물질문명의 발전을 축

---

4) 17세기 청교도들은 뉴잉글랜드 광야에 모범적인 기독교 공동체를 만들어 한편으로는 종교개혁을 제대로 수행하지 않는 영국과 유럽에 모범이 되고, 다른 한편으로는 원주민들에게 기독교와 기독교 문명을 전한다는 사명감을 갖고 있었다.

복하는 부의 복음(Gospel of Wealth)을 발전시켰고, 또 다른 한편으로는 물질문명의 모순을 극복하고자 사회 개혁을 지지하는 사회 복음(Social Gospel)을 발전시켰다.[5]

그러나 남북전쟁 전후의 산업화와 도시화, 대량 이민의 유입은 사회경제적 변동, 사회적 혼란, 문화적 세속화 등을 가져와 사회적 불안을 불러일으켰다. 이러한 상황에서 낙관주의적 역사관은 점차 약화되고 비관주의적 역사관이 대두되면서 전천년설(premillennialism)이 확산되었다. 전천년설은 예수의 재림이 천년 왕국의 건설 이전에 이루어진다고 보는 종말론으로서 예수가 재림할 때까지 세상은 점점 더 타락하여 심판을 면하지 못한다는 점을 강조한다. 그것은 그 당시 영국으로부터 전해진 세대주의(dispensationalism)[6]와 결합하여 세대주의적 전천년설로 공고화되었다. 이 종말론은 무엇보다 당시 문명의 실패를 보여주는 '시대적 징표'에 주목하였다. 전쟁, 사치, 도덕적 타락, 사회 개혁, 사회주의, 민주주의, 과학과 기술, 로마 가톨릭 등이 그것인데 이 모든 것은 세상의 종말이 도래하고 예수의 재림을 예고하는 것으로 보았다. 역사와 문화의 발전에 대한 비관적 견해는 교회와 정치의 분리를 주장하고 현시대를 위한 교회의 사회 개혁보다 세상으로부터의 분리를 강조하였다.

세대주의적 전천년설은 부흥운동과 결합하면서 새로운 양상을 띠었다. 당대의 부흥운동은 우주를 신과 사탄의 영역, 의인과 악인의 영역으로 이분화하고 이 두 영역 사이의 투쟁에서 의가 최종적 승리를 거둔

---

5) Catherine Albanese, *America: Religions and Religion* (Belmont: Wadsworth Publishing Company, 1992), 134-139.

6) 세대주의는 성서 문자주의에 입각하여 역사를 7단계(세대)로 나누고 각 단계마다 신의 섭리의 역사를 예언한다.

다는 신념에 기초를 두고 있다. 부흥운동은 이 세상에 대해서는 비관적인 생각을 하고 있지만, 개인의 삶을 승리와 평화로 이끄는 성령의 은총에 대한 낙관적 견해를 제공하였다. 부흥운동에 의해 고무된 세대주의적 전천년설의 신봉자들은 사회 개혁이나 정치 문제보다 개인의 영혼 구원에 관심을 두고 복음화와 해외 선교에 집중하게 되었다.

이렇게 보면, 미국의 근본주의는 미국 문화의 한 구성 부분으로서 미국 사회의 변화에 대응하면서 다양하게 변용되어 왔다고 볼 수 있다. 중요한 것은 미국 근본주의자들이 청교도들의 선민의식과 기독교 애국주의 전통을 계승하고 있다는 점이다. 남북전쟁과 그 이후의 급격한 사회 변혁 과정에서 근본주의자들이 비관주의로 기울었던 것도 사실이지만, 그들은 가족의 해체에 강력하게 대항하면서 신이 제정한 원초적인 가정 질서를 옹호하고자 하였다. 축첩, 간통, 이혼, 향락주의 등에 대한 근본주의자들의 혐오와 반대는 이를 반영한다. 이러한 근본주의자들의 대응은 신이 제정한 가정 질서의 유지가 미국 사회의 건실한 발전을 뒷받침하는 가장 중요한 발판임을 인식한 데서 비롯되었다고 볼 수 있다.

미국 기독교 근본주의자들이 원초적인 신의 질서를 옹호할 때 내세운 무기는 성서무오설과 문자주의적 성서 해석이었다. 성서무오설은 하나님의 영감으로 기록된 성서의 말씀에는 오류가 없다고 주장하고, 성서의 말씀이 신앙뿐 아니라 역사와 과학 등 삶의 모든 영역에서 문자적으로 적용되어야 한다고 강조한다. 성서 문자주의는 스코틀랜드 상식철학의 영향을 받아 상식을 가진 사람이라면 누구나 성서에 기록된 대로 진리를 파악할 수 있다고 보는 입장이다.[7] 문자주의적 성서 해석

---

7) George Marsden, *Understanding Fundermentalism and Evangelicalism* (Grand Rapids, Mich.: William B, Eerdmans Publishing Company, 1991), 34.

은 세대주의 전천년설의 기반이 되었다. 20세기 초에 확립된 미국 기독교 근본주의는 성서 문자주의와 세대주의적 전천년설의 결합체였다. 이러한 근본주의는 한편으로는 급속한 산업화와 도시화, 세속화로 인한 사회문화적 충격에 대응하고, 또 다른 한편으로는 자유주의 신학의 도전에 맞서고자 한 미국 개신교 일각의 극단적인 방어 논리와 배타적 태도에서 비롯되었다고 볼 수 있다.

한국에 이식된 근본주의는 미국의 자생적 근본주의와는 구별되는 선교적 근본주의였다.[8] 한국에 근본주의를 이식한 선교사들의 문화 전략은 재래 종교들을 미신으로 규정하고, 한국의 문화를 저급한 민속으로 폄하하고, 특히 한국 가족주의의 핵심이라고 할 수 있는 신주와 제사를 우상 숭배로 배척하는 데 초점이 맞추어져 있었다. 그들은 예수를 믿고 구원을 받으라는 단순한 복음을 전하기 위해서는 선교지 주민들을 전통 종교와 문화로부터 단절시키는 것이 중요하다고 생각하였으며, 따라서 개종은 문화 전통으로부터의 이탈을 의미했다. 이런 점에서 선교사들의 선교지 문화 전략은 문화적 제국주의의 전형으로 규정될 수 있다.

개종을 전면에 내세운 선교사들의 활동은 1903년부터 1907년까지

---

8) 하인리히 쉐퍼의 연구가 시사하듯이, 선교적 근본주의는 한편으로는 선교 지역에서 종교적 소수파에 의해 대변되고 다른 종교들과 경쟁 관계에 놓이게 됨으로써, 또 다른 한편으로는 선교지 교회들에 대한 선교 정책과 교권의 장악을 두고 생겨나는 선교지 교회지도자들과 선교사들 사이의 갈등과 투쟁이 벌어짐으로써 첨예화된다. 선교사들의 선교지 문화 전략과 교회 및 신학 정책은 이러한 요인들을 고려하면서 고찰되어야 한다. 이에 대해서는 H. Schaefer, *Protestantismus in Zentralamerika. Christliches Zeugnis im Spannungsfeld von US-amerikanischem Fundamentalismus: Unterdrueckung und Wiederbelebung "indianischer" Kultur*, Diss. Uni. Bochum (1991), 108ff.를 보라.

진행된 대부흥 운동에서 두드러지게 나타났다. 대부흥 운동은 19세기 말부터 다양한 동기로 교회에 들어온 교인들을 정화하기 위한 의도에서 시작되었다.9) 선교사들은 이들을 정화하여 그들이 생각하는 '참된 기독교인'을 만들어야 한다고 생각하였으며, 이를 위해서는 복음을 받아들일 준비, 곧 개종이 불가피하다고 생각하였던 것이다. 실제로 대부흥 기간 동안에 한국인들은 개종의 물결을 이루었다. 그들은 축첩, 간음, 도박, 술, 담배, 마약 등의 폐습에 절었던 삶을 회개하였으며, 신주를 불사르고, 선교사들이 가르치는 순수한 복음을 받아들이고자 했다. 그러한 개종의 물결은 열광의 도가니이기도 했다.10) 선교사들은 바로 이와 같은 뜨거운 개종 체험이 한국인의 정체성을 기독교인의 정체성으로 바꿀 수 있다고 확신하였다.11)

대부흥 기간에 선교사들이 전한 메시지는 근본주의 신학의 요목들이라고 해도 과언이 아닐 것이다. 그들은 식민지화 과정이 막바지에 달했던 암울한 시대에 종말이 임박했음을 알리는 강력한 종말론적 메시

---

9) 장로회의 공식 통계에 따르면, 1894년 현재 64명에 불과하던 교인들은 1906년에는 56,943명으로 증가하였다. 이에 대해서는 한국기독교역사학회 편, 『한국기독교의 역사 1』(서울: 기독교문사, 1989), 254를 보라. 이러한 교인들의 급격한 증가는 여러 가지로 설명될 수 있다. 19세기 말에 벌어진 농민전쟁과 청일전쟁 등 불안한 정세에서 안전을 구하던 사람들은 특별한 보호 대상이었던 교회에 많이 들어왔다. 독립협회 등에서 활동하던 지식인들이 의료, 교육, 출판 등의 선교 활동을 벌이던 교회에 대한 기대를 안고 들어온 경우도 있었다. 식민지화가 진행되던 시기에 교회가 구국의 교두보 역할을 할 수 있다는 기대를 안고서 교회 문을 두드리던 사람들도 있었다.

10) 대부흥 집회의 열광적 분위기를 전하는 기록은 많이 남아 있는데, 그 가운데 대표적인 것은 아마 G. Lee, "How the Spirit come to Pyongyang," *The Korea Mission Field* 3/3 (1907/3), 34f. 일 것이다.

11) 이에 대한 대표적인 증언으로는 W. N. Blair, *The Korean Pentecost*, Pamphlet (1909), 42: "우리는 (⋯) 뒤흔들린 영혼들이 민족적 상황에 대한 관심을 버리고 주님과의 인격적 교제에 생각을 집중하게 되었다고 느꼈다."

지를 전했고, 종말에 임할 최후의 심판을 강조했다. 또한 그들은 성령의 강림과 성서의 문자적 진리를 전면에 내세웠다.[12] 이러한 메시지들은 선교사들에 의해 '순전한 복음'이라고 지칭되었으며, 마치 오순절 성령 강림이 일어나는 듯한 분위기에서 개종 체험을 했던 한국 기독교인들은 그 '순전한 복음'을 그대로 받아들이는 것이 참 신앙의 자세라고 여겼다.

한국 교회에 근본주의 신학이 정착하는 과정에서 가장 중요한 것은 선교사들이 교회 및 신학 정책에서 차지했던 권위적 지위였다. 그들은 한국 선교 초기부터 선교지 분할 정책, 네비우스 선교 정책, 교회와 국가의 관계를 규정하는 정교분리 정책 등 굵직굵직한 교회 정책과 선교 정책을 결정하는 전권을 행사하였으며, 한국 교회를 이끌어 갈 선교지 목회자들을 육성하기 위한 신학 정책도 결정하였다. 이렇게 교회 정책, 선교 정책, 신학 정책 등에서 한국 교회에 대한 선교사들의 지도적 권위를 확립하자 그들은 1907년 장로회 독노회(獨老會)가 세워지는 것을 계기로 해서 신조를 선포하였다. 이 신조는 한국 장로교회의 신학과 신앙 노선을 결정하는 중요한 문서인데, 그 신학은 강력한 근본주의 신학이었다.[13] 선교사들은 장로회 독노회 신조를 제정하면서 이 신조를

---

12) 이에 대한 상세한 분석으로는 Hee-Sook Lim, *Eine Analyse des protestantischen Fundamentalismus Koreas im Rahmen der kirchlichen Erwachsenenbildung: Mit einer Fallstudie zum "Handbuch fuer den Gottesdienst im Hauskreis" der Presbyterianischen Kirche Koreas zwischen 1875 und 1985* (Aachen: Verlag an der Lottbek im Besitz des Verlags Mainz, 2000), 105-117을 보라.

13) 한국기독교역사학회 편, 앞의 책, 285. 신조는 성서를 하나님의 말씀과 동일시하고 이를 "신앙과 의무에 대한 무오류의 유일 규준"이라고 규정했다. 이 신조는 제정 뒤에 줄곧 성서의 문자적 영감을 뒷받침하는 교리적 선언으로 해석되어 왔고, 성서 문자주의에 근거한 근본주의 신학을 강력하게 지지하는 교리로 받아들여졌다. 또한 신조는 원죄와 인류의 타락을 강조하고, 인류가 끊임없이 더 악해진다는 것을 전면

"변경할 수 없는 신조"로 못 박았다. 이러한 주장은 선교사들의 근본주의 신학을 한국 교회의 기본적 신학 노선으로 확정하여 근본주의를 정통 신학으로 자리를 잡게 하는 데 이바지하였다.[14]

그러나 선교적 근본주의에서 우리는 두 가지 층위를 구별할 필요가 있다. 하나는 교회 지도부의 근본주의이고, 또 다른 하나는 그들의 근본주의에 의해 강력한 영향을 받으며 형성된 평신도들의 신심이다. 엘리자베스 로어의 연구에 따르면, 개종 체험을 가졌던 사람들은 전통 문화와의 단절을 겪게 되고, 그들에게 삶의 의미를 생산하고 전달하는 생활 세계의 상징 체계들은 크게 왜곡된다고 한다.[15] 그러한 지적은 근본주의적 개종 설교를 받아들인 한국인들에게도 나타난다. 예를 들면, 신주를 불사르고 제사를 거부하는 것은 분명 한국 사회에서 공동체로부터의 배제를 감수하지 않으면 안 될 만한 행위였으며, 그러한 행위를 감행하는 사람은 적어도 신주와 제사를 우상과 우상 숭배로 규정함으로써 그가 속한 공동체의 의미 체계를 부정한 셈이기 때문이다. 가례를

에 내세웠다. 끝으로 신조는 최후의 심판을 말하면서 하나님은 이 세상에서 각 사람이 행한 바에 따라 영원한 구원을 선언하든지 영원한 저주를 선언할 것이라는 취지로 서술하였다.

14) 1934년 한국 선교 50주년을 기념하여 장로회 선교사 지도자 새뮤얼 마펫이 한국 교회를 향하여 50년 전에 선교사들이 전해 준 복음을 그대로 믿고 그것에 아무것도 덧붙이지 말라고 했을 때, 그는 정통 신학으로 자리 잡은 근본주의 신학을 유지하는 것을 한국 교회의 기본적 신학 노선으로 삼을 것을 분명한 말로 촉구한 셈이다. 1930년대부터 줄곧 한국 근본주의 신학의 대변자 역할에 대해 박형룡은 한국 신학자가 할 일은 선교사들이 전해 준 신학을 그대로 보존하면서 장미 꽃다발을 만들어 그 신학을 장식하는 것이라고 갈파하기까지 했다. 이러한 견해는 한국 장로교 일각에서 오늘에 이르기까지 존속하고 있다.

15) E. Rohr, *Die Zerstoerung kultureller Symbolgefuege: Ueber den Einfluss protestantisch-fundamentalistischer Sekten in Lateinamerika und die Zukunft des indianischen Lebensentwurfs*, 2. Aufl. (Muenchen: Eberhard Verlag, 1993), 105.

거부함으로써 공동체로부터 배제된 사람에게서 인격의 왜곡이 나타나는 것은 어쩌면 당연한 귀결이라고 할 수 있을 것이다.

또한 선교사들이 전한 '순전한 복음'은 전통 문화의 의미 체계를 통해 개종자들에게 전달되었기에 그 진의가 왜곡될 수도 있었을 것이다. 선교사들이 전하는 천국은 통속 불교가 말하는 천당의 의미로 받아들여져 천국 설교는 권선징악의 윤리적 설교로 수용되기 십상이었을 것이다. 종말이 임박했다는 메시지를 듣고서 많은 사람들이 윤리적 죄를 고백하고 구원을 얻기 위해 몸부림친 장면이 대부흥 기간에 흔하게 연출된 것도 이 때문이었을 것이다.[16] 그것은 종교혼합주의적인 것으로 해석될 수 있는 현상이다. 그리고 그것은 선교사들이 고수하였던 근본주의 신학과 교회 회중의 신심 사이에는 어느 정도의 거리가 있을 수 있음을 시사한다.

이러한 두 가지 층위를 구별한다고 하더라도, 선교적 근본주의의 신조와 문화 전략이 한국 개신교인들의 정신세계와 가족 문화에 장기적으로 깊은 영향을 미쳤다는 것을 부정할 수는 없다. 이에 대해서는 아래서 다시 논의하기로 한다.

2. 사회문화적 배경

미국의 근본주의와 한국의 근본주의는 매우 상이한 사회문화적 배경을 갖고 있는 만큼 특히 가족의 변화에 대한 대응에서 차이를 보인다.

미국의 근본주의가 뿌리를 내리고 있는 청교도 신앙은 대부분 가족 단위로 신대륙에 온 영국 동부 출신의 지식인들의 신앙이었다. 그들은

---

16) 이에 대해서는 Hee-Sook Lim, 앞의 책, 102-105를 참조하라.

성서를 진리의 기준으로 중시하고 하나님과 개인의 직접적인 관계를 기반으로 중생의 체험과 복음 전도를 강조하며 세상과 문화에서 나타나는 신정 정치를 지지하였다. 그들은 개인의 근면과 절약을 바탕으로 부를 축적하는 것을 신의 축복으로 여기는 금욕적 현세주의와 개인의 도덕적 책임을 중시하는 개인주의를 추구하는데, 이러한 신념은 종교뿐만 아니라 미국인들의 생활을 지배하는 가치와 이념이 되었다. 그들은 영국 개신교도들과는 달리 기존의 종교와 권위를 거부하고 종교의 타락을 맹렬하게 비판하는 회중주의와 청교도주의를 형성하였고, 이것은 미국 개신교의 특성을 이루었다.[17]

청교도주의는 개인의 합법적 영리 활동을 권장하여 미국의 건국에 자본주의 정신의 기초를 제공하였다. 부의 축적을 추구하지만 세속적 쾌락을 거부하는 청교도주의는 "자기 훈련을 요구하는 도덕적 관점"[18]을 지닌 현세적 금욕주의로서 개인의 도덕적 의무를 강조한다. 미국 개신교에 지대한 영향을 끼친 칼빈의 예정론은 선민의식을 부각시켰으며, 하나님의 선택을 받았다는 증거를 개인의 세속적 선행에서 찾을 수 있다는 논리를 제공하였다. 선행의 수행에서 가장 중요한 것은 소명에 따른 직업으로 여겨졌다. 하나님의 선택을 받은 사람은 직업을 통하여 단순히 돈을 버는 데 그치지 않는다. 그는 근검과 절제를 통하여 부를 축적하여야 하고, 나태와 사치를 멀리하여야 한다.[19] 이러한 직업 윤리

---

17) 이것을 저항적 개신교주의라고 명하는 학자들도 있다. 이에 대해서는 John Green, *Religion and the Culture Wars: Dispatches from the Front* (Lanham, MD: Rowman and Littlefield, 1996)를 보라.

18) Anthony Giddens, *The Constitution of Society: Outline of the Theory of Structuration* (Berkeley: University of California Press, 1986), 288.

19) 장정애, "미국의 앵글로-개신교 문화에 나타난 저항적 프로테스탄티즘: 노동윤리와 개인주의를 중심으로," 『춘계학술대회』(자료집), 국제지역학회 편 (서울: 국제지역

는 미국 청교도들에게 사회 변혁보다는 개인 윤리에 더 비중을 두게 하였다. 이러한 에토스는 당시 도덕적 해이함을 보이던 식민종주국 영국의 개신교도들보다 도덕적으로 더 우월하고자 한 청교도들의 의식과 노력에서 비롯되었다. 미국 역사에서 개인의 존엄성과 가족의 신성함을 강조하는 기독교 근본주의는 이러한 청교도주의 전통을 이어받고 있다.

따라서 가족이 급격한 사회 변동에 직면하여 전통적 질서에서 벗어나게 되거나 심지어 해체의 위기에 직면하게 될 때, 기독교 근본주의자들은 위기의 징후로 인식하고 이 위기를 극복하기 위해 신이 제정한 본래의 질서를 회복하려는 운동을 벌이게 되는데, 미국의 근본주의자들이 내세우는 본래의 질서는 왕왕 청교도들의 전통적인 가족 질서를 이상화한 것으로 해석될 수 있다. 이런 점에서 미국 근본주의자들의 위기 대응은 미국의 역사에서 사회문화적 배경을 가지고 있는 것으로 볼 수 있다.

이에 반해 한국의 근본주의는 가정의 질서에 대한 가르침에 관한 한 한국의 전통 문화에서 그 동력을 얻을 수 없었다. 한국의 전통 문화에는 청교도적 개인주의나 금욕주의에 해당하는 것이 없었고, 개인을 가족에 해소시키는 동양적 가족주의와 유교적 가부장주의가 있었을 뿐이다. 미국 선교사들이 개종을 통하여 전통으로부터 단절시키고자 한 개신교인들에게 그들의 근본주의적 가족관을 이식시키기 위해 노력하였다는 것은 예수교 장로회 총회 직영 신학교인 평양신학교의 기관지『신학지남』에 실린 많은 글들[20]을 통하여 확인할 수 있지만, 선교사들의

학회, 2007), 1030.

가르침은 성서의 특정 구절들에 대한 문자주의적 해석에 입각한 것일 뿐, 한국의 전통적 가족 문화와 직접적인 연관성을 맺지 못했다.

한국의 가족 문화를 규정하는 것은 가족주의이다. 조혜정에 따르면, 한국의 가족주의는 조선 중기까지의 도덕적 가족주의, 조선 후기부터 일제 강점기와 한국전쟁 전후 시기의 공리적 가족주의, 산업화와 도시화가 집중되던 시기의 도구적 가족주의, 현대의 이기적 가족주의로 대별된다고 한다.[21] 가족주의의 성격이 변화되는 과정에서 주목되는 점은 사회 변동이 급격한 시기에 가족의 형태와 구조가 변화되지만 가족주의는 가족 내부적으로나 사회적으로 더 강화되는 양면성을 지닌다는 것이다.[22]

---

20) 사우업, "가족,"『신학지남』3/4 (1920), 475-495. 두 편의 연재 번역물도 눈길을 끈다. S. John, "기독교 가정교육 지도," 민로아 역,『신학지남』4/1 (1922) - 6/3 (1924); A. Morrey, "기독교 자녀교육," 민로아 역,『신학지남』6/4 (1924) - 8/3 (1926). 이 글들에 대한 자세한 분석은 아래 III. 2를 보라.

21) 조혜정, "사회변동과 가족주의,"『한국문화인류학』17 (1985), 81-98.

22) 예를 들면, 조선 후기에 공적 영역에 대한 국가의 구속력과 영향력이 약화되는 혼란기에 가족은 생존의 보루이자 삶의 목표가 되었다. 일제 식민정책으로 인해 토지를 잃은 사람들의 농촌 이주가 빈발하고 징용과 독립운동으로 남자들이 집을 떠나는 상황에서 아버지의 부재로 인해 어머니의 역할이 강조되지만 전통적 가족주의는 위기 상황에서 가족의 결속과 유대를 지탱해 주는 이념으로 그 맥을 유지하였다. 특히 전쟁은 사회적 혼란과 불안을 고조시키기 때문에 가족의 보호와 지지는 더 요구되었다. 1960년대 이후 경제 개발 과정은 전통적으로 가족이 담당하던 생산적 기능과 사회적 기능을 축소시키고, 일터와 가정을 분리시키고, 핵가족화를 촉진하였다. 핵가족은 성 역할 분담 구조에 따라 남성 가장에게 임금노동을 통한 부양자 역할을, 가정주부에게 가사노동을 통한 정서적 역할을 분배하고, 가족을 업적과 경쟁으로 이루어지는 바깥 사회에서 격리된 피난처와 안식처의 사적 영역으로 성격화하였다.(박영은, "산업화와 가족주의,"『정신문화연구』(서울: 한국정신문화원, 1985), 176) 이러한 핵가족의 개념은 서구 사회의 그것과 다를 바 없다고 볼 수 있다. 그러나 한국의 핵가족은 외형상으로 가구 구성상의 변화를 보이지만, 가족 내부적으로는 가족과 친족 사이의 혈연관계와 상호부조를 중심으로 하는 가족주의를 넘어서지 못한고 있다는 점에서 서구 사회의 핵가족과 다르다.(최홍기, "현대 한국 가족제도

만일 선교사들이 한국인들의 가족관에서 나타나는 이러한 특성을 깊이 인식하고 이에 대응하고자 하였다면, 그들의 가르침은 단순히 성서의 문자적 해석에 그치거나 미국의 전통적 가족 질서를 이상화하는 것으로 나타나지 않았을 것이다. 선교사들의 가르침을 그대로 본떠서 한국의 근본주의자들이 하나님의 뜻에 따라 가정을 형성하라고 강조했어도 그 효과는 미국 근본주의자들의 설교와는 사뭇 다른 효과를 낼 수밖에 없었을 것이다. 가족에 대한 설교를 듣는 한국의 개신교인들은 설사 머리로는 성서가 가르치는 가족 질서를 이해했을는지 모르지만 그들의 몸은 전통적인 가족주의로부터 벗어나기 쉽지 않았을 것이며, 오히려 그들의 가족주의는 가족에 관한 설교로 인해 더 강화될 수도 있었을 것이다. 이처럼 가족주의가 강화된다 하더라도 그것은 미국 근본주의자들이 생각하는 이상적인 가정 질서와 부합할 리 만무했을 것이다.

본 연구자는 한국 기독교 근본주의는 미국 기독교 근본주의와 대동소이한 가족관을 갖고 있지만, 유교적 가족관을 수용하는 모습을 보이고 있다고 생각한다.[23] 그 단적인 사례는 혈연의식과 도덕적 형식주의이다. 한국 근본주의자들에게 가족은 "하나님의 뜻을 중심에 놓고서 결합하는 사람들의 생활 공동체"로 강조되기보다 결혼과 출산을 통해 구성되는 배타적 집단을 전제로 한다. 유교 문화의 특성으로 지적되는 형식주의는 한국 근본주의자들의 성 윤리관에 잘 드러난다. 한국 근본주의자들은 한국 사회에서 통용되는 남성 중심적 성 윤리와 남아선호 경향을 용인하면서 근본주의적 성 윤리를 신앙적 외피로 강조한다고 볼 수 있는데, 낙태에 대한 모호한 입장이 그 예라고 볼 수 있다.[24]

의 변화,"『한국사회론』(서울: 사회비평사, 1995), 153.)

23) 임희숙, "현대 한국 사회에서 가족 변화에 대한 기독교 근본주의의 대응에 관한 성인지적 연구," 297.

3. 사회문화적 변동에 대한 대응의 정치적 전략

종교와 정치의 관계에서 미국의 근본주의와 한국의 근본주의는 어느 정도 차이를 보이며, 이러한 차이는 가족의 변화에 대한 근본주의적 대응의 전략을 선택하는 데서 두드러지게 나타난다고 볼 수 있다.

미국의 근본주의는 20세기 중반까지는 특유의 비관주의와 반현대주의로 인하여 현실로부터 퇴각하는 듯한 모습을 보인 것도 사실이지만, 20세기 중후반에 이르러서는 미국 정치의 지형을 변화시킨 신보수주의의 대두와 맞물려 급부상하는 양상을 보이기 시작하였다. 미국의 신보수주의는 애국주의 전통에 호소하였다. 특히 베트남 전쟁 이후에 미국 사회의 혼란과 갈등을 수습하고 사회적 통합을 이루려는 움직임이 다양하게 나타났을 때, 17세기 청교도 전통을 이어받은 시민 종교가 널리 보급되었다. 이 시민 종교의 추종자들은 미국이 하나님에 의해 선택된 약속의 땅이며 세계를 구원하기 위한 의무와 소명을 지닌 나라임을 전면에 부각시킨다. 미국 국민은 선민으로서 정의와 덕을 세우는 모범적인 삶을 살아야 하고, 미국이 악의 세력에 의해 위기에 처할 때 목숨을 바쳐 나라를 지켜야 한다. 이와 같은 믿음과 규범은 애국자나 전몰자를 기리는 국립묘지나 성지의 방문, 대통령 취임 연설 청취, 독립기념일 기념, 국기에 대한 맹세 등을 통해서 이루어진다.[25] 국가가 위기와 혼란에 처했을 때 그 해결책은 뉴잉글랜드 청교도 공동체와 건국의 아버지들이 표방한 미국적 가치를 회복하는 것이다.

이러한 애국주의 운동에 편승하면서 미국 기독교 근본주의자들은

---

24) 임희숙, 앞의 글, 310.
25) Catherine Albanese, 앞의 책, 9-10.

1970년대부터 국가를 구원하는 십자군 운동을 전개하였다. 이 운동은 과거의 '진짜 미국', 곧 '기독교적 미국'(Christian America)을 되찾음으로써 빈민, 마약 중독자, 동성애자의 미국을 청교도, 애국시민, 중산층의 미국으로 바꾸는 것에 중점을 두고, 보수적인 정치인들과 연합하여 청교도적 가치 체계를 활성화하고자 하였다.[26] 이 운동에 참여한 다양한 단체들이 이른바 기독교 우파를 표방한다.[27]

1980년대부터 근본주의는 더 과격한 양상으로 무장 단체를 조직하는 극우파로 변화하기 시작하였다. 준군사조직인 '기독교애국방위연맹'을 위시하여 다양한 민병대들이 조직되었는데, 그들의 이상형은 200여 년 전 미국 독립을 위해 싸우던 민병대들이었다. 특히 1994년 침례교 목사 노만 올슨에 의해 조직된 미시간 민병대는 '신의 군대'로 자처하면서 연방 정부의 총기 규제, 사회주의적 성향의 교사와 교수의 학교 침투, 낙태 허용과 같은 도덕적 타락에 대하여 저항하였다. 민병대 이외에도 기독교 신앙을 무장 투쟁과 결합시킨 종교 단체들이 1990년대

---

26) 1980년 레이건이 대통령 선거에서 "근본으로 돌아가자"고 외치며 전통으로의 복귀를 호소한 것도 같은 맥락이다.

27) 여러 개의 기독교 우파 단체들이 다양한 배경 속에 다양한 방식으로 사역하고 있지만, 그들이 제기하는 주장은 거의 동일하다. 종교적으로 보수적 복음주의자들이고, 정치적으로는 보수적 공화당 지지자들이라는 공통점 때문이다. 그들 내부에 다양한 차이가 있음에도 낙태 · 동성애 · 여성운동에 반대하고, 종교의 자유를 부르짖는다. 나아가 자유민주주의를 신봉하고, 군비 증강을 두둔하며, 유엔의 간섭을 배제한 미국의 독자적 세계 경영을 주장한다. 기독교 우파 가운데 가장 중요한 역할을 한 것은 근본주의자이면서 방송 목사로 유명한 제리 폴웰이 조직한 '도덕적 다수'(moral majority)였다. 이 단체는 1980년 미국 대통령 선거에서 진보적 정치인들을 낙선시키고 레이건을 대통령으로 당선시키고 공화당이 의회를 장악하도록 하는 데 결정적인 역할을 한 수백만 명의 유권자 집단이다. 그 밖에 팻 로버트슨 목사가 1992년에 조직한 '기독교연합'(the Christian Coalition)도 정치적 활동을 목표한 활동한 대표적인 종교 단체이다.

부터 생겨나기 시작했다. 자칭 '기독교 애국자들' 같은 조직의 출현은 미국이 미국의 붕괴를 도모하는 국제적 음모 세력과 최후의 대결을 벌이게 될 것이라는 아마겟돈 전쟁론의 확산과 밀접한 관계가 있다. 팻 로버트슨 목사는 1991년에 쓴 소책자 『새로운 세계질서』(*The New World Order*)에서 유대인 음모론을 내세워 사회적으로 큰 반향을 불러일으키기도 하였다.[28]

미국의 근본주의가 하나님이 세운 나라 미국의 재건이나 미국이 필요로 하는 도덕적 가치의 회복을 위해 정치적 세력화의 길을 걸었던 데 반하여, 한국 기독교 근본주의는 정치에 대한 입장에서 모호한 입장을 취했다. 한국 근본주의자들이 20세기 초에 엄격한 정교분리 정책을 취했다는 것은 앞에서 간략하게 언급한 바 있지만, 그들은 해방 이후에도 반(反)에큐메니칼 투쟁을 벌이며 세상에 대해 거리를 두는 교회의 입장을 옹호하는 교회 정책과 선교 정책을 재정립한 바 있다. 교회는 개인의 영혼을 구원하기 위해 설립된 하나님의 기관이며, 하나님의 뜻에 따라 세상을 형성하기 위한 기관일 수 없다는 것이다. 하나님의 활동 무대는 세상이 아니라 교회이기 때문이다.[29] 에큐메니칼 운동에 반대하는 근본주의자들은 세계로부터 물러나 이른바 교회의 일에만 골몰하는 일종의 정숙주의를 택했다고 볼 수 있을 것이다.

한국 기독교 근본주의는 1901년의 정교분리 선언의 계승자로서 정부가 하는 일에 교회가 관여하는 것을 금기시했고 정부가 교회의 일에 관여하는 것도 원칙적으로 반대했다. 그러나 이러한 원칙이 항상 지켜

---

28) 이에 대해서는 이주영, "미국의 좌파와 우파," (서울: 살림, 2003), 66을 보라.
29) 박형룡, "에큐메니칼 운동의 교리와 목표," 『신학지남』 24/1 (1958), 9.

졌던 것은 아니다. 일제 강점기뿐만 아니라 해방 이후에, 특히 한국전쟁 이후에 한국 기독교 근본주의자들은 반공주의의 아성을 구축하며 반공 정권을 강력하게 뒷받침하였다. 그들의 이승만 정권과 박정희 정권에 대한 지지는 반공주의를 매개로 한 것이었다. 또한 한국 기독교 근본주의자들이 대거 포함된 기독교 보수주의자들은 국가조찬기도회를 조직하여 독재를 공공연하게 지지하는 행태를 서슴지 않았다.[30] 이것은 한국 기독교 근본주의의 특징인 정교분리 정책의 양면성과 보수적 정치 지향성을 잘 보여 준다.

그렇지만 한국의 기독교 근본주의자들이 현대 사회의 가족 변화에 대해서 기독교인들의 대응을 정치적으로 조직한 적은 일찍이 없었던 것 같다. 한국의 근본주의자들이 근본주의 세계관에 따라 세계를 공격적으로 변화시키고자 하는 미국 근본주의자들의 영향을 받아 기독교의 정치 세력화를 꾀하는 일이 2003년을 전후로 해서 노골적으로 나타나기 시작했지만,[31] 기독교적 가족의 가치를 회복함으로써 국가의 기초를 확립하여야 한다는 주장은 한국의 기독교 근본주의자들에게서는 아직 나타나지 않았다.

---

30) 김용복, "해방 후 교회와 국가," 한국기독교사회문제연구원 편, 『국가권력과 기독교』(서울: 민중사, 1982), 234.
31) 이와 관련해서는 강인철, "수렴 혹은 헤게모니 – 1990년대 이후 개신교지형의 변화," 『경제와사회』 62 (2004/여름호), 45-46을 참조하라.

III. 현대의 가족 변화에 대한 미국과 한국의 기독교 근본주의의 대응에서 나타나는 공통점

한국과 미국의 기독교 근본주의는 위에서 밝힌 바와 같이 몇 가지 점에서 차이를 보이기는 하지만, 현대 사회의 가족 변화에 대한 대응을 들여다보면 한국과 미국의 기독교 근본주의는 많은 점에서 공통점을 갖고 있다.

아래서는 이러한 공통점들을 밝히고, 그 공통점들이 어떤 요인들에서 비롯되었는가를 규명하기로 한다.

1. 위기의 인식과 대응

미국과 한국의 근본주의는 당대 현실을 위기로 인식하고 이에 대한 급진적인 대응을 추구한다는 점에서 공통점을 갖는다. 가족의 해체가 가져오는 위기의식은 근본주의가 수용되고 활성화되는 가장 직접적인 계기를 이루고 있다.

미국의 역사에서 기독교 근본주의가 활성화되는 시기는, 크게 보면, 남북전쟁 이후와 베트남 전쟁 이후였다. 미국은 남북전쟁 전후의 산업화와 도시화, 대량 이민의 유입으로 사회경제적 변동, 사회적 혼란, 문화적 세속화 등 급격한 사회문화적 변동을 겪고 있었다. 이러한 급격한 변동기에 전통적인 가정 질서가 위기에 직면하였음을 예민하게 의식한 사람들은 이 위기를 극복하기 위해 하나님이 제정한 본래의 가정 질서를 회복하여야 한다고 생각하였고, 바로 이러한 생각이 근본주의를 활성화하는 데 결정적으로 기여하였다. 20세기 중반에도 미국 사회는 베트남 참전으로 인한 혼란과 갈등의 소용돌이와 다양한 사회적 실험(이혼 급증, 성 해방, 인권운동, 페미니즘 등)에 휩쓸려 있었는데, 미국의 근본주의자들은 이러한 사태 발전을 국가적 위기로 인식하고, 이에 대항해서 미국적 가치의 회복과 '기독교 미국'의 형성을 강조하면서 근본주의 진영의 입지를 공고화하고자 하였다.

한국의 근본주의도 조선의 멸망, 식민지 지배의 노골적 강화, 한국전쟁 등과 같은 위기의 시대나 압축적 경제 성장에 동반된 급격한 산업화와 도시화 등 급격한 사회 변동의 시기에 활성화되었다. 특히 한국 사회가 본격적인 산업화에 박차를 가하던 1960년대 중반 이후에 한국 개신교의 교세 확장과 부흥운동은 괄목할 만한데,[32] 그 주역들은 대부분 오순절운동가들과 근본주의자들이었다.[33]

한국 교회의 급격한 성장은 두 가지 요인이 서로 맞물려 상승작용을 하였기 때문에 일어났다고 분석된다. 하나는 사람들을 교회에 밀어넣는 요인이고, 또 다른 하나는 사람들을 교회에 끌어들이는 요인이다. 사람들을 교회에 밀어넣는 요인으로 가장 먼저 꼽히는 것은 급격한 산업화와 도시화로 인해 고향을 상실한 사람들의 정체성 위기와 고독감, 공동체 상실에서 비롯되는 공허감과 불안감을 들 수 있다. 사람들은 이러한 사회심리적 위기에서 벗어나는 데 도움이 되는 고향의 대체물을

---

32) 이 시기에 교회는 양적 성장 정책을 강력하게 추진하였으며 여의도와 남산에서 대형 부흥 집회를 연이어 개최하였다. 실제로 한국 교회는 1974년(엑스플로 74)와 1980년(세계복음화십자군운동) 사이에 괄목할 만한 성장을 보였다.

33) 오순절운동은 근본주의 신학을 강화시키는 요람이 되었다. 본래 신학을 정립하지 않은 채 성령 체험을 강조하였던 오순절운동은 그 탄생지에서부터 신학적 필요가 있을 때에는 근본주의 신학을 채용하는 경향이 있었는데, 한국의 오순절운동도 예외가 아니었다. 근본주의 신학은 성령 체험을 통해 신앙 생활에 입문한 사람들에게 명료하고도 단순한 신앙 요목을 제시함으로써 신앙의 확신을 강화하는 데 안성맞춤이었을 뿐만 아니라, 교회 성장이 필요로 하는 목회자의 강력한 지도력에 순종하는 권위주의적 멘탈리티를 활성화하는 데에도 딱 들어맞았다.

찾았으며, 심리적·정신적·영적 안정감을 제공할 수 있는 모임을 찾
았다. 바로 그러한 역할을 하는 것이 1960년대 중반 이후에 우후죽순
처럼 설립되던 교회들이었다.[34] 이렇게 많은 사람들을 끌어들일 수 있
었던 교회들에는 두드러진 특징이 있었다. 우선 이 교회들은 고향을 상
실한 사람들을 받아들여 안도감을 줄 수 있는 분위기를 갖고 있었다.
교회의 공동체적 사귐이 활성화되어 있는 교회들, 특히 조그만 신도 모
임을 조직하여 이를 조직적으로 관리하는 교회들은 많은 신도들을 확
보하는 데 유리한 위치에 있었다.

그러나 이렇게 교회에 들어오기 시작한 사람들로 하여금 신앙의 확
신을 갖도록 한 것은 방언(放言)과 신유(神癒)의 체험이나 목격이었
다.[35] 방언과 신유는 성령의 직접적 현존을 확신하게 하였고, 성령의
인도를 받는 카리스마적 지도자들의 근본주의적 가르침을 절대적인 진
리로 받아들이게 하였다. 이것은 사회문화적 변동으로 인하여 불안에
처해 있었던 사람들에게 흔들리지 않는 기초를 확보하게 하는 효과를
가졌다. 근본주의는 바로 이러한 기제를 통하여 교회 성장을 뒷받침하
는 강력한 신학으로 자리를 잡게 된다.

2. 가족신학의 논리와 구조

미국의 근본주의와 한국의 근본주의는 신학적 주장의 논리와 구조에
서 현저한 유사성을 보인다. 근본주의의 특성을 권위주의 멘탈리티[36]

---

34) 한완상, "교회의 양적 급성장에 대한 사회학적 고찰," 한국크리스찬아카데미 편,『한
　　국 교회 성령운동의 현상과 구조 - 순복음중앙교회를 중심으로』(서울: 대화출판
　　사, 1984), 169.
35) 한완상, 앞의 글, 200, 211.

로 규정하든, '비이성의 반담론(反談論)'[37]으로 규정하든, 근본주의자들이 비판적 담론 능력을 결여하고 있다는 점은 잘 알려져 있는 것이 사실이다. 이러한 근본주의의 특성은 가족 변화에 대한 대응 논리의 구성에서 잘 드러난다.

본 연구자는 가정에 대한 근본주의자들의 주장을 분석하기 위하여 1920년대와 30년대에 미국 선교사들이『신학지남』에 기고했던 글들을 분석하고자 한다. 이렇게 오래된 글들을 분석하는 데 대해 의아하게 생각할 사람들이 있겠지만, 본 연구자는 이 글들이 근본주의자들의 가족 이해를 전형적으로 보여 주고 있고, 오늘의 근본주의자들이 가족에 대해 하는 말들과 본질적으로 다르지 않다[38]는 점에서 분석할 만한 충분한 이유가 있다고 본다.

『신학지남』에 실린 글들은 무엇보다도 가정이 세상을 창조하고 보존하고 구원하려는 하나님의 결의에 뿌리를 박고 있는 불변의 질서라는 점을 강조한다.(창 1:28; 2:18-22)[39] 하나님은 일부일처제를 제정하셨기에 일부다처제는 하나님의 뜻에 어긋난다.(말 2:15) 가정의 목적은 무엇보다도 생식과 양육에 있다.[40] 하나님이 제정하신 가정의 파괴는 사회 전체에 큰 위험이 된다. 가정의 파괴는 가정 분란, 이혼, 간음, 매춘, 가족적 유대를 소중하게 여기지 않는 개인주의로 나타나며,[41] 말세

---

36) S. H. Pfuertner, *Fundamentalismus: Die Flucht ins Radikale* (Freiburg: Herder Verlag, 1991), 157-160.

37) Th. Meyer, *Fundamentalismus: Aufstand gegen die Moderne* (Reinbek bei Hamburg: rororo Verlag, 1989), 155.

38) 본 연구자는 앞의 각주 2와 3에서 언급한 논문들에서 오늘의 한국 교회와 미국 교회에서 활동하는 근본주의자들의 가족신학을 세밀하게 분석한 바 있다.

39) A. Morrey, "기독교 자녀교육,"『신학지남』6/4 (1924), 105ff.

40) 사우업, 앞의 글, 489ff. 493ff.

의 징표이다.(딤후 3:2) 간음과 이혼은 하나님의 뜻에 전혀 부합하지 않는데도 책이나 영화, 관례들을 통해 부추겨지고 있다. [42]

성서적 가정 질서에서 남편과 아내, 부모와 자식의 관계는 하나님에 의해 제정되었다. 하나님 앞에서 그리고 예수 그리스도 안에서 남편과 아내는 동등하지만, 남편은 아내를 보호해야 할 의무가 있고,[43] 아내의 영적·도덕적 발달을 도와야 한다. 하와가 유혹을 당한 것을 기억하면서 남편은 그 아내의 모범이 되어야 한다.[44] 이것은 전형적인 가부장적 관념인데, 『신학지남』은 이를 당연시한다. 부모와 자녀의 관계에서 부모는 자녀를 양육해야 할 의무가 있으며, 자식은 마땅히 부모를 존경하고 부모에게 복종하여야 한다.[45] 기독교 가정교육의 목표는 순종과 질서 있는 행동을 하도록 자녀들을 훈육하는 것이다.[46] 어머니들은 자녀들을 헌신과 기도로써 양육하여 하나님의 자녀가 되도록 하는 하나님의 명령을 받았다.[47] 기독교 자녀교육을 위해서는 체벌도 필요하고, 자식이 잘못된 길로 들어서지 않도록 엄격해야 한다. 자녀교육의 목표는 부모의 권위에 대한 경외심을 길러 주는 것이다. 권위적인 규범들에 순종하도록 어린 시절부터 훈련시켜야 한다.[48] 그런 점에서 복종은 "인간 생활에서 가장 중요한 원칙"이다.[49]

---

41) 사우업, 앞의 글, 475.

42) W. C. Erdmans, "국제주일학교공과에 대한 논평," 『신학지남』 20/6 (1938), 51f.

43) 사우업, 앞의 글, 481f.

44) W. C. Erdmans, "국제주일학교공과에 대한 논평," 『신학지남』 11/1 (1929), 41f.

45) 사우업, 앞의 글, 489ff, 493ff.

46) A. Morrey, "기독교 자녀교육," 『신학지남』 8/3 (1926), 89ff.

47) A. Morrey, "기독교 자녀교육," 『신학지남』 7/4 (1925), 193ff

48) S. John, "기독교 가정교육 지도," 『신학지남』 4/1 (1922), 123ff.

49) W. C. Erdmans, "국제주일학교공과에 대한 논평," 『신학지남』 19/5 (1937), 61.

여성의 역할에 관한 한, 『신학지남』은 성차별적 경향을 강하게 띠고 있다. 성차별은 남편과 아내의 가부장적 관계에서 분명하게 드러난다. 아내는 남편에게 복종하고 남편을 존경할 의무가 있으며, 마땅히 순결을 지켜야 한다. 이 모든 것은 남편의 사랑을 받기 위한 기본 조건이다.[50] 가정에서 아내가 수행해야 할 과제는 임신과 출산, 헌신과 기도로써 자녀를 양육하는 것, 선하고 현명한 태도로 남편을 돕는 것, 시부모를 공경하고 잘 돌보는 것 등이 그것이다.[51]

이러한 『신학지남』의 글들은 근본주의자들이 가정의 문제를 다루는 방식을 전형적으로 보여 준다. 무엇보다도 근본주의자들이 내세우는 가족신학의 근거는 특정 성서 구절들을 기초로 하는 성서 문자주의이다. 근본주의자들은 일점일획의 오류가 없는 하나님의 말씀을 불변의 진리로 주장하고, 성서의 가르침을 문자적으로 해석하여 이를 모든 시대, 모든 상황에 그대로 적용되는 신앙과 행위의 표준으로 삼는다. 변화하는 사회와 시대에 부응하는 성서 해석의 모든 시도를 "하나님의 말씀을 (세상과) 타협"하게 만든다고 단정한다.[52] 그렇게 하면, "성경은 그 권위를 빼앗기고 시대에 편승하는 교회와 신학이 탄생"[53]한다는 것이다.

근본주의자들은 가족에 대한 자신들의 원리와 규범이 시대를 초월한 타당성을 갖는다는 점에서, 어떠한 반론이나 상황적 유보도 용납할

---

50) W. C. Erdmans, "국제주일학교공과에 대한 논평," 『신학지남』 11/1 (1929), 41f.

51) C. A. Clark, "이상적인 어머니상," 『신학지남』 16/3 (1934), 41; W. C. Erdmans, "국제주일학교공과에 대한 논평," 『신학지남』 20/4 (1938), 73f. 등.

52) 임희숙, "현대 한국 사회에서 가족 변화에 대한 기독교 근본주의의 대응에 관한 성 인지적 연구," 291.

53) 정훈택, "존재론적 평등성, 기능적 종속성? – 우리의 여성 안수불가 논의에 관하여," 『신학지남』 여름호 (1997/6), 247.

수 없다고 주장한다. 기독교 근본주의는 하나님이 제정한 가족 제도가 현대에 들어와 훼손되고 파괴되었다고 보기에 본래의 질서를 회복하는 것이 문제 해결의 첩경이라고 본다.[54] 가족 제도의 시대적 차이와 문화적 다양성에 대한 고려도 없이, 복잡하게 전개되는 가족 현실에 대한 다각적 분석과 대안 모색보다 시공간을 초월하는 불변의 진리를 문제 해결의 대답으로 제시하는 것이다. 인간은 단지 하나님이 제정하신 불변의 질서를 지켜야 할 의무와 책임을 지니고 있을 뿐이다.[55]

그러나 한국과 미국의 근본주의자들이 불변의 질서로 간주하는 가족 형태는 사실 깊이 들여다보면 부르주아적 핵가족이다. 그들은 역사의 특정 시기에 탄생한 가족 형태를 하나님에 의해 제정된 신성한 질서로 간주하고 있을 뿐이다. 미국 근본주의자들은 이 신성한 질서의 원형이 뉴잉글랜드의 청교도 가족 형태에서 구현되었다고 보기 때문에 이 이상적인 가정 질서를 깨뜨리는 것은 용납할 수 없는 죄악이라고 본다. 미국의 근본주의자들에게 현대 가족의 다양한 변화는 말세에 나타나는 반신적 죄악이며, 그 본보기는 여권신장이다.[56] 그들은 여권신장의 결과가 전통적 가족 내 성 역할을 변화시키고 가족들을 위한 여성들의 희생과 덕목이 사라지게 만들고 여성의 성적 방종을 초래함으로써 가족을 파괴한다고 주장한다.

이처럼 근본주의자들은 그들이 신봉하는 진리의 절대성을 주장하기

---

54) 임희숙, "현대 한국 사회에서 가족 변화에 대한 기독교 근본주의의 대응에 관한 성 인지적 연구," 291.

55) 임희숙, "현대 미국 사회에서 가족 변화에 대한 기독교 근본주의의 대응에 관한 성 인지적 연구," 272.

56) 임희숙, "현대 한국 사회에서 가족 변화에 대한 기독교 근본주의의 대응에 관한 성 인지적 연구," 295ff, 303, 307; 임희숙, "현대 미국 사회에서 가족 변화에 대한 기독교 근본주의의 대응에 관한 성 인지적 연구," 260, 265, 268.

때문에 역사적 성찰이나 비판을 용납하지 못한다. 그들은 담론 능력을 결여하고 있다.

IV. 맺음말: 가족 변화에 대한 가부장적 저항으로서의 근본주의

현대 가족 변화에 대한 한국과 미국의 기독교 근본주의의 대응에서 나타나는 차이점과 공통점을 근거로 하여, 한국과 미국의 기독교 근본주의가 가족 변화에 대하여 생산하는 신학의 패러다임을 성 인지적 관점에서 평가해 보면 다음과 같다.

1. 급진화된 전통주의: 가부장적 질서의 옹호

『신학지남』에 실린 근본주의자들의 가족관은 유교적 가부장주의의 전통이 강했던 한국 사회에서 별 다른 어려움 없이 수용될 수 있었을 것이다. 왜냐하면 둘 사이에는 상당히 많은 점에서 친화성이 있기 때문이다. 근본주의자들의 견해는 특히 한국 장로교회를 이끌어가는 목회자들의 가정관과 여성관을 규정하였고, 이를 교회의 가르침으로 보존하였다. 이러한 근본주의적인 가정관과 여성관은 사회문화적 변동이 급격하게 이루어지는 사회적 위기 상황에서 생존의 원동력으로 강화·재생산됨으로써 오늘에 이르기까지 큰 변화 없이 유지되고 있는데, 이것은 매우 주목할 만한 현상이다.

20세기 후반 기독교 근본주의 지도자들은 당시 미국이 처한 국가적 위기와 사회문화적 위기의 대응으로 가족 회복 운동과 위대한 미국을 재건하겠다는 프로젝트를 내걸었으며, 기독교 근본주의는 전통적인 기독교 애국주의와 결합하여 강력한 정치 세력으로 자리를 잡기에 이르렀다. 특히 1960년대 전통적인 가족 모델을 비판하고 거부하는 저항 문화는 70년대까지 그 영향을 미쳤다. 이에 대응하여 기독교 우파는 1970년대 후반부터 전통적 가족의 가치를 강조하면서 성 해방을 옹호하는 페미니즘을 반격하였고, 출산과 무관한 성 관계, 낙태, 동성애를 반대하면서 건국 초기의 기독교 도덕과 가족주의의 부활을 주장했다.

이런 점에서 한국과 미국의 기독교 근본주의는 전통적 가족의 해체와 더불어 가부장적 권위와 성 역할이 약화되고 성 윤리와 가족 형태가 급속하게 변화하는 사회문화적 변동기에 사회적 혼란과 위기의식에 흔들리지 않는 가족관을 제공하였다고 볼 수 있다. 이것은 기독교 근본주의를 현대의 도전에 대한 전통주의적 대응으로 성격화한 토마스 마이어나 마르틴 리제브롯의 견해가 일리 있음을 입증한다. 선교 초기에는 미국의 전통주의가 한국 교회에 그대로 이식되는 데 그쳤을는지 모르지만, 일단 한국 교회에 이식된 근본주의적 가정관과 여성관은 교회 공동체에 굳건히 뿌리를 박고서 현대의 도전에 대한 전통주의적 대응을 활성화하도록 작용했을 것이다.

2. 사회문화적 보수주의로서의 근본주의: 성적 자율권의 억압

가족 변화에 대한 기독교 근본주의의 대응에서 주목되는 것은 여성의 성적 통제이다. 여성의 성 해방이 도덕적 해이와 방종을 부추기고 그 결과 가정과 사회의 질서를 파괴하는 원인으로 판단되기 때문이다. 기독교 근본주의는 도덕적 행위를 개인의 구원에 필수적인 요소로 강조하고 특히 전통적 가족이 유지했던 도덕성과 성 윤리의 회복을 주장한다.

현대 한국 사회에서 개인주의와 물질주의가 발달함에 따라 소비와 향락 문화가 확산되고, 이혼이 증가하고, 가족이 해체되는 현상을 근대화의 부작용으로 인식하는 사람들이 있다. 그들은 이러한 사회적 타락에 대한 주요 대안으로 전통적 가족주의를 복원한 도덕 회복 운동을 주장하면서 서구 여성운동과는 다른 한국적 현모양처론을 옹호하기도 한다. 이것은 한국 사회의 성 윤리와 성적 관행에 지대한 영향을 끼친 유교적 가족주의와 성 문화의 복원을 의미한다. 부계 혈통의 순수성과 계승을 목적으로 여성의 순결을 통제하고, 국가적으로는 풍기문란을 단속하여 사회질서를 세운다는 명목으로 성 윤리를 강조하였으나, 전통적 가족은 이중적 성 윤리를 일반화한 점에서 가부장제 특성을 갖는다. 여기에 여성들의 성적 자율권을 위한 자리는 없다. 한국의 기독교 근본주의의 가족관은 이러한 유교적 가족주의와 결합하여 여성의 몸과 성에 대한 보수적 가치관을 유지한다.

세속적 쾌락을 거부하는 도덕적 청교도주의를 계승한 미국 기독교 근본주의는 1980년대의 미국 사회에서 도덕적 가치를 회복하고자 낙태의 합법화에 대한 반대 정치운동을 전개하였다. 낙태가 성과 여성 인권이 중첩된 주제였기 때문에 성 도덕의 문란과 페미니즘에 반감을 가졌던 근본주의자들은 가족 수호 운동의 주도적 역할을 담당하였다. 현세적 금욕주의로서 개인의 도덕적 의무를 강조한 '도덕적 다수'는 정교분리를 주장하던 청교도 전통과는 다르게 정교일치를 시도하여 낙태 문제와 동성애 문제를 가족의 가치와 도덕적 가치를 훼손하는 악으로 규정하고 전통적 성 윤리와 기독교적 가치관을 제시하였다.[57]

---

57) 임희숙, "현대 미국 사회에서 가족 변화에 대한 기독교 근본주의의 대응에 관한 성인지적 연구," 275.

　이렇게 보면, 한국의 근본주의와 미국의 근본주의는 여성의 성에 대해 각기 다른 영향력을 행사하기는 하지만 성의 자율성을 통제한다는 점에서는 동일한 전략을 취한다고 평가할 수 있다.

3. 근본주의적 대응의 응집력

　본 연구자는 가족 변화에 대한 이러한 기독교 근본주의의 대응이 오늘날 강력한 사회문화적 응집력과 정치적 역량을 가진다는 점에 주목하고자 한다. 근본주의는 개인의 구원에 필수불가결한 도덕적 행위의 패턴을 수행하기 위해 전통적 가족과 그 가치관으로 복귀해야 한다는 것을 주장하지만, 가부장제 결혼 내부의 갈등과 폭력으로 피해를 당하는 사회적 약자들과 여성들의 상황을 묵살하거나 추상화시키는 남성 중심적 이데올로기를 반영한다. 문제는 이러한 근본주의적 가족관을 많은 여성들이 수용하고 지지한다는 것이다. 이것은 도시화, 산업화, 농촌 지역의 황폐화로 사회적 안전망이 상실되는 상황에서 교육과 경제적 자립이 부족하고 가정의 참여가 상대적으로 높은 여성들이 '유사 가족주의'나 전통적 가족에 대한 환상을 제공하는 근본주의자들의 호소력에 민감하게 반응하기 때문에 나타나는 현상으로 설명될 수 있을 것이다.

근본주의를
넘어서는
기독교교육

근본주의 연구의 최근 동향과 기독교교육학적 함의

I. 머리말

1965년 『세속도시』(*The Secular City*)에서 종교의 쇠퇴를 예견했던 하비 콕스(Harvey Cox)는 오늘날 일부 종교가 새로운 활기를 띠고 주목할 만한 세력으로 부상하고 있음을 지적했다.[1] 대표적인 것이 근본주의와 체험주의다. 콕스는 근본주의를 그 태동지였던 미국 개신교 영역에 국한시키지 않고, 기독교 이외의 종교까지를 포함하는 넓은 의미로 사용한다. 그는 다양한 형태의 근본주의가 그 자체의 시대착오적인 모순과 결함 때문에 이 시대에 존립하기 어려울 것으로 예상하기는 하지

---

1) H. Cox, *Fire from Heaven: The Rise of Pentecostal Spirituality and the Reshaping of Religion in the Twenty-first Century* (Massachusetts: Addison-Wesley Publishing Company, 1994).

만, 현대 사회의 시대적 제약인 상대성과 불확실성으로 인해 사람들에게 매력을 제공하면서 급속히 확산될 수도 있을 것으로 전망하고 있다.[2]

실제로 근본주의에 대한 연구는 요즈음 특정 종교, 특정 분야, 특정 지역에만 국한되지 않고, 전 세계에 걸쳐 포괄적으로 이루어지고 있다.[3] 왜냐하면 근본주의는 교리와 신조의 차원을 넘어서서 현대 문명에 대한 하나의 대항 체계로서 현대인과 현대 사회에 지대한 영향력을 미치는 세력 혹은 운동으로 인식되기 때문이다.

한국 교회로 눈을 돌려보면, 근본주의는 적어도 한국 개신교의 다수 분파들을 지배하는 신학 노선일 뿐만 아니라, 한국 그리스도인들의 멘탈리티와 행동에 큰 영향을 미치는 요인이라고 말할 수 있다. 예를 들면, 성서에 쓰인 문자에 절대적인 가치와 권위를 주장하는 성서 문자주의, 자기가 신봉하는 진리의 절대성 주장과 담론 능력의 부재, 거기서 비롯되는 종교 간 갈등 요인으로서의 개신교의 배타성[4]과 적대감, 권위에 맹종하는 태도, 세상과 교회에 대한 양분법적인 태도 등이 근본주의적 멘탈리티의 단적인 모습이다.

한국 교회에 깊이 뿌리박고 있는 근본주의 문제를 인식하기 위해서는 근본주의 연구가 심층적으로 이루어져야 하지만, 이제까지 이 분야

---

2) H. Cox, 앞의 책, 제15장 참고.

3) 특히 M. E. Martin/S. R. Appleby (ed.), *The Fundamentalism Project* 1: *Fundamentalisms Observed* (Chicago: Univ. of Chicago Press 1991); *The Fundamentalism Project* 2: *Fundamentalisms and Society: Reclaiming the Sciences, the Family, and Education* (Chicago: Univ. of Chicago Press, 1993); *The Fundamentalism Project* 3: *Fundamentalisms and the State: Remaking Politics, Economies, and Militance* (Chicago: Univ. of Chicago Press, 1993); *The Fundamentalism Project* 4: *Accounting for Fundamentalisms: The Dynamic Character of Movements* (Chicago: Univ. of Chicago Press, 1994) 참조.

4) 이원규, 『한국교회 어디로 가고 있나』 (서울: 대한기독교서회, 2000), 241-250.

의 연구가 본격적으로 전개되었다고는 볼 수 없다. 이제까지의 연구는 주로 한국 교회에서 근본주의의 정당성 논쟁을 변증적으로 혹은 비판적으로 다루거나, 근본주의의 이식 과정과 체계화 과정을 교회사적으로 또는 교회론적으로 다루거나, 근본주의가 정치적, 종교적 이데올로기로서 한국 교회와 사회에서 어떤 역할을 맡았는가를 단편적으로 연구하는 데 그쳤다[5].

근본주의를 제대로 이해하기 위해서는, 그것을 교회의 특수한 신조 체계로만 파악하는 관점은 충분하지 않다. 근본주의는 분명 특수한 신조 체계를 불변의 진리로 주장하지만, 그러한 진리 주장은 생활 세계의 변화에 대응하는 특수한 사고방식과 행동방식으로 나타나고, 매우 독특한 멘탈리티와 결합되어 있다. 이것은 한국 교회에서 교단적 배경과 거의 무관하게 나타난다. 따라서 한국 개신교 근본주의 연구에 필요한 것은 근본주의적 사고 유형과 멘탈리티를 이론적, 실증적으로 분석하는 일이다. 이러한 연구가 이루어질 때, 비로소 근본주의의 영향 아래 있는 평신도들의 새로운 신앙 교육을 위한 기독교교육학적 연구가 본격적으로 진척될 수 있을 것이다.

이 글에서 필자는 이와 같은 연구의 기본이 되는 근본주의 연구의 관점과 방법을 제시하기 위해 독일에서 이루어진 근본주의 연구 동향을 비판적으로 점검하고자 한다. 이 글에서 독일에서의 근본주의 연구만을 검토하는 것은 그것이 미국의 근본주의 연구[6]와는 다른 관점으로

---

5) Hee-Sook Lim, *Eine Analyse des protestantischen Fundamentalismus Koreas im Rahmen der kirchlichen Erwachsenenbildung. Mit einer Fallstudie zum "Handbuch fuer den Gottesdienst im Hauskreis" der Presbyterianischen Kirche Koreas zwischen 1975 und 1985* (Aachen: Verlag an der Lottbek im Besitz des Verlags Mainz, 2000), 21-29.

6) 미국에서 이루어진 근본주의 연구들도 매우 중요하고 의미 있는 시사점을 던져 주지만, 이에 대한 비판적 검토는 다른 기회로 미룬다. 미국에서의 근본주의 연구에 대해

우리에게 새로운 연구 방법론을 시사한다는 점도 고려한 것이다. 그런 다음 필자는 독일의 근본주의 연구가 기독교 성인 교육에 대해 갖는 함의를 언급하고자 한다.

II. 독일에서 이루어진 근본주의 연구 동향

독일에서 근본주의에 대한 본격적인 연구는 1980년대 중반 이후에 이루어졌다. 독일의 복음전도주의 분파나 근본주의 분파에 대해 이루어진 몇 가지 연구들[7]을 일단 도외시하면, 독일에서의 근본주의 연구는 해외에서 벌어지고 발전하는 근본주의 운동들을 주제로 삼은 경우가 많다. 독일에서의 연구는 이란의 시아파 혁명과 서구적 현대화에 대한 이슬람의 저항운동들에 자극받은 것이라고도 볼 수 있다. 그러나 이 말은 독일에서의 연구가 이슬람 근본주의에 국한되어 있다는 것을 결코 의미하지 않는다.

독일 학자들의 연구는 근본주의에 대한 개념 규정과 유형론적 비교 분석에 주안점을 두는 경우가 많다. 그들의 관점과 방법은 매우 다양하며, 한국 근본주의를 연구하는 데에도 많은 시사점을 던져 준다. 수많

서는 졸저 앞의 책, 29-38 참조.

7) R. Frieling (Hg.), *Die Kirche und ihre Konservativen: Traditionalismus und Evangelikalismus in den Konfessionen* (Goettingen: Vandenhoeck & Ruprecht, 1984), 53-83; H. Schwarz, "Froemmer? Christlicher? Reaktionaer? Der Fundamentalismus im deutschen Protestantismus. Historische und aktuelle Bezuege," *Fundamentalismus*, hg. v. W. Kuenneth, H. Schwarz und A. Koeberlin (Neuendettelsau: Freimund-Verlag 1990), 12-29; S. Holthaus, *Fundamentalismus in Deutschland: Der Kampf um die Bibel im Protestantismus des 19. und 20. Jahrhunderts* (Bonn: Verlag für Kultur und Wissenschaft, 1993).

은 학자들 가운데 필자는 최근의 독일의 근본주의 연구에 초석을 놓은 토마스 마이어를 위시하여, 근본주의에 대한 종교심리학적 연구와 종교사회학적 연구를 전개한 슈테판 H. 퓌르트너, 마르틴 리제브롯, 그리고 한국에 이식된 선교적 근본주의를 종교사회학적으로, 심층심리학적으로, 종교교육학적으로 연구하는 데 많은 시사점을 던지는 것으로 평가되는 하인리히 쉐퍼와 엘리자베스 로어의 이론을 소개하고 비판적으로 평가하고자 한다.

1. 토마스 마이어: 현대에 대한 저항으로서의 근본주의

마이어는 근본주의를 대체로 전통주의의 한 형태로 분석한다. 그에 따르면, 근본주의는 현대의 이중적 성격에 대한 반응이다. 현대는 인류에게 인간과 인간의 화해, 인간과 자연의 화해, 자기 자신과의 화해 등 커다란 약속들을 해 왔지만, 이 약속들은 실현되지 않고 도리어 전쟁과 사회적 갈등, 자연 파괴, 정체성의 상실 등이 사람들에게 강제되어 왔다는 것이다. 마이어에 따르면, 바로 이 "현대의 약속들과 강제들 사이의 모순들"이 근본주의가 싹트고 번창하는 토양이다.[8]

마이어의 근본주의 규정을 깊이 있게 인식하기 위해서는, 먼저 현대성의 원리에 대한 그의 분석에 귀를 기울일 필요가 있다. 마이어는 현대 문화를 이성의 문화로 성격화한다. 현대의 이성 문화에서 개인은 종교와 전통에 의해 확립된 규범들로부터 벗어나 비판과 자주적인 성찰을 통해 자신의 판단과 행위의 근거를 밝히고 이를 논증하지 않으면 안

---

8) Th. Meyer, *Fundamentalismus: Aufstand gegen die Moderne* (Reinbek bei Hamburg: Rowohlt, 1989), 14.

된다. 계몽주의 이래로 이성은 사유하고 행동하는 인간의 자율성과 스스로 책임지는 태도를 강조하였다. 바로 이 이성의 요구가 현대성의 원리이다.

그러나 이와 같은 이성의 우위는 '확신의 붕괴'[9]와 손을 맞잡고 나아갔다. 확신은 대체로 전통을 매개로 하여 확립되는 법인데, 전통의 구속력이 사라진 현대 사회에서 확신은 설 땅을 잃고 만다. 이제까지 경험되어 온 안정감은 무너지고 생각과 삶의 편안함은 사라진다. 이와 같은 전통의 붕괴와 이와 결부된 심리적 동요에 직면하여 사람들은 특정한 전통들을 되살리고 거기서 더 이상 배후를 물을 수 없는 거점들을 재발견함으로써 안정감과 편안함을 재건하려고 시도한다. 마이어는 이와 같은 생각의 회로가 근본주의의 특징을 이룬다고 보고, 근본주의를 전통주의의 한 형태로 규정한다.[10] 전통주의는 담론과 논증을 핵으로 삼는 의사소통 공동체에 저항하는 사고와 행위의 체계이며, 이 점에서 그것은 '비이성(非理性)의 반담론(反談論)'[11]이다.

마이어에 따르면, 딱딱하게 응결된 절대적 거점들에 기대어 안정감과 완결성을 추구하는 퇴행적 사유와 행위는 그 탓을 남에게 돌릴 수 없다. 왜냐하면 그러한 사유와 행위는 스스로 생각하고, 스스로 책임을 지고, 자기 나름대로 판단의 근거를 제시하고, 스스로 타당성과 정당성을 수립하는 일을 번거롭게 생각하는 데서 출발하고, 또 그런 일에 동반되는 불확실성과 개방성을 참지 못하는 데서 비롯되기 때문이다. 계

---

9) 앞의 책, 24.

10) Th. Meyer, "Fundamentalismus: Die andere Dialektik der Aufklaerung," *Fundamentalismus in der Modernen Welt*, hg. v. Thomas Meyer (Frankfurt am Main: Suhrkamp, 1989), 15.

11) Th. Meyer, *Fundamentalismus: Aufstand gegen die Moderne*, 155.

몽주의와 현대가 자율적이고 자기책임적인 사유와 행위를 이미 돌이킬 수 없는 것으로 만들었음에도 불구하고 나타나는 근본주의의 이 퇴행성은 절대적인 것으로 설정된 거점들 앞에서 모든 질문을 중지하고 그것에 안주하는 데서 그 절정에 이른다.12)

앞에서도 이미 암시한 바와 같이, 현대의 한복판에 근본주의가 태동하고 발전하는 것은 현대의 위대한 약속들이 실현되기는커녕 현실이 그 정반대로 치닫는 데서 오는 인류의 이성 능력에 대한 의심 때문이다. 과학 기술의 진보는 대량 살상 무기처럼 인류를 거대한 생존의 위기로 몰아넣었다. 외부 자연의 파괴와 인간 본성에 대한 조작은 손을 맞잡고 있다. 허무주의와 삶의 의미 상실이 편만해 있다. 아도르노와 호르크하이머가 '계몽주의의 변증법'13)으로 개념화한 것이 오늘의 현실로 경험되고 있는 것이다.

이러한 조건 아래서 이성이 '그 마술을 제거해 버린' 전통적 가치들과 교조들을 되살려 내 순진무구한 삶의 질서들을 재건하고 현대의 위기를 극복하고자 하는 프로젝트는 사람들의 관심을 불러일으킬 수 있다. 그렇게 되면 그렇게 될수록 근본주의자들은 더욱더 강력하게 전통에 호소하고 전통적 가치들의 절대적 타당성을 주장한다. 계몽된 이성의 요구들이 전체주의적 성격을 띠면 띨수록 근본주의적 사고 모형의 타당성 요구는 더욱더 보편주의적 외양을 띠게 된다.14) 이러한 상황에서 근본주의는 현대에 대한 총체적인 저항의 모습을 취하게 되고, 스스

---

12) 앞의 책, 157.

13) M. Horkheimer/Th. Adorno, *Dialektik der Aufklaerung* (Frankfurt am Main: S. Fischer, 1969), 38f.

14) 계몽주의가 전체성을 추구하는 경향이 있다는 점을 아도르도는 다음과 같이 압축적으로 묘사한 바 있다. "계몽주의는 전체주의적이다." 이 테제에 대해서는 Th. Meyer, 앞의 책, 12를 보라.

로를 현대의 대척점으로 이해한다.[15] 근본주의는 현대에 대항하는 반동적인 프로젝트이다. 근본주의가 반동적이라 함은 마술을 이용한 듯이 되살려 낸 전통의 보편주의적 타당성 요구를 비판적으로 성찰하여 이를 상대화시킬 수 있는 능력이 없기 때문이다. 전통의 독재는 근본주의에서 불가피하다. 왜냐하면 근본주의는 과거로 회귀하는 것과 미래를 위한 프로젝트를 제시하는 것을 동일한 일로 받아들이기 때문이다.

앞에서 이미 살펴보았듯이, 마이어는 현대와 근본주의를 양자택일적인 것으로 본다. 이러한 양자택일은 오직 이성주의를 담론의 유일한 전제 조건으로 가정할 경우에만 납득될 수 있다. 그것은 마이어가 비판적 합리주의의 관점에서 근본주의를 비판하고 있다는 뜻이기도 하다. 또한 마이어의 현대성 개념은 서구 계몽주의에 뿌리를 둔 이성 개념에 터를 잡고 있다. 따라서 그의 양자택일은 서구문화사에 뿌리를 박고 있고 서구 중심주의를 내포하고 있다고 볼 수 있다.

마이어의 입장에 따르면, 근본주의는 현대의 도전들에 대한 자생적인 반응이다. 현대의 도전들과 그것들에 대한 반응이 같은 토양에서 나왔다는 뜻이다. 그러나 이처럼 근본주의를 자생적인 전통주의의 한 형태로 보면, 선교사들에 의해 이식된 근본주의(이하 선교적 근본주의)가 피선교지에 뿌리를 내리고 발전해 가는 과정을 제대로 인식할 수 없을 것이다. 왜냐하면 선교적 근본주의는 피선교지 문화에 대해 이질성을 띠고 있기 때문이다.

---

15) Th. Meyer, *Fundamentalismus: Aufstand gegen die Moderne*, 59.

2. 슈테판 H. 퓌르트너: 극단성으로의 도피로서의 근본주의

퓌르트너의 근본주의 연구는 마이어와 다른 전제에서 출발한다. 그는 현대성과 근본주의를 양립 불가능한 것으로 보는 마이어의 관점이 애초부터 현대성에 대한 특정한 규범적 판단에서 비롯되었다고 비판한다.16) 마이어는 현대가 "비판적 원리를 제시할 능력이 있으며, 이 원리를 통하여 근본주의는 현대의 가장 부정적인 반대자로 간주되어야 한다."고 확신한다.17) 그러나 현대에 대한 비판적 합리주의의 이 규범적 태도는 퓌르트너에게는 받아들여질 수 없다. 왜냐하면 현대는 이러한 규범적 판단의 기준을 내포할 수 없는 단순한 시대 구분 개념에 불과하기 때문이다. 근본주의와 접촉하고 근본주의의 치료를 위해 애쓸 때 정작 필요한 것은 오히려 '이 현대성과 대결'하는 자세이다.18)

근본주의를 인식인간학적으로 설명하려는 마이어와는 달리 퓌르트너는 근본주의의 뿌리가 불안들에 있다고 보고, 이 불안들의 정체는 발달심리학과 사회심리학에 의해 밝혀질 수 있다고 생각한다. 여기서 퓌르트너의 말을 직접 들어 보기로 하자.

"삶에 대해 불안을 느낄 정도로 자신이 무능력하고 빠져나갈 구멍이 없다는 경험이 근본주의의 본래적인 맨 밑바닥 동인이다. 따라서 근본주의는 배후의 불안에서 기인하는 도피운동이며 퇴행이다. 그 불안은 공격성으로 반전(反轉)하기도 한다."19)

---

16) S. H. Pfuertner, *Fundamentalismus: Die Flucht ins Radikale* (Freiburg u.a.: Herder, 1991), 99.

17) 앞의 책, 104.

18) 앞의 책, 105.

근본주의 현상에 대한 심리학적 관찰에 기대어 퓌르트너는 근본주의를 억제된 과격주의 혹은 과격성으로의 도피로 규정한다. 그는 근본주의적 과격성과 경향적으로 결합되어 있는 폭력이 심리적 동기를 갖고 있다고 분석한다. 근본주의자들은 판단하고 행위하는 데 필요한 현실 인식마저 거부하고 개인과 사회가 합리성과 자유의 신장을 필요로 한다는 것을 부정하는데, 그 까닭도 그들 가운데 불안이 확산되어 있기 때문이다.

퓌르트너는 근본주의에 대한 심리학적 해석으로부터 나름대로 결론을 이끌어 낸다. 그것은 근본주의자들의 멘탈리티[20]를 분석할 때 비로소 근본주의에 제대로 접근하여 사회교육학적 치료법을 강구할 수 있다는 것이다. 이런 맥락에서 "사람들로 하여금 근본주의적 사상이나 거기서 비롯되는 행동방식에 특별히 쉽게 감염되도록 만드는 멘탈리티 구조가 따로 있는가?"[21]라는 퓌르트너의 물음은 매우 중요한 의미를 가졌다고 하겠다.

퓌르트너는 아도르노의 "권위주의적 성격에 대한 연구"[22]에 기대어 근본주의로 기울기 쉬운 권위주의적 멘탈리티가 다음과 같은 일곱 가지 측면에서 관찰된다고 본다.

1. 구루 혹은 위대한 영도자에 대한 흠모
2. 집단적 아이덴티티와 엘리트 의식을 매개하는 요구 집단의 존재
3. 자신의 진실함을 애써 입증하고 자신을 완전히 바치도록 집요한 요

---

19) 앞의 책, 105.
20) 멘탈리티 개념에 대해서는 Pfuertner, 앞의 책, 157-160을 보라.
21) 앞의 책, 156.
22) Th. Adorno, *Studien zum autoritaeren Charakter*, 1973.

구를 받음

4. 더 이상 토론의 대상이 될 수 없는 행동 규범들과 도덕 규범들의 부
   여(그 규범들 앞에서는 조건을 내건다든지 딴전을 피울 수 없다.)
5. 집단이나 운동에 의해 감정적으로 사로잡힘(예컨대 문자적 의미 그
   대로의 황홀경)
6. 기능적 합리성과 사회적 합리성으로부터의 해방
7. 삶의 의미 – 의미 문제에 대한 답변[23]

이 프로필들은 근본주의자들에게서 엿볼 수 있는 독특한 심리 상태
와 행동 방식을 정리한 것으로서 근본주의를 종교심리학적으로, 사회
교육학적으로 연구할 수 있는 가능성을 열어 주고 있다.

퓌르트너의 업적은 멘탈리티 개념을 근본주의 연구에 끌어들여 근
본주의의 본질적 측면을 권위에 맹종하는 멘탈리티로 규정한 데 있다.
근본주의적 멘탈리티를 형성하는 데 결정적인 역할을 하는 것이 불안
임을 밝혀낸 것도 퓌르트너의 예리한 통찰이라고 볼 수 있다. 그러나
근본주의적 멘탈리티에 대한 심리학적 고찰이 중요하다는 것을 인정한
다 하더라도, 한 가지 질문은 여전히 남아 있다. 근본주의의 핵을 이루
는 권위맹종적 멘탈리티가 불안에서 비롯된다 하더라도 그러한 멘탈리
티가 어떤 사회화 조건들 아래서 발생하는가 하는 질문이 그것이다.

---

23) S. H. Pfuertner, 앞의 책, 168.

3. 마르틴 리제브롯: 저항운동으로서의 근본주의

종교사회학자 리제브롯은 근본주의를 "잠재적 보편성을 갖는 종교적, 정치적 당대 현상"[24]으로 규정한다. 근본주의의 보편성을 염두에 둘 때, 오늘의 연구 상황은 참으로 문제가 많다고 리제브롯은 개탄한다. 왜냐하면 "용어도 통일되어 있지 않은데다가 근본주의에 대한 명확한 규정도 분화된 유형론도 없기 때문이다."[25] 이러한 문제점을 의식하고서 리제브롯은 서로 다른 지역들과 문화들에서 나타난 근본주의 운동들을 체계적으로 비교하여 근본주의에 대한 "개념 규정과 유형론적 설명"을 제시하려고 한다. 이 과제를 풀기 위해 그가 사용한 방법은 비교사회학이다.[26] 그는 이 방법을 이용하여 한편으로는 근본주의를 다른 사회적·종교적 운동들과 구별하고, 또 다른 한편으로는 근본주의 운동들의 다양성을 사회학적으로 구분하고 이 운동들의 본질적인 구조적 징표들을 확인하고자 한다.

근본주의적 사유를 분석하면서 리제브롯은 근본주의가 현재의 위기를 극복하려는 노력의 한 형식이라고 규정한다. 근본주의자들은 현재의 위기가 "영원히 타당하고, 하느님에 의해 계시되고, 문자적·축자적으로 전승된 질서 원리들로부터의 일탈"에서 비롯되었다고 생각하기 때문에, 이 위기는 "오직 이 하느님의 율법 규정들로의 복귀"를 통해서만 극복될 수 있다는 결론을 내린다는 것이다.[27]

---

24) M. Riesebrodt, *Fundamentalismus als patriarchalische Protestbewegung: amerikanische Protestanten (1910-28) und iranische Schiiten (1961-79) im Vergleich* (Tuebingen: Mohr, 1990), 4.

25) 앞의 책, 3.

26) 앞의 책, 6.

이 전제에서 출발하는 리제브롯은 근본주의를 한편으로는 전통주의와, 다른 한편으로는 위기극복의 유토피아적 전략과 구별한다. 이 세 가지는 일단 "계시된 질서 원리들의 진정한 실현을 목표로 삼는다."는 데서는 공통점을 지닌다. 리제브롯에 따르면, 전통주의는 "어떤 의문의 여지도 없는 삶의 형식을 제시하고 그것을 인정하기" 위해 문자주의에 기대려는 사고방식이다. 근본주의는 단순한 전통주의와는 다르다. 그것은 "혁명적이지는 않지만, 동원되고 급진화된 전통주의"이다. 왜냐하면 근본주의는 "문자주의 혹은 그것과 연계되어 있는 삶의 형식이 부정되고 있음을 알고 그것에 집요하게 저항하는 문화투쟁상의 이데올로기"이기 때문이다.[28]

그다음, 근본주의적 문자주의는 사회혁명적이거나 사회개혁적인 미래 구상과도 구별된다. 위기를 극복하고자 할 때 사람들은 본래의 이상적인 질서를 신화적으로 혹은 유토피아적으로 그릴 수 있다. 신화로서 나타날 때 이 질서는 '복고적인 위기 극복의 기능'을 맡는다. 유토피아로서 나타날 때 그것은 '진보적인 위기 극복'에 기여한다. 리제브롯의 개념 규정에 따르면, 근본주의에는 '신화적인' 사고 유형으로 규정되거나 최소한 그것에 근접한 입장들만이 속한다고 한다.[29]

근본주의의 유형론을 전개하면서 리제브롯은 근본주의 개념을 종교적·정치적 운동들에 한정시키되, 그 운동에서 엿보이는 세계에 대한 서로 다른 다양한 입장들과 조직 형태들도 함께 고려한다. 막스 베버에 따라 그는 근본주의를 '세계 부정적 태도'로 성격화하고, 이 태도는 '세

---

27) 앞의 책, 19.

28) 앞의 책, 19

29) 앞의 책, 20.

게 도피'로 나타나거나 '세계 지배'로 나타날 수 있다고 본다. 리제브롯은 이와 같은 다양한 근본주의 유형들 가운데 오직 '세계 지배의 근본주의' 유형만을 연구 대상으로 삼는다.[30] 이 근본주의는 각기 다른 조직 형태들, 말하자면 종교운동, 사회적 저항운동, 비밀 결사, 혹은 당으로 나타날 수 있다.[31]

미국과 이란의 근본주의에 대한 비교사회학적 연구에서 리제브롯은 저항운동으로서의 근본주의가 갖는, 서로 밀접히 결합된 세 측면을 분석한다. 근본주의의 이데올로기, 추종 세력, 동원 요인 등이 그것이다.

리제브롯은 근본주의 운동에서 이데올로기가 갖는 중요성을 가장 중시한다. 그는 에드워드 쉴즈(Edward Shilds)[32]의 개념 규정을 받아들여 이데올로기가 세계 해석을 선택적으로 첨예화하고 극단화하며, 강력한 정당화 기능을 수행하는 체계라고 생각한다.[33] "이러한 성격화에 근거해서 생각해 볼 때, 근본주의 이데올로기와 그것에 바탕을 둔 행동은 급격한 세계 변동 과정에 대한 극적인 인상 아래서 표현되고 실천되는 종교 전통의 재해석으로 이해될 수 있다."[34] 이 이데올로기에는 근본주의적 사고 유형과 세계에 대한 태도가 담겨 있고, 구원사적 차원과 사회비판적 차원이 모두 담겨 있다. 쉽게 말하자면, 사회가 본래적 질서를 잃고 타락하였으니 이를 부정하고, 본래의 질서를 회복하기 위해 강력한 운동을 조직하여야 한다는 것이다. 이런 점에서 근본주

---

30) 앞의 책, 21.

31) 앞의 책, 23f.

32) E. Shilds, "The Concept and Function of Ideology," *International Encyclopedia of the Social Sciences* 7 (1968), 66-76.

33) M. Riesebrodt, 앞의 책, 28.

34) 앞의 책, 28.

의 이데올로기의 구원사적 차원과 사회비판적 차원은 "경험적으로 거의 구별할 수 없을 정도로 서로 밀접하게 결합되어 있다."35)

근본주의적 저항운동의 추종 세력을 분석할 때 리제브롯이 도입한 것은 사회도덕적 환경(Milieu)이라는 개념이다. 라이너 렙시우스(Rainer Lepsius)36)의 견해에 따라 그는 사회도적적 환경을 "종교, 지역 전통, 경제적 형편, 문화적 지향, 중간집단들의 계층 특유의 구성 등 몇 가지 구조적 지표들의 교합을 통해 형성되는 사회 단위"로 규정한다. 리제브롯은 이 구조적 지표들에 "인종, 언어, 성, 세대 등"을 추가하고, 이를 인구론적 의미에서가 아니라, 사회사적 의미에서 파악하고자 한다.37)

리제브롯은 근본주의 이데올로기의 동원 요인들을 개별적으로 분석하고자 하지는 않는다. 오히려 그는 "동원의 계기들, 동원된 사람들의 주관적인 자기 이해와 객관적인 운명을 연관짓고" 이를 "구조적인 변동과정과 논리적, 경험적으로 연결"시키려고 한다.38)

리제브롯은 근본주의 연구에 철저한 종교사회학적 관점과 방법을 도입하였다고 평가할 수 있다. 만일 근본주의의 현상 형태와 조직 형태가 운동으로 규정된다면, 근본주의의 이데올로기와 추종 세력과 동원 요인들을 하나의 연관 속에서 분석하는 리제브롯의 시도는 많은 점에서 시사적이다.

근본주의가 운동의 성격을 띨 수 있다는 점에는 누구도 이의를 제기

---

35) 앞의 책, 29.

36) R. Lepsius, "Zur Soziologie des Buergertums und der Buergerlichkeit," *Buerger und Buergerlichkeit im 19. Jahrhundert*, hg. v. J. Kocka (Goettingen: Vandenhoeck & Ruprecht, 1987), 79-100.

37) M. Riesebrodt, 앞의 책, 35.

38) 앞의 책, 37.

할 수 없을 것이다. 그러나 교회 내부의 근본주의 현상을 놓고 볼 때, 근본주의를 운동으로만 성격화하는 데에는 문제가 있다. 기독교의 역사에서 근본주의는, 그것이 소수파에 의해 지탱되건, 일시적으로 다수파에 의해 대변되건 간에, 신학적 노선으로 확고한 기반을 갖고 안정된 모습을 보이는 경우도 있다. 어떻게 해서 근본주의가 운동 이데올로기로서 나타나지 않고 도리어 제도적으로 안정된 교회의 신학 노선으로 정착될 수 있었는가는 별도의 연구를 필요로 한다. 이를 연구할 때에는 아무래도 근본주의의 교회 내적 사회화 과정에 중점을 두어야 할 것이다.

리제브롯은 압도적으로 하나의 종교가 지배적인 사회에서 발생한 근본주의 운동만을 분석하였다. 이란의 시이파나 미국 근본주의가 그것이다. 일단 미국에 국한시켜 말하자면, 근본주의는 기독교 종교가 지배적인 사회에서 나타난 강력한 종교적·정치적 운동이었다. 리제브롯은 이 종교 운동에 담겨 있는 반도시적이고, 반계몽주의적이고, 반근대주의적 특성이 전통적 가족의 붕괴에 대한 불안에서 기인하였다고 보고, 이에 대한 종교적·정치적 저항 운동인 근본주의의 밑바닥에는 가부장제에 대한 옹호가 깔려 있다고 분석한 바 있다. 어쨌거나 이러한 근본주의 운동은 현대화 과정에 있던 미국 사회에서 개신교가 취한 극단적인 전통주의였다고 볼 수 있고, 그 유래와 발전 경로는 어디까지나 자생성을 그 특징으로 한다고 볼 수 있다. 그러나 피선교지역들에서 종교적 소수파에 의해 대변되고 다른 종교들과 경쟁 관계에 놓이게 되는 선교적 근본주의는 이와는 다른 특성을 갖는다. 개신교의 선교적 근본주의는 전통주의나 급진화된 전통주의라는 개념으로 파악하기에는 너무 복잡한 현상이다.

4. 하인리히 쉐퍼: 사회적, 문화적, 정치적 긴장 속의 선교적 근본주의

리제브롯이 압도적으로 개신교적인 미국 사회에서 나타난 저항운동으로서의 근본주의를 분석하였다면, 하인리히 쉐퍼는 압도적으로 가톨릭적이고 인종적 다양성이 나타나는 사회에서 선교적 개신교가 어떻게 발전하여 가는가를 연구한다. 중앙아메리카의 선교적 개신교를 관찰하면서 쉐퍼는 그것이 결코 하나의 일매암(Monolith)이 아니고 각기 다른 노선들로 나누어진다는 것을 전제한다. 역사적 개신교를 일단 논외로 치면, 선교적 개신교는 복음전도주의적 개신교, 성령운동, 카리스마 운동으로 대별된다. 선교적 개신교의 이 각기 다른 형태들을 구별하면서 교적 각각의 노선이 얼마만큼, 어떤 사회학적 맥락에서 사회전기적 특성을 띠는가에 관심을 기울인다. 그리하여 그는 "개신교의 상이한 전통의 흐름들과 사회형태들의 계층적 차별성"을 분석하고자 한다.[39]

선교적 개신교와 그 상이한 분파들에 대한 쉐퍼의 방대한 교회사적 연구[40]를 자세히 다루지는 못하지만, 그가 시도한 선교적 개신교의 사회전기적 유형화는 다음의 명제에 잘 집약되어 있다. 즉 카리스마 운동은 중간층과 근대화를 추진한 상층에 영향을 미친 데 반해, 복음전도주의적 개신교와 성령운동은 압도적으로 사회 하층을 동원시키고 있다는 것이다.[41]

---

39) H. Schaefer, *Protestantismus in Zentralamerika. Christliches Zeugnis im Spannungsfeld von US-amerikanischem Fundamentalismus: Unterdrueckung und Wiederbelebung "indianischer" Kultur*, Diss. Uni. Bochum (1991), 16.

40) 앞의 책, 37-90.

41) 앞의 책, 108ff, 154f.

개신교 선교의 효과와 관련하여 쉐퍼는 개신교가 무엇보다도 사회적·문화적 변동 상황에서 성공적으로 도입될 수 있었고, 그것은 개신교가 변동하는 사회 속에서 더 이상 존속할 수 없었던 종교 체제들을 대체할 수 있었음을 의미한다고 해석한다. 그는 선교적 개신교의 이와 같은 대체 효과를 다음과 같이 명제화한다.

"현대 자본주의적 생산이 농업에 도입되고 지역 경제들이 국민 경제와 국제 경제에 통합되자 인디오 종교들의 사회적 기반은 줄곧 침식되었다. 개신교는 이 과정에서 그 기능을 상실한 전통적 종교 체계들을 대체하는 데 환영받을 만한 공급물로 받아들여질 수 있었다."42)

그런데 여기서 주목되는 것은 이 선교적 개신교가 한편으로는 개종자들을 고유 전통으로부터 문화적·종교적으로 단절시키고, 또 다른 한편으로는 변화된 생산 양식에 통합시킨다는 점이다. 쉐퍼는 선교적 개신교의 이 이중적인 작업을 과테말라 고원 지대의 선교적 개신교에 대한 사례 연구를 통해 분석한다.

이 지역의 경제적 변동 과정은 정치·종교적, 전통적 지배 관계와 생산 관계를 완전히 변화시키고 많은 마을 주민들은 경제적 강제에 쫓겨 경제적 번영의 중심지로 옮겨갔다.43) 쉐퍼는 이 변동 과정에서 발생한 사회 계층들과 선교적 개신교의 서로 다른 분파들이 서로 어떤 관계에 있는가를 밝힌다. 전통 문화로부터 뿌리를 뽑힌 도시 이주자들이 무엇보다도 새로 도입된 선교적 개신교에 의해 포획되었다는 쉐퍼의 명제

---

42) 앞의 책, 19.

43) 앞의 책. 147.

는 매우 큰 흥미를 끈다. 성령 개신교에서 개종은 본래의 종교적·문화
적 전통에 대한 철저한 단절을 의미한다. 성령 교회들은 도시 이주민들
이 겪는 문화 단절을 전통 종교 관습들의 기능 상실로 설명함으로써 효
과적인 문화 단절 및 정복의 전략을 대변할 수 있다.[44] 이와 같은 문화
단절 및 정복의 전략이 성공적으로 이식될 수 있었던 까닭은 몇 가지로
설명된다. 첫째, '대정복'(Conquista) 기간에 가톨릭이 취했던 태도와
는 달리 성령 교회들은 단 한 번도 폭력을 동반하는 종교로 경험되지
않았고, 둘째, 성령 교회들은 주민들의 열악한 경제적 형편이 토착 종
교의 실패에서 연유했다고 설득하는 데 성공하였다는 것이다. 셋째, 성
령 교회들은 가톨릭주의와는 달리 전통적인 종교적 상징을 단호하게
거부하였다. 아무튼 도시 이주민들이 종교적·문화적 전통으로부터 뿌
리를 뽑히는 일과 인디오들이 자본주의적 내국 시장에 통합되는 일은
동시에 벌어졌다.[45] 거대한 사회 변동 과정에서 성령 교회들이 맡은 역
할을 쉐퍼는 다음과 같이 요약한다.

"개종을 할 때 토착 종교와 연결되는 다리는 붕괴된다. 세계 해명을 위
한 새로운 상징 체계가 종교를 완전히 개혁한다. 이렇게 해서 개신교,
특히 성령운동은 과테말라 고원 지대에서 토착 종교와 공동체를 해체하
고 인디오들을 지배적인 사회적 생산 방식에 통합시키는 데 중요한 역
할을 수행한다."[46]

---

44) 앞의 책, 151ff.
45) 앞의 책, 149.
46) 앞의 책, 154.

쉐퍼의 분석에 따르면, 흥미롭게도 복음전도주의적 교회와 성령 교회는 과테말라의 독재 시기에 압도적으로 교회의 존립에만 관심을 집중하고 그 구성원들에게 세상으로부터의 도피를 선전하였다고 한다. 제도로서의 교회가 생존을 위해 염려하는 까닭은 선교적 개신교가 아직 인정을 필요로 하는 소수파 종교였기 때문일 것이다.[47] 그러나 세계 도피의 설교는 한편으로는 이 교회가 대변하는 전천년설에서 비롯되고,[48] 또 다른 한편으로는 개종의 개인주의적 성격에서 기인한 것으로 볼 수 있다.[49] 이로 인해 이 세상에서 그리스도인들이 맡아야 할 정치적 책임에 관한 개신교 특유의 가르침은 이 교회들에서는 찾을 수 없게 된다.

자신의 종교사회학적인 연구, 특히 사회전기적 연구를 통해 쉐퍼는 선교적 근본주의를 사회적, 문화적, 정치적 긴장 속에서 파악할 수 있는 길을 열었다. 리제브롯과 비교해 볼 때 그의 방법은 선교적 개신교 분파들의 분포를 계층적 관점에서 분석하고 설명하고자 한다는 점에서 독특하다. 그는 자신의 대체 명제와 통합 명제를 내걸 때 주로 에밀 뒤르케임의 사회학적 관점을 따른다. 이 관점에서 그는 사회적, 문화적 변동과정에서 뿌리를 뽑힌 사람들의 종교적 지향성을 분석하고자 한다. 선교적 근본주의에 대한 그의 분석에서 눈길을 끄는 것은 그가 막스 베버와 마르틴 리제브롯이 중시한 세계 지배에 관심을 기울이지 않고, 도리어 세계 도피와 개종의 개인주의적 지향성을 중시한다는 점이

---

47) 앞의 책, 193f.
48) 앞의 책, 194.
49) 앞의 책, 195.

다. 필자는 쉐퍼가 분석한 중앙아메리카의 선교적 개신교가 많은 점에서 한국의 개신교 근본주의와 유사점을 갖는다고 생각한다.

5. 엘리자베스 로어: 언어와 상상력에 대한 지배로서의 근본주의

엘리자베스 로어는 근본주의를 정신분석학적 관점에서 접근하며, 성서 문자주의로 무장한 선교적 근본주의가 어떻게 인디오들의 종교적 상징들을 파괴하고, 이러한 상징의 파괴가 종교적 사회화에 어떤 영향을 미치는가를 주목한다. 에콰도르의 퀴추아 인디오들에 대한 선교를 사례 연구 대상으로 삼은 그녀는 선교적 성서 문자주의의 이중적 영향을 분석한다.

그녀는 선교사들이 성서를 피선교 지역 언어로 번역한 일이 어떤 의미를 갖는가를 묻는 데서 출발한다. 선교사들의 성서 번역은 이중적인 성격을 띤다. 한편으로 그것은 가톨릭교회가 그때까지 소홀히 여겼던 인디오 언어와 문화가 개신교 선교에서는 마치 중시되고 있는 듯한 인상을 불러일으켰다. 인디오 문화의 인정은 오랫동안 무시당하고 경멸받아 왔던 인디오들에게는 "비하, 가치 박탈, 열등감의 족쇄로부터의 해방"[50]을 의미할 수 있었다. 또 다른 한편으로 복음전도주의나 성령운동 측에서 강조하는 성서 문자주의는 피선교민들을 '말씀'의 독재 아래 전체주의적이고 투시 불가능한 종속 상태로 이끌어 간다. 로어의 말을 직접 들어 보자.

---

50) E. Rohr, *Die Zerstoerung kultureller Symbolgefuege: Ueber den Einfluss protes-tantisch-fundamentalistischer Sekten in Lateinamerika und die Zukunft des indianischen Lebensentwurfs*, 2. Aufl. (Muenchen: Eberhard, 1993), 118.

"문자에 대한 믿음과 '말씀'에 대해 마치 군주를 대하듯이 충성의 의무를 바치는 복음전도주의적이고 근본주의적인 선교는 '말씀'의 독재를 실현하고 모든 상상력을 전체주의적으로 검열하기 위해 추진하는 어마어마한 사업이다."[51]

인디오들 가운데서 사제의 권위를 확립하기는 하였지만 토착민들의 언어와 영혼을 지배할 수는 없었던 가톨릭교회와는 달리, 복음전도주의적이고 근본주의적인 선교는 이들의 언어를 지배하는 것을 목표로 하였다. 언어에 대한 지배는 언어의 활동 여지를 합리적으로 배제하고 언어의 거세로 대체하는 것을 의미한다.[52]

로어는 언어가 인격의 심층 구조에 뿌리를 박고 있고 사회화에서 언어가 중요한 기능을 맡고 있다는 점에 착안한 알프레드 로렌처의 이론[53]을 원용하여 복음전도주의적이고 근본주의적인 문자주의가 종교적 사회화에 미치는 결정적인 영향은 종교적 상징이 생활 세계의 경험들과 감성으로부터 동떨어지게 하는 데 있다고 분석한다. 성서 문자주의가 종교적 사회화에 미치는 이와 같은 영향으로부터 로어는 "일상 영역과 종교 영역에서 집단적인 삶의 구상이 파괴되어 실현되지 않게 되면 예전에 집단 내부에서 표피적으로 대변되었던 규범들과 가치들의 강제가 관철된다."[54]는 명제를 이끌어 낸다.

---

51) 앞의 책, 123.

52) 앞의 책, 126.

53) A. Lorenzer, *Sprachzerstoerung und Rekonstruktion: Vorarbeiten an einer Metatheorie der Psychoanalyse* (Frankfurt: Suhrkamp, 1970); A. Lorenzer, *Das Konzil der Buchhalter: Die Zerstoerung der Sinnlichkeit. Eine Religionskritik* (Frankfurt: Europäische Verlagsanstalt, 1981).

54) E. Rohr, 앞의 책, 184.

문자적으로 고정된 규범들과 그에 대한 축자적 해석에서 도출되는 '진정한 그리스도인'으로의 개종이라는 이름으로, 개인성과 집단성을 매개하는 장소요 감성적인 상징 형성의 장소인 전통 종교의 관례들은 새로운 종교와 화합할 수 없는 것으로 여겨져 배제된다. 이렇게 되면 인격은 불가피하게 불구화된다. '인격의 불구화'는 감성적이고 상징적인 상호 행동 형식들이 제대로 형성되지 않고 체험 영역이 줄어드는 것으로 표현된다.55) 이와 동시에 캘빈주의적 문명 모델을 지향하는 개종은 종교적으로 치장된 자본주의적 문화를 수립하고 정당화하는 일과 같이 간다. 그러한 문화가 인종 특유의 삶의 구상과 본질이 다르고, 집단적 구조를 갖는 인디오들의 삶의 맥락과 동떨어진 것인데도 말이다.56) 그리하여 마을 공동체에는 전통의 수호와 현대화 사이의 충성 갈등이 빚어진다. 여기서 주목되는 것은 복음전도주의적이고 근본주의적인 선교가 새로 구축된 자본주의적 사회 질서 내부에서 영리 활동, 업적, 사회적 상승 등의 가치를 높이 평가한다는 점이다. 이러한 선교의 위험을 로어는 다음과 같이 요약한다.

"복음전도주의적 선교가 해방적이지 않다는 것은 필연적 귀결이다. 그것은 주변 집단들이 사회를 그대로 만족스럽게 받아들이는 것을 목표로 하며, 분열 정책을 통해 피지배자들의 연대가 철저하게 파괴되는 것을 지향한다. 이와 더불어 사회적 상승을 종교적으로 확언하고 부와 지배와 착취를 도덕적으로 정당화하는 일이 자행된다."57)

---

55) 앞의 책, 184.

56) 앞의 책. 154.

57) 앞의 책, 164.

이미 보았듯이, 로어는 선교사들의 문자주의가 종교적 사회화에 미치는 영향을 연구하였다. 하인리히 쉐퍼가 종교사회학적 관점에서 고유문화와 종교로부터의 소외로 파악한 바로 그것을 로어는 심층심리학적으로 인격의 불구화라는 개념으로 표현한다. 로어에게서 인격의 불구화는 상징의 파괴로 인해 발생한 사회화 과정상의 장애이다. 이 통찰은 선교적 개신교를 분석하는 데 많은 것을 시사한다.

그러나 근본주의적 문자주의가 상징에 의해 매개되는 생활세계에 대한 전체주의적 지배를 목표로 한다는 것이 제아무리 옳은 통찰이라 할지라도, 바로 그 때문에 선교적 개신교에 종교혼합주의가 나타날 수 있는 여지가 없다고 보는 것은 너무 멀리 나간 판단이라고 본다. 종교적 사회화는 근본주의적 문자주의의 영향들 아래서 왜곡되고 불구화될 수는 있지만, 전통 문화와 종교에 아로새겨진 멘탈리티가 완전히 지워진다고 볼 필요는 없다. 평신도들에게서 나타나는 신심의 구조를 살펴보면, 근본주의적 요소들과 전통종교적 요소들이 묘한 혼합상을 보이는 경우가 많다.

또한 로어는 선교적 개신교가 칼빈주의적 사회 모델을 가지고 피선교민들을 자본주의적 생산 방식에 통합시키는 역할을 한다고 주장하는데, 선교적 개신교가 많은 경우 전천년설과 개인주의를 지향한다는 점을 감안한다면, 로어의 이 주장은 너무 일방적인 것으로 볼 수도 있다.

III. 맺음말: 독일에서 이루어진 근본주의 연구의 기독교교육학적 함의

독일에서의 근본주의 연구를 검토하면서 필자는 근본주의를 "확신의 근거를 찾으려는 강박"(Sicherheitszwang) 아래서 추구되는 종교적 아이덴티티 형성의 한 시도라고 볼 수 있지 않을까 생각해 본다. 이 특수한 아이덴티티는 역사적으로 변화하는 생활 세계의 사회적, 문화적, 정치적 조건들 아래서 다양한 세계관들에 대해 선택적으로 반응하면서 형성될 것이다. 이렇게 형성되는 아이덴티티는 독특한 멘탈리티와 결합되어 있는데, 그것은 권위에 대한 맹종, 담론 능력의 결여, 자기가 믿는 진리의 절대화, 자기와 다른 의견에 대한 공격 등으로 표현될 것이다.

한국 개신교에 이식되고 정착된 근본주의도 과연 그러한지는 역사적이고 실증적인 분석을 필요로 할 것이다. 필자는 이와 같은 연구가 앞으로 체계적으로 이루어지기를 기대하면서 독일의 근본주의 연구가 기독교 성인 교육에 어떤 시사점을 던져 주는가를 몇 가지로 정리해 보고자 한다. 여러 가지 시사점들을 생각해 볼 수 있지만, 이 글에서 필자는 특별히 탈근본주의적 성인 교육에 대한 함의만을 언급하고자 한다.

탈근본주의적 성인 교육에서 우선 고려할 것은 강박적으로 확신을 추구하도록 만드는 '불확실성의 불안'을 어떻게 해소할 것인가이다. 필자는 '불확실성의 불안'에서 벗어나 '은총의 자유'를 수용할 수 있도록 용기를 북돋아 주는 교육적 대안이 필요하다고 본다. 근본주의적 풍토 속에서 사람들이 갖게 되는 불안감은 불확실한 현대 사회의 조건에서 감지되는 위기의식과 구원에 대한 확증을 얻지 못함에서 기인한다. 실낙원 사건 이후의 전적인 타락을 집요하게 강조하는 근본주의적 인간관은 구원에의 확신을 성서에 쓰인 문자 그대로의 율법적인 신앙에서 찾을 것을 요구한다. 이 무리한 요구를 감당하지 못함에서 오는 불안의식은 더욱 확신을 강박적으로 추구한다. 이런 강박적인 조건 아래에서 인간의 자유란 가능하지 않다. 스스로 생각하고, 옳고 그름을 시험해 보고, 스스로 책임지는 결정을 할 수 있는 가능성이 허용되지 않는다. 여기에 대한 하나의 대안으로는 의인론으로부터 자유의 가능성을 도출해 내는 신학 작업이 있다. 즉 죄인인 인간을 의롭게 하는 것은 인간의 업적이 아니라 오직 하나님의 은총임을 새롭게 해석함으로써, 강박적으로 확신을 추구하는 인간의 노력과 그것의 원인인 불안 의식을 제거하거나 스스로 성찰하도록 이끄는 것이다.[58]

둘째, 권위에 맹종하는 태도에서 벗어나 자기 주체적인 참여로 변화될 수 있는 교육 내용과 교육 방법의 개발, 활용이 요구된다. 권위에 맹종하는 멘탈리티와 태도는 스스로 책임지는 자세를 버리고 주어진 권위에 복종하도록 길들어진 결과이다. 그 핵심은 주체적 자유의 포기와 권위로의 도피이다. 이를 극복하기 위해 필요한 것은 권위를 분별하는 능력을 기르고 복종의 기제를 스스로 성찰하도록 하는 것이다. 무엇보다도 인격적 권위와 기능적 권위를 구별하는 것이 중요하다. 복종을 요구하기에 합당한 권위가 무엇인지를 가르치고 배우는 일이 필요하다. 이와 동시에 복종을 강요하는 것에 대해 자율적으로 대응할 수 있는 능력을 길러야 한다. 그런 의미에서 탈근본주의적 성인 교육은 무엇보다 학습자의 주체성을 적극적으로 강조하는 것이어야 한다. 성인 학습자는 단순히 전달 내용의 수용자가 아니라 전달된 내용과 자신(축적된 지식과 경험)과의 상호 작용을 통해 의미를 생산해 내는 구성적 행위자이다.[59] 성인 학습자의 주체성을 살리기 위해서는 개인의 생활사와 생활

---

58) 이에 대해서는 F. Steffensky, "Wie ernaehren wir unsere Traeume? Ueber den Zusammenhang von Spiritualitaet und der Liebe zur Gerechtigkeit," *Die Sowohl-als-auch-Falle. Eine theologische Kritik des Postmodernismus*, hg. v. Kuno Fuessel u.a. (Luzern: Ed. Exodus, 1993)을 보라.

세계의 개별적 경험을 자기 성찰에 통합하는 교육학적 방법을 강구하여야 한다. 진리에 대한 해석을 전문가의 권위에 맡기기만 할 것이 아니라, 학습자 자신의 경험이 해석 과정의 핵심이 되도록 하는 것이다.[60] 그렇게 해야만 진정한 권위를 존중하고 권위에 대한 맹종으로부터 벗어날 수 있다.

셋째, 다름을 무조건 배척하지 않고 다름을 다름으로서 받아들이고 존중하는 교육이 필요하다. 자기가 믿는 진리의 절대성을 주장하는 것은 자기와 다른 것에 대해 거부하고 공격하는 태도와 맞물려 있다. 이와 같은 배타적 태도의 이면에는 다른 것에 대한 두려움과 그것으로부터 자기를 완강히 지키려는 의지가 도사려 있다. 그렇게 되면 자기 안에 유폐된 정체성의 함정에 빠지고 만다. 그러나 참된 정체성은 다름을 다른 것으로 인정하고 존중하면서도 자기다움을 유지하는 것을 이름이다. 타자로부터 영향을 받지 않는 고립성은 폐쇄성을 뜻할 뿐이다. 이 고립성에서 벗어나 열린 정체성을 형성하는 것이 성인 교육의 중요한 과제이다.[61] 정체성에 대해 부단히 비판적인 물음을 제기하고 정체성 형성의 장애 요인을 찾아내도록 돕는 일이 탈근본주의적 기독교 성인 교육의 핵심이다. 낯섦은 인격의 유아적 미숙함과 자기 고집에서 비롯된다. 너와 나의 차이를 인식하고 너의 남다름을 인정하고 나의 나됨을

---

59) H. Luther, *Religion und Alltag: Bausteine zu einer Praktischen Theologie des Subjekts* (Stuttgart: Radius-Verlag, 1992), 161.

60) 일례로 여성의 경험을 성서 해석에 적용시키는 방법으로는 E. S. Fiorenza, *Zu ihrem Gedaechtnis. Eine feministisch-theologische Rekonstruktion der christlichen Urspruenge, aus dem amerikanischen Englisch uebersetzt von Christian Schaumberger* (Muenchen: Kaiser, 1993), 66f. 참조하라.

61) J. Lott, *Handbuch Religion II: Erwachsenenbildung* (Stuttgart; Berlin; Koeln; Mainz: Kohlhammer, 1984), 138-156.

확인하는 것이 교육의 출발점이라면, 탈근본주의 성인 교육도 그것으로부터 시작해야 할 것이다. 차이가 차별에 이르지 않고, 열린 공동체 안의 신뢰 관계로 발전하도록 돕는 일, 따라서 "생산적으로 차이를 경험할 수 있는 능력"[62]을 통해 공동체 관계를 회복하는 일이 탈근본주의적 성인 교육의 방향이 되어야 할 것이다.

---

62) A. Groezinger, *Differenz-Erfahrung. Seelsorge in der multikulturellen Gesellschaft* (Waltrop: Spenner, 1994), 26.

기독교 성인 교육의 탈근본주의적 구상

I. 머리말

한국 기독교를 이루는 개교회들과 그 회중들이 근본주의 신학의 강력한 영향 아래 있다는 것은 그동안 여러 연구들을 통하여 지적되어 왔다. 근본주의적 신앙 요목들은 교회에서 이루어지는 설교나 다양한 교육을 통해 교회 회중에게 전달되고 있고, 그 신앙 요목들을 내면화하는 신자들에게는 세계에 대한 독특한 태도와 생활 방식이 나타나는 것으로 알려져 있다.

이제까지 우리나라 신학계에서는 선교사들에 의해 도입된 근본주의가 일부 교단들에서 정통 신학으로 자리 잡음으로써 다른 신학적 지향을 이단으로 배척하는 풍조가 널리 퍼졌다는 점이 비판되곤 하였다. 다른 종교들에 대한 전투적인 공격과 배척도 근본주의자들에게서 나타나는 전형적인 태도라고 일컬어진다. 우리나라 근본주의 신학에서 두드러지는 전천년설(前千年說)이나 전천년적 세대론(前千年的 世代論)은 기독교인들이 세계에 대해 책임적인 자세를 취하지 못하게 하고, 도리어 타락한 세상이 어떻게 되든지 간에 개인의 영적 구원을 획득하면 된다고 하는 탈정치적이고 탈역사적인 자세를 고착시킨다고 지적되기도 한다. 그러면서도 근본주의자들은 그들의 신앙적 아이덴티티를 외적으로 표시하는 경향이 있어서 윤리적 엄격주의를 추구하는 경향이 있는데, 이러한 윤리적 엄격주의가 외적인 행위의 표징을 중시한 나머지 윤리적 형식주의를 배태하기도 한다고 꼬집는 학자들도 많이 있다. 나는 근본주의자들에게서 나타나는 이와 같은 성향들과 태도들이 근본주의적 멘탈리티의 발현 형태들이라고 정리한 바 있다.[1] 근본주의적 멘탈리티는 근본주의 신학의 강력한 영향 아래 있는 교회에서 종교적 사회화 과정이 진행됨으로써 나타난 결과이다.

나는 한국 기독교가 미래의 변화에 대비하면서 생활 세계를 건강하게 형성하는 데 이바지하기 위해서는 근본주의적 멘탈리티를 극복하는 기독교 성인 교육[2]이 구상되어야 한다고 생각하며, 기독교 성인 교육

---

1) 근본주의적 멘탈리티에 대해서는 Hee-Sook Lim, *Eine Analyse des protestantischen Fundamentalismus Koreas im Rahmen der kirchlichen Erwachsenenbildung. Mit einer Fallstudie zum "Handbuch fuer den Gottesdienst im Hauskreis" der Presbyterianischen Kirche Koreas zwischen 1975 und 1985* (Lottbeck bei Hamburg: Verlag an der Lottbek im Besitz des Verlags Mainz, 2000)을 참조하라.

2) 기독교 성인 교육은 대체로 제도 교회를 매개로 하여 이루어진다는 점에서 '교회의 성인 교육'이라는 개념으로 표현되기도 한다. '교회의 성인 교육'에 관한 다양한 견해들은 Chr. Meier, *Kirchliche Erwachsenenbildung* (Stuttgart; Berlin; Koeln; Mainz: Kohlhammer, 1979), 16-69에 개관되어 있다. 또한 J. Lott, *Handbuch Religion II: Erwachsenenebildung* (Stuttgart; Berlin; Koeln; Mainz: Kohlhammer, 1984), 135ff.도 보

의 탈근본주의적 구상을 제시하는 것은 더 미룰 수 없는 신학적·교육학적 과제가 되었다고 믿고 있다.

기독교 성인 교육의 탈근본주의적 구상을 밝히기 위해 나는 우선 이 구상의 신학적 근거를 제시하고자 한다. 근본주의적 멘탈리티는 구원의 확신을 둘러싼 불안 및 강박과 긴밀하게 연결되어 있다고 지적되기 때문에3) 탈근본주의적 성인 교육은 이러한 불안과 강박을 극복할 수 있는 신학적 관점을 제시할 필요가 있다.

그다음, 탈근본주의적 교육 구상의 핵심이 대안적 성서 읽기에 있음을 밝히고, 그 중점 과제들을 정리해 보고자 한다. 성서무오설의 절대성을 주장하는 근본주의는 문자주의적 성서 해석을 강조하기 때문에 대안적 성서 읽기는 탈근본주의적 성인 교육에서 가장 중요한 과제가 된다고 본다.

끝으로, 탈근본주의적 성인 교육을 촉진하는 교회론적 틀을 밝히고자 한다. 왜냐하면 제도 교회에서 이루어지는 성인 교육은 교회의 권위 구조 아래서 이루어지는 종교적 사회화 과정이기 때문에 이에 대한 검토는 탈근본주의적 성인 교육의 구상을 밝히는 데 필수불가결하다.

라.

3) 이에 대한 탁월한 종교심리학적 연구로는 Stephan H. Pfuertner, *Fundamentalismus: Die Flucht ins Radikale* (Freiburg: Herder, 1991)을 보라.

II. 탈근본주의 교육 구상의 신학적 근거

1. 자유를 향한 하나님의 부름 – 은혜신학적 고려

근본주의적 멘탈리티는 신조의 절대성에 대한 확신, 달리 생각하는 사람들에 대한 적대감, 비판적이고 성찰적인 담론 능력의 결여, 권위에 대한 굴종, 윤리적 형식주의 등에서 표출된다.[4] 이러한 근본주의적 멘탈리티를 극복하기 위해서는 근본주의자들로 하여금 자기 나름대로 생각하고 검증하고 결단하게 하고 스스로 책임을 지며 살아갈 수 있도록 용기를 북돋아 주는 일이 필요하다. 근본주의자들이 이러한 용기를 갖도록 하려면 그들의 마음속에 도사려 있는 불안과 확신 강박을 이해하고 이를 해소하는 것이 중요하며, 바로 이것이 탈근본주의적 성인 교육의 핵심이다. 이렇게 용기를 북돋아 주는 작업 가운데 하나가 하나님의 은혜를 바르게 이해시키는 일이다.

기독교의 은혜론은 하나님이 예수 그리스도 안에서 은혜를 베풀어 죄지은 사람들을 이끌어 그분과 새로운 관계를 맺게 한다는 내용으로 이루어져 있다. 인간은 예수 그리스도 안에서 은혜로운 하나님에 의하여 인격으로 받아들여지고 하나님과 맺은 이 새로운 관계 안에서 자유롭게 살아가도록 부름을 받는다는 것이다.

자유라는 주제는 근본주의자들에게 매우 낯설다. 왜냐하면 그들은 타락 이후에 인간이 전적으로 타락하였고 죄의 권세들 아래서 종살이를 하고 있다고 강조하기 때문이다. 따라서 인간의 자유를 말하는 것은

---

4) 이에 관해서는 필자의 선행 연구를 참고하라. Hee-Sook Lim, 앞의 책, 236-252. 또한 졸고 "근본주의 연구의 최근 동향과 그 기독교 교육적 함의,"『신학사상』110 (2002/가을), 219-243도 참고하라.

근본주의자들이 보기에는 아무런 의미가 없다. 근본주의자들이 예수 그리스도가 속죄양으로 십자가에 달렸음을 강조한다 할지라도, 그것은 인간을 죄로부터 해방시키는 사건이 아니라고 한다. 도리어 근본주의자들은 말세에 가까워질수록 세상은 점점 더 악해지기에 신자들은 갖가지 유혹에 노출될 수 있음을 강조한다. 이러한 유혹에 굴복하여 구원에서 배제될 수도 있으리라는 불안이 흔들리지 않는 신앙과 생활의 표준들을 고수하는 강박으로 나타난다. 근본주의자들의 문자주의적인 경건은 이 강박과 깊은 관계가 있다. 그들은 또한 방언과 신유 등에 매달려 하나님이 그들 가운데 현존하신다는 증거를 확보하기 위하여 안간힘을 쓰기도 한다.

이러한 근본주의자들과 대화를 나눌 때 중요한 것은 그들의 진지한 신심을 일단 존중하는 일이다. 그러나 그들의 신학적 논증이 어느 지점에서 불충분한가를 확인하는 일을 게을리 해서는 안 된다. 예를 들면, 인간이 타락 이후에 전적으로 썩어 버렸다는 근본주의자들의 주장은 매우 날카로운 신학적 언명이지만, 그 주장은 오직 구원론적 의미 문맥에서 제한된 타당성을 가졌을 뿐이다. 이 점은 근본주의자들이 충분히 동의할 수 있는 구원의 드라마에 대한 아래의 서술에서 저절로 밝혀질 것이다.

타락 이후에 인간은 하나님에게 등을 돌린 채 죄의 지배 아래 떨어졌다. 인간을 하나님과의 관계로부터 떼어놓을 정도로 강력한 힘과 권세를 갖고 있는 죄의 지배 아래서 인간은 무신적 존재가 되었다. 그는 전적으로 썩었다! 그리고 죄는 점점 더 강성해져서 우주 전체를 지배하기에 이르렀다. 죄는 하나님의 독생자를 십자가에 달아 죽일 정도로 강해졌다. 하나님이 폭행을 당해 죽임을 당함으로써 온 세상은 신을 버린 무신의 세

상이 되었고, 이로써 죄의 승리는 완벽하게 실현된 것처럼 보였다. 그러
나 예수 그리스도는 죽은 자들 가운데서 다시 살아났고, 죄의 권세를 분
쇄하였다. 그리스도의 부활은 종말론적으로 죄를 무효화하였다. 부활
사건이 종말론적 성격을 갖는다는 것은 이 세상이 여전히 죄의 지배 아
래 있되, 온 세상에 대한 예수 그리스도의 주권이 실현되는 궁극적 구원
을 간절하게 고대하고 있기 때문이다. 그리스도가 마침내 자신의 전권
을 그분의 아버지께 되돌려 줄 때, 하나님은 만유의 주가 될 것이다.(참
조: 고전 15:20-28)

이 구원의 드라마에서 근본주의자들은 하나님의 은혜라는 모티프에
별 관심을 기울이지 않는다. 인간의 하나님 관계가 타락에 의해 지장을
받게 되었다는 것은 분명하다. 그러나 인간에 대한 하나님의 관계는 인
간의 신실하지 못한 태도에도 불구하고 파괴될 수 있는 것이 아니다.
하나님은 인간에 대한 관계에서 언제나 신실한 분이다.[5] 바로 이 점을
깨달을 때 왜 하나님이 죄지은 인간을 의롭다 인정하고 파괴된 하나님
관계를 예수 그리스도 안에서 회복시키는가를 이해할 수 있다. 예수 그
리스도 안에서 하나님은 인간에 대한 죄의 지배를 무효화하고 자신의
신실성 안으로 인간을 받아들인다. E. 케제만에 따르면, 바로 여기서
지배의 일대 전환이 일어난다. 노예로 만드는 죄의 지배로부터 자유로
불러내는 하나님의 지배로 대전환이 일어나는 것이다.[6] 바로 이 자유

---

5) J. Moltmann, *Gott in der Schoepfung: Eine oekologische Schoepfungslehre*, 3. Aufl.
   (Muenchen: Kaiser, 1993), 238.

6) E. Kaesemann, "Kritische Analyse von Phil 2,5-11," E. Kaesemann, *Exegetische
   Versuche und Besinnungen 2*, 2. Aufl. (Goettingen: Vanderhoeck & Ruprecht, 1965),
   94.

속에서 인간은 하나님이 가까이 계심을 경험한다.

근본주의자들은 자유가 예수 그리스도 안에서 하나님 앞에 있는 인간의 새로운 신분임을 받아들이는 것을 꺼려한다. 그들은 이러한 자유 대신에 끊임없이 율법적 경건이나 세상을 망각한 영적 몰입을 향한 강박에 시달린다. 이러한 확신 강박을 제거하기 위해서는 다음과 같은 점을 생각할 필요가 있다. 자유롭게 살도록 부름을 받은 기독교인은 언제나 성령의 활동 영역 안에 서 있다. 성령을 경험하면서 기독교인은 구원의 현실을 미리 맛보고 자신의 구원을 확신한다. 그러나 그는 여전히 종말론적으로 무력화된 죄의 권세와 힘 아래 있기에 궁극적 속량을 간절하게 고대하고 있는 이 세상에서 살아간다.(참조: 롬 8:22f.) 그러므로 기독교인은 자신의 실존이 이 세상에서 모순 아래 있음[7]을 직시하지 않으면 안 된다. 이 세상에서 구원의 확신은 아직 구원의 현실성과 같은 것이 아니다[8].

예수 그리스도 안에서 구원의 예표(豫標)로 얻은 자유 속에서 기독교인은 이 세상과 궁극적 세상 사이의 거리를 경험한다. D. 본훼퍼가 '궁극 이전의 것'으로 지칭한 이 세상은 '궁극적인 것'을 지향한다는 이유로 부정되어서는 안 된다. 근본주의적 세계 부정은 이 점에서 비판되지 않으면 안 된다. 본훼퍼는 세상을 '자연적인 것'이라는 개념으로 표현한 뒤에 '자연적인 것'은 하나님에 의해 보존된다는 점을 분명히 한 바 있다.

---

7) E. Kaesemann, *An die Roemer, HNT 8a* (Tuebingen: Mohr, 1973), 3. Aufl., 224.

8) 구원의 확신과 구원의 현실성이 일치하지 않는다는 신학적 언명에 대해서는 H. R. Balz, *Heilsvertrauen und Welterfahrung: Strukturen der paulinischen Eschatologie nach Roemer 8,18-39* (Muenchen: Chr. Kaiser, 1971), 60.

"자연적인 것은 타락한 세상에서 하나님에 의해 보존되는 생명의 형태이며, 이 생명의 형태는 그리스도를 통한 인의와 구원과 갱신을 지향하고 있다."[9]

위의 인용문에서 본훼퍼는 그리스도 사건이 '자연적인 것'을 죄로 가득 찬 것으로 간주하여 철저하게 부정하지 못하게 한다는 점을 강조한다. 그러나 이 말은 자연적인 것을 완성된 세상으로 간주해도 좋다는 의미가 아니다. '자연적인 것'으로서의 세상은 비관주의적인 부정의 대상도 아니고, 실증주의적인 긍정의 대상도 아니다.

본훼퍼에 따르면, 기독교인들은 궁극 이전의 것과 궁극적인 것 사이의 시간 속에서 산다. 이러한 시공간 속에서 기독교인들은 궁극적인 것을 지향하면서 궁극 이전의 것으로서의 세상을 형성하도록 부름을 받았다. 그러나 기독교인들은 그들이 마치 세상을 완벽하게 만들 수 있으리라는 환상을 가져서는 안 된다. 왜냐하면 세상의 완성은 하나님이 하실 일이기 때문이다. 그렇다고 해서 기독교인들은 세상에 대해 아무래도 좋다는 식의 태도를 취해서도 안 된다. 왜냐하면 비록 아직 실현되지는 않았지만 이미 그리스도 사건에서 가시화된 궁극적인 것은 이 세상에서 살아가는 사람들에게 언제나 강력한 도전이 되기 때문이다.

만일 기독교인들이 세상을 형성해야 할 책임을 받아들인다면, 그들은 세상에 있는 삶의 형식들이 고정된 것이 아니라 끊임없는 개혁의 대상이 된다는 것을 인식할 것이다. 가정, 사회, 국가가 죄로부터 생명을 보호하고 보존하는 하나님에 의해 삶의 기본 형식들로 제정되었다는 인식에서 출발한다 할지라도, 역사 속에서 이 삶의 형식들이 서로 다르

---

9) D. Bonhoeffer, *Ethik* (Muenchen: Kaiser, 1981), 154.

게 나타난다는 것은 그 형식들이 하나님에 의해 고정된 어떤 질서의 현상형태(Erscheinungsform)로 인식할 수 없음을 말해 준다. 삶의 형식들을 어떻게 형성할 것인가는 인간의 이성에 맡겨져 있다. 비록 인간이 이성의 도움을 받아 이 삶의 형식들을 완벽하게 형성할 수 없다 치더라도 인간은 최상의 것에 이를 수 있으며, 이에 관해 이성적인 담론을 벌일 수 있다. 그러므로 삶에 관해 담론을 벌이고 삶을 형성하는 기본 원리로서의 이성을 부정해서는 안 된다. 비록 이성이 인간을 구원으로 이끌 수 없다 하더라도 말이다.

2. 확신 강박으로부터의 해방

근본주의자들이 보여 주는 확신 강박은 불안에서 비롯된 것이라고 말할 수 있다. 따라서 근본주의자들에게 강조해야 할 것은 불안이 삶의 한 조건이라는 점이다. 불안은 삶의 발판이 꺼진 듯한 복합적인 감정이다. 파악할 수 없는 것, 확정할 수 없는 것, 미리 규정할 수 없는 미래로부터 기인하는 불안에서 벗어날 수 있는 사람은 없다. 물론 불안을 삭일 수 있는 방법은 많다. 근본주의는 의심할 여지없이 이러한 다양한 방법들 가운데 하나이다.

불안을 극복하기 위해 구원의 확신을 강박적으로 얻고자 하는 근본주의자들에게는 하나님이 세상을 무로부터 불러내셨고, 무의 파괴적인 힘으로부터 세상을 보존하여 그것을 완성하고자 한다는 점을 상기시키는 것이 중요하다. 바로 그 하나님이 만물을 무화(無化)시키고자 하는 죄10)의 가장 강력한 권세인 죽음으로부터 예수 그리스도를 다시 살려

---

10) 죄를 무화시키는 무로 파악한 것은 바르트의 심오한 신학적 통찰들 가운데 하나이

내셨다. 하나님은 무에 대한 불안 속에서 살아가는 사람들에게 얼굴을 돌리고 그를 향하여 말을 건넨다. 하나님은 인간을 굴종시키는 죄의 권세에 인간을 내어 맡기지 않는다. 이를 가장 잘 보여 주는 것이 인의의 사건이다.

하나님은 죄인을 의롭다 인정함으로써 죄의 파괴적인 힘 앞에서 우두망찰 서 있는 인간을 죄가 더 이상 통용되지 않는 영역으로 이끌어 가신다. 이것은 인간이 더 이상 죄인이 아니라는 것을 의미하는 것은 아니다. 인간은 의인인 동시에 죄인이다! 인의의 사건에서 하나님-인간 관계가 죄에 의하여 파괴되는 것을 앉아서 보고만 있지 않겠다는 하나님의 의지가 계시된다. 그는 이 세상에서 끊임없이 죄의 공격을 받는 인간에게 신실하게 남기를 원한다.[11] 그는 모든 종류의 유혹과 시련과 의심 속에서도 계속 이어지는 인간의 성화 과정을 동반하고자 한다. 여전히 죄로 가득 찬 세상에 묶여 있는 인간이 구원의 희망을 품을 수 있다면, 그것은 예수 그리스도 안에서 이루어진 하나님의 인의의 경험을 되돌아볼 수 있기 때문이다.

여기서 중요한 것은 인의가 예수 그리스도 안에서 일어난 사건을 의미한다는 통찰, 따라서 그 사건이 인간에게서 시작된 것이 아니라 하나님에게서 시작되었다는 통찰이다. 인간은 어떤 업적을 가져옴으로써 은혜의 사건에 영향을 미칠 수 없다. 인간의 공적을 고려하지 않은 채 하나님은 인간에 대한 자신의 관계를 갱신하기로 결심하셨다. 로마서 3장 24절은 말한다.

다. 이에 대해서는 K. Barth, *Kirchliche Dogmatik* III/3 (Zuerich: Zollikon, 1950), 354-402를 보라.

11) J. Moltmann, 앞의 책, 238.

"그러나 사람은, 그리스도 예수 안에 있는 속량을 힘입어서 하나님의 은
혜로 값없이 의롭게 하여 주심을 받습니다."

따라서 사람은 영적인 황홀경이나, 특별한 도덕적 삶이나, 교회 성장
을 위한 열성이나 교회 생활에 대한 충실성 등 그 어떤 공적을 내세워
하나님의 인의를 강제할 수는 없다. 공적과 관련해서 나타나는 확신 강
박은 인의론의 빛에서 볼 때 그 대상이 없다. 이에 대해 홀버트 슈테펜
스키는 다음과 같이 말한다.

"그와 다른 구원의 길을 바울은 영의 길, 믿음의 길, 십자가의 어리석음
의 길이라고 부른다. 그것이 은혜의 길이다. 그것은 스스로를 만들어 내
고 스스로를 억지로 설정하고 스스로에게 이름을 부여하는 행위를 포기
하는 일이다. 당신은 스스로 이름을 짓기 전에 불려진다. 그렇기 때문에
당신은 그 어떤 구원의 의례나 지혜의 가르침이나 구원의 수단들에 의
지하면서 스스로 이름을 짓는 일을 포기할 수 있다. 이러한 포기의 열매
가 바로 자유이다. 자유는 은혜의 가장 아름다운 자식이다. 은혜는 우리
의 삶의 근거가 되는 것을 우리가 만들 수 없고, 살 수 없고, 제작할 수
없다는 것을 의미한다. (…) 은혜는 모든 것을 얻으려고 하는 전제적인
강박으로부터 해방되는 것을 의미한다. (…) 우리는 이성애 강박을 필
요로 하지 않는다. 우리는 우리의 예배를 위하여 어떤 질서 강박도 필요
로 하지 않는다. 우리는 교의학적인 규정 강박을 필요로 하지 않는다.
강박은 구원을 약속하지 않는다. 자유는 은혜의 자식이다. 그리고 자유
를 배반하는 자는 은혜도 배반한다."12)

---

12) F. Steffensky, "Wie ernaehren wir unsere Traeume? Ueber den Zusammenhang

3. 탈근본주의적 성인 교육의 중점 과제들

앞에서 고찰한 바로부터 기독교인의 자유가 하나님의 은혜에서 비롯된다는 가르침이 성인 교육에 관한 탈근본주의적 구상의 신학적 근거가 될 수 있다는 것이 분명해졌다고 본다. 근본주의자들로 하여금 하나님의 은혜를 납득할 수 있도록 한다면, 그들은 하나님과 인간의 관계가 이분법적 위계 구조를 이룬다는 관념에 뿌리박고 있는 권위적인 하나님 상을 극복할 수 있을 것이다. 권위적인 하나님 상은 복종을 내면화하도록 만들기 때문에, 탈근본주의적 성인 교육을 향한 첫걸음은 무섭게 심판하고 복종을 강제하는 하나님 상을 은혜롭게 말을 건네는 하나님 상으로 대체하는 것이다.

성인 교육에 관한 탈근본주의적 구상에서는 무엇보다도 인의의 현실성을 확신 있게 받아들이도록 함으로써 근본주의자들의 확신 강박을 해소하는 데 중점을 두어야 한다. 기독교인들이 하나님의 은혜 사건을 통하여 모든 강박으로부터 자유로워지고, 바로 이 강박으로부터의 자유가 하나님 관계로 받아들여진 기독교인들의 실존임을 강조하여야 하는 것이다.

그다음, 탈근본주의적 성인 교육을 통하여 기독교인들로 하여금 독자적인 사고와 검증과 결단을 통하여 자유롭게 자기 자신을 전개하고 그것에 대해 스스로 책임을 지도록 용기를 북돋아 주는 것 또한 중요하다. 근본주의자들에게서 권위적 멘탈리티[13]가 깊이 내면화되어 있음

---

von Spiritualitaet und der Liebe zur Gerechtigkeit," *Die Sowohl-als-auch-Falle. Eine theologische Kritik des Postmodernenismus*, hg. von Kuno Fuessel u.a. (Luzern: Ed. Exodus, 1993), 107f.

13) 권위적 멘탈리티에 관한 고전적인 연구로는 Th. Adorno, *Studien zum autoritaeren*

을 감안할 때, 특정한 권위 형태들에 적응함으로써 나타난 자기 소외로
부터 벗어나서 비판과 자기 성찰을 통해 온전한 자아를 다시 회복하는
길을 여는 것이 중요하다. 권위를 어떻게 다루는가 하는 것이 결정적인
문제이다. 삶의 형식들을 형성하는 데 꼭 필요하다고 인정되는 권위들
에 대해서는 그 타당성을 물어야 할 것이며, 타당성을 요구하는 방식을
비판적으로 검증하지 않으면 안 된다. 권위를 다룰 때에는 또한 무엇이
권위의 특정한 형태들에 순응하도록 강제하는가를 자기 성찰적으로 파
악하여야 한다. 이러한 비판과 자기 성찰을 통하여 인간은 스스로를 해
방시킨다. 탈근본주의적 교육 과정에서 가장 중요한 것은 담론 능력을
촉진하고 비판적이고 자기 성찰적인 근거 제시와 논거 설정에 익숙해
지도록 돕는 일이다.

끝으로, 탈근본주의적 교육 과정은 근본주의자들의 세계 부정을 극
복하고 세계를 최선을 다해 형성할 책임을 받아들일 수 있도록 시도하
여야 한다. 이러한 책임 윤리를 구현하기 위해서는 근본주의자들에게
구원의 확신이 이 세상에서 구원의 현실성과 동일한 것이 아님을 상기
시켜야 한다.

II. 탈근본주의적 성서 읽기의 해석학적 고려

근본주의의 신조들을 절대화하는 것은 성서무오설이다. 성서무오
설은 문자주의적 성서 해석을 유도한다. 이런 점을 감안할 때, 탈근본
주의적 성인 교육에서 대안적인 성서 읽기를 시도하는 것은 매우 중요

Charakter (Frankfurt am Main: Suhrkamp, 1973)을 보라.

하다.

대안적 성서 읽기는 성서 문자주의를 가지고서는 비판적인 성서 읽기가 불가능하다는 것을 전제한다. 성서 문자주의는 그것에 익숙한 독자들을 자신의 경험과 바람, 욕구와 관심으로부터 소외시킬 뿐만 아니라 실제의 생활 세계로부터도 소외시킨다. 성서 텍스트의 문자적인 부연 설명은 주석가가 자기 자신과 자신의 생활 세계 경험들을 성찰하면서 시도하는 해석일 수 없다. 문자주의의 강력한 영향 아래서 형성된 교회의 상투어들(Schablonen)은 특정 상황과 장면에 자극을 받으면 신자들의 현실 지각을 미리부터 규정하는 괴력을 발휘하기도 한다.[14]

대안적인 성서 읽기를 구상하기 위해 나는 먼저 성찰과 해석의 관계를 검토하고, 그다음에 비판적이고 자기 성찰적인 성서 읽기에서 경험이 갖는 의미를 밝히고자 한다.

1. 성찰과 해석

현대 해석학의 가장 중요한 과제들 가운데 하나는 성찰과 해석의 관계를 규명하는 것이다. 이 주제에 접근하는 입장들은 매우 다양하지만, 나는 이 분야에서 고전적인 업적을 인정받고 있는 폴 리쾨르의 입장을 선택하여 검토하고자 한다.[15]

'의심의 해석학'을 발전시킨 리쾨르의 중요 관심사는 '실존의 진리'

---

14) 상투어(Schablonen)의 언어 파괴에 대한 심리분석적, 언어이론적 연구에 대해서는 A. Lorenzer, *Sprachzerstoerung und Rekonstruktion: Vorarbeiten zu einer Metatheorie der Psychoanalyse*, 2. Aufl. (Frankfurt am Main: Suhrkamp, 1976), 113ff.를 보라.
15) 리쾨르의 해석학이 신학적 언어이론에 미친 영향에 대해서는 Franz Prammer, *Die philosophische Hermeneutik Paul Ricoeurs in ihrer Bedeutung fuer eine theologische Sprachtheorie* (Insbruck; Wien: Tyrolia-Verl, 1988), 139-150을 보라.

를 추구하는 것이다. 이 진리는 직관적으로 인식되지 않고, 오직 자아의 외화(Entauesserung)와 재획득(Wiederaneignung)의 통일이라 할 수 있는 성찰을 통해서만 얻어진다. 리쾨르의 말을 들어 보자.

"성찰은 실존의 추구와 존재하고자 하는 우리의 바람을 증언하는 텍스트들을 통하여 바로 그 추구와 바람을 자신 자신의 것으로 획득하는 일이다."16)

성찰은 '실존의 진리'를 추구하는 일이 기록된 작품들을 통하여 매개된다는 것을 전제한다. 이것은 성찰이 이러한 작품들에 대한 해석을 통하여 시작된다는 것을 의미한다. 성찰과 해석의 이 밀접한 관계로부터 해석학의 결정적인 문제가 드러난다. 해석학이 대결하는 것은 '거짓 의식'이다. 이 거짓 의식은 한편으로는 "자기 인식의 나르시스적 외람됨"으로 표현되고, 또 다른 한편으로는 자기 인식의 객관화와 절대화로 나타난다. 리쾨르는 이러한 거짓 의식과의 대결을 이데올로기 비판이라고 불렀고, 이러한 이데올로기 비판을 핵심으로 하는 자신의 해석학을 '의심의 해석학'이라고 불렀다.

이러한 해석학의 관점을 분명히 밝힌 뒤에 리쾨르는 존재론적 의미부여와 망상 비판을 서로 연결시켜 고찰하고자 한다. 현상학적 종교철학과 심리분석적 망상 비판은 '실존의 진리'를 추구하는 데 결정적인 의미를 갖는다. 리쾨르는 종교 현상과 그 대상의 연관을 종교적 지향성으로 규정하고 이를 현상학적으로 서술한다. 이러한 절차는 '풍부한 상

---

16) P. Ricoeur, *Hermeneutik und Psychoanalyse: Der Konflikt der Interpretationen* II (Muenchen: Koesel, 1974), 212.

징들'의 껍질을 벗겨내고 거룩한 것을 다시 회상하기 위해 필요하다. 그다음에 리쾨르는 종교 현상을 "그 원인, 그 근원 혹은 그 기능"과 연결 짓고는 종교 현상이 망상, 곧 억압된 바람의 현상 형태임을 밝히고, 종교 현상은 억압된 것을 다시 불러낸다고 설명한다. 이 두 가지 관점에서 볼 때 '실존의 진리'는 망상들의 가면을 벗겨 내고 거룩한 것을 똑바로 바라볼 때에만 인식될 수 있다.

망상 비판, 이를 좀 더 단순하게 표현한다면, 비판은 은폐의 메커니즘 속으로 깊이 파고 들어가 그 메커니즘의 가면을 벗기는 일이다. 비판의 과제는 '표현들의 암호를 푸는 것'[17]이다. 이와 관련해서 비판은 "진짜 말(Parole), 진리의 새로운 왕국을 위한 지평"[18]을 열어 놓지만, 그 자체로서는 존재와 진리의 지평이 아니라는 리쾨르의 말은 중요한 의미를 갖는다. 리쾨르에 따르면, 이 지평은 오히려 상징들을 통하여 열린다. 상징들의 진리, 곧 "의미를 부여하려는 의도의 충만성"은 실존이 지향하는 거룩한 것과 관련되어 있다. 그러나 상징들의 진리로서의 거룩한 것은 오직 '비신화화' 과정을 거칠 때에만 드러난다. 한 마디로, 존재와 진리를 추구하는 길을 걷는 사람은 진리가 비판을 통하여 드러나는 일을 경험한다.

리쾨르가 주장한 바와 같이, 해석은 자기 성찰로 가는 하나의 길이며 '실존의 진리'는 오직 자기 성찰을 통해서만 얻을 수 있다. '실존의 진리'를 향한 길에서 일단 억압된 것에 관한 망상은 해체되어야 한다. 그래야 거룩한 것이 계시될 수 있기 때문이다. 이 점에서 리쾨르는 종교성의 본질적인 측면을 꿰뚫어 보고 있는 셈이다. 자기 성찰이 없다면

---

17) 앞의 책, 68ff.
18) 앞의 책, 69.

거룩한 것의 계시는 아무런 의미가 없다. 이 점에서 리쾨르는 옳다.

그러나 그는 여전히 의식철학의 한계 안에 머물러 있으며, '나르시스적 해석학'을 구축하려고 시도한다. 바로 이 문제를 해결하기 위해 나는 성찰된 경험을 출발점으로 삼는 다른 길을 따라 앞으로 더 전진해 보려고 한다.

2. 대안적 성서 읽기에서 경험이 갖는 의미

'경험'이라는 개념은 자연적 신학에 대한 칼 바르트의 비판 이후 신학적 논의에서 오랫동안 제한적으로 다루어졌을 뿐이지만,[19] 최근에 이 개념은 점점 더 많은 주목을 받고 있다. 경험 개념에 대한 평가가 달라진 것은 크게 보아 여성신학의 공헌이라고 볼 수 있다. 경험 개념에 대한 여성신학의 입장들은 매우 다양한데,[20] 나는 그 가운데서도 특히 E. S. 피오렌자의 관점을 취하여 논의를 전개하고자 한다.

피오렌자는 성서 읽기에서 '경험'의 해석학적 의미를 전면에 내세운 학자이다. 그녀는 '비판적인 페미니스트 해석학'을 옹호하는데, 이 해석학은 "정치적, 개인적으로 성찰된 해방 경험들과 억압 경험들"[21]로부터 출발한다. 여기서는 피오렌자의 여성신학을 깊이 다룰 겨를이 없

---

19) Annette Noller, *Feministische Hermeneutik: Wege einer neuen Schriftauslegung* (Neukirchen-Vluyn: Neukirchener Verlag, 1995), 153: "경험을 둘러싼 신학 내부의 논쟁은 제2차 세계대전 이래로 성서와 신학 전통, 그리고 특히 죄인의 인의와 같은 근본적인 신학적 관점의 수용에서 엿볼 수 있는 신학적 기본 합의의 틀에서 움직여 왔다."

20) Annnette Noller는 위의 책에서 E. S. Fiorenza, R. M. Ruetger, L. M. Russel, E. Motmann-Wendel의 해석학적 입장들을 분석하고 있다.

21) E. S. Fiorenza, *Zu ihrem Gedaechtnis: Eine feministisch-theologische Rekonstruktion der christlichen Urspruenge, aus dem amerikanischen Englisch uebersetzt von Christiane Schaumberger*, 2. Aufl. (Muenchen: Kaiser, 1993), 66.

기 때문에, 앞에서 말한 경험들이 왜 비판적 해석학의 출발점을 이루는가를 묻고자 한다. 피오렌자의 말을 들어 보자.

"각각의 역사 서술은 과거에 대한 하나의 선택적 관점이다. 역사적 해석은 언제나 현재의 문제 설정과 현재의 세계관에 의해 규정되며, 현재의 정치적 관심들과 지배구조들에 의하여 그 조건이 부여된다."22)

이렇게 본다면, 역사에 대한 접근은 자신의 이론적 전제들과 정치적 견해를 비판적으로 성찰하고 이를 명료하게 할 때에만 성공적으로 이루어진다. 그런데 만일 역사에 대한 접근이, 주어져 있는 것을 정당화하기 위하여, 전제 조건들에 대한 검토 없이 가부장적 규범들 아래서 이루어진다면, 이러한 규범적 장치들은 해석학에 대한 의혹을 잠재우고 해석학을 수정할 수 없도록 만들 것이다. 이 점을 설명하면서 피오렌자는 '안경'23)의 비유를 사용했다. 정당화하는 규범적 해석 장치들로 인해 이제까지 감추어져 온 것, 곧 억압의 경험들과 해방의 경험들을 재발견하고 이 경험들을 정치적·개인적으로 성찰하기 위해서는 새로운 '안경'이 필요하다는 것이다.24) 바로 이러한 성찰로부터 전적으로 다른 해석이 시작된다. 피오렌자에게서 눈길을 끄는 것은 경험이 해석학적 장치와 해석 과정의 적절성을 판단하는 데 규준의 지위를 갖고 있다는 점이다.

---

22) 앞의 책, 16.

23) 앞의 책, 25. 이 비유를 활용하면서 피오렌자는 토마스 쿤의 '패러다임 전환'이라는 개념을 끌어들인다.

24) 해방 경험들과 억압 경험들에 대한 정치적 성찰은 억눌린 자들을 편드는 당파성을 전제한다. 참여적인 관점은 이러한 당파성에서 비롯된다. E. S. Fiorenza, 앞의 책, 66.

이러한 생각은 성서 읽기에도 적용할 수 있다. 성서 역시 이른바 역사 서술의 선택성에서 벗어나 있지 않다. 피오렌자에 따르면, 성서는 "남성 중심적인 가부장제 문화와 역사의 부산물"25)이다. 성서에는 여성에 대한 남성의 지배를 정당화하고 이를 당연한 규범으로 보는 해석 모형들이 들어 있다. 이러한 성서를 무비판적으로 해석하면, 이러한 남성들의 지배 요구들을 절대화할 수 있다. 그러므로 "정치적, 개인적으로 성찰된 해방 경험들과 억압 경험들"은 "성서 해석의 적절성과 성서의 권위 요구를 평가하는 규준"으로 자리 잡아야 마땅하다. 피오렌자는 말한다.

"성서 문서들과 전승들, 그리고 그것들의 권위 요구를 비판적 · 여성해방론적으로 평가할 때, '억눌린 사람들을 편드는 당파성'은 반드시 고수되어야 한다. 개인적으로, 정치적으로 성찰된 해방 경험들과 억압 경험들은 성서 해석의 적절성과 성서의 권위 요구들을 평가하는 데 규준이 되어야 한다."26)

이처럼 '경험'을 규준으로 규정함으로써 피오렌자는 성서 해석에서 코페르니쿠스적 전회를 시도한다. 피오렌자에 따르면, 텍스트로서의 성서는 더 이상 '원형'(Archetype)이 아니라 단지 '주요 유형'(Prototype)일 뿐이다. '원형'은 "변경될 수 없는 무시간적 모델을 확정짓는 이상적

---

25) 앞의 책, 14. 성서를 가부장적 문서로 성격화하고 비판적 성서 읽기를 옹호하기 위하여 피오렌자는 E. C. 스탠튼을 다음과 같이 인용한다. "1. 성서는 중립적인 문서가 아니라, 여성들의 해방 투쟁을 거역하는 정치적인 문서이다. 2. 그 까닭은 성서가 하나님을 본 적이 없고 하나님과 더불어 이야기를 나누어 본 적이 없는 남성들의 인장(印章)을 지니고 있기 때문이다."

26) 앞의 책, 66.

형식"을 뜻하지만, 이에 반해 '주요 유형'은 "구속력 있는 무시간적 모형 혹은 원칙"을 의미하지 않는다. 주요 유형은 "그 자체의 변화를 향하여 비판적으로 열려 있다."[27] 성서를 이렇게 이해하면, 역사 속에 한번 등장한 관계들이 성서의 이름으로 영원한 것으로 둔갑할 리 없다. 주요 유형으로서의 성서는 새로운 현실을 지향하면서 과거와 현재 사이의 비판적이고 성찰적인 대화를 나눌 때 오늘 여기서 생생하게 되살아난다. 이에 대해 피오렌자는 다음과 같이 말한다.

"이러한 이해는, 성서를 고정된 신비적 모델로 규정하지 않는다는 점에서, 교회의 사회사적 상황의 변화하는 조건들 아래서 성서를 수용하고, 문제를 제기하고, 사회적·교회적 구조들과 개념적·신학적 구조들을 혁신하는 동적인 과정을 평가할 수 있게 한다. 오직 이러한 '구조적 변형' 안에서, 그리고 그것을 통하여 성서와 성서 공동체는 새로운 사회적 요구들과 신학적 인식들에 응답할 수 있고, 새로운 사회적·교회적 구조들을 만들고 발전시킬 수 있다."[28]

이렇게 비판적 해석학을 통해 성서를 생생하게 되살아나게 하는 프로그램을 진행하면서 피오렌자는 인지적 차원과 제도적 차원에서 주어진 구조들을 변혁하는 일에 초점을 맞춘다. 이러한 변혁을 시도할 때, 이제까지 잊혀져 왔고 때때로 은폐되어 왔던 성서의 해방 전통과 결별할 필요는 없다. 오히려 그러한 전통은 더 이상 잊혀져서는 안 되고, 도리어 재구성되고 활성화되어야 한다. '성서적 공동체'는 이 전통 궤도

---

27) 앞의 책, 67.
28) 앞의 책, 67f.

안으로 끌려 들어간 공동체이다. 이와 동시에 변혁의 시도는 역사적으로 규정되어 있는 상황 속에서 구체적 인간들의 경험들과 거기서 비롯된 요구들을 제대로 다룰 수 있어야 한다. 오직 그렇게 할 때에만 성서적 공동체는 성서의 해방 전통을 이어가고 이 전통과 새로운 삶의 기획을 결합시킬 수 있다. 이러한 전통 형성이 없다면 변혁 과정은 계속될 수 없다!

피오렌자의 페미니스트 해석학은 가부장제의 인지적 · 정치적 극복에 초점을 맞추고 있지만, 그 해석학은 이 특수한 주제 영역에만 국한되지 않는다. 억눌린 사람들을 편드는 당파성을 옹호함으로써 피오렌자는 그녀가 창안한 해석학의 적용 가능성을 크게 확대시켰다. 그녀는 성서 문자주의의 강박으로부터 벗어나 정치적으로, 개인적으로 성찰된 해방 경험들과 억압 경험들을 출발점으로 삼는 새로운 성서 읽기를 향한 길을 열었다. 물론 인간의 경험들은 이와 같은 정치적 경험들, 혹은 정치화된 경험들로 한정되지는 않는다. 억압의 현실을 의식으로부터 쫓아내서 아예 인식할 수 없게 만드는 강박들도 고려되지 않으면 안 된다.

3. 탈근본주의적 성서 읽기의 중점 과제들

이제까지의 논의로부터 탈근본주의적 성서 읽기의 중점 과제들은 다음과 같이 설정될 수 있겠다.

첫째, 탈근본주의적 성서 읽기에서는 해석과 자기 성찰이 서로 분리될 수 없음을 강조하여야 한다. '실존의 진리'를 향해 가는 '나'는 나르시스적 자기주장에 빠져들지 않으면서도 해석 과정 안으로 들어갈 수 있다. 성서 공부에 참여하는 사람들은 해석들을 통하여 그들에게 어떤 의미가 전달되고 있으며, 그것이 그들의 삶의 맥락에서 어떤 의의를 갖고 있는가를 물어야 한다. 스스로 진리를 묻지 않을 때, 성서 읽기는 타자에 의해 규정되는 낯선 것으로 머물 뿐이다.

둘째, 대안적인 성서 읽기에서는 참여자들이 문자주의적 성서 읽기에서 철저하게 배제되고 부정되었던 인간의 경험들, 예컨대 의심, 불안, 절망, 희망, 강박, 억압 등을 성찰 과정에 끌어들여 이를 명료하게 표현할 수 있는 기회가 주어져야 한다. 이렇게 경험들이 성찰될 때 비로소 성서 공부에 참여하는 사람들이 예전과는 다른 방식으로 성서를 접하고 성서의 메시지를 비판적, 성찰적으로 받아들이게 된다. 성찰된 경험들을 통해 매개되지 않을 경우 성서의 메시지는 아무런 힘을 발휘하지 못한다.

셋째, 성찰된 경험들과 거기서 비롯된 관점 형성을 함으로써 성서 읽기의 참여자들은 이제까지 불투명하게 남아 있었던 경험들과 생활 세계의 연관을 인식할 수 있게 된다. 여기서 중요한 것은 권위 구조들에 주목하고 강박의 메커니즘을 명료하게 인식하는 것이다. 이를 통하여 참여자들은 권위의 요구들을 받아들이도록 강제하는 교회의 상투어들의 정체를 파악하고 그 상투어들이 특정한 상황과 장면이 연출되면 자극과 반응의 원리에 따라 비판과 성찰 없이 생각하고 행동하게 만드는 이유를 깨닫게 될 것이다.

넷째, 대안적인 성서 읽기는 강박의 메커니즘에 공동체적으로 대처할 수 있게 하고, 해방의 경험들을 함께 나눌 수 있게 한다. 개방적이고 참여적인 대화 상황에서는 참여자들이 복음의 해방 잠재력을 받아들이고는 참여 신학적 차원, 생활 세계적 차원, 교회적 차원에서 변혁을 위해 노력하는 역동적인 과정이 시작된다. 이를 통하여 성서 읽기에 참여하는 사람들은 전통 형성에 이끌려 들어가며, 바로 이 과정이 공동체 변혁의 밑거름이 되는 것이다.

III. 탈근본주의적 성인 교육의 교회론적 틀

교회의 권위 구조와 권위적인 성인 교육이 서로 밀접하게 결합되어 있다는 점을 고려하면서 필자는 탈근본주의적인 교육을 뒷받침하는 교회 구조의 임계 조건들을 생각해 보고자 한다. 이와 관련해서 나는 교회 구조의 탈권위화가 탈근본주의적 성인 교육의 제도적 기반이 된다고 생각하고 있으며, 제도 교회의 성장과 안정화 압력을 완화하는 것이 이러한 교육을 촉진시킬 수 있다고 본다.

1. 교회 구조의 탈권위화

기독교 성인 교육이 이루어지는 제도 교회에서 권위와 권력이 혼동되고, 직책과 직무 수행이 혼합되는 경향은 교회의 권위주의를 강화시키는 효과를 발휘해 왔다.

한국 교회는 권위가 강제될 수 있는 것이 아니고 자발적 동의에 의해서만 인정될 수 있다는 점을 망각해 왔다고 해도 과언이 아니다. 권위에 대한 굴종적 태도는 그 권위를 행사하는 사람을 권력자로 인식하게 만드는 경향이 있기 때문이다. 이처럼 권위와 권력을 혼동하는 경향은 직책과 직무 수행의 혼융 현상과 밀접한 관계가 있다. 한국 교회에서 인격에 근거한 카리스마적 지배와 제도에 근거한 카리스마적 지배는 개교회 차원의 실제 권위 구조에서는 서로 침투하고 있으며, 이러한 현상은 개교회 지도부의 헤게모니 전략을 관철시키는 데 매우 중요한 역할을 하고 있다.[29]

탈근본주의적 성인 교육이 탈권위적 교육의 한 형식이라고 본다면, 이러한 형식의 교육을 실현하기 위한 첫걸음은 위에서 말한 두 가지 지배 형식을 서로 구별하고 각기 다르게 대처하는 것이다. 우선, 인격에 근거한 지배에 복종하는 일은 비판과 자기 성찰을 통하여 권위주의적 멘탈리티를 발동시키는 강박 메커니즘으로부터 해방될 때 비로소 극복된다는 점을 분명히 해 둘 필요가 있다. 이러한 해방 과정에서는 탈근본주의적 성서 읽기에서 시사한 바 있는 교육학적 동행 작업이 필요하다.

그다음, 제도에 기반을 둔 지배의 보편성 요구는 엄격히 제한되어야 하고, 회중은 이 점을 명확하게 인식하여야 한다. 제도에 기반을 둔 지배는 때로 개교회의 질서를 수립하는 데 없어서는 안 되는 것으로 보이는 경우도 있다. 그러나 어떤 질서를 유지하기 위해서인가? 질서 유지는 너무도 당연하다는 주장 배후에 지배의 충동이 감추어져 있지는 않은가? 개교회의 지배 질서를 말하는 사람은 과연 누구인가? 어떤 의도로 그런 말을 하는가? 이와 관련해서 권력에 대한 성서의 가르침을 살펴보는 것은 의미가 있다. 성서는 동터 오는 하나님 나라를 향해 가는 사람들에게 권력의 포기를 요구했다. 마가복음 10장 42절 이하는 다음과 같이 말한다.

---

29) 이에 대해서는 졸고 "한국 교회 세습 문제와 그 여성신학적 성찰,"『한국여성신학』
43 (2000/가을)을 보라.

"너희가 아는 대로, 민족들을 다스린다고 자처하는 사람들은, 그들을 마구 내리누르고, 고관들은 세도를 부린다. 그러나 너희끼리는 그렇게 해서는 안 된다. 너희 가운데서 누구든지, 위대하게 되고자 하는 사람은 너희를 섬기는 사람이 되어야 하고, 너희 가운데서 누구든지, 으뜸이 되고자 하는 사람은 모든 사람의 종이 되어야 한다."

예수의 이 말씀에 대해 레오나르도 보프는 H. 아이징과 K. 뢴닝을 인용하면서 다음과 같이 주석을 달고 있다.

"이 말씀을 하면서 예수는 사도들 사이의 위계질서와 특권을 둘러싼 논쟁들에 대해 입장을 취한다. '복음서 기자 마가는 교회에서 책임을 지고 있는 사람들이 회중에 대하여 특별한 지배의 권한을 가지고 있는 예수의 후계자들과 대리인으로 이해하고 그렇게 행세하는 것이야말로 예수의 제자가 취하여야 할 십자가의 뒤따름과 합치하지 않는다고 간주하였다.' 그리스도와 그의 권세를 대표하는 사람은 예수가 그랬던 것처럼 종이 되어야 한다. 그렇지 않을 경우, 그는 이방인 전제군주들과 비교되지 않을 수 없을 것이다."[30]

예수가 모범을 보인 권력의 포기를 통해서만(참조: 빌 2:5-11) 권력 현상과 무관한 권위가 교회 안에 수립되고 행사될 수 있다. 권력과 권위를 혼동하는 일은 자유의 복음에 충실한 성서적 공동체에서는 배제된다.

목회자가 안수를 통하여 복음을 선포할 수 있는 자격을 얻는다 할지

---

30) L. Boff, *Kirche: Charisma und Macht*, 5. Aufl. (Duesseldorf: Patmos Verl, 1985), 116.

라도, 그것은 안수받은 자가 회중과 영원히 구별되는 불멸의 표지를 수여받았다는 뜻이 아니다. 종교개혁은 직책과 직책을 가진 사람을 기능적으로 해석하는 전통을 확립하였다. 이 전통은 사도 바울에게까지 거슬러 올라간다. 화이너와 비셔는 바울의 직책 이해를 은사론적으로 해석한다.

"바울은 그것(=은사의 수납—필자 보충)을 다음과 같이 표현한다. 특별한 과제들은 오직 공동체에서만, 공동체를 위해서만 주어지는 '선물'이라는 것이다('은혜의 선물', '성령의 선물', '은사'). 그러므로 교회에서는 같은 부름을 받은 사람들이 서로 협동할 뿐만 아니라, 특별한 과제들이 서로 다양하게 견제한다. 협동과 견제는 하나님과 그의 영에서 온 것이며, 교회의 '종말론적 실존'의 표현이다. 특별한 활동들은 모두 '직책들'로 표시될 수 있다. 그러나 그보다는 '봉사들'이라는 말을 쓰는 것이 더 나을 것이다. 왜냐하면 봉사라는 말이 그러한 활동들을 이해하고 펼치는 방식을 보다 분명하게 표현하기 때문이다. 협동과 견제가 동시에 필요하다는 것은 특별한 봉사들과 기능들을 표시하는 신약성서의 모든 칭호들에서 확인될 수 있다"31)

직책을 공동체에서 수행되는 봉사와 기능으로 이해하면, 교회의 질서를 세우는 원칙도 새롭게 규정할 수 있다. 가톨릭 신학자 하젠휘텔은 이를 가리켜 "교회의 은사 구조를 재발견"하는 일이라고 규정한 바 있다. 그의 말을 들어 보자.

---

31) J. Feiner und L. Vischer (hg.), *Neues Glaubensbuch: Der gemeinsame christliche Glaube* (Freiburg; Basel; Wien: Herder, 1973), 358.

"보편적인 그리스도교적 선물을 넘어서서 (…) 각자에게는 특별한 성령의 선물이 선사된다. 이 선물은 각 사람으로 하여금 전체의 유익을 위하여 자기가 서 있는 자리에서 활동할 수 있게 한다. 각 사람은 각 사람이 받은 선물에 따라 다른 사람들과 함께 활동하고 함께 앞으로 나아가야 한다. 오직 그렇게 함으로써만 그리스도의 온전한 몸이 실제로 세워질 수 있다."[32]

직책과 직무 수행자에 대한 은사론적이고 기능적인 이해를 분명히 할 때, 교회 구조의 민주화가 실현되어 반권위적인 교육 과정을 촉진할 수 있을 것이다.

2. 개교회 성장과 제도적 안정 압력의 완화

성인 교육의 과부하를 제거하기 위해서는 교회 생활 전체가 무엇보다도 교회 성장 압력에서 비롯되는 강박으로부터 해방되어야 한다. 교회의 성장과 제도적 안정화는 예나 지금이나 교회 목회의 성공을 재는 규준으로 간주되어 왔고, 그런 규준 설정이 신학적으로 정당하다는 듯이 주장되어 오곤 하였다.

그러나 교회의 성장과 안정화 압력은 한국 교회에서 독특하게 강화된 개교회 중심주의에서 비롯되었다고 보는 것이 중요하다. 한국 교회의 개교회 중심주의는 교회의 사회적 신인도를 상실하게 만드는 장본인 노릇을 해 왔다고 지적되곤 한다. 이러한 문제를 해결하기 위해서는

---

32) G. Hasenhuettel, *Charima: Ordnungsprinzip der Kirche* (Freiburg; Basel; Wien: Herder, 1969), 331f. 가톨릭교회의 권위 구조와 나름대로 대결한 레오나르도 보프도 "질서 원칙으로서의 은사"를 말한다. Leonardo Boff, 앞의 책, 275ff.

지역 현장에서 하나님의 선교를 벌이고 교회들의 에큐메니칼 친교를 이루어갈 수 있게 하는 새로운 교회상이 수립되어야 할 것이다. 교인들은 진리를 향한 길에서 지역 사회의 이웃들에게 봉사하는 삶의 경험들을 함께 나누며 새로운 교회상을 구현하게 될 것이다.

교회 성장과 안정화 압력으로부터 벗어난 회중은 교파를 초월하여 교회들이 협동할 수 있도록 평신도 이니시어티브를 강화할 수 있을 것이며, 이러한 평신도 주도권은 교회가 생활 영역의 급속한 변화로 인해 점점 더 다원화되고 복잡해져 가는 상황에 바르게 대처하고 더 효과적으로 일할 수 있게 할 것이다.

IV. 맺음말

기독교 성인 교육의 대안적 구상을 제시하기 위하여 나는 우선 은혜론을 출발점으로 삼았다. 은혜론의 관점에서 보면, 기독교인의 자유는 확신 강박과 그 다양한 변종들로부터 벗어날 때 주어진다. 예수 그리스도 안에서 하나님의 은혜로 의롭다 인정받음으로써 죄인이 하나님에게 다시 받아들여지게 되었다는 가르침은 근본주의자들로 하여금 기독교적 자유에 눈을 뜨도록 용기를 북돋아 주는 교육 프로그램의 신학적 근거이다.

그다음에, 필자는 해방하는 전통을 형성시키는 데 기여할 수 있는 탈근본주의적 성서 읽기의 가능성을 검토하였다. 자기 성찰과 그때그때의 생활 세계의 상황에 대한 인식과 성서 해석이 서로 결합되는 해방적 전통의 형성은 인지적·신학적 차원에서 새로운 방향을 설정하도록 도와주고, 교회 구조의 제도적 변혁을 이끌어 갈 수 있을 것이다.

끝으로, 필자는 교회의 은사 구조에 대한 신학적 이해에 근거하여 탈권위적 교회 구조의 조건들 아래에서만 대안적인 성인 교육이 촉진될 수 있음을 밝혔다. 교회가 지역 현장에서 에큐메니칼하게 현존하여 사회적 신인도를 높이는 성실한 모습을 보임으로써 회중의 사회생활뿐만 아니라 세속 사회의 건전한 형성에 이바지하고자 한다면, 교회의 권위 구조를 민주적으로 혁신하고 회중을 탈권위적인 도야 과정을 향해 해방하는 것이 필요하다.

기독교 성인 교육을 탈근본주의적 관점에서 구상하는 작업은 아직 많은 논의를 필요로 한다. 근본주의 신학과 신앙 양태가 지배적인 한국 기독교의 갱신을 위해서는 탈근본주의적으로 구상된 기독교 성인 교육이 다양하게 실험될 필요가 있을 것이다.

성인들을 위한 교회 교육의 전망과 과제[1]

I. 머리말

21세기의 학습 사회에서 주목을 받는 평생 교육은 학교 교육, 사회 교육, 가정교육을 모두 포괄할 뿐만 아니라, 요람에서 무덤까지 생애의 전 주기에 걸쳐 이루어지는 것으로 인식되고 있다. 앞의 것을 가리켜 교육의 수평적 통합이라 하고, 뒤의 것을 일러 교육의 수직적 통합이라고 한다. 이와 같은 평생 교육은 모든 형태의 교육을 동등한 가치를 지닌 것으로 인정하는 새로운 교육 이념에 바탕을 두고 있다.[2] 이 새로운 교육 이념이 발생하고 수용 · 확산된 배경은 대체로 아래와 같이 정리

---

1) 이 글은 2000년 12월 2일, 한신대학원에서 "기독교교육학 연구의 현황과 새 좌표"라는 주제로 열린 한국 기독교교육학회 연차 학술대회에서 발표된 논문을 수정 · 보완한 것임.
2) 차갑부, 『열린 사회의 평생교육』, 2판 (서울: 양서원, 1998), 69-71.

되고 있다.[3]

- 지구화 조건 아래서 경쟁이 치열해짐에 따라 인력 자원을 개발하고 인적 자본을 축적해야 한다.
- 하이테크 시대에 적응하기 위해서는 부단한 교육이 필요하다.
- 폭증하는 지식 정보의 유효 주기가 예전에 비해 점점 단축되어 가기 때문에, 사람들은 평생 학습 과정 속에 있게 되었다.
- 전문적 능력을 중시하는 직업 세계의 변화에 따라 재교육이 필수적이다.
- 다양한 개성이 인정받는 시대에 학교 교육은 그 한계를 인정하지 않을 수 없다.
- 여성의 자기실현 욕구가 커지고 인구가 전반적으로 노령화함으로써 교육 수요는 불가피하게 증가하게 되었다.
- 노동시간이 단축되고 여가가 증가하기 때문에 교육 욕구가 증가한다.

이와 같은 상황적 조건들을 어떻게 평가하고 평생 교육을 어떻게 전개해야 하는가는 오늘날 매우 다양하게 논의되고 있지만, 여기서는 이 문제를 다루지 않고, 단지 평생 교육 가운데서도 성인 교육의 필요성과 효과가 특히 주목되고 있다는 점만을 지적하고자 한다. 평생 교육을 선구적으로 주창하고 발전시켜 온 유네스코는 1997년 독일 함부르크에서 열린 제5차 세계성인교육대회의 결의문에서 성인 교육을 "21세기를 풀어 가는 열쇠"로 표현했다. 이것은 이 시대에 성인 교육이 특별한

---

3) S. B. Merriam · R. S. Caffarella, *Learning in Adulthood: A Comprehensive Guide* (San Francisco: Jossey-Bass Publishers, 1999), 5ff.

가치와 의미를 가졌음을 인정한 말로 볼 수 있다. 유네스코는 성인 교육이 성인들 개개인의 발달뿐만 아니라, 생태계 안정, 민주주의와 정의의 실현, 과학의 발전, 폭력과 갈등을 극복하는 문화의 창조 등 사회 전반의 발전과 밀접한 관련이 있음을 부각시키고 있다.[4]

이제 교회로 눈을 돌려 보면, 교회는 다양한 연령과 경험을 지닌 사람들이 정기적으로 모여서 가르침과 배움을 서로 나눌 수 있는 교육 공동체이다. 교회는 교인들에게 연령, 성별, 관심에 따라 체계적인 교육을 실시한다는 점에서 평생 교육을 효과적으로 실행할 수 있는 잠재력을 갖고 있다. 대한예수교장로회 총회교육부와 덕수교회가 연합하여 발간한 『평생교육 커리큘럼의 이론과 실제』는 평생 교육을 지향하는 교회 교육의 좋은 실례이다.[5]

한국 교회는 1970년대부터 평신도 신학을 수용[6]하고 그것에 바탕을 두고 다양한 평신도 교육을 전개해 왔다. 초기의 평신도 교육의 내용을 살펴보면, 세상 속에서 복음을 증언하는 평신도의 소명을 중시하고, 선교의 다양성과 전문성을 위해 평신도의 자질과 능력을 개발하고 훈련하고 활용해야 한다는 점을 강조하였음을 알 수 있다. 그 당시에는 이러한 인식에 근거하여 평신도 대학, 평신도 강좌, 제직 훈련, 제자직 훈련, 남녀신도회 교육, 성서공부 등 평신도 교육이 다양하게 펼쳐졌다.

이러한 평신도 교육이 전도의 원동력을 제공하고, 교회의 성장에 효과적으로 기여해 왔다는 점은 부정할 수 없다. 21세기 교회와 그 선교

---

4) UNESCO, *Adult Education: The Hamburg Declaration* (Paris: UNESCO, 1998).

5) 대한예수교장로회 총회교육부 · 덕수교회 편, 『평생교육 커리큘럼의 이론과 실제』 (서울: 한국장로교출판사, 2000).

6) 이에 대해서는 H. 크레머, 『평신도 신학』, 유동식 역 (서울: 대한기독교서회, 1968); M. 깁스 · T. 모오튼, 『평신도의 해방』, 이계준 역 (서울: 대한기독교서회, 1977); 이장식, 『평신도는 누구인가?』 (서울: 대한기독교서회, 1980) 등을 보라.

적 과제를 생각해 볼 때, 평신도의 역할과 평신도 교육은 앞으로도 계속 강조되어야 할 것이다.[7] 그러나 앞으로의 평신도 교육은 단지 전도를 위한 교육에만 그쳐서는 안 되고, 성인들의 종교적·인격적 욕구를 충족시키고 생활 세계에서 책임감 있는 존재로 성숙하도록 돕는 통전적 교육으로 발전되어야 할 필요가 있다.[8]

이와 같은 전제를 가지고서 필자는 이 논문에서 먼저 성인들을 위한 교회 교육의 필요성을 밝히고, 그다음 교회 내 성인 교육을 정립하기 위한 과제들을 몇 가지 제안하고자 한다.

II. 성인들을 위한 교회 교육의 필요성

성인들을 위한 교회 교육의 의의는 크게 교회 교육의 측면과 교회 갱신의 측면에서 살펴볼 수 있다.

교회 교육의 측면에서, 필자는 먼저 교회 지도부가 이제까지 전도나 목회[9]를 위한 평신도 훈련에 많은 관심을 기울였지만, 성인들의 종교적·인격적 욕구를 충족시키고 이들을 생활 세계의 책임감 있는 존재

---

7) 강남대학교 신학대학 엮음, 『한국교회의 미래와 평신도』(서울: 대한기독교서회, 1994); R. Englert, *Religioese Erwachsenenbildung: Situation-Probleme-Handlungsorientierung* (Stuttgart; Berlin; Koeln: Kohlhammer, 1992) 참조.

8) J. Lott, *Handbuch Religion II: Erwachsenenbildung* (Stuttgart; Berlin; Koeln; Mainz: Kohlhammer, 1984), 135ff.

9) 평신도 목회에서는 평신도를 목회의 동역자로 여기면서 그들에게 예전보다 더 세분화되고 체계적인 제자 훈련을 실시한다. 이에 대해서는 옥한흠, 『다시 쓰는 "평신도를 깨운다"』(서울: 두란노, 1998)을 참조하라.

가 되도록 돕는 성인 교육에 큰 관심을 두지 않았다는 점을 지적하고
싶다. 그것은 교회 교육의 대상을 어린이와 청소년들로 고정시키는 통
념에서 비롯된 결과이다. 이 통념은 학교를 중심으로 이루어지는 전통
교육의 교육 체계를 그대로 수용한 것으로 성인들로 하여금 그들의 욕
구와 필요에 따라 배울 수 있는 기회와 여건을 포기하게 만들었다.

교회 교육에서 성인 교육이 소홀히 여겨진 또 다른 이유는 성인들의
신앙과 인격도 성숙을 향해 끊임없이 발달되어야 한다는 점을 제대로
인식하지 못했기 때문이다. 성인들은 자라나는 세대들에게 신앙 전통
과 축적된 지식과 문화를 가르치고 전달하는 위치에 있다고 여겨졌을
뿐, 성인 교육이 교회 교육의 과제라는 점이 망각되기 일쑤였다. 그러
나 시대 상황이 급변하고 새로운 세대들이 나타남에 따라 이제까지 교
회 교육을 주도적으로 담당해 왔던 성인들의 역할은 큰 도전에 직면하
게 되었다. 여기서 새로운 세대들의 특성을 자세하게 논의할 겨를은 없
지만, 필자는 디지털 환경과 성 윤리가 새로운 세대들에게 갖는 의미를
예로 들고 싶다.

디지털 문명이 전개되면서 지식을 손쉽게 대량으로 복제할 수 있는
시대에 진리를 터득하기 위해 생각을 집중하고 인격을 도야하는 과정
은 아무런 의미를 갖지 않는 것처럼 여겨지게 되었다. 디지털 이미지에
그대로 노출된 오늘의 세대는 기호학적으로 구성된 정보에 의해 무의
식 깊은 곳까지 영향을 받아 기호적 신호에 수동적으로 대응하면서도
정작 자기 자신이 정보의 주체적 선택자인 것처럼 착각하고 있다.[10] 이
와 같은 디지털 문명에서 건전한 인격 모델을 제시하고 청소년들의 아

---

10) 앤소니 기든스는 이에서 비롯되는 자아정체성의 위기를 에리히 프롬의 용어를 빌려
　　'권위주의적 동조'라는 말로 요약하고 있다. 이에 대해서는 앤소니 기든스, 『현대성
　　과 자아정체성 – 후기 현대의 자아와 사회』(서울: 새물결, 1997), 307.

이덴티티 형성을 뒷받침하는 교육을 개발하는 것이 매우 중요한데, 대부분의 성인들은 디지털 문명을 낯설어 하고, 디지털 문명의 문제를 거의 인식하고 있지 못하다.

성 윤리는 사회적 규범과 이를 뒷받침하는 권위에 대한 새로운 세대들의 태도를 가늠하는 바로미터라고 볼 수 있다. 새로운 세대들이 성에 대해 갖는 태도는 기성세대들의 그것과는 달리 '가벼움'의 범주에 속한다고 말할 수 있다. 성을 둘러싼 사회관계들과 이를 둘러싼 규범들의 체계는 이들에게는 별로 중요하지 않게 되었다. 왜냐하면 성이 유희의 대상으로 자리를 잡기 시작하였기 때문이다.[11] 아주 짧은 기간 동안에 나타난 성적 태도의 급격한 변화는 아동과 청소년을 위한 교회 교육에서 심각하게 다루어져야 할 주제이지만, 성인들은 새로운 성 혁명을 어떻게 수용할 것인가를 놓고 당혹과 불안에 빠져 있을 뿐, 이와 같은 변화에 능동적으로 대응할 준비를 거의 갖추고 있지 못하다.

이와 같은 급격한 상황 변화는 새로운 세대를 위한 교육에 나서는 성인들로 하여금 매우 근본적인 물음 앞에 서게 만든다. 그 물음들은 크게 보아 아래와 같이 정리될 수 있을 것이다.

- 성인들이 과거에 배우고 익혔던 지식과 가치관과 태도와 신앙은 오늘의 어린이들과 청소년들에게 여전히 타당성을 지니고 있는가?
- 성인 교사들은 새로운 세대들과 의사소통을 하면서 그들을 설득하고 공감을 나눌 수 있는가?
- 사회적 책임을 지닌 그리스도인은 새로운 시대적 요구에 대응하여 복

---

11) 조혜정,『성찰적 근대성과 페미니즘 – 한국의 여성과 남성 2』, 제2판 (서울: 또 하나의 문화, 2000), 237f. 여기서 조혜정은 '가볍게' 애인을 사귀는 아이들의 '소비적인 신세대 문화'를 서술하고 있다.

음을 어떻게 증언할 것이며, 생각과 지향이 다른 사람들과 어떻게 함
께 살아갈 것인가?

이러한 물음들을 깊이 생각해 보면, 교회는 성인들이 시대 상황의 변
화를 냉정하게 음미하면서 부단히 배워야 한다는 점을 인정하고, 그들
로 하여금 일생 동안 신앙의 성숙을 이루고 주체적 판단 능력을 함양할
수 있도록 기회를 마련해야 한다는 결론을 내릴 수 있을 것이다.

교회 갱신의 측면에서 볼 때에도, 교회의 성인 교육은 시급한 과제로
떠오르고 있다. 오늘날 많은 교회들이 개교회주의, 교파주의, 교회성장
주의와 물질주의, 배타주의, 권위주의 등에 젖어 사회적 신인성(信認
性)을 잃고 있다.[12] 얼마 전에 사회 여론의 질타를 받은 목사직 세습
논쟁은 교회의 신인성이 얼마만큼 실추되었는가를 보여 주는 분명한
실례라 할 수 있다.[13] 한국 교회의 사회적 신인성 실추는 폐쇄적이고
권위주의적인 교회 지도부의 문제만이 아니다. 한국 교회의 평신도들
이 생활 세계에서 보여 주는 모습도 많은 문제를 안고 있다. 배금주의
나 권력지향주의, 혹은 연고주의 등 우리 사회의 지배적 가치관을 그대
로 받아들이는 것은 말할 것도 없고, 하나님의 뜻에 신실한 사람들이
복을 받는다는 성서의 복 개념을 기복 신앙으로 대체시키는 물질주의
성향, 다원화된 사회 속에서 관용과 수용의 덕을 잃고 극단적인 폐쇄성

---

12) 2000년 11월 23일 한국기독교교회협의회 총회가 채택한 "21세기 신학선언"은 위에
　　서 열거한 요인들이 한국 교회에 얼마나 큰 폐해를 불러일으키고 있는가를 생생하
　　게 분석하고 있다.
13) 목사직 세습의 문제점에 대해서는 졸고, "한국교회 세습 문제와 그 여성신학적 성
　　찰," 한국여신학자협의회 편,『한국여성신학』43 (2000년/가을), 94ff.

과 배타성으로 치닫는 신앙 양식 등은 오늘날 평신도 신앙생활이 안고 있는 문제들의 일단에 불과하다.[14]

이러한 문제들을 해결하기 위해서는 교회 교육의 방향과 내용에 책임이 있는 교회 지도부를 비판하는 것만으로는 부족하다. 평신도들의 자각도 필요하다. 평신도는 교회 개혁의 주체일 뿐만 아니라, 스스로 신앙의 성숙을 기하고 책임 있는 세상의 시민으로 바로 서야 할 신앙과 행위의 주체이기도 하다. 한국 교회의 신인성 위기를 극복하기 위해서는 평신도들의 역할이 중요하다. 평신도들은 한국 교회의 위기가 어떤 역사적 배경에서, 어떤 요인들에 의해 발생하였는가를 냉정하게 분석하고, 이 위기를 극복하는 데 필요한 방안과 대안을 모색하는 데 깨어 있는 주체로 참여해야 한다.[15] 성인들을 위한 교회 교육의 성패는 교회 갱신의 필요성에 대한 평신도들의 자각에 달려 있고, 성인 교육을 조직하고 운영하는 일에 평신도들이 자발적으로 참여하고 협력할 수 있는 가능성에 의해 좌우될 것이다.

성인들을 위한 교회 교육은 일반 성인 교육 이론으로부터 몇 가지 시사점을 얻을 수 있다.[16] 일반 성인 교육에서는 문자적으로 '아동 교육'을 뜻하는 페다고지(pedagogy)라는 낱말 대신에 '성인들의 교육'이라

---

14) 이에 대해서는 이원규, 『한국교회 어디로 가고 있나?』 (서울: 대한기독교서회, 2000)를 참조하라.

15) 이에 대해서는 Hee-Sook Lim, *Eine Analyse des protestantischen Fundamentalismus Koreas im Rahmen der kirchlichen Erwachsenenbildung: Mit einer Fallstudie zum "Handbuch fuer den Gottesdienst im Hauskreis" der Presbyterianischen Kirche Koreas zwischen 1875 und 1985* (Aachen: Verlag an der Lottbek im Besitz des Verlags Mainz, 2000), 제2장, 제4장을 참조하라.

16) 이러한 시도로는 김재은, 『성인교육론 – 신앙공동체 인간화 모형』, 재판 (서울: 성광문화사, 1999)이 있다.

는 뜻의 앤드라고지(andragogy)라는 낱말을 의도적으로 사용하고 있다. 앤드라고지는 성인들의 특성을 염두에 두기 때문에 학습 과정에서 학습자의 역할을 중시하고,[17] 가르침과 배움의 상호 작용을 강조하고, 학습의 장을 확대할 것을 제안한다.[18] 이 제안들에는 학습의 일방성과 권위주의를 넘어서서 성인 교육을 어떤 방향으로 발전시켜야 할 것인가를 제시하는 좋은 관점들이 담겨 있다.

앤드라고지는 또한 "성인의 개인 학습뿐 아니라, 성인 학습자들의 경험이 사회적, 정치적, 역사적 상황에서 기인한 점을 충분히 인식하여 집단과 사회의 학습 전환까지를 포함하는 확장된 개념"[19]으로 이해되기도 한다. 이것은 성인 교육이 개개인의 욕구와 필요에 부응해야 할 뿐만 아니라, 성인 교육이 이루어지는 장으로서의 생활 세계가 민주화되어야 한다는 요구까지도 포함하고 있다.

일반 성인 교육 이론을 교회에 수용하는 데에는 많은 점을 신중하게 따져 보아야 하겠지만, 위에서 지적한 일반 성인 교육 이론의 몇 가지 제안들과 통찰들은 성인들을 위한 교회 교육에 대해 시사하는 바가 적지 않다. 성인들을 위한 교회 교육이 교회 갱신의 과제를 달성하여야 한다면, 이 교육은 교회와 생활 세계를 서로 매개하는 학습 과정을 요구하고, 또 이 학습 과정에서 학습자의 역사적·사회적 경험을 중시하고, 학습이 이루어지는 교회의 민주화를 요구한다고 보아야 할 것이다. 이것은 성인들을 위한 교회 교육이 교회의 요구를 일방적으로 전

---

17) 학습자가 학습 활동의 계획이나 실천에 참여하고 책임을 지는 자기주도적 학습 (self-directed learning)에서 강조되는 현상이다. 권두승, 『평생학습사회 실현을 위한 성인학습 지도방법의 이론과 실제』(서울: 교육과학사, 2000), 15-17.

18) M. Knowles, *The Modern Practice of Adult Education* (New York: Association Press, 1970), 36-42.

19) 한준상 편, 『앤드라고지 – 현실과 가능성』(서울: 학지사, 1998), 16.

달하는 것에 그쳐서는 안 되고, 가르치는 자와 배우는 자가 서로 영향을 주고받는 탈권위주의적이고 민주적인 교육이 되어야 한다는 것을 뜻한다.

교회의 민주화는 성인들을 위한 교회 교육을 가능하게 하는 바탕이고, 성인들의 자발적인 교회 교육 참여와 그것의 능동적인 운영은 교회의 민주화를 촉진하고 실현하는 촉매이다.

III. 성인들을 위한 교회 교육의 과제들

성인들을 위한 교회 교육은 위에서 말한 교육 목표들 때문에 매우 다양하고 복잡한 과제들을 갖는다. 여기서는 오늘의 시점에서 시급하다고 생각되는 몇 가지 과제들만을 다루고자 한다. 개방적인 정체성 형성, 경험에 근거한 학습 과정의 조직, 학습 내용의 세분화 등이 그것이다.

1. 개방적인 정체성 형성

신앙은 평생에 걸쳐 계속 발달되는 것으로 볼 수 있다.[20] 신앙은 성숙을 향한 순례의 도정에 있다.[21] 이렇게 보면, 성인들이 신앙생활을 하면서 정체성의 위기를 겪는 것은 너무나도 당연하다.[22] 흔히 성인들

---

20) T. H. Groome, *Christian Religious Education: Sharing Our Story and Vision* (San Francisco: Harper & Row, 1980), 73.

21) J. W. Fowler, 『신앙의 단계들』, 이재은 역 (서울: 대한기독교서회, 1986), 53.

22) O. Brim/S. Wheeler, *Erwachsenensozialisation* (Stuttgart: Enke, 1974), 54ff.

은 연령으로 보나 사회적 역할로 보나 이미 확고한 정체성을 갖고 있는 존재로 여겨지지만, 사실은 그렇지 않다. 그들도 정체성에 대한 회의나 물음을 갖는다. 다만 그러한 회의와 물음이 성인들에게는 당혹스러운 것으로 여겨져 기피되거나 억압될 뿐이다.

성인들을 대상으로 한 정체성 연구에서는 정체성이 다른 것과의 만남을 통해 형성된다는 점이 중시된다. 독일의 실천신학자이며 종교교육학자인 헨닝 루터(H. Luther)에 따르면, 정체성은 하나의 열린 가능성이다.[23] 이와 같은 관점을 가지고서 그는 자아 형성의 완전성과 총체성을 강조한 죠지 H. 미드(George H. Mead)[24]나 정체성 발달의 통일성과 일관성을 주장하는 에릭 에릭슨(E. Erikson)[25]을 비판한다. 왜냐하면 그와 같은 관점들은 정체성의 지속적이고도 일관성 있는 발달을 강조함으로써 자아를 폐쇄된 체계로 가정하도록 이끌기 때문이다. 헨닝 루터에 따르면, 삶은 불완전한 단편들로 이루어져 있다. 이 단편들은, 과거의 잔해이든 미래에 형성될 단편이든, 가능성의 영역에 속해 있다. 그것들은 총체성을 이루어 가는 과정에 있다. 총체성은 단편들에 선취되어 있기는 하지만, 단편들은 아직 총체성을 실현하고 있지 않다. 따라서 총체성과 단편들 사이에는 모종의 긴장 관계가 형성된다. 이 긴장 관계 속에서 단편들은 갈망하고, 미래를 지향하며, 자기를 겸손하게 비우며, 스스로를 초월한다.[26] 바로 이것이 신앙 교육의 가능성이다.

---

23) H. Luther, *Religion und Alltag: Bausteine zu einer Praktischen Theologie des Subjekts* (Stuttgart: Radius-Verl., 1992), 161.

24) G. Mead, *Geist, Identitaet und Gesellschaft* (Frankfurt: Suhrkamp, 1973) 참조.

25) E. Erikson, *Identitaet und Lebenszyklus* (Frankfurt: Suhrkamp, 1966); 융 · 에릭슨, 『현대의 신화 아이덴티티』, 이부영 · 조대경 역, (서울: 삼성출판사, 1993), 188ff.; 박아청, 『아이덴티티의 세계』(서울: 교육과학사, 1990) 참조.

26) H. Luther, 앞의 책, 169-174.

이 신앙 교육에서 정체성은 결코 고정된 것으로 가정될 수 없다. 정체성은 총체성을 선취하며 그것을 향해 가는 도정에 있는 단편들의 열린 가능성이다.

이와 같은 헨닝 루터의 관점은 근본주의 신앙이 여전히 지배적인 한국 교회에서 특별히 주목할 필요가 있다고 본다. 정체성을 견고한 성채와 같은 것으로 가정하게 되면, 사람들은 실제로 거의 일상적이다시피 나타나는 정체성 위기에 직면할 때마다 성채가 붕괴되는 듯한 불안감에 빠지고, 이 불안감으로부터 빨리 벗어나고자 하는 강박감을 갖게 될 것이다. 불안에서 벗어나 안정감을 얻고자 하는 강박은 사람들로 하여금 흔들리지 않는 확고한 기반들(Fundament)을 찾도록 내몰 것이며, 성서 문자주의나 카리스마적 지도자의 권위에 의해 제시되는, 명료한 듯 보이는 단순한 교리들을 받아들이도록 만들 것이다. 이 교리들은 더 이상 그 배후를 캐묻도록 허락하지 않고, 의심이나 비판적 성찰을 허용하지 않는다. 콘크리트처럼 딱딱하게 응결되어 있기는 하지만, 그 안에 들어가 있기만 하면 안정감과 편안함을 주는 단순 명료한 진리의 체계에 대한 외부의 공격은 그 체계의 내부에 속한 사람들로 하여금 신경질적이고도 공격적인 태도를 갖도록 만든다.[27] 바로 여기서 양분법적 사고, 배타성, 공격성, 담론 능력의 상실 등을 특성으로 하는 근본주의적 멘탈리티(fundamentalistische Mentalitaet)가 싹트게 된다.[28]

헨닝 루터는 이러한 근본주의적 멘탈리티의 맹점을 정체성 이론의 관점에서 인식하도록 도와준다. 정체성을 하나의 열린 가능성으로 보

---

27) 이에 대해서는 임희숙, 앞의 책, 39ff.를 참조하라. 또한 Eugen Drewermann, *Glauben in Freiheit oder Tiefenpsychologie und Dogmatik: Dogma, Angst und Symbolismus* (Solothurn und Duesseldorf: Walter, 1993), 174ff.도 보라.

28) 임희숙, 앞의 책, 21-29.

는 그의 관점은 안정 강박을 극복하면서 신앙의 정체성 위기를 극복할
수 있는 바람직한 방향을 제시한다고 볼 수 있다. 성인들을 위한 교회
교육에서는 이와 같은 개방적 관점 아래서 정체성을 형성하도록 돕는
학습 모델을 모색해야 할 것이다.

2. 경험에 기반을 둔 학습 과정의 조직

경험은 연령과 관계없이 학습과 신앙의 기본 요소이다. 저마다의 삶
에서 이루어지는 경험은 배움과 깨달음의 바탕이 된다. 경험은 이미지
나 개념으로 표현된다.[29] 존 H. 웨스터호프 3세(J. H. Westerhoff III)
는 신앙 공동체에서 "자기의 경험을 다른 사람과 함께 나누어 갖는 일"
의 필요성과 "언어가 지닌 의미와 일치하는 경험"의 중요성을 강조한
다.[30] 계시를 인간의 경험 차원에서 해석한 가브리엘 모란(Gabriel
Moran)은 "삶의 경험과 사건들 속에서 하나님께 귀를 기울이게" 하는
교육의 중요성을 역설한다.[31]

그런데 인간의 경험은 엄밀하게 말하면 생활 세계와 결코 유리되어
있지 않다. 때때로 실존적인 종교 체험을 말하면서, 이 체험이 마치 생
활 세계와 무관한 단독자의 체험인 것처럼 말하기도 하지만, 그러한 체
험은 대체로 환상에 지나지 않을 것이다. 생활 세계는 한 마디로 경험
의 지평이다. 그렇다면 생활 세계의 경험과 무관하게 형성된 상징들이

---

29) J. Blank/G. Hasenhuettl (Hg.), *Erfahrung, Glaube und Moral* (Düsseldorf: Patmos-Verlag, 1982); H. Luther, *Religion, Subjekt, Erziehung* (Muenchen: Kaiser, 1984) 참조.

30) J. H. Westerhoff III, 『교회의 신앙교육』, 정웅섭 역, 제4판 (서울: 대한기독교교육 협회, 1990), 115, 162.

31) G. Moran, *Catechesis of Revelation* (New York: Herder and Herder, 1966), 123.

생활 세계를 살아가는 사람들의 정신세계와 멘탈리티를 지배하는 경우에는 어떤 일이 벌어질까? 이 문제에 대해 깊은 연구를 전개한 사람은 알프레드 로렌처(Alfred Lorenzer)이다. 그는 생활 세계의 경험으로로부터 유리된 언어가 그 언어를 사용하는 사람의 인격 구조를 기형화한다는 것을 정신분석학과 언어분석학의 관점에서 입증하였다.[32]

생활 세계는 그 안에서 이루어지는 사람들의 상호 행위에 바탕을 두고, 그 상호 행위를 아우르는 상징 체계를 발전시킨다. 따라서 상징 체계와 생활 세계는 상호 적응되어 있다. 사람들의 정체성은 바로 이 상징 체계를 매개로 하여 형성된다고 볼 수 있다. 생활 세계에서 유리된 언어는 생활 세계의 상징 체계 바깥에서 형성되어 생활 세계의 상징 체계 안으로 침입한 언어이다. 이 언어는 생활 세계에서 이루어지는 상호 행위에 대해 낯선 것이지만, 만일 이 언어를 사용하는 세력의 힘이 생활 세계의 상징 체계에 익숙한 사람들을 압도한다면, 그들은 생활 세계의 상징 체계로부터 이탈된다. 이 언어들은 생활 세계에 낯선 것들의 이미지로서 사람들의 무의식에 강력한 영향을 미친다. 여기서 발생하는 것이 생활 세계와는 무관하지만 사람들의 무의식의 저장소로부터 끊임없이 출몰하는 상투어(Schablone)이다. 이 기호들은 생활 세계와 유리된 이미지들을 장면처럼 떠올리게 하여 건전한 현실 인식과 행위를 방해한다.

알프레드 로렌처의 연구에 바탕을 두고 선교지 원주민들의 개종을 연구한 엘리자베스 로어(Elisabeth Rohr)에 따르면, 개종은 서로 다른

---

32) A. Lorenzer, *Sprachzerstoerung und Rekonstruktion: Vorarbeiten zu einer Metatheorie der Psychoanalyse*, 2. Aufl. (Frankfurt am Main: Suhrkamp, 1976); A. Lorenzer, *Das Konzil der Buchhalter: Die Zerstoerung der Sinnlichkeit. Eine Religionskritik* (Frankfurt am Main: Suhrkamp 1981).

두 상징 체계가 충돌하면서 선교사들의 언어가 원주민들의 상징 체계를 정복하는 과정이라고 본다. 개종은 원주민들이 전통적으로 간직해 왔던 상징 체계들을 붕괴시키고 전통적인 생활 세계에서 형성되어 왔던 사람들의 정체성을 파괴하고 일그러뜨린다. 엘리자베스 로어는 이를 가리켜 이미지의 형태로 저장된 상투어들에 의한 인격의 왜곡과 기형화라고 명명하였다.[33] 그녀에 따르면, 선교사들이 전해 준 성서 문자주의와 이를 매개로 전달되는 성서의 이미지들은 원주민들에게 '언어의 독재'를 의미한다. 이 언어의 독재 아래서 원주민들은 그들의 상징 체계에 침입한 이질적인 이미지들의 지배를 감수하지 않을 수 없다.

알프레드 로렌처와 엘리자베스 로어의 연구는 한국 교회에서 성서의 문자주의적 해석과 거기서 형성된 이미지들이 교인들의 정체성 형성에 미친 부정적인 영향에 대해 많은 것을 시사한다. 예를 들면, 문자주의적 성서 해석이 자연스럽게 유도하는 말세의 이미지들이 뇌리에 새겨진 사람들은 생활 세계에서 나타나는 징조들을 보고 말세의 표징들을 장면처럼 떠올릴 것이고, 이것은 냉정하고도 투명한 현실 인식을 방해할 수 있다. 이러한 위험으로부터 벗어나기 위해서는 상징과 생활 세계가 건전하게 연결되어야 하고, 생활 세계의 경험이 건강하게 음미될 수 있어야 한다.[34]

성인에게는 이미 자신만의 경험이 축적되어 있고, 그 경험을 성찰하여 정체성과 가치관을 형성하는 경향이 강하다. 그렇기 때문에 성인의

---

33) Elisabeth Rohr, *Die Zerstoerung kultureller Symbolgefuege: Ueber den Einfluss protestantisch-fundamentalistischer Sekten in Lateinamerika und die Zukunft des indianischen Lebensentwurfs*, 2. Aufl. (Muenchen: Eberhard Verlag, 1993), 184.
34) 임희숙, 앞의 책, 206ff. 필자는 여기서 문자주의에 의해 영원불변의 진리로 새겨진 교리들이나 교리들의 단편들이 평신도들의 상징 세계를 어떻게 왜곡시키고 생활 세계와 유리된 장면들(Szene)을 떠올리게 하는가를 분석하였다.

경험은 교육 과정에서 중요하고 풍부한 자원으로 활용함으로써, 다른 사람의 학습에 공헌할 수 있다. 이때 중요한 것은 새로운 경험과 이전의 경험을 관련지음으로써 학습의 효과를 얻는 일이다.[35] 또한 경험을 다각도로 성찰하도록 도움으로써 고정 관념들을 깨뜨리고, 상투어들에 의해 기형화된 상징 세계를 해체할 수 있다. 이것은 성인들의 사고가 가질 수 있는 경직성과 폐쇄성을 변화시키는 중요한 방법이기도 하다.

이와 같은 학습 방법은 디지털 문명의 이미지 홍수와 문화 간 이종결합에서 나타나는 정체성 장애 문제를 해결하고 생활 세계 속에서 건전한 정체성을 형성하도록 도울 수 있다. 사람들의 무의식에 저장된 이미지들이 장면화됨으로써 나타나는 환상을 깨뜨리는 길은 생활 세계에서 형성된 상호 행위의 경험을 매개로 생활에 대한 이해(Lebensentwuf)를 명료하게 하는 데 있다. 이것은 디지털 문명의 확산 과정에서 나타나는 우월 문화의 기호 체계들에 의해 혼란에 빠진 정체성 위기를 극복하는 방법이기도 하다. 성인들을 위한 교회 교육은 이와 같은 시대 상황의 변화를 의식하면서 신앙의 이해와 생활의 이해를 통일시키는 학습 모델을 개발해야 한다.

3. 학습 내용의 세분화

성인들을 위한 교회 교육은 오늘의 생활 세계에서 학습자들이 갖는 욕구와 관심이 다양하다는 데서 출발하여야 한다. 학습자들은 연령별, 성별, 활동별로 다양한 학습 동기와 학습 과제를 갖는다. 여기서는 이

---

35) M. Knowles, "Andragogy: An Emerging Technology for Adult Learning," *Boundaries of Adult Learning*, ed. by R. Edwards (London; New York: Routledge in association with The Open University, 1996), 84-94.

와 관련된 모든 주제를 다룰 수는 없고, 성인들을 위한 교회 교육에 관한 논의를 활성화하기 위해 몇 가지 고려할 만한 주제들을 거론하는 데 그치고자 한다.

- 고령화가 심화되고 있는 우리 사회와 교회의 현실을 감안할 때, 노년기 인간의 심리와 건강에 대한 이해, 노년기 인간의 지혜와 능력의 활용, 노년기에 대한 대비 등과 같은 노년 문제는 교회가 더 이상 외면할 수 없는 중요한 학습 과제가 되었다.[36]
- 이혼율이 급증하고 그에 따른 가정 문제가 사회적으로 제기되는 현실에서 바람직한 부부 관계를 형성·유지할 수 있는 교육적 지원 체계가 요청된다.
- 사회복지와 상호 이해를 둘러싼 세대 간 갈등을 간세대(Intergeneration) 교육의 과제로 부각시키는 일이 중요하게 되었다.[37]
- 청소년 문제의 심각성을 고려할 때, 부모 교육의 학습 내용으로서 청소년 이해, 신세대 문화의 특성과 그 형성 요인들에 대한 분석, 부모의 역할을 제외할 수 없을 것이다.
- 여성 문제를 고려한 성인 교육에서는 가정, 교회, 사회, 국가에서 나타나는 가부장제 문제들을 인식하고 이를 극복하는 데 도움이 되는 학습 과정이 필요하다.[38]

---

36) 노령화 사회에 대한 관심의 일례로 미국에서는 1970년대 중반부터 교육노년학(Educational Gerontology)이 대두되고 있다. P. Jarvis, "Trends in Education and Gerontology," *Educational Gerontology* 16 (1990); 대한예수교장로회 총회교육원, 『한국교회와 노인목회 – 노인교육목회 연구시리즈 I』 (서울: 한국장로회출판사, 1995) 참고.
37) 정웅섭, 『현대 교육목회의 전개』 (서울: 한국신학연구소, 2001), 165-215 참조.
38) 가부장제의 극복을 위한 이론과 실천의 작업은 여성학과 여성신학뿐만 아니라 최근

이제까지는 이 문제들이 많은 경우 여성들을 중심으로 논의되어
왔으나, 앞으로는 남성들도 이 논의에 적극 참여할 수 있도록 유도
할 필요가 있다.

여성들과 남성들이 함께 참여하는 효과적인 학습 방법의 문제는
앞으로 많이 토론되어야 한다. 여성들은 남자들의 눈을 의식하는
상황에서 자신들의 억압 경험을 솔직하게 노출하지 않는 경향이
있고, 남성들은 그들의 억압자 역할을 여성들 앞에서 은폐하는 경
향이 있기 때문이다.

• 성을 정체성과 삶의 한 표현으로 규정할 경우, 성의 다양한 표현들
과 관계들에 대해서 평신도들이 건전한 가치 판단을 할 수 있도록
돕는 토론의 자리가 요구된다.

• 오늘의 심각한 생태계 위기와 생명 파괴 현실을 고려할 때, 그리스
도인들이 생명을 살리고 생태계와 친화성을 갖는 생활 방식을 개
발하고 일상화해야 한다.[39]

• 생명공학이 발전함에 따라 생명의 본질과 존엄성에 대한 의문이
커지고 있기 때문에 생명의 문제에 대한 성찰과 결단을 이끌어 갈
수 있는 학습 과정이 마련되어야 한다. 이 학습 과정에서는 식료
체계, 의료건강 체계, 생태계 등에서 건강한 삶을 파괴하는 요인
들을 명확하게 인식하고, 이 요인들을 제거하는 데 어떤 안목과
저항이 필요한가를 구체적으로 깨닫고 실천할 수 있도록 해야 할

거론이 되고 있는 남성학에서도 많은 시사와 도움을 얻을 수 있다. 조정문 외,『남성
학과 남성운동론』(서울: 동문사, 2000); 여성한국사연구회 편,『남성과 한국사회』
(서울: 사회문화연구소, 1997) 참조.

39) 강원돈,『살림의 경제: 사회적이고 생태적인 경제적 민주주의를 향하여』(서울: 한
국신학연구소, 2001), 227-264 참조.

것이다.

- 생활 세계에서 교회가 맡아야 할 역할을 고려할 때, 교회와 국가, 교회와 시민사회의 관계에 대해 인식하고 평신도들이 생활 세계에서 책임 있는 존재로서 행위할 수 있도록 돕는 학습 과정들도 필요하다. 이것은 사회 구제에 머무르고 있는 교회의 사회적 활동을 사회봉사(Soziale Diakonie)와 정치 참여 차원으로 발전시켜 평신도들의 사회적, 정치적 실존을 명확하게 하는 것을 학습 목표로 설정할 수 있다. 이와 같은 학습 목표는 특별히 신자유주의적 지구화가 진행되고 있는 오늘의 상황에서 절실하게 필요하다고 하겠다.[40]
- 교회와 사회 내부의 갈등 상황을 있는 그대로 인식하고, 이 갈등상황을 평화적으로 조율하는 능력을 기르는 것도 앞으로 성인들을 위한 교회 교육에서 중요하게 다루어져야 할 것이다[41].

IV. 맺음말

성인들을 위한 교회 교육은 한국 교회에서 아직 발전되지 않은 분야이며, 이에 관한 논의는 아직 시작 단계이다. 필자는 성인들을 위한 교회 교육이 앞으로 한국 교회의 미래를 위해 대단히 중요한 의미를 지니고 있다고 생각한다.

---

40) 이와 관련해서는 울리히 두크로, 『자본주의적 경제체제의 대안』(서울: 도서출판 한울, 1997), 제7장을 참조하라.

41) K. Horney, 『갈등의 심리학』, 김재은 · 김현옥 역, 제2판 (서울: 배영사, 1995); 강영진, 『갈등분쟁 해결 매뉴얼』(서울: 성공회대학교, 2001); 데이비드 W. 잔슨 · 프랭크 P. 잔슨, 『함께 참여하기 - 그룹 지도의 이론과 실제』(서울: 한국장로교출판사, 1996), 특히 제8장: "이해관계의 갈등"을 참조하라.

지난 30여 년 동안 한국 교회는 세계 교회가 경악할 정도로 빠른 양적 확장을 경험해 왔으나, 요즈음 이 추세가 주춤하면서 교회의 질적 성장이 중시되고 있다. 교회의 질적 성장은 평신도들이 영적으로 성숙하고 생활 세계에서 책임 있는 존재로 성장하는 일과 밀접한 관계가 있다. 이러한 과제는 과거에 타자주도적(other-directed)으로 시행되었던 평신도의 전도자 훈련만 갖고는 달성되기 어려울 것이다. 이 때문에 성인들을 위한 교회 교육은 오늘날 새로운 과제로 떠오르고 있고, 이를 위해 이론적 연구를 심화하고 실천적 학습 모델을 개발하는 일이 절실하게 요청되고 있다.

이 글에서 필자는 성인들을 위한 교회 교육의 의의를 밝히고, 이와 관련해서 열린 정체성 개념, 경험에 바탕을 둔 학습의 중요성, 성인 교육 내용의 세분화 필요성 등 극히 제한된 주제만을 다루었으나, 성인 교육의 영역이 넓고 깊은 만큼 이와 관련된 연구는 앞으로 다양하게 전개되어야 할 것이다.

세계화 시대의 기독교 여성교육

세계화 시대의 민족 담론과 여성신학

I. 머리말

국가의 역할이 예전과 크게 달라진 세계화[1] 시대에 민족을 논하는 이유는 무엇일까? 비인간적인 사회 양극화를 초래하는 세계 자본의 움직임은 한편으로는 세계화에 대항하는 초민족적인 국제 연대의 필요성을 불러일으키고 다른 한편으로는 생존을 위한 전략의 한 형태로서 민족주의에 새삼스러운 관심을 갖게 하는 것 같다.[2] 자본이 지구적 차원

---

1) 세계화(globalization)는 국제적 이동이 증가하고 의사소통의 속도가 빨라지는 조건에서 자본시장이 세계적으로 확대되는 현상을 압축하는 용어이다. 역사적 배경은 다양하지만 탈냉전 시대 이후 세계 최대 강국이 된 미국 중심의 세계화가 일반적이다. 이 논문은 한국기독교학회 제35차 정기학술대회(2006. 10. 20)의 주제강연문이다.

2) 세계화 시대에 부유한 나라들은 동질화를 경험하고, 가난한 곳에는 분열이 일어나는 현상을 보게 된다. 이에 대해서는 박호성, 『남북한 민족주의 비교연구』(서울: 당대,

에서 최후의 말을 하는 우리 시대에 민족은 극복의 대상인가 아니면 세
계화의 한 대안인가? 이에 대한 성찰은 오늘 민족 담론을 둘러싼 치열
한 논쟁으로 나타나고 있다.

오늘의 한반도 현실에서 민족 문제는 결코 단순하지 않다. 과거의
식민지 경험과 분단 현실은 세계화 시대에도 우리 민족에 큰 멍에가 되
고 있다. 최근에 일어난 일본 총리의 야스쿠니 참배, 북한의 미사일 발
사, 북한 핵 개발을 의제로 한 6자회담, 미군기지의 평택 이전, 전시 군
사통제권 이양, 한미무역협정 등등은 오늘 우리 민족의 생존과 번영이
녹록치 않은 과제를 안고 있음을 보여 준다.

바로 그렇기 때문에 세계화 시대에 민족 담론이 무의미하다고 말하
는 것은 우리의 현실을 도외시하는 일이라고 볼 수 있다. 우리 시대에
계급 문제나 젠더 문제, 심지어 인종 문제가 제아무리 크다 할지라도
민족 문제를 배제하고 그 해법을 찾기 어려운 측면이 있다. 그러나 그
렇다고 해서 민족 문제를 전면에 내세우고 그 해법으로 민족주의를 강
화하자는 의견도 비판과 저항에 직면하고 있다. 민족을 앞세워 서로 다
른 계급적 이해관계를 억누르고, 젠더 문제를 도외시하고, 인종차별을
부추기는 것도 문제이지만, 민족주의가 민족 분쟁을 부추기고 타 민족
에 대한 극단적인 배타성을 보여 왔던 어두운 역사적 경험을 부정할 수
없기 때문이다. 오늘 우리 학계의 민족 담론에서 민족주의가 커다란 논
쟁의 소용돌이에 휩쓸려 들어간 것도 바로 이 때문이다.

이 글에서 나는 민족주의 문제를 직접 다루기보다는 우리 민족이 자

1997), 144f.를 참조하라.

주적인 생존과 타 민족과의 공생을 이루면서도 높은 수준의 내적 통합을 이루어 가는 길을 성찰하는 데 초점을 두고자 한다. 이러한 성찰을 위해 나는 여성주의적 관점을 취한다. 우리 시대에 민족 문제가 중요하면 중요할수록 민족 공동체 다수가 민족 문제에 대한 논의에 참여하여 합의에 이르는 것이 중요할 것이며, 민족 구성원의 절반을 차지하는 여성들이 민족의 정체성을 형성하고 민족 문제를 해결하는 데 배제되거나 차별받아야 할 이유가 없다. 가부장제 역사에서 축적된 여성들의 경험은 다른 주변부 집단처럼 '권력으로부터의 자유'와 '세상을 보는 다른 눈'을 제공하는 자원이 될 수 있다. 젠더적 관점은 담론을 활성화시키고 세상을 변화시키는 데 도움을 준다. 바로 이러한 관점이 민족과 젠더와 계급을 서로 분리하지 않고 상호연관성 속에서 인식하도록 이끌 수 있다.[3]

이 글에서 나는 우선 오늘의 민족 담론에 담긴 성차별주의를 여성주의적 관점에서 비판적으로 검토할 것이다. 그다음, 한국 여성들의 다양한 경험들에 비추어 오늘의 민족 문제를 재인식하고자 한다. 끝으로, 여성신학적 관점에서 오늘의 민족 문제에 접근할 때 고려해야 할 점들을 몇 가지 말하고자 한다.

---

3) 민족(Ethnicity)과 인종(Race)의 차이는 젠더와 섹스의 구별과 유사한 점이 있다. 섹스는 남성과 여성 사이의 신체적 차이를 성별 인식의 출발점으로 삼고, 젠더는 생물학적 차이에다 문화와 권력으로 성 정체성과 성별 체계를 형성하는 것이다. 인종은 기본적으로 특정한 신체적 특징을 공유하는 집단을 분류하는 용어인데, 그 특징의 차이에 근거해서 지배 구조를 정당화하는 데 사용되기도 하는 사회정치적 용어이다. 이에 비해 민족은 신체적 특성보다 문화적, 역사적인 특징들이 결합된 것으로 민족의 범주를 분류하는 일은 단순하지가 않다. 다인종 사회에서 '혼혈 인종'(mixed race)을 분류하는 기준을 두고 볼 때, 인종적 범주와 민족적 범주에 대한 생각은 보다 심화될 필요가 있다.

II. 여성주의적 관점에서 본 민족 담론

민족 담론에서 민족의 정체성을 다루는 것은 중요하다. 그것은 국민 국가의 역할과 국경의 의미가 이전보다 약화되고 빈번한 인구 이동으로 생활 공동체의 구성이 복잡해지는 상황에서 민족의 범주가 단순하지 않기 때문이다. 민족의 개념이 모호할 경우 민족주의를 둘러싼 논의도 혼란스러워질 가능성이 많다.[4]

여기서는 민족의 개념과 민족주의의 특성을 정리하고 세계화 시대에 민족주의가 갖는 의미를 살펴본 다음에 민족 담론에 대한 여성주의적 비판을 약술할 것이다.

1. 민족 정체성

민족 개념에 대한 다양한 논의들은 크게 '자연적 실재론', '상상적 공동체론', '문화적 공동체론', '제한적 공동체론' 등으로 분류된다.

자연적 실재론에서 민족은 혈연, 언어, 환경, 역사적 기억을 공유하면서 자연적으로 발생한 공동체로 정의되고, 개인이 민족 국가에 귀속되는 것을 자연과 역사와 신이 정한 운명으로 여긴다. 민족을 구성하는 요소 가운데 혈연, 언어, 종교, 지형 등은 객관적 요소로, 동질성을 향한 의지, 공통된 역사적 경험 등은 주관적 요소로 분류된다.[5]

---

4) 국가주의와 민족주의의 용어는 모두 nationalism의 번역어이지만 그 의미의 차이가 있다. 국가주의는 국가의 융성과 발전을 국민 개인의 권리나 이익보다 우선시하는 이념이고, 민족주의는 민족을 단위로 하여 민족의 이상과 목표를 실현하고자 하는 이념이다.

5) 신용하, "민족 형성의 이론,"『민족이론』, 신용하 편 (서울: 문학과 지성사, 1985), 13f.

상상적 공동체론은 민족이 자연적 실재가 아니라 언어를 매개로 사람들의 의식에서 생겨난 상상의 문화적 공동체라는 견해다.[6] 이는 자연적 실재론에서 주장하는 민족 구성의 조건보다 민족의 형성에 더 관심을 둔다. 민족은 실체라기보다 집단 소속감의 필요에 의해 동원되는 '형성의 산물'이라는 것이다. 18세기의 시민혁명으로 세습 귀족의 신분 질서가 와해되고 국민 국가가 권력을 집중할 목적으로 공동체의 동질성을 호소하고 단결을 도모하면서 '민족'이 '발명'되었다는 것이다. 19세기 말부터 시작한 대규모의 인구 이동과 제국주의적 팽창도 외국인 혐오와 자국민 우월감을 조장하는 기제로 '민족'을 필요로 했다고 한다. 이때 국민 국가(national state)의 이념을 뒷받침한 민족주의(nationalism)는 세속 종교의 기능을 맡는다. 국가의 선은 개인의 희생을 요구하고 국가가 나서서 개인의 보호와 복지를 제공한다는 점에서 국가는 신의 역할을 대신하고, 공적 의식과 기념행사와 상징을 동원하여 세속 종교를 제도화한다는 것이다.

문화적 공동체론은 집단 무의식의 차원에서 민족의식이 보여 주는 현실적 힘과 사회적 에토스를 강조하는 입장이다. 민족을 형성의 산물로 규정한다 하더라도 오랜 역사를 통해서 이루어지는 민족 정서 등 문화적 정체성을 무시할 수 없다는 것이다. 2002년과 2006년 월드컵 축구대회에서 보여 준 한국인의 응원과 지지는 민족이 국가에 의해 동원된 것도 아니요, 상상의 산물도 아니요, 사회 공동체의 일상에 구체화된 문화적 현상임을 주목하게 만든다. 따라서 민족은 유사한 자연 환경과 역사적 조건에서 살아가면서 유사한 세계관과 성향을 내면화하는 문화 공동체라는 것이다.[7]

---

6) 베네딕트 앤더슨, 『민주주의의 기원과 전파』, 윤형숙 역 (서울: 나남, 1991), 17.

제한적 공동체론은 민족의 정체성을 '다름'에 의해 규정하는 입장으로, 민족 개념 자체가 제한적이라는 뜻이다. 왜냐하면 민족이란 단 하나의 민족 집단만이 있을 때는 사용할 수 없는 것이기 때문에 복수로만 설명되는 개념이기 때문이다. 이것은 보편성을 내세우며 세계를 지배하는 제국주의에 대한 대항 개념으로 볼 수 있다.[8]

앞에서 말한 다양한 견해들을 종합해 보면, 민족은 고정된 것이라기보다 역사적 상황과 맥락에 따라 형성되고 재구성되는 유동적 개념이라고 볼 수 있다. 인구 이동이 빈번해지고 삶의 조건이 복잡해지는 21세기에 민족 구성원의 기준이 국적인지, 소속감인지, 문화적 공감대인지 분명하지 않은 것도 이 때문이다. 한국 사회에서 우리 안에 있는 다른 우리(외국계 한국인, 탈북자, 외국인 노동자, 혼혈인 등)와 우리 밖에 있는 우리의 일부(해외 거주 한국인)를 하나의 민족으로 규정할 수 있는지도 분명하지 않다. 이런 점을 고려할 때 민족주의는 역사적으로 '축적된 문화'와 '민족을 형성하고자 하는 의지'의 결합물로 이해할 수 있다.[9]

2. 민족주의의 특성

민족주의의 특성은 150년 동안 축적된 서구 민족주의에서 그 전형을

---

7) 이지명, 『넘쳐나는 민족 사라지는 주체 – 민족담론의 공존을 위해』 (서울: 책세상, 2004), 125.

8) Anthony Giddens, *A Contemporary Critique of Historical Materialism 2: The Nation-State and Violence* (Berkeley: University of California Press, 1987), 119.

9) 엘네스트 겔너, 『민족과 민주주의』, 이재석 역 (서울: 예하, 1983), 79-80.

찾아볼 수 있다. 서구 근대 민족주의는 부를 형성한 상인 계급이 시장을 확대하고 정치력을 장악하려는 동기에 의해 설득력 있는 대중 동원 수단으로 민족의식을 형성하면서 출현하였다. 대중을 동원하기 위해 강조된 것은 집단의 동질성과 결속력이다. 이 동질성과 결속력은 저절로 만들어지는 것이 아니라 개개인의 욕망과 차이를 통합하여 균질화시키는 힘을 매개로 해서 형성된다. 국가는 강력한 통치력과 폭력으로 개개인을 통제하고 훈련함으로써 단일화와 중앙집중화를 성취한다. 이렇게 탄생한 민족 국가(national state)는 단일화를 지향하면서 내부의 다름을 억압한다. '민족'이 제시하는 표준과 이상(理想)에 반대하거나 일탈하는 개인은 민족의 이름으로 제재를 받고 벌을 받는다. 민족 내부의 동질성을 강조하여 '우리' 의식이 확고할수록 외부에 대한 배타성은 강화되고 내부의 불평등과 차이는 은폐된다. 이것이 서구 민족주의가 보여 주는 특성이다.

이에 비해 과거 식민지 지배를 받았던 제3세계/비서구 민족주의의 특징은 관점에 따라 다르게 설명된다.

'서구 민족주의 모방론'에 따르면, 20세기에 진행된 제3세계 민족주의는 서구 민족주의의 역사를 되풀이하는 과정이라고 한다. 그 과정은 주로 교육 체제, 선거 제도, 당 조직, 문화적 유산의 기념과 찬양, 공화제를 모방하면서 이루어진다.[10]

이와는 달리, '문화 주권론'은 제3세계/비서구 민족주의가 서구 민족주의를 선택적으로 답습하거나 모방한 것이 아니라 물리적으로는 서구의 지배를 받고 있어도 문화적으로는 독립된 주체성을 갖는다고 주장한다.[11]

---

10) 앤더슨, 앞의 책, 제7장 참조하라.

탈식민주의를 연구한 고부응은 '문화 주권론'을 더 발전시켜서 제3세계/비서구 민족주의가 지배국의 제국주의 체제에 대한 저항을 통해 정치적 의미를 획득한 식민지 고유문화와 민족의식으로 이루어진다고 본다.12) 식민 지배의 경험이 있는 제3세계 비서구 국가에서 나타나는 저항적 민족주의는 국가가 위기에 직면했을 때 활성화되는 민족의식이며, 지배를 당하는 민족들의 정체성을 찾는 일과 밀접한 관계가 있다는 것이다. 다양한 지역에서 형성되는 저항적 민족주의의 공통점은 근대화를 위하여 자국의 반봉건 체제를 극복하고, 외세 지배에 저항하면서 민족 정체성을 추구하는 이중적 과제를 갖는다는 것이다.

한국사상사의 관점에서 자유주의와 사회주의와 민족주의를 비교 연구한 김동춘은 민족주의가 한국사에서 "구체적 행동을 이끌어 내는 힘"을 지니고 저항, 열정, 도덕적 분노로 존재했음에 주목한다. 그에 의하면 민족주의의 호소력은 이성적 판단보다 영감과 정서에 의존하고, 자유주의와 사회주의가 개인을 기초로 전개된 것에 비해 민족주의는 혈연, 언어, 영토, 문화를 공유하는 집단을 기반으로 하기 때문에 민족 공동체의 유산과 자연적 유대로부터 자양분을 얻는다.13)

3. 세계화 시대의 민족주의

이처럼 다양한 특성을 지니는 민족주의는 세계화 시대에 어떤 의미

---

11) Parthar Chatterjee, *Nationalist Thought and the Colonial World: A Derivative Discourse?* (London: Zed Books, 1986), 36-53.

12) 고부응,『초민족 시대의 민족 정체성』(서울: 문학과 지성사, 2002), 116.

13) 그는 민족주의를 이념이나 사상보다 민족과 생존과 민족국가의 건설, 민족 단위의 생활과 문화의 유지를 우선시하는 모든 정치 이념이나 사상으로 정의한다. 김동춘, 『근대의 그늘 – 한국의 근대성과 민족주의』(서울: 당대, 2000), 273-277.

를 갖는가? 이에 관한 논의는 크게 탈민족주의론과 민족주의 옹호론으로 나뉜다.

먼저, 세계화 시대에 민족의 해체를 주장하고 민족주의를 비판하는 입장[14]은, 앞에서 지적한 바와 같이, 민족주의의 배타성과 폐쇄성, 민족 내부의 불평등과 획일화, 제국주의와 패권주의 경향을 그 논거로 내세운다. 특히 세계화 과정에서 자민족 중심주의는 인권 침해와 민족 분쟁을 일으키고 국경 없이 세계를 지배하는 자본 권력에 대한 세계적 저항을 약화하고 분열시킨다고 비판한다. '우리 의식'과 민족 정체성을 앞세워 다른 민족에 대해 경계를 긋고 민족 사이의 다름과 차이를 인정하기보다 우열의 심리기제를 만들어 낸다는 것이다. 그 결과, 자신이 속한 집단에 우월감과 특권을 부여하면서 상대방을 배제하고 차별하는 논리와 억압 구조를 형성하고, 심지어 민족 분쟁과 전쟁의 빌미가 된다는 것이다. 또한 민족 내부에 지배 집단과 주변 집단의 차별을 공고화하고 그것을 강압적인 사회 통합으로 은폐시킨다는 것이다. 물론 이런 주장들은 경청할 만한 가치가 있다. 그렇지만 민족주의를 비판한다고 해서 민족 문제나 민족의 특성이 더 이상 의미가 없다고 강변할 수는 없을 것이다.

그다음, 민족주의 옹호론은 세계화 시대에도 민족의 특수성을 강조하고 개혁된 민족주의가 여전히 유효하다고 주장한다. 여기서 주목하는 것은 민족주의가 역사적 맥락에 따라 약소민족에 자주적 생존을 위한 저항의 힘을 제공한다는 점과, 세계화 추세가 민족 공동체에 끼치는 영향이 강대국과 약소국에 따라 다르게 나타난다는 점이다. 정치학자

---

14) 이에 대한 상세한 내용은 임지현,『민족주의는 반역이다 – 신화와 민족주의 담론을 넘어서』(서울: 소나무, 2005)를 참조하라.

김영명은 민족주의에 대한 비판적 담론이 주로 약소국의 민족주의를 연구 대상으로 한 서구학자들에 의해 이루어진다는 점에 주목하면서 초민족주의나 탈민족주의가 주장하는 내용이 무엇인가를 인식해야 할 뿐만 아니라 그 주장을 누가, 어떤 배경에서 하는지도 물어야 한다고 강조한다.[15] 그는 세계화에서 이익을 보는 세력이 지배력을 가지고 세계를 평준화할 가능성과 그로 인해 발생하는 지역적·민족적 불평등과 착취를 은폐할 가능성을 우려한다. 신자유주의적 세계화는 세계 시장에 대한 환상을 불러일으키면서 '국경 없는 지구촌 경제'를 주장하지만, 현실적으로는 자민족의 이익과 권력을 추구하는 블록 경제가 강화되고 있다. 이런 상황에서 민족주의를 일반적 관점에서 비판할 때에는 서구 중심의 보편성을 경계하고 강자와 약자의 입장에서 특수성을 고려할 필요가 있다. 약소국의 민족주의적 편향이 가져오는 문제들만이 아니라 세계화를 주도하는 강대국의 불의도 극복해야 할 과제이다. 한마디로, "획일적 세계화와 배타적 민족주의는 충돌하고 다원적 세계화와 열린 민족주의는 공존"한다는 것이다.[16]

끝으로, 민족 담론에서 민족 국가의 역할에 주목하는 입장도 있다. 세계화가 가져온 위기들을 조정하는 민족 국가의 정치적 영향력이 이전보다 약화되었다 할지라도, 민족 국가는 여전히 자본 권력의 횡포에 대한 투쟁과 대안을 마련하는 구체적인 자리이다.[17] 또한 민족은 민족적 정서와 대중 동원력을 통하여 "제국주의적 도전에 대한 방파제"[18]

---

15) 김영명,『우리 눈으로 본 세계화와 민족주의』(서울: 오름, 2002), 5-12.

16) 앞의 책, 159.

17) 박순경, "지구화 시대에 있어서의 민족사회의 통일과 정의를 갈구하는 영성," 原草 (본디 풀) 박순경 박사 팔순기념문집,『과거를 되살려내는 사람들과 더불어』(서울: 사계절, 2003), 429.

가 되는 실체이다. 이것이 비판적인 민족 담론에도 불구하고 민족의 틀과 근거를 포기할 수 없는 이유이다.

이상을 종합해 보면, 민족주의의 문제는 탈민족주의나 민족주의 옹호론 가운데 어느 하나를 선택하는 방식으로 정리될 것이 아니고, 각 민족이 처한 서로 다른 삶의 상황에서 지배 권력의 불의와 세계화가 가져온 위험에 대해 사안별로 공동 대처하는 역동적인 대안을 모색하면서 논의될 문제라고 본다. 우리 시대에 민족주의의 현실적 의의는 논리나 이론보다는 억압의 경험을 성찰하고 해방의 실천을 추구하는 가운데 검토되어야 할 것이다. 무엇보다도 중요한 것은 민족주의에 대한 논의가 약소국이나 강대국에서 계급 문제, 인종 문제, 젠더 문제를 은폐하는 빌미가 되지 않도록 경계하는 것이다.

4. 민족 담론에 담긴 성차별주의

민족주의는 개인과 민족을 나누고, 남성과 여성을 이원론적으로 구별한 다음에 개인을 민족에 종속시키고 여성을 민족의 주체인 남성에 종속시킨다는 점에서 많은 문제가 있다. 이것은 근대 민족 국가가 군사주의의 무력을 기반으로 성립되고, 민족 담론이 근대화와 발전 이데올로기를 배경으로 형성된 점과 관련이 있다. 민족주의가 보여 주는 전형적인 가부장적 특성은 여성을 민족 담론에서 배제하고 여성의 성을 통제하는 데서 엿볼 수 있다.

---

18) 정현백,『민족과 페미니즘』(서울: 당대, 2003), 44.

먼저, 민족 담론에서 여성들이 배제되는 까닭은 민족주의가 부계 공동체를 기본 전제로 삼고서 남성을 민족의 자연스런 주요 구성원으로 간주하고 남성성을 이상화했기 때문이다. 남성다움과 남성적 인내는 민족의 모범적인 이상이 되었고, 여성은 전통적 질서의 수호자로서 동원되었다. 19세기 서구 시민사회에서 민족주의는 개인의 자율성을 제한하고 억압하는 기능을 담당하였다. 당시 개인적 자율성이 확산되면서 전통적인 성적 질서와 가족 관계가 변화하는 상황에서 민족주의는 해이해지는 사회 현상을 통제하고 대중을 국가의 의도에 따라 동원하는 데 중요한 역할을 했다. 민족의 이상에 따라 자제와 훈련을 받은 남성들은 애국심에 불타고 호전적인 성향으로 변하면서 국가의 주요 구성원으로 자리매김을 하게 되었다.[19] 이런 국가의 정체성이 동지애, 형제애, 동포애로 규정되는 것은 당연하고 자연스러운 일이었다.[20] 여성들은 여기서 배제되었지만 민족을 위한 과제가 부여되었다. 민족 구성원의 재생산과 전통 문화의 보존이 그것이다. 그것은 혈연 가족의 사적 가부장제가 국가와 민족의 공적 가부장제로 확대되는 과정이었으며, 가장으로서의 남성은 애국적 군인과 일등 국민으로, 출산과 살림을 맡은 여성은 남성의 보조자로서 이등 국민으로 분류되었다. 이 위계 구조와 질서는 여성의 성적 욕구를 통제하는 도덕규범과 성 윤리를 통해서 유지되었다. 여기서 여성의 몸은 개인의 것이 아니라 민족 정체성을 담는 상징이 되었다. 불임이나 혼혈아 출산, 전시 강간은 민족의 수치로 비난의 대상이 되었다. 바로 이것이 민족주의가 여성의 성을 통제하는 방식이다.

---

19) 정현백, 앞의 책, 21-23.
20) 앤더슨, 앞의 책, 8.

그다음, 근대 민족 국가의 형성 이후 국가는 여성의 성을 집중적으로 통제함으로써 고정적인 성 역할을 강요하고 그 결과로 여성의 노동력까지 지배하게 되었다. 전통적 성 역할은 가정을 통한 모성의 희생과 헌신으로 집약되지만, 상황에 따라서는 국가 발전이나 외화 획득을 위한 임금노동(산업 전사와 매매춘 종사자 등)이 부가되었다. 이런 기본 구조가 확대되어 '선진국형의 이상적 가정주부'와 '제3세계형의 생계 유지형 노동자'가 나타났다. 민족 국가의 내부에서 이루어진 여성들에 대한 성적 통제와 노동력의 지배가 결국 자본주의적 세계화에 기여한다는 점에 주목한 페미니스트 학자들은 여성이 '최후의 식민지'라고 평가한다.[21]

더 나아가 페미니스트 학자들은 여성의 인권 침해가 가부장적 민족 담론에서 은폐되고 억압된다는 점을 지적한다. 민족 구성원의 절반인 여성들은 민족 담론에서 주변적으로 다루어지고 필요에 따라 동원의 대상에 머무는 경우가 많았다.

예를 들면, 역사적으로 저항적 민족주의는 여성들의 지위를 향상할 것과 민족 문제 해결에 참여할 것을 옹호하여 근대화의 주체로 나서도록 지원했는데, 이것은 외세 지배라는 국가 위기가 전통적인 성차별 구조를 약화시키는 변인이 되었기 때문이다.[22] 그러나 여성들을 민족 문제의 해결에 참여하도록 이끄는 일이 여성 인권의 신장으로 직결되는 것은 아니었다. 식민 국가에서 여성들은 근대 교육을 통하여 개화되어 민족 자본이나 외세 자본을 위해 노동력을 제공했다.

---

21) 벨로프 편, 『여성, 최후의 식민지』, 강정숙 외 역 (서울: 한마당, 1987)와 마리아 미스 · 반다나 시바, 『에코 페미니즘』, 손덕수 · 이난아 역 (서울: 창작과 비평사, 2000)을 참조하라.
22) 유럽의 경우 핀란드, 노르웨이, 아이슬란드도 이에 속한다.

그러나 이런 변화는 전통적인 성 역할을 벗어나는 것이어서 '전통의 담지자'인 여성에 대한 사회적 기대와 갈등을 일으켰다. 식민지 상황에서는 상실당한 물질을 보상해 주는 정신, 영원한 고향, 정서적 지원으로서 어머니의 상(像)이 더욱더 절실하게 필요했다. 이러한 딜레마를 해결하기 위해서는 여성이 임금노동자로 사회에 참여하거나 민족운동에 동원되는 일과, 가정에서 전통적인 역할을 담당하는 것을 서로 별개의 것으로 만들 필요가 있었다. 식민지 국가에서 어머니는 민족 감정을 대변하는 하나의 상징으로서 모든 희생을 감내하면서 변치 않는 도덕성을 견지하도록 형상화된다. 이 도덕성의 주요 내용은 순종과 순결이다.

이 점은 탈식민주의에서도 다르지 않게 나타난다. 식민 지배에서 벗어난 제3세계 국가들은 식민지 시대에 배운 근대적 제도들(법, 군대, 교육, 의료 등)을 유지하는 반면, 자민족의 정체성을 회복하려는 목적으로 전통 문화를 복원하고 강화하는데, 이 전통의 핵심은 가부장적 성 역할이며, 이에 따라 모성과 전통적 여성다움이 강조된다. 문제는 민족주의에서 모성과 도덕적 여성상이 찬미되지만, 여성의 주체성과 자율성이 도외시되고, 여성의 역할이 주변적으로 다루어진다는 점이다.

이런 점에서 볼 때, 민족주의는 남성 중심의 정치 권력을 통하여 여성의 성을 민족적 도덕성을 담는 상징으로 간주하여 통제하고 여성들의 참여를 주변적인 것으로 다룬다는 점에서 비판적 성찰의 대상이 되어야 한다.

III. 한국 여성들의 경험을 통해서 본 민족

여기서는 한민족의 역사 가운데 해방 이후 분단 상황과 세계화 시대에 여성들이 겪은 경험에 비추어 민족 문제를 재인식하고자 한다. 한반도의 분단 구조는 군사주의와 가부장제를 유지, 강화하는 기반이 되었으며, 이를 청산하지 못한 상황에서 신자유주의적 세계화가 급속히 진행되면서 여성들의 고통과 희생은 가중되었다.

그러면 여성 노동자, 종군 위안부, 기지촌 매매춘 여성과 혼혈 자녀들, 이주 여성 노동자, 통일 여성운동가들의 경험을 살피기로 하자.[23]

1. 국가주도 산업화와 여성 노동의 차별

1960년대에 시작된 산업화 과정은 산업화와 민족중흥을 독특하게 결합한 국가 프로젝트였고, 이 때문에 이를 가리켜 국가주도형 산업화라고 말한다. 이 산업화 과정은 농촌의 방대한 노동력을 끌어내어 산업현장에 투입하는 것을 전제로 하였다. 농촌의 가난한 여성들도 도시의 열악한 노동현장에 진출하기 시작했다. 당시 독재정권은 노동운동을

---

[23] 물론 여성의 경험을 말한다고 하면서도 주의할 점이 있다. 최근의 여성신학은 가부장제에 저항하는 여성들 사이의 차이에도 주목한다. 성의 억압은 계급과 인종/민족에 따라 세분화되기 때문이다. 예를 들면, 우머니스트 신학은 (백인) 페미니스트 신학과 다름을 주장한다. 백인 여성과 유색 인종 여성 사이에서 종교문화적 체험과 사회역사적 경험의 차이를 인정하고, 백인 여성과 유색 인종 여성 사이의 억압 관계를 은폐하지 말자는 것이다. 여성의 경험에서 성차별 외에도 인종/민족의 차원이 중요하다는 것이다. 따라서 우머니스트 신학 외에도 무에리스타 신학, 아시아 여성신학, 아시아계 미국인 여성신학 등이 가능하다. 나는 여성 경험의 차이를 중시하는 이러한 관점을 가다듬어야 한다고 생각한다. 이를 위해서는 다양한 여성들이 스스로 그들의 경험을 말하게 하고 그것을 허심탄회하게 경청하는 훈련이 필요할 것이다.

탄압하고 노동자들의 인권을 침해했는데, 여성 노동자들이라고 해서 예외는 아니었다.24) 산업 입국과 민족중흥을 내세운 정부는 '한국형 민주주의'를 구축한다는 명목으로 충효를 앞세워 국가주의를 강화하고 유사가족주의를 확산시켰다.25) 사랑과 희생의 가족 윤리와 정서에 호소하여 노사 관계를 다루는 전략은 상당한 설득력을 가졌다. 노동운동은 저지되고, 가부장적 성 역할에 따라 남성의 부양자 책임을 강조함으로써 여성 노동자들은 저임금과 불안정한 고용 구조를 감내하는 등 차별과 억압을 강요당했다.

오늘의 상황에서 민족주의를 앞세우며 여성 노동을 수탈하는 일이 지속된다고 말할 수는 없다. 그러나 국가 가부장제와 기업 가부장제에서 고착된 여성 노동의 차별이 극복되었다고 말하기는 어렵다. 세계화 과정에서 여성 노동에 대한 차별은 더욱더 악화되고 있다고 말해도 지나치지 않다. 1990년대 말에 몰아닥친 구조 조정의 소용돌이는 무수한 직장 여성들을 고용 조정의 대상으로 삼았으며, 그때 내세운 논리는 남성 가장의 책임론이었다. 남성 가장은 고용 조정의 대상에서 일단 제외하고 여성을 일차적인 고용 조정의 대상으로 삼은 것은 여성을 노동의 주체로 보지 않고 가장의 보조자로 간주하는 시각이 팽배했기 때문에 나타난 현상이다.

여성 취업 인구가 전체 취업 인구의 50%를 넘어섰다고 하는 21세기 초반에 들어서도 여성 노동의 현실은 낙관적이지 않다. 여성 취업률의 급속한 증가는 임금을 절약하기 위해 자본의 무자비한 합리화 과정이 진행되는 상황에서 남성들이 직장을 잃거나 조기에 은퇴함으로써 무수

---

24) 1970년대의 동일방직 사태와 이른바 YH 여공 사태는 이를 잘 보여 준다.

25) Chung Hyun-Back, "Arbeiterinnen und Arbeiterinnenbewegung in Suedkorea in den 70er Jahren," *Beitaege zur Geschichte der Arbeiterbewegung* 2 (1998), 48.

한 여성들이 생계유지 노동에 종사하지 않을 수 없음을 의미한다. 문제는 여성 노동의 질이다. 취업 여성들의 80%는 계약직과 임시직에 종사하고 있으며, 그들이 받는 봉급은 정규직 여성 노동자들의 임금의 40% 수준에 불과하다.

이러한 열악한 노동 조건 아래서 일하게끔 프로그램화되어 있는 신자유주의적 세계화 과정에서 전통적인 성 역할에 따라 가사 노동과 취업 노동의 이중 노동에 시달리는 여성들이 가정을 꾸리고 출산을 생각하기는 어렵다. 육아 시설이 태부족인 상황에서 아동 양육비를 고려하고 신자유주의 교육 시장에서 천문학적 지출을 요구하는 사교육을 감안한다면 결혼과 출산의 거부가 불가피한 생존 전략으로 선택되기에 이르는 것이다.

그런데 결혼과 출산이 이루어지지 않고서도 민족의 존속이 가능할까? 한민족의 쇠퇴와 심지어 멸종을 우려하는 목소리가 신자유주의적 세계화가 급속하게 진행되고 있는 오늘의 상황에서 들리는 것은 참으로 아이러니한 일이 아닐 수 없다.

2. 종군 위안부 담론에 나타난 민족 문제

종군 위안부 문제는 일제 강점기에 이루어진 일이지만 그것이 역사에 드러나기 시작한 것은 1970년대부터이고 21세기에는 한일 양국뿐만 아니라 세계적인 사안이 되었다.[26] 종군 위안부 문제에는 제국주의, 군사주의, 민족주의, 성차별, 계급 차별 등 갖가지 문제들이 복합적으

---

26) 2000년 12월 7일 일본 도쿄에서 열린 "일본군 성노예 전범국 국제법정"은 7개국 민간단체가 주관한 모의 법정으로 법적 구속력은 가지지 못했으나 종군 위안부 문제를 세계에 알리고 지원을 받을 수 있는 기회를 마련했다.

로 얽혀 있다.

일제가 국가 권력을 동원하여 조직적으로 식민지 조선 여성들의 성을 '천왕의 하사품'으로 일본 군대에 공급하여 이를 유린하게 한 것은 전시 강간과는 다른 차원의 성폭력과 민족 차별이고, 종군 위안부의 다수가 가난한 집안의 어린 여성들이었던 현실은 식민지 내부의 계급 문제를 반영한다. 또한 해방 후 종군 위안부들이 조국으로 돌아가지 못하거나 가족과 고향에서 '더럽혀진 몸'으로 냉대와 소외를 당하거나 오랫동안 '그 일'을 잊으려고 애쓰며 침묵으로 지낸 것은 여성의 몸에 대한 가부장적 민족주의의 지배와 억압을 의미한다. 이 문화사회적 맥락에서 종군 위안부의 몸은 '빼앗긴 조국의 땅'이고 '짓밟힌 민족의 수치'이며 죽음으로 지켜야 하는 순결을 상실한 '집안의 치욕'으로 해석된다.[27] 이로 인해 종군 위안부의 몸을 가진 당사자 여성의 수치와 공포와 고통과 절망은 소리 없이 자취를 감추게 된다. 여성의 몸은 남성, 가족, 민족의 식민지로 전락하고, 더 이상 자신의 정체성과 권리를 주장하는 주체가 되지 못하며,[28] 도덕성을 내세운 가부장적 권력 우위를 대변하는 몸으로 전환한다. 더럽혀진 여성의 성은 "남성의 불명예로, 민족의 아픔으로, 국가의 위신 추락"[29]으로 추상화된다.

---

27) '화냥녀'라는 용어가 지닌 역사적 배경을 살펴보면 외세의 성폭력에 대한 자국의 차별 구조가 드러나는데, 종군 위안부에 대한 인식에도 이와 유사한 잔재가 남아 있다. 이 말은 17세기 중반 청나라의 공물로 보내졌다가 다시 고향으로 돌아온 조선의 하층 계급 여성들은 지칭하는 '환향녀'라는 의미에 성적으로 문란한 여자라는 뜻이 가미되면서 사용하게 되었다. Elaine Kim/Chungmoo Choi (ed.), *Dangerous Women: Gender and Korean Nationalism* (New York: Routledge, 1998), 13.

28) 2000년 북한에 거주하는 종군 위안부 생존자 218명 가운데 자신의 신원과 과거 경험에 대한 확인 증언을 한 사람은 43명뿐이었다. 나머지는 가족들의 만류로 증언을 거부했다고 한다. 『한겨레신문』(2000년 3월 30일).

29) 이지명, 앞의 책, 150.

종군 위안부가 잃어버린 목소리를 되찾아[30] 역사의 죄상을 폭로하고 사과와 보상을 요구했을 때, 한일 양국은 1965년에 체결된 한일조약을 내세우며 대응하였다. 국가와 국가 사이에 이루어진 전후 보상 처리로 여성 개인의 고통을 해결한다는 주장은 여성의 몸에 대한 국가의 지배를 전제로 한다.[31] 북한이 종군 위안부 전체에 대한 보상과 사죄를 피해자 개인이 아니라 국가(일본)와 국가(북한) 사이에서 처리하자고 요구한 것도 이와 다른 것이 아니다.[32]

일본 정부가 군위안부제의 존재 자체를 부인하고 이를 왜곡하자 한국은 물론 여러 나라에서 피해 당사자들의 증언이 나왔지만, 일본인 종군 위안부들의 증언은 전혀 없었는데, 여기에는 민족의식이 모종의 역할을 하지 않았을까 추측할 수 있다.

3. 기지촌의 매매춘 여성들과 그 자녀들이 겪는 차별

종군 위안부와 마찬가지로 기지촌의 매매춘 여성들과 그 자녀들이 겪는 문제도 분단 상황에서 제국주의, 군사주의, 민족주의, 성차별, 계급 차별 등을 복합적으로 담지하고 있다.

미군정 시대[33]와 한국전쟁을 거치면서 미군 부대 주변에는 기지촌

---

30) Keith Howard (ed.), *True Stories of the Korean Comfort Women* (London: Cassell, 1995)를 참조하라.

31) 우에노 치즈코, 『내셔널리즘과 젠더』(서울: 박종철출판사, 1999), 107-108.

32) 『동아일보』(2000년 8월 27일).

33) 미군정은 일본 잔재 청산 작업으로 1946년 법령 제70호 '부녀자의 매매 또는 그 매매계약의 금지'법과 1947년 법률 제7호 '공창제도 등 폐지령'을 제정, 시행하였다. 이것은 인신매매와 공창을 금지하는 대신 다른 형태의 매매춘 문화를 전개시켰다. 이에 대해서 박종성, 『한국의 매춘』(서울: 인간과 사랑, 1994)를 참조하라.

이 형성되었다.[34] 기지촌의 매매춘은 해방 후 불안정한 경제 상황과 한국전쟁 이후의 궁핍한 상황에서 빈곤층 여성들이 주둔 군인들을 상대로 성 서비스를 제공하면서 시작하였다. 그들은 한국 사회에서 가장 큰 냉대와 멸시에 시달리고[35] 설사 결혼을 했을 경우에도 (혹은 결혼을 약속한 경우에도) 외국 남성에게서 쉽게 버림을 받거나 학대를 당하는 것이 일반적이다. 매매춘이 불법인 한국 사회에서 기지촌의 성 산업은 정부의 암묵적인 지원을 전제로 하는 것이지만, 매매춘 여성들과 혼혈 자녀들에 대한 제도적 지원은 전혀 없었다. 1992년 10월 미국 병사가 매매춘 여성을 살해한 사건은 기지촌의 매매춘 여성이 겪는 폭력과 차별이 얼마나 심각한가를 증언한다. 주둔군 병사가 주둔지 여성에 대해 품는 이미지가 잔인의 극을 넘는 폭력 행위에 투영되지 않았다고 말할 수는 없다. 그리고 그 이미지가 다른 인종이나 민족에 대해 미군 병사가 품었던 우월의식과 전혀 무관하다고 말할 수도 없을 것이다. 이 사건이 불평등한 한미행정법에 따라 처리된 것은 한국 정부가 자국민의 인권 피해보다 국가 안보를 우선적으로 내세우고 있음을 보여 주는 단적인 예이다.[36] 또한 1993년 5월 서울의 맥줏집에서 일하던 한국 여성이 미군 병장에게 구타와 성 폭행을 당하고 평생 불구의 몸이 된 사건도 강대국 주둔군 병사가 주둔지 여성들에 대한 인식의 일단을 보여 준

---

34) 일명 GI 타운으로 불리는 기지촌은 디스코 클럽, 바, 양복점, 가족 스포츠 의류점, 기념품 가게 등으로 이루어진다.

35) 기지촌의 매매춘 여성들을 부르는 '양색시' '양공주'라는 호칭은 '미군에게 몸을 파는 더러운 여자'를, '양갈보'에서 갈보는 '냄새나는 더러운 벌레'는 라는 뜻이다.

36) "하찮은 여자 하나 죽은 것 가지고 한미 우호 관계에 금이 가서는 안 된다." 이것은 1992년 동두천에서 미군에게 살해당한 윤금이 사건을 두고 동두천시 공무원이 한 말이다. 정유진, "미군범죄와 여성,"『두레방 이야기』, 유영님 편 (서울: 두레방, 2001), 340.

다고 볼 수 있다.

기지촌의 혼혈 자녀들이 겪는 문제는 미국 여성37)이 작성한 「마르고 리포트」에 잘 나타나 있다.38) 그녀가 만난 5세부터 46세에 이르는 사람들은 대부분 홀어머니와 살면서 빈곤과 사회적 차별, 취업 문제, 교육 문제, 정체성 혼란 등으로 어려움을 겪고 있었다. 경제적 빈곤 못지않게 이들을 괴롭힌 것은 학교생활에서 겪는 따돌림, 무시, 외로움이라고 한다.

기지촌의 매매춘 여성들과 그 자녀들이 꾸리는 삶에 대한 한국 사회의 냉대와 무관심은 단일 혈통과 정조를 중시하는 민족 정서와 밀접한 관련이 있다. 이 때문에 그들은 분단 구조에서 제국주의와 군사주의의 피해자로 좀처럼 여겨지지 않는 것이다.39)

---

37) 리포트의 작성자 마르고 오카자와 레이는 샌프란시스코 주립대학 사회사업과 교수로서 1994년 한국에 있는 아프리카 미국인(흑인)들에 대한 한국인들의 태도와 인식에 대한 연구를 위해 한국을 방문했다. 체류 중에 한국의 가난한 여성들과 혼혈아라고 불리는 미국계 아시아인들의 현실에 충격을 받고 이에 대한 연구를 하게 되었다.

38) 유영님 편,『두레방 이야기』(서울: 두레방, 2001), 188-201.

39) 이와 관련해서는 탈식민주의 이론가 스피박의 견해가 참고가 된다. 그는 인도 민족주의의 예를 들면서 민족주의가 대내외적으로 자행하는 주변부의 다중적 억압 구조를 폭로한다. 인도의 하류층 여성들은 영국 제국과 인도 식민 엘리트 그리고 두 나라의 남성들로부터 자본과 성의 억압을 받는다. 이 여성들의 생산 노동은 인도 자본과 영국 제국의 이윤을 위해 착취당한다. 이 여성들이 감내하는 성폭력/성매매는 두 나라의 가부장적 억압이지만 '민족의 수치'로 인도 내부에서 차별을 받는다. 그러나 인도 여성은 민족의 이름으로 희생을 강요받고 억압의 고통을 수용해야만 한다. 이에 대해서는 Gayatri Chakravorty Spivak, "Can the Subaltern Speak?," *Marxism and Interpretation of Culture*, ed. by Cary Nelson and Lawrence Grossberg (Urbana: University of Illinois Press, 1986), 271-298을 보라.

4. 이주 노동과 국제결혼에 나타나는 자민족 중심주의

한국 사회로 오는 저소득층 이주 노동자들은 대부분 몽골, 방글라데시, 필리핀, 파키스탄, 중국, 인도에서 왔거나 연변 조선족들이다. 이들은 저임금, 열악한 노동 환경, 문화적 차이 이외에도 인종 차별로 인해 고통을 받는다. 이주 여성 노동자들은 여기에 더해 성폭력으로 인한 고통과 억압을 받는다.

인종 차별과 억압을 당하는 또 다른 사람들은 국제결혼으로 한국 사회에서 살아가는 가난한 나라 출신의 귀화인들이다. 다국적 시민사회, 다민족 사회가 일반화되는 세계적 추세를 반영하듯이, 2005년도 한국 사회에서 이루어지는 결혼 건수의 13%는 국제결혼이 차지한다. 지난 1997년에 국적법이 개정되기 이전까지 국제결혼에 대한 한국 사회의 수용 방식은 민족 차별적이었다. 이전 국적법은 부계 혈통주의에 따라 한국 남성과 결혼한 외국인 여성은 자동적으로 국적을 취득할 수 있었지만, 한국 여성과 결혼한 외국인 남성은 국적 취득 요건이 별도로 규정되어 있었다. 1만 달러 이상의 수입과 3년 이상의 합법적 국내 거주가 그것인데, 이는 현실적으로 선진국의 부유한 남성과 제3세계의 빈곤층 남성을 가르는 기준이 되었다.[40] 이 요건이 변화된 것은 제3세계 출신의 이주 노동자들이 증가하고 그들이 한국 여성들과 결혼하면서 국적법의 부당함에 저항한 결과이다.

국제결혼에서 민족 차별과 성차별이 복합적으로 결합되는 경우도 많다. 한국 농어촌 지역에서 이루어지는 국제결혼의 비율은 35%이며, 주로 시집을 오는 경우가 대부분이다. 결혼중개업소를 통해[41] 가난한

---

40) 이지명, 앞의 책, 147.

나라의 여성들이 한국에 이주하면서 겪는 경제적 빈곤, 문화적 차이, 사회적 고립, 노동 차별은 심각한 수준인데, 이에 대한 대책도 미비할 뿐 아니라 그들을 받아들이지 못하고 따돌리는 분위기가 팽배하다. 한국 물정과 언어에 익숙하지 못한 외국인 아내에 대한 한국인 남편의 구타와 폭력이 만연하고 있는 것도 심각한 문제이다. 이를 방치하게 만드는 주요 요인은 '한국인 배우자의 신원보증제도'이다. 결혼한 외국인의 체류 비자 발급과 연장은 한국인 배우자의 신원 보증이 있어야만 가능한 제도가 폭력에 희생당하는 외국 여성들의 족쇄가 되고 있다.42)

이주 외국인 문제에서 간과할 수 없는 것이 이주 노동과 국제결혼으로 이 땅에 살고 있는 2세들이 겪는 아픔과 차별이다. 이들은 대부분 빈곤하고 열악한 가정에서 살고 있으며, 언어 소통에 문제가 있기 때문에 학교 수업에 제대로 참여하지 못한다. 학교의 무관심과 학급 친구들의 냉대와 따돌림으로 소외감은 깊어지고 사회 적응이 어렵다.

가난한 나라에서 온 이주 노동자들과 이주 결혼자들이 우리 사회에서 겪는 어려움은 타 인종과 타 민족에 대한 우리의 시각이 크게 왜곡되어 있음을 웅변한다. 부유한 나라 출신의 백인들이 우리 사회에서 냉대와 차별을 받았다는 보고는 거의 접수되지 않는다. 냉대와 차별의 대상은 유독 가난한 나라 출신의 외국인들과 귀화인들이다. 이것은 제대로 극복되지 못한 백인종 사대주의와 순혈주의(혈통의 순수함을 강조하는 사고방식)가 복합적으로 섞여서 나타나는 자민족 중심주의의 일면이다.

---

41) 결혼 중개에서 사용하는 '일 년 간 무상 보증' '첫째 신부가 도망가면 다른 신부로 보상해 드립니다'라는 문구는 여성의 인권 침해와 민족 차별을 보여 준다. 『한겨레신문』(2006년 8월 8일).

42) 『한겨레신문』(2006년 6월 10일).

5. 남북 여성 교류와 민족 공동체

한민족 공동체의 구성원으로 북한을 생각하면서 통일 한국을 지향하는 일은 한민족의 지대한 과제이다. 이에 대한 논의는 단순하지 않은 방대한 작업이기에 그 가운데 남북한 여성들의 교류 과정에서 작용하는 민족주의를 성찰하는 것으로 제한한다.

일제 강점기, 한국전쟁, 분단 상황 등을 겪으며 우리 사회에는 친미 반공 이념이 자리를 잡게 되었다. 남북관계에 위기가 고조될수록 대미 의존도는 높아지고 정치적 보수성은 강화되곤 하였다. 냉전시대에는 반공이 국시의 자리를 차지했기에 북한은 타도와 해체의 대상에 불과했고, 북한 주민과의 교류는 상상할 수도 없는 일이었다.

탈냉전 시대에 들어와 이러한 상황은 변화되기 시작하여 2000년 6월 15일 '남북공동선언' 이후 남북 교류에 획기적인 전환이 일어났고, 여성들도 교류에 참여하기 시작했다. 90년대 초부터 '아시아의 평화와 여성의 역할'을 주제로 이루어진 남북 여성들의 연속 모임은 이를 위한 선구적인 의미가 있다. 1991년 진보적 교회여성들과 여성운동가들이 주도한 남북 여성 모임은 분단 이후 최초의 민간 교류이다. 1차 모임은 도쿄에서 남북 여성들과 일본 여성들이 "비참한 역사를 되풀이하지 않기 위해서 해야 할 일"을 토론하고, 2차 모임은 서울에서 "가부장제 문화와 여성," "통일과 여성," "평화와 여성"에 대하여 의견을 나누고, 3차 모임은 평양에서 "민족대단결과 여성의 역할," "일제의 조선 침략과 지배, 전후보상문제," "평화창조와 여성의 역할"에 대한 생각을 나누고, 4차 모임은 도쿄에서 "일본의 식민지 지배 · 전쟁책임과 전후보상 – 종군 위안부 문제"를 집중적으로 다루었다. 이 교류는 남북한 여성들이 오랜 단절을 극복하고 상호 이해를 도모하는 데 이바지했지만, 여러 가지 차이와 소통상의 어려움을 실감하는 계기가 되기도 하였다. 이 교류에서 북한 여성들은 사회주의 국가 건설에 적극적으로 참여하는 혁명가와 생산자의 역할을 담당하는 동시에 순박, 순종, 살림, 정조 등을 중시하는 "알뜰한 주부와 자애로운 어머니"의 역할을 수행하고 있다고 강조했는데, 이것은 분단 상황을 극복하고 통일을 성취하는 과정에서 가부장적 문화의 극복을 중시하는 남한 여성들로서는 쉽게 이해하기 어려운 측면이기도 했다. 북한 여성들이 강조하는 "알뜰한 주부와 자애로운 어머니"의 역할이 가부장적 문화에서 끈질기게 주장해 온 현모양처와 다르지 않은 것으로 여겨졌기 때문이다. 그러나 이러한 북한 여성들의 이중적 역할은 북한 사회의 문화사회적 맥락에서 해석되고 이해될 필요가 있다. 북한 사회에도 가부장적 문화는 남아 있지만, 이 가부장적 문화는 사유재산의 철폐와 여성의 경제 활동 보장을 전제로 한다는 점에서 독특한 성격을 가지고 있다.[43] 북한 여성들이 수행하는 전통적인 여성의 역할을 남한 사회의 기준으로만 평가해서[44] 북한이 남한보다 더 가부장적이라고 말한다든지, 북한의 가부장제가 북한 특유의 민족주의에 바탕을 두고 있다고 판단하는 것은 경계해야 한다.

또한 남북 여성들의 경제적 차이가 민족 공동체의 내부에서 불평등의식을 형성할 가능성도 염두에 두어야 한다. 통일 독일에서 동독 지역 출신 여성들이 당하는 경험은 이와 관련해서 시사하는 바가 많다.[45]

---

43) 정현백, 앞의 책, 241.

44) 북한 여성을 배우자로 삼겠다는 30대 남한 남성들은 그 이유를 '순박할 것 같다'(33.8%), '순종할 것 같다'(20.9%), '같은 민족으로 반대할 이유가 없다'(19.6%), '검소하고 알뜰할 것 같다'(15.6%), '정조관념이 강할 것 같다'(7.8%)로 들었는데 이는 전통적 여성상을 반영하는 내용들이다. 『동아일보』(2000년 6월 27일).

45) 김누리 편저, 『머릿속의 장벽 – 통일 이후 동서독 사회문화 갈등』(서울: 한울아카데미, 2006), 123-167; 김누리 외, 『나의 통일 이야기』(서울: 한울아카데미, 2006),

이처럼 여러 가지 난제들이 있기는 하지만 남북 교류를 위해 여성들이 더 많이 다양하게 참여하여야 할 것이다. 남북한 교류가 남성과 경제인과 지도자 중심으로만 전개되는 것은 한계가 있는 것 같다. 남북한 교류가 민주적인 민족 공동체를 형성하도록 기여하는 데까지 나아가야 한다면, 여성들의 참여는 확대되어야 한다. 남북한 교류를 위해서는 '접근을 통한 변화'와 '변화를 통한 접근'[46]을 동시에 추구하는 것이 바람직하다고 생각한다. 전자의 경우 의견 대립과 갈등의 소지가 있기 때문에 개방적 의사소통과 관용이 요구되고, 후자의 경우 차이와 이질성에 대한 상호 이해와 협의가 남한 내부에서 먼저 이루어질 필요가 있다.

IV. 민족 문제에 대한 여성신학적 접근

앞 장에서 살펴보았듯이, 한국 여성의 경험에 비추어 볼 때 민족 문제는 단순히 한민족의 생존권이나 민족주의 문제로 축소되지 않고, 계급 문제, 인종 문제, 젠더 문제 등과 복잡하게 얽혀서 나타나고 있다. 따라서 민족 문제에 대한 여성신학적 접근은 이러한 문제의 성격을 중시하면서 이루어질 수밖에 없다. 여성신학은 민족 담론에 담기기 쉬운 가부장적 억압과 민족주의적 배타성을 극복하고, 민족 문제를 부각할 때 놓치기 쉬운 계급 문제, 인종 문제, 젠더 문제에 대한 민감성을 유지하고, 약자의 인권과 복지를 우선적으로 고려하고, 민족들 사이의 정의

23-62.

46) 이에 대해서 김누리 외, 『변화를 통한 접근 – 통일 주역이 돌아본 독일 통일 15년』 (서울: 한울아카데미, 2006)을 참조하라.

로운 평화를 촉진하고자 한다.

나는 출애굽 전승과 예수 전승에서 민족 문제에 대한 여성신학적 접근의 실마리를 찾을 수 있다고 보기에 이에 대해 먼저 이야기를 하려고 한다.

1. 민족 문제에 대한 성서의 유보

구약의 출애굽 이야기는 억압받는 사람들(히브리인들)[47]이 야훼에 의해 종살이에서 해방된 사건에 대한 보도요, 지배하는 민족에 대한 심판이요, 지배와 억압을 유지하는 구조와 욕망을 경계하는 하나님의 뜻의 계시이다. 신약에서 예수의 하나님 나라 도래의 선포는 로마 제국에서 고통당하는 작은 사람들의 저항과 희망을 제시하고 제국의 지배를 심판하면서, 불의로 인해 빚어지는 온갖 죄와 악이 극복되는 세상에 대한 비전[48]이다.

구약의 출애굽 사건과 예수의 하나님 나라 선포에서 주목되는 것은 작은 사람들에 대한 하나님의 배려요, 그들 편에 기꺼이 서서 정의를 실현하고자 하는 하나님의 의지이다. 하나님은 사람들 사이에, 더 나아가 민족들 사이에 지배와 억압의 관계가 있는 것 자체를 문제로 삼았으며, 지배와 억압의 관계가 가져오는 불의의 구조를 타파하고자 했다.

---

47) 야훼가 파라오의 손에서 건진 사람들이 히브리 민족인가, 히브리라는 이름으로 지칭된 사회 계층인가에 대해서는 이미 많은 논의가 있었다. 나는 히브리인들을 민족 개념으로 규정할 수 없다는 주장에 동의한다. 이집트에서 탈출한 무리가 하나님의 백성으로 등장하는 것은 시나이 계약에서인데, 시나이 계약이 출애굽 전승의 핵심이라는 것은 의미심장하다.

48) H. R. Balz, *Heilsvertrauen und Welterfahrung: Strukturen der paulischen Eschatologie nach Roemer 8, 18-39* (Muenchen: Kaiser, 1971), 41.

하나님이 원하시는 것은 민족들을 묶어 세워 하나의 제국을 세우는 것이 아니고, 각각의 백성이 평화를 누리며 사랑의 관계를 구현하는 것이다. 시나이 계약 이래로 하나님의 백성으로 일컬어진 이스라엘은 결코 배타적 민족으로 인정받은 것이 아니라, 약하지만 하나님의 말씀대로 살기를 약속한 백성으로서 세워졌다.[49] 이스라엘 백성을 통해 하나님이 이루고자 한 것은 이스라엘 제국이 아니라 이스라엘이 하나님의 말씀을 따르며 다른 백성의 모범이 되는 것이었다. 민족들 사이의 평화는 오직 하나님의 말씀을 제대로 따를 때 이루어지는데, 그것은 하나님의 뜻을 따르는 곳에 정의가 실현되고 그 정의는 삼라만상이 바른 관계를 맺는 것을 뜻하기 때문이다.[50] 평화는 바른 관계들 속에서 누리는 생명의 충만함이다.

예수는 제국의 세력과 그에 편승하는 민족 엘리트와 군중에 의해 죽임을 당했지만, 그 죽음을 이기고 부활함으로써 제국의 형태로 드러난 우주적 죄를 심판하고 이를 무력화하였다. 예수는 자기 비움과 섬김, 곧 사랑을 통해 대안적인 공동체의 비전을 보여 주었으며,[51] 세상에서 고통과 희생을 당하는 작은 사람들이 하나님 나라의 희망을 품고서 불의에 저항하는 힘을 갖게 하였다.[52]

---

49) 울리히 두크로,『자본주의 세계경제의 대안 - 생명을 위협하는 자본주의적 경제를 극복하기 위한 성서의 정치경제학』, 손규태 역 (서울: 한울, 1998), 166.

50) K. Koch, Artikel "gemeinschaftstreu/heilvoll sein," *Theologisches Handwoerterbuch Alten Testaments* II (Muenchen-Zuerich, 1976), 507-530.

51) 클라우스 벵스트,『로마의 평화 - 예수와 초대 그리스도교의 평화 인식과 경험』, 정지련 역 (천안: 한국신학연구소, 1994), 124f.

52) U. 두크로 · G. 리트케,『샬롬 - 피조물에게 해방을, 사람들에게 정의를, 민족들에게 평화를』, 손규태 · 김윤옥 역 (서울: 한국신학연구소, 1989), 134f.; 울리히 두크로,『자본주의 세계경제의 대안 - 생명을 위협하는 자본주의적 경제를 극복하기 위한 성서의 정치경제학』, 211: "하나님의 새로운 해방운동과 대안적 사회의 건설은

이러한 성서의 가르침에 기대어 나는 민족을 신학의 주제로 전면화하는 데 대해 유보적 태도를 취해야 한다고 생각한다. 민족은 신학의 한 고려사항이지, 그것 자체가 신학의 지평일 수는 없다. 성서에서 하나님의 계약 파트너로 설정되는 것은 이 세상의 관계들에서 작은 사람들로 등장하는 무리들이다.

2. 민족주의, 식민주의, 계급주의에 대한 비판

앞에서 말한 바와 같이, 약소국에서 민족주의는 제국주의에 저항하기 위해 민족의 정체성과 주체성을 강화하는 역할을 맡은 것도 분명하지만, 서구 역사에서 민족주의는 자민족 중심주의를 강화하고 자민족의 이익을 위해 다른 민족을 지배하고 심지어 식민지를 개척하는 무서운 동력으로 등장한 것도 확실하다.

따라서 서구에서 민족주의가 전쟁 이데올로기로, 제국주의를 옹호하는 이념으로 "남성화된 기억, 희망, 분노의 표출"[53]이었다는 페미니스트 역사학자 정현백의 지적은 정곡을 찌른 것이라고 본다. 이러한 인식을 공유하는 여성신학은 약소국 민족주의가 강대국의 폭력과 제국주의에 저항해 온 전통을 중시하면서 이러한 민족주의가 탈가부장적, 반군사주의적, 탈식민주의적 방식으로 변화하여 하나님의 정의를 이루는 새로운 힘과 소망이 될 것을 요구한다.[54] 이러한 민족주의의 새로운 지

이스라엘의 원전통에서와 똑같이 배척당한 자들, 가난한 자들, 억압받은 자들에게서 시작된다는 것이 언급되었다."

53) 정현백, 앞의 책, 51.

54) 신학자 박순경은 1975년 베를린에서 행한 강연 이후 민족문제를 한국신학과 여성신학의 주제로 삼아야 할 것을 선구적으로 강조해 왔다.

향은 경제의 세계화를 뒷받침하는 강력한 지구 제국의 패권 추구가 몰고 온 정글의 약육강식에 직면한 오늘의 세계에서 꼭 필요한 것이 아닌가 생각한다.

민족주의에 대한 비판적 성찰은 식민주의에 대한 고찰에서도 이어진다. 서구 기독교는 선교의 열정과 제국주의적 침탈을 무비판적으로 결합시킨 오류를 범했는데, 그것은 식민지 개척이 복음을 전파하고 기독교 문명을 확산하는 기회가 된다고 믿었기 때문이다. 그러나 기독교 제국주의라고 지칭할 수 있는 이러한 침탈 정책의 겉만 분석해서는 그 파괴성을 결코 짐작할 수 없을는지 모른다. 이러한 침탈 정책의 알짬은 오직 식민화라는 개념을 동원해서만 제대로 파악할 수 있다. 식민화라는 개념은 지배와 종속의 사회구조를 분석하기 위한 범주인데, 이 개념은 역사적으로 나타난 식민제도뿐만 아니라 통제 권력을 지닌 사회적 엘리트들이 그들의 이익을 위해 강요하는 문화 장치를 분석하는 데에도 유용하다. 이 개념을 받아들이는 여성신학은 전통적인 기독교 신학이 유럽 백인 남성 중심의 문화 규범을 요구하면서 다른 사회 집단의 이익과 필요에 역행하는 힘으로 사용되었던 측면을 비판한다. 역사적 식민화는 여성, 유색 인종, 원주민 문화를 폄하하고 이에 대해 폭력적 지배를 추구했다는 것이다.[55] 여성신학은 전통적 기독교가 내세운 종교적 우월성이 이방인들[56]을 낮게 평가하게 하고 이들에 대한 폭력 행사를 활성화시켰다고 비판한다.

---

55) Maria P. Aquino, *Our Cry for Life: Feminist Theology from Latin America*, tr. by D. Livingston (New York: Orbis Books, 1993), 57.

56) 이방인을 가리키는 라틴어 penanus는 본래 시골 농경공동체에 속한 사람들을 뜻했으나, 콘스탄티누스 대제와 테오도시우스 황제가 기독교를 공인하고 국교화하면서 부정적인 의미를 띠기 시작했다.

"인간은 창조물의 일부분이라는 자기 위치를 떠나, 인간 문화의 발전을 위해 모든 존재를 이용하는 위치로 옮아갔다. 이런 과정에서 자연과 가까이 있는 인류의 분야들은 정복되고 변화되고 파괴되어야 할 것이 되었다. 이렇게 지배적이고 지배하는 문화의 바깥에 있는 인간 공동체의 원주민들은 생태계의 다른 종들과 함께 '멸종 위기에 처한 종'으로 분류되었다. 그들은 성서의 가나안 사람들처럼 처분할 수 있는 존재로 여겨졌다."[57]

인용문이 말하는 것처럼, 식민화를 내적 논리로 삼고 진행되는 식민주의는 나/우리와 다른 타자의 멸절을 획책하는 폭력과 끈끈하게 결합된다. 바로 이러한 폭력적 식민주의가 민족의 이익을 영토 국가 너머에서 실현하려는 강력한 민족주의의 표현이었음을 잊어서는 안 된다.

민족주의는 식민주의로 폭발한 것만이 아니고, 계급적 억압을 당연시하는 계급주의로도 나타났다. 제국주의는 끊임없이 축적되는 자본이 국민 경제의 틀을 넘어서서 팽창하게 되었음을 의미한다. 민족주의는 제국주의적 팽창기에 민족 성원 전체의 동원을 위해 가다듬어진 언어이다. 한 민족 안에서 부르주아 계급과 프롤레타리아트 계급이 자본의 축적과 팽창을 놓고 서로 격렬하게 대립하는 것이 현실이었지만, 민족주의는 다른 민족에 대항하여 자민족의 이익을 지키는 것이 우선이라는 논리를 내세워 계급주의를 은폐하는 구실을 맡았다.

---

57) 머시 암바 오두요예, 항목 이방인, 『여성신학사전』, 레티 M. 레쎌 · 샤논 클락슨 엮음, 황애영 역 (서울: 이화여자대학교출판부, 2003), 301을 보라.

3. 정의와 배려

여성신학은 민족주의, 식민주의, 계급주의가 일방의 이익을 위해 타방을 배제하고 억누르는 논리에 서 있음을 인식하고 있기에 이를 극복하는 대안의 논리에 관심을 기울인다. 아마도 그것은 모든 피조물 사이의 차이를 긍정적으로 수용하고 민족, 인종, 성별, 계층, 성적 취향 등이 다른 사람들의 상호성과 연대성을 촉진하는 논리일 것이다. 이를 한 마디로 요약한다면, 상호 의존의 논리일 터인데, 상호 의존은 개체의 자율성과 관계성을 전제로 한다. 자율성은 관계맺음의 기본이 되고 관계의 상호성은 모든 개인적인 것의 가치를 존중한다. 또한 개인적인 것은 고립된 개체로 존재하는 것이 아니라 상호 관계의 그물망에 자리를 잡는다. 여성신학은 상호 의존이 개인적으로뿐 아니라 세계적으로 필요한 요소로 보고 세계적 상호 의존의 세 단계를 제안한다. 첫째 단계는 다른 문화 경험을 가진 여성들의 목소리에 귀 기울이는 것이다. 둘째 단계는 다양한 문화와 국가에서 일어나는 억압, 고통, 투쟁의 공통 경험으로 여성들의 연대를 형성하는 것이다. 셋째 단계는 생태학적 상호 의존을 인간과 살아 있는 모든 것, 환경, 우주와의 관계로 확대시킨다.[58]

이러한 관계 중심적 관점을 가질 때, 우리는 정의와 책임의 개념을 제대로 인식할 수 있다. 여성신학에서 정의는 자기 자신과, 타인과, 피조물과, 하나님과 올바른 관계를 맺는 것을 뜻한다. 올바른 관계는 억압과 착취를 배제하고 변화의 힘을 갖게 한다. 여성신학이 말하는 정의

---

58) 이에 대해서는 Sally McFague, *The Body of God: An Ecological Theology* (Minneapolis: Fortress Press, 1993)을 참고하라.

는 "각자에게 각자의 몫을 주는 것"에 머무는 것이 아니라, 가난하고 억압받는 주변인 집단의 삶과 그들에 대한 사회적 평가에 우선적으로 가치를 부여하는 것이다. 여성들이 경험하는 다양한 억압은 착취, 소외, 무능, 문화적 제국주의, 조직적 폭력 등으로 나타난다. 정의는 이러한 억압에 대항하는 해방의 투쟁을 함께 하는 사람들의 연대를 통하여 성취된다. 이런 점에서 정의는 관계의 힘이고, 정의는 사랑과 분리되지 않는다. 여성신학자 피오렌자는 여성 폭력과 관련된 문화사회적 맥락에서 성서 텍스트가 기독교인의 자아 인식과 정체성 형성을 억압하는 경향을 연구한 바 있다. 그녀는 "복종과 지도력에 대한 전통적 개념과 낭만적 사랑에 대한 현대적 개념의 융합"이 가부장적 억압의 핵심임을 밝히고,59) "죽음에 이르기까지 복종"한 그리스도의 고난(빌 2:8)이 가정 폭력과 성폭력60)으로 고통당하는 사람들이 따라야 할 모범으로 찬양되어 온 것을 비판한다. 그녀의 결론은 분명하다: "정의가 없으면 사랑은 아무것도 아니다. 참으로 사랑은 모든 것을 참아내려고 해서는 안 된다."61)

여성신학은 정의를 강조하지만 남성 중심적인 정의의 윤리를 비판하고 여성의 경험에 기반을 둔 배려의 윤리를 지지한다. 배려는 원칙과 규칙보다 관계를 중심으로 한 도덕적 양식인데 추상적이고 절대적인 방법보다 실용적이고 융통성이 있는 방법을 선호한다. 여성신학은 개

---

59) 엘리자베스 쉬슬러 피오렌자, 『성서 - 소피아의 힘(여성해방적 성서 해석학2)』, 김호경 역 (서울: 다산글방, 2002), 206.

60) "그 때에 내가 너를 영원히 아내로 맞아들이고 너에게 정의와 공평으로 대하고, 너에게 변함없는 사랑과 긍휼을 보여 주고 너를 아내로 삼겠다."(호 2:19) 창녀가 된 고멜을 받아들이면서 호세아가 한 이 말은 성폭력으로 고통당하는 여성들에게 시사하는 바가 많다.

61) 엘리자베스 쉬슬러 피오렌자, 앞의 책, 234.

인의 책임과 공동의 책임을 동시에 강조한다. 예를 들면, 가부장제에 대해서는 남성의 책임이 크다고 말해야 하지만, 그것을 수용하고 공조한 여성의 책임도 강조해야 한다는 것이다. 여성신학이 강조하는 책임의 윤리는 불의와 억압을 유지하는 데 참여한 여성의 몫을 자각하고 그러한 자기를 변화할 것을 요청한다.

나는 이러한 관계 중심적인 정의와 배려의 윤리를 앞세울 때 민족 문제를 풀어가는 여성신학적 관점이 매우 분명하게 드러날 것이라고 생각한다.

V. 맺음말

세계화 시대에 우리 민족의 생존을 도모하는 것은 민족의 과제만이 아니다. 그것은 한국 교회의 선교적 과제이기도 하다. 역사 속에서 일하시는 하나님을 따라 이 땅에서 하나님 나라를 구현하려는 기독교인들은 이 과제를 회피할 수 없다. 이 과제를 수행하는 데 여성들이 제외되는 것은 아니다. 오히려 여성들은 새로운 관점을 갖고서 선교적 과제를 수행해야 한다. 한국 개신교 여성들은 식민지 시대에 민족의식을 형성하고 민족운동에 참여하였으며, 해방 후 분단된 한민족의 공존과 평화를 위해 노력해 왔다. 세계 유일한 분단국으로서 강대국들의 지배에서 자유롭지 못한 우리 민족은 정의와 평화를 추구하지 않고서는 생존할 수 없으며, 이를 통해 세계에 정의와 평화를 수립하도록 큰 사명을 부여받고 있다. 하나님은 작은 사람들과 약한 백성을 통해서 정의와 평화를 드러내시고자 한다. 여성신학은 하나님의 정의와 평화를 이룩하는 데 기여하도록 부름을 받고 있다.

여성신학의 관점에서 본 전쟁과 평화

I. 머리말

　두 차례의 세계대전과 반세기 간에 걸친 냉전, 그리고 빈발하는 국지 전쟁들로 얼룩진 20세기가 가고 21세기가 시작되었을 때, 많은 사람들은 전쟁과 폭력의 시대가 종식되고 평화와 연대의 시대가 오기를 기대했다. 이러한 기대는 이미 산산이 부서졌다. 미국의 군사적, 경제적 심장부를 겨냥한 9·11 테러가 발생한 후 세계는 미국의 대(對) 테러 전쟁 선언이 함축한 전선의 무한한 확대로 인해 불안에 휩싸여 있다.

　돌이켜 보면, 20세기 전반의 전쟁은 약소국들에 대한 강대국들의 식민 지배와 이를 둘러싼 강대국들 사이의 전면전을 그 특징으로 하고, 20세기 후반의 전쟁은 냉전 구도 아래서 국지전으로 전개되었다. 1960년대 이후 대부분의 전쟁 발발지는 아시아와 사하라 이남의 아프리카였고, 주요 군사 개입 국가들은 미국, 영국, 소련, 벨기에였으며, 무기 공급처는 미국과 소련이었다.[1] 냉전 종식 이후 전쟁은 걸프전에서 보듯이 미국의 제국주의적·패권주의적 야심과 긴밀하게 관련되어 있는 듯이 보이며, 보스니아 내전, 코소보 내전, 르완다 내전 등에서 보듯이 인종 갈등이 인종 청소의 양상을 띠고 전쟁으로 치닫고 있다.

과연 평화는 이 세상에서 성취할 수 없는 염원인가? 전쟁은 피할 수 없는 인류의 운명인가? 나는 이러한 질문들에 도사려 있는 체념적인 태도에 경계심을 표하고 싶다. "전쟁은 언제나 있어 왔고 앞으로도 일어날 것"이라는 전쟁숙명론은 전쟁의 필연성을 옹호하고 정당화하는 이론들을 쉽게 수용·확산시키고, 더 나아가 전쟁을 조장하고 전쟁 특수를 추구하는 사회 제도와 폭력 문화에 방관적인 자세를 취하게 하기 쉽다. 나는 전쟁은 피할 수 없는 것이 아니라는 신념을 갖고 있고, 전쟁의 요인들과 전쟁을 부추기는 세력들을 정확히 알고 전쟁이 초래하는 결과의 반생명성을 성찰하면서 대안을 모색할 때, 전쟁은 사라지고 평화가 만들어진다는 기본 명제를 제시하고 싶다.

이 기본 명제에 따라 나는 먼저 전쟁과 평화에 대한 여성신학적 관점을 밝힌 다음, 전쟁의 요인들과 결과들을 살펴보고, 전쟁을 반대하고 평화를 추구하기 위한 방안을 여성신학적 관점에서 제안하고자 한다.

---

1) 정현백, "테러, 전쟁 그리고 여성," 『평화를 만드는 여성들』 15 (2002. 6.), 5.

II. 평화와 전쟁에 대한 여성신학적 접근

1. 전쟁과 평화에 대한 종래의 견해들

전쟁에 관한 견해들은 매우 다양하다. 근대 이전의 전쟁관은 일단 도외시하더라도, 근대 국가가 성립한 이후 전쟁의 필연성과 정당성을 옹호하는 이론들은 여러 나라 국가지도부가 채택했던 견해였다.[2]

많은 학자들은 전쟁의 원인에 대해 연구해 왔다. 이에 대한 견해는 두 가지로 대별되는데, 하나는 인간의 본능적인 공격성을 주요 요인으로 보는 것이고, 다른 하나는 전쟁을 사회제도의 산물로 설명하는 입장이다. 앞의 주장은 1968년 세계적인 과학자 20명이 작성하고 1989년 제25차 유네스코 총회에서 채택한 "폭력에 관한 세비야 선언"에서 잘못된 판단으로 밝혀진 바 있다. 이 선언서에서 과학자들은 전쟁이 다른 동물에게서는 일어나지 않는 인간들만의 독특한 현상이며, 폭력은 진화적 유산도 아니며 유전자에 존재하지도 않는 사회화의 산물로 평가하고 있다.[3]

이 입장을 지지하는 전쟁 연구가 M. 루이스는 전쟁이 사회적으로 창조된 행동 양식이며, 인간의 자발적인 참여보다는 싸우도록 유도하는

---

2) 이러한 견해를 제시한 대표적인 이론가는 칼 폰 클라우제비츠(Karl von Klausewitz) 이다. 그는 전쟁을 외교의 연장으로 파악하고, 국가의 이익을 위한 전쟁의 필연성과 정당성을 역설했다. 그에 따르면, 평화는 일시적으로 전쟁이 없는 상태이다. 이 이론은 나치 이론가들에 의해 계승되어 평화는 단지 전쟁과 전쟁 사이의 일시적인 과도기에 불과하고 전쟁을 위한 준비 기간이라는 극단적인 견해를 낳았다. 이에 대해서는 이에리 아키라,『20세기의 전쟁과 평화』(서울: 을유문화사, 1999), 23-26.

3) 유네스코한국위원회 기획,『평화를 위한 국제선언 - 유엔과 유네스코의 평화선언 자료집』, 백운선 역 (서울: 도서출판 오름, 1995), 43-48.

기제 때문에 전쟁 행위가 일어난다고 본다. 그는 그 기제 가운데서도 국가에 대한 충성과 헌신을 강조하는 교육의 역할에 주목한 바 있다.[4]

평화연구가 J. 갈퉁은 평화를 두 가지로 규정한다. 하나는 소극적 평화로서 전쟁이 없는 상태, "조직적이고 집단적인 폭력과 위협이 부재한 상태"이고, 다른 하나는 적극적 평화로서 폭력의 원인을 극복하는 것이다. 그에 따르면, 평화를 교란하는 폭력은 "사람들의 실제적인 육체적 정신적 실현이 그들의 잠재적 실현보다 적을 때" 등장한다고 보고, 그 폭력을 구조적 폭력과 문화적 폭력으로 유형화한다. 이러한 폭력의 원인들을 제거할 때 비로소 공동체를 규율하는 법질서가 확립되고, 인간의 존엄성과 정의가 실현되는 공동생활이 이루어진다. 이런 점에서 볼 때, 평화는 정태적인 것이 아니고 하나의 동태적인 과정이다.[5]

2. 전쟁과 평화에 대한 성서의 가르침

1) 성서는 전쟁과 평화에 대한 매우 철저한 성찰의 실마리를 제공한다. 구약성서에서 평화는 단순히 전쟁이 없는 상태만을 뜻하지 않는다. 평화(Shalom)는 무엇보다도 어느 것 하나 손상되지 않은, 건강하고 온전한 상태를 뜻한다. 구약성서의 관점에서 이러한 온전한 상태는 모든 관계들이 바르게 세워졌을 때 이루어진다. 하나님과 인간의 관계, 인간과 인간의 관계, 인간과 여타 피조물 사이의 관계가 온전하게 형성되어 있는 상태가 곧 샬롬이다. 이런 점에서 평화는 관계 개념이다.

---

4) M. E. Lewis, "The Warring State in China as Institution and Idea," *War: A Cruel Necessity? - The Basis of Institutionalized Violence*, ed. by Hinde & Watson (London; New York: I.B. Tauris 1995), 15.

5) J. Galtung, *Struktuelle Gewalt* (Reinbek bei Hamburg: Rowohlt, 1975), 37ff.

구약성서에서 독특하게 발전되어 있는 관계 개념은 평화의 전제 조건이 곧 정의임을 말해 준다. 구약성서의 정의 개념은 그리스 사상에서 나타나는 평균적 정의 개념이나 분배적 정의 개념과는 구별된다. 구약성서에서 정의는 바른 관계를 뜻한다. 하나님과 인간의 관계, 인간과 인간의 관계, 인간과 여타 피조물의 관계가 바르게 이루어지는 것을 가리켜 정의라고 한다. 파트너들의 관계가 바르게 세워질 때 파트너들은 진정한 사귐을 나누고 공동체를 이룬다. 이런 점에서 정의는 공동체 관계에 합당한 태도와 행위를 총칭하는 개념이다.[6] 이런 점에서 정의가 없는 곳에 온전한 관계가 있을 수 없고, 평화가 이루어질 수 없다. 왜냐하면 평화는 온전한 관계들의 앙상블로서만 성립되기 때문이다. 이사야는 이 점을 다음과 같이 요약했다.

"의의 열매는 평화요, 의의 결실은 영원한 평안과 안전이다. 나의 백성은 평화로운 집에서 살며, 안전한 거처, 평온히 쉴 수 있는 곳에서 살 것이다."(사 32:17-18)

그러나 파트너들 사이의 바른 관계는 깨뜨려지기 쉽다. 노아 홍수의 이야기는 사람들이 속속들이 썩음으로써 하나님과 인간의 관계가 깨어지고, 사람들 사이에 '무법천지'(창 6:11)가 벌어졌음을 전한다. 무법천지에 해당하는 히브리어 햐마스(chamas)는 폭력을 뜻한다. 사람들 사이의 관계가 폭력으로 인해 일그러졌고, 따라서 사람들 사이의 바른 관계 곧 정의가 무너졌다는 뜻이다. 불의로 인해 공동체 관계가 깨어지고

---

6) K. Koch, Artikel "gemeinschaftstreu/heilvoll sein," *Theologisches Handwoerterbuch zum Alten Testament II* (München: Kaiser [u.a.], 1976), Spalte 507-530.

평화는 사라졌다. 만인이 만인에 대해 폭력을 행사하는 전쟁 상태가 벌어진 것이다.

이와 같은 생각은 구약성서의 저변에 깔려 있다. 하나의 예를 더 들자면, 호세아 4장 1-3절[7]은 하나님과 인간의 관계가 깨뜨려짐으로써 인간과 인간 사이에 폭력이 난무하고, 바로 이와 같은 폭력 때문에 인간 이외의 피조물이 생명력을 잃게 되었다고 전한다.

신약성서에서도 정의는 평화의 열매이다. 로마서 8장 19절 이하는 피조물이 멸망의 종살이를 하고 큰 고통을 당하고 있는 것은 하나님이 피조물에 부과한 숙명 때문도 아니고, 피조물 자신이 그렇게 되는 것을 원해서도 아니고, 피조물이 멸망 아래 떨어지게 한 인간의 죄 때문임을 강력하게 시사한다.[8] 여기서 죄는 관계들을 파괴하고 단절하는 세력을 뜻하고, 그 세력에 사로잡힌 인간이 공동체 관계를 파괴하는 불의와 폭력을 일삼고 있다는 것이 전제되어 있다. 로마서 8장 19절 이하는 피조물이 고통 가운데서 신음하며 하나님의 아들들이 나타나기를 간절하게 기다리고 있고, 그때가 되면 몸의 속량이 이루어질 것이라고 말한다. 몸의 속량이라는 말은 이 세상을 지배하는 죄의 힘으로부터 사람들이 해방되는 종말론적 과정을 말하는 것이니, 죄로 인해 파괴된 관계들이 온전하게 회복되어 하나님과 인간, 인간과 인간, 인간과 여타 피조물 사이의 온전한 공동체 관계가 실현되는 전망을 제시한 것으로 볼 수 있다. 바로 이것이 큰 안식(Grand Sabbat)의 비전이고, 충만한 샬롬의 비

---

7) 호세아 4:1-3: "이 땅에는 진실도 없고, 사랑도 없고, 하나님을 아는 지식도 없다. 있는 것이라고는 저주와 사기와 살인과 도둑질과 간음뿐이다. 살육과 학살이 그칠 사이가 없다. 그렇기 때문에 땅은 탄식하고, 주민은 쇠약해질 것이다. 들짐승과 하늘을 나는 새들도 다 야위고, 바다 속의 물고기들도 씨가 마를 것이다."

8) H. R. Balz, *Heilsvertrauen und Welterfahrung: Strukturen der paulischen Eschatologie nach Roemer* 8, 18-39 (Muenchen: Kaiser, 1971), 41.

전이며, 정의가 온전하게 실현되는 새 세상에 대한 비전이다.

요한계시록 21장 3-4절은 이 비전을 다음과 같이 묵시적 상징어를
이용하여 전한다.

"보아라, 하나님의 집이 사람들 가운데 있다. 하나님께서 그들과 함께
계실 것이요, 그들은 하나님의 백성이 될 것이다. 하나님께서는 친히 그
들과 함께 계시고, 그들의 눈에서 모든 눈물을 닦아 주실 것이니, 다시
는 죽음이 없고, 슬픔도 울부짖음도 고통도 없을 것이다. 이전 것들이
다 사라져 버렸기 때문이다."

눈물을 흘리게 하는 현실은 죽음과 슬픔과 울부짖음과 고통으로 가
득 찬 현실이며, 그 현실은 이제 '이전 것'에 속한다. '이전 것'은 죄와
불의가 지배하는 이 세상, 폭력이 지배하는 이 세상이다. 이 세상은 하
나님과 인간이 온전히 하나가 되는 종말론적 과정을 통해 극복된다. 그
것은 하나님과 인간의 관계가 온전히 회복됨으로써 삼라만상의 관계
들이 바르게 회복되고 온전하게 실현되는 세상, 곧 정의와 평화의 새
세상이다.

끝으로 필자는 에베소서 2장 14-16절의 평화의 비전을 인용하고자
한다.

"그리스도는 우리의 평화이십니다. (…) 그는 유대사람과 이방사람 사
이를 가르는 담을 자기 몸으로 허무셔서, 원수된 것을 없애시고, 여러
가지 조문으로 된 계명의 율법을 폐하셨습니다. 그것은, 이 둘을 자기
안에서 하나의 새 사람으로 만드셔서, 평화를 이루시고 (…) 하나님과
화해시키려는 것입니다."

이 말씀은 평화에 대한 몇 가지 가르침과 지혜를 준다. 평화는 하나님과 하나가 되는 화해에서 완성된다. 그 화해는 서로 적대적으로 갈라졌던 사람들이 하나가 되는 과정과 분리되지 않는다. 이 하나가 되는 과정은 적대적으로 갈라졌던 사람들이 서로를 용납하도록 함께 변하는 과정이다. 이 화해와 공동체 형성의 과정은 그리스도께서 자기 몸을 희생함으로써 이루어진 것이다. 필자는 에베소서가 평화를 이루고자 하는 실천에서 꼭 필요한 것이 무엇인가를 분명히 밝혔다고 생각한다. 그것은 그리스도를 본받아 관계의 회복과 화해를 위해 헌신하는 것이다.

2) 평화를 성서의 주조음(cantus firmus)으로 간주하고자 할 때, 가장 큰 걸림돌이 되는 것은 이스라엘 국가 성립 이전과 그 이후에 빈발했던 전쟁들에 대한 성서의 보도이다. 특히 가나안 정착 과정에서 전개된 '야훼의 전쟁'과 그에 동반된 무서운 절멸전(絶滅戰)을 돌이켜 보면, 성서의 평화 비전이 무색할 정도이다. 십자군 전쟁이나 종교개혁 이후의 종교 전쟁들, 그리고 민족 국가 형성기에 벌어진 전쟁들에서 전쟁 지도부는 여호수아서와 사사기를 근거로 하여 전쟁의 정당성을 내세우곤 했다.

그러나 최근의 연구들에 따르면, 가나안 정착 과정에서 벌어진 '전쟁'은 결코 국가들 사이의 전쟁으로 간주될 수 없고, 항구적인 제도로 정착되어 있지도 않았다고 한다. 그것은 가나안에 정착하는 과정에서 일어난 일시적인 전투였거나 분쟁이었고, 토지의 확보를 둘러싼 일종의 생존 투쟁이었다고 한다.[9]

---

9) C. Westermann, "Der Frieden(Shalom) im Alten Testament," *Studien zur Friedensforschung* 1, hg. v. G. Picht/H. Toedt (Stuttgart: Klett; München: Kösel, 1969), 165.

그렇다면 이 일시적인 전투들이 '야훼의 이름'으로 벌어지고, 전투 과정에 야훼의 금령이 엄격하게 적용된 까닭은 무엇인가? 그것은 전투가 인간이 도모할 일이 아니라, 야훼의 소관이라는 뜻일 것이다. 전쟁은 인간의 자의적인 목적을 달성하는 수단일 수 없다. 그것은 전쟁에 관한 야훼의 금령에서 분명히 밝혀진다. 전쟁을 통해 노획된 전리품은 전투에 참여한 사람들의 몫일 수 없고, 온전히 야훼에게 헌납되어야 했다. 이 금령을 어기면 죽음을 면할 수 없었다. 전투에서 포로로 잡힌 사람들과 노획된 짐승들을 모조리 죽이라는 금령은 오늘의 상식에 비추어 보면 분명히 전율할 만한 일이지만, 이 금령은 그 포로들과 짐승들이 야훼에게 속하는 것이기 때문에 사람들이 손댈 수 없다는 것을 분명히 하고 있다. 전쟁을 주관하는 자는 오직 야훼일 뿐, 인간이 전쟁의 주관자가 될 수 없다는 뜻이다.[10]

이스라엘 역사에서 국가 성립 이후 전쟁은 빈발했으나, 왕이 주도하는 전쟁은 결코 야훼의 이름으로 정당화된 적이 없다. 다윗 전쟁과 솔로몬의 정복 전쟁, 제국들에 맞선 왕들의 전쟁은 야훼의 전쟁이 아니었다. 그 전쟁을 정당화하기 위해 야훼의 이름을 들먹인 것은 오직 예루살렘 권력 중심부에서 활동하였던 어용 신학자들뿐이었다.[11]

왕조 시대에 활동했던 BC 8세기의 예언자들은 전쟁이 평화와 안전을 보장할 수 없다는 점을 분명히 했다. 평화와 안전은 오직 야훼를 믿고 그의 뜻을 따를 때에만 보장되는 것으로 여겨졌다. 이스라엘 국가 지도부가 야훼에 대한 신뢰를 저버릴 때 야훼는 도리어 적을 들어서 이스라엘을 칠 것이다. 앗시리아의 침략에 대항하기 위하여 이스라엘 지

---

10) J. Ebach, *Das Erbe der Gewalt: Eine biblische Realitaet und ihre Wirkungsgeschichte* (Guetersloh: Guetersloher Verlagshaus, 1980), 25.

11) W. 후버 · H. R. 로이터, 『평화윤리』 (서울: 대한기독교서회, 1997), 52f.

도부가 이집트와 군사동맹을 맺은 것을 두고 이사야는 큰 실수로 규정하기까지 하였다(사 31:11ff.). 그것은 전쟁이나 전쟁을 위한 준비가 야훼를 믿고 그의 뜻에 따라 정의를 회복하는 일보다 앞설 수 없다는 것을 명확히 한 선언이다.

이사야가 꿈꾼 평화의 비전은 야훼의 통치가 가져올 민족들 사이의 정의에 근거한다. 오직 이스라엘과 민족들이 야훼의 통치에 복종하고 그가 제시하는 길을 따를 때에만 민족들 사이의 분쟁은 종식되고 평화가 실현될 것이다. 이사야는 이를 다음과 같이 종말론적 어투로 전한다.

"마지막 때에

주의 성전이 서 있는 산이

모든 산 가운데서 으뜸가는 산이 될 것이며,

모든 언덕들보다 높이 솟을 것이니,

모든 민족이 물밀 듯 그리로 모여들 것이다.

백성들이 오면서 이르기를

'자, 가자.

우리 모두 주의 산으로 올라가자.

야곱의 하나님이 계신 성전으로

어서 올라가자.

주께서 우리에게

주의 길을 가르치실 것이니,

주께서 가르치시는 길을 따르자.' 할 것이다.

율법이 시온에서 나오며,

주의 말씀이 예루살렘에서 나온다.

주께서 민족들 사이의 분쟁을 판결하시고

뭇 백성 사이의 갈등을 해결하실 것이니,

그들이 칼을 쳐서 보습을 만들고

창을 쳐서 낫을 만들 것이며,

나라와 나라가

칼을 들고 서로를 치지 않을 것이며,

다시는 군사훈련도 하지 않을 것이다.”(사 2:2-4)

3. 전쟁과 평화에 대한 여성신학적 이해

1) 전쟁과 평화에 대한 여성신학의 이해도 성서로부터 실마리를 찾아 펼쳐지겠지만, 성 인지적 관점(a gender sensitive perspective)에서 몇 가지 주안점을 갖는다.

여성신학적 관점에서는 그동안 전쟁을 옹호하는 신학에서 강조해 온 심판과 승리의 하나님 상을 극복하는 것을 중시한다. 기독교의 정의로운 전쟁 개념은 이러한 신관과 밀접한 관계가 있다. 이미 앞에서도 지적한 바 있듯이, 성서의 특정 구절들을 전거로 내세우는 정의로운 전쟁 개념은 비성서적인 것으로 비판받고 그 악용이 경고된 바 있다. 하나님이 적을 심판하고 우리와 함께 싸운다는 신앙은 전쟁의 두려움을 극복하고 전투 의지를 북돋고 승리에 대한 확신을 줄 수 있을 것이다. 그리고 승리를 위해서라면 적에 대한 어떠한 폭력도 정당하다고 생각하게 할 것이다.

그러나 정의에 입각하여 심판하는 하나님은 동시에 사랑의 하나님이다. 그분은 연민의 하나님이다. 연민을 뜻하는 히브리어 라민(rahmin)은 어머니의 자궁을 뜻하는 레헴(rehem)과 같은 어근에서 나온 말이다. 하나님의 사랑과 연민은 하나님의 여성적 측면을 암시한다. 그분은 그를 적대하고 멀리 떠난 사람들을 향해 연민을 가지고 그들을 용서하고 포용하고자 한다.[12] 이 점에서 그는 신실한 분이다. 그분은 변치 않고 신실한 분이기에 사람들로 하여금 그를 버리고 멀리 떠나게 한 장본인[13]을 제거하고 그들을 불러 그분과 바른 관계를 맺도록 일한다. 따라서 정의는 하나님의 자궁에서 솟아오르는 연민과 사랑의 열매이다.[14] 사랑이 배제된 정의는 정의의 참칭이고, 따라서 폭력을 불러일으킬 수밖에 없다. 폭력은 결코 평화를 수립하지 못한다.

심판과 승리의 하나님 상은 전쟁에서 희생당하고 패배한 채 살아남은 사람에게 위로와 희망을 제공하지 못하고 그들의 고통과 소외를 가중시킨다. 전쟁이 왜 발발했는지, 전쟁으로 인해 적과 아군으로 갈라져 싸우는 사람들이 어떤 희생을 감수했는지, 그것이 과연 의미 있는 희생이었는지를 성찰하지 않은 채, 전쟁의 승리와 의로우신 하나님의 심판을 동일시한다면, 누가 무고한 희생자들과 함께 하나님의 화해와 사랑을 나눌 수 있겠는가? 고통과 희망을 함께 하는 누군가가 없을 때, 포기하고 절망하는 사람들은 쉽사리 마약과 알코올, 폭력, 불의, 또 다른 전쟁을 불러일으키려는 유혹에 흔들리고, 이번에는 승리하여 복수하겠다는 열망에 불타게 될 것이다. 우리는 전쟁과 폭력으로 인해 고통당하는 사람들을 불쌍히 여기고 그들을 포용하는 하나님을 필요로 하고, 바로 이런 하나님이 정의로운 하나님임을 믿는다.

---

12) 출 34:6 참조.

13) 성서는 이 장본인이 죄임을 분명히 밝히고, 이를 가리켜 방해자 사탄이라는 의인화 용법을 쓴다.

14) 사 42:14, 49:15 참조. 이 두 구절에 대해서는 알리스 L. 라페이, 『여성신학을 위한 구약개론』(서울: 대한기독교서회, 1998), 264f.의 주석을 참조하라.

이처럼 하나님 상을 전환시키는 것은 전쟁신학의 허구성을 폭로하고, 평화의 비전을 뒷받침하는 신학적 지식 체계를 구축하고자 하는 여성신학의 중요한 공헌이다.

2) 여성신학적 관점에서 강조하고자 하는 것은 평화를 향한 여성의 감수성과 능력이 함양되어야 한다는 것이다.

역사적으로 여성은 남성에 비하여 전쟁에 직접·간접으로 참여하거나 군대 조직의 생활을 경험한 일이 훨씬 적고,[15] 그 대신 대체로 출산과 양육 등 이른바 모성의 역할을 담당해 온 것이 사실이다. 이와 같은 역할 분담은 자연히 그 역할의 수행에 적합한 기질과 특성을 고착시켰고, 남성-군인-씩씩함-공격성-지배 능력/여성-어머니-돌봄-포용력-관계 능력이라는 도식이 가부장제 문화에서 통용되곤 하였다. 이로부터 남성은 전투적이고 여성은 평화적이라는 고정 관념이 형성되었는데,[16] 이를 일반화하는 것은 여성주의적인 관점에서 볼 때 반론의 여지가 없지 않다.

평화 친화성이 여성의 본성에서 비롯되었는지, 아니면 사회화의 산물[17]인지에 대한 논란을 여기서 자세하게 살필 겨를은 없지만, 중요한

---

15) 민족학의 조사 결과에 의하면, 세계 거의 모든 사회에서 여성들은 전쟁 참여와 전쟁 정책 과정에서 완전 배제되었거나 소극적으로 참여한다. 특히 무기가 발달하지 않았던 시대에는 신체적인 이유로 거부되었던 여성의 군 입대가 무기의 발달과 더불어 허용되고 여군의 수도 증가되었다. 이에 대해서는 리처드 랭햄·데일 피터슨, 『악마같은 남성 - 인간 폭력성의 근원을 찾아서』(서울: 사이언스북스, 1997), 133을 보라.

16) 이에 대해서는 S. Ruddick, "Notes Toward A Feminist Peace Politics," *Gendering War Talk*, ed. by Cooke & Woollacott (New Jersey: Princeton University Press, 1993)를 참조하라.

17) 전쟁을 학습하는 사회화 과정에서 남녀 구별은 기본 구조를 이루어 남성의 공격성

것은 여성이 평화를 위하여 일해야 하고 그런 사명을 성취하는 데 자신이 지닌 평화적 능력을 올바로 인식하고 전개하는 일이다. 평화롭게 살 권리는 강자나 약자 모두에게 부여된 것이지만, 약자는 강자에 비하여 현실적으로 일상적 폭력의 대응 능력 측면에서 무력감을 경험하는 기회가 많고, 그렇기 때문에 평화를 교란하고 파괴하는 것에 더 민감한 감수성을 가지고 그것을 극복하는 지혜와 열정을 획득하는 특권도 지닐 수 있을 것이다. 가부장제 문화에서 약자인 여성은 바로 이러한 특권을 누릴 수 있다.[18]

3) 평화를 위해 일하는 여성에게 요구되는 평화 능력은 여성과 남성의 차별에서 비롯되는 일그러진 관계를 회복하여 여성의 인권을 실현하는 데 꼭 필요하다. 그 능력은 사람들 사이의 정의를 수립하고, 갈등을 조정하고, 평화를 수립하는 데에도 기여할 것이다. 여성의 평화 능력은 여기서 한 걸음 더 나아가 온 피조물의 복지와 피조물들 사이의 관계를 회복하는 데까지 나아가야 한다. 생존을 향한 모든 생명체의 권리를 인정하고 그것을 보호할 때 여성의 평화 능력은 그 진가를 발휘할

과 여성의 수동성을 주입·강화시킨다. 그 몇 가지 예를 들어 보면, 장난감이나 상품의 선정에서 남아에게는 무기나 스포츠 용품을, 여아에게는 인형과 소꿉놀이 기구와 화장품 세트가 주류를 이룬다. 양육 과정에서 남아에게는 군대나 전쟁놀이 등 거칠고 활동적인 놀이를, 여아에게는 몸을 다치지 않고 조신하게 행동할 수 있는 놀이를 권장한다. 갈등 해결과 의사 결정의 경우 남아에게는 단호하고 비타협적인 의사 관철의 태도를, 여아에게는 온순하고 양보하며 순종하는 태도를 가르치고 그 기준에 따라 상벌을 제공한다.

18) 평화를 위협하고 파괴하는 인간의 이기적 소유욕과 권력욕 그리고 그것에서 파생하는 안락과 이득으로부터 여성들도 자유롭지 않다. 평화를 향한 감수성과 열정과 지혜는 여성들에게 저절로 주어지지 않을 것이며, 도리어 학습의 과제라고 할 수 있다. 그러나 여성들은 그 학습을 위한 준비가 남성들보다는 더 잘 되어 있다고 말할 수 있다.

것이다.

현실적으로 가부장제 폭력이나 전쟁의 일차적인 희생자는 여성이지만, 여성 인권의 회복과 더불어 생태계의 생명권도 인정되고 보호받아야 한다. 여성의 평화적 잠재력이 인권의 차원에만 한정되고 다른 피조물들의 신음과 고통에 교감하지 못하게 되면, 전쟁을 방불케 하는 비극과 희생이 이번에는 인간에 대한 '자연의 반란'[19]에서 시작될지도 모른다.

III. 오늘의 세계에서 평화를 교란하는 요인들

오늘의 세계에서 평화를 교란하고 전쟁을 부추기는 요인들은 참으로 많지만, 여기서 모든 요인을 열거하고 분석하기는 불가능하기 때문에, 비록 자의적이기는 하지만, 여성신학의 관점에서 주목되는 다음의 세 가지 요인에 집중하여 논의하고자 한다. 군사·정치적 패권주의, 미국의 전쟁 경제 체제와 전쟁 정책, 남성 영웅주의가 그것이다.

1. 군사·정치적 패권주의

오늘의 세계에서 평화를 교란하는 가장 큰 요인은 군사·정치적 패권의 추구이다. 냉전 시대에는 미국과 소련을 두 축으로 하여 군사·정치적 패권이 추구되었다. 냉전 체제가 붕괴된 이후 세계에는 미국을 정

---

19) 이에 대해서는 M. Horkheimer/Th. Adorno, *Dialektik der Aufklaerung* (Frankfurt: Suhrkamp, 1969), 38f.를 보라.

점으로 하는 일극 군사·정치 체제가 구축되었고, 미국은 어떤 도전도 용납하지 않는 패권 국가가 되었다.

미국은 국가들 간의 대화와 협력을 통해 세계 질서를 확립하는 리더십을 추구하기보다 군사력 증강에 주안점을 두고 대외 정책을 전개하고 있다. 미국이 추구하는 패권 체제는 이미 팍스 아메리카나(Pax Americana)라는 관용어로 표현되고 있다. 옛날 로마 제국이 폭력으로 주변 민족과 지역을 정복하고 힘으로 질서를 유지했던 팍스 로마나(Pax Romana)[20]와 똑같이 미국 또한 무력을 통한 평정을 추구하고 있다는 뜻이다.

그 단적인 실례가 1997년의 국방예산안 통과법이다. 이 법안의 주요 내용은 대탄도탄 방어체제, 우주에 설치되는 화학 레이저 프로그램, 핵무기 제조 단지, 전역미사일 방어체제의 확대 등을 허용하는 것이며, 이 법안에 뒷받침되는 군비 확대는 냉전 시대의 그것을 훨씬 상회하는 것이었다.[21]

미국의 패권 추구는 미국의 잠재적 적들을 무력화하려는 국제협정들을 통해서도 나타나고 있다. 예를 들면, 1993년 미국이 비준한 화학무기폐기협정(Chemical Weapons Convention)은 군비 축소보다는 강대국들에게 핵무기를 계속 보유하고 첨단 무기 체계를 지속적으로 개발할 수 있는 권리를 인정하면서 미국의 잠재적 적들이 갖고 있는 화학무기를 제거하는 것을 목표로 삼은 것이었다. 화학무기들이 강대국들에게는 낡은 무기에 불과한 것이지만 약소국들에게는 강대국들에게 대항할 수 있는 중요한 무기인 점을 감안하면, 미국의 의도가 어디에 있는가가 분명해진다.[22]

---

20) Pax Romana에 대한 탁월한 분석으로는 K. Wengst, *Pax Romana: Anspruch und Wirklichkeit* (Muenchen: Kaiser, 1986), 23ff.를 보라.

21) 이삼성, 앞의 책, 497.

2. 미국의 전쟁 경제 체제와 전쟁 정책

미국이 지구적 차원에서 추구하는 군사 · 정치적 패권은 미국의 전쟁 경제 체제가 불가피하게 요구한 것이라고도 볼 수 있다. 노암 촘스키는 미국의 국민 경제는 제2차 세계대전을 거치면서 전쟁 경제 체제로 굳어졌다고 지적되고 있다.[23]

미국의 전쟁 경제 체제에서는 민간 부문과 군사 부문이 독자적인 영역을 구축하고 서로 결합한다. 냉전 시대에 박차를 가한 군비 확장은 군수산업의 확장을 가져왔고, 군수산업은 다른 산업 부문들보다 월등 큰 초과 이윤을 보장받았다. 이것이 미국의 군수산업이 끝없이 팽창하게 된 이유이다.

군수산업이 팽창하다 보면, 국내에서 소화하지 못한 군수산업의 상품은 해외 수요처를 찾지 않을 수 없다. 무기 수출은 그 결과이다. 안보위기에 처해 있거나 분쟁에 휘말린 지역이 증가하면, 미국 군수산업은 엄청난 이윤을 획득할 수 있는 기회를 얻을 것이다. 따라서 있지도 않은 가상적인 공격이 교묘하게 선전되기도 하고, 지역들의 군사적 긴장이 조장되기도 하고, 심지어 지역 분쟁이 기획되기까지 한다.

미국의 전쟁 경제 체제는 일시적인 것이 아니라, 항구적인 체제로 고

---

22) 이삼성, 앞의 책, 496.

23) 제2차 세계대전을 전후로 미국 정부는 과잉 축적된 자본의 일부를 퍼내 군사 기술 개발과 군수 산업에 쏟아 부었고, 조세 수입이 부족할 경우에는 채권 발행으로 국방 예산을 메워 나갔다. 1950년대 말과 1960년대 초에 냉전 체제가 극에 달했을 때, 미국 연방정부 예산 가운데 국방비가 차지하는 비율은 50%가 넘었다고 한다. 이에 대해서는 이주영 외,『미국현대사 – 진주만 기습에서 클린턴 행정부까지』(서울: 비봉출판사, 1996), 143; 노암 촘스키,『507년, 정복은 계속된다』(서울: 이후, 2000), 165f.를 보라.

착되었다. 미국의 항구적인 전쟁 경제 체제의 중심은 거대한 군산복합체이다. 군산복합체는 군부와 군수산업의 결합체에 그치지만 않는다. 군산복합체는 전쟁 경제가 필연적으로 요구하는 전쟁 정책의 정당성을 이론적으로 강구하는 사상가 집단, 이를 선전하고 교육하는 언론계와 교육계, 전쟁 재원을 조달하는 금융계, 군사 기술을 연구하고 지역정보를 분석하는 대학과 연구소, 군수산업체, 군부 등이 긴밀하게 결합되어 있는 유기체이다.

미국은 전쟁의 명분과 정당성을 제공하는 여러 가지 전쟁 철학과 전쟁 신학을 발전시켰다. 역사적으로 보면, 제2차 세계대전 때에는 파시즘의 위협으로부터 자유주의를 수호한다는 전쟁 사상을 발전시켰고, 냉전 시대에는 민주주의를 수호하기 위하여 공산주의의 확산에 방어벽을 쳐야 한다는 냉전 이데올로기를 고취하고 군비 확장에 나섰다. 핵무기의 위협 아래서 미소 간 데탕트가 추구되던 일시적인 현실주의 노선이 종식된 이후, 레이건 행정부는 근본주의 신학의 도식을 방불케 하는 선악 양분법에 근거하여 소련을 '사탄의 제국'으로 규정하고, '별들의 전쟁' 프로젝트를 통해 소련에 대한 압도적인 군사적 우위를 추구했다. 이러한 다양한 전쟁 전략을 추구하는 동안 미국 군수산업은 천문학적인 자본 축적과 사업 팽창에 나설 수 있었다.

냉전 체제의 종식과 더불어 미국은 새로운 전쟁 개념을 구축하고 있는 듯이 보인다. 이미 걸프전에서 사용된 '깡패국가'라는 구호는 미국의 군사·정치적 패권의 추구가 어떤 전쟁 이데올로기를 필요로 하는가를 시사했다. 탈냉전 시대에 전쟁 정책을 정당화하는 전쟁 사상은 새뮤얼 헌팅턴의 문명충돌론[24]에서 체계적으로 제시되고 있는 듯이 보

---

24) 새뮤얼 헌팅턴, 『문명의 충돌』(서울: 김영사, 1997). 헌팅턴의 문명충돌론은 서구

인다. 9 · 11 테러 직후 미국은 '항구적인 반테러 전쟁'의 패러다임을 통해 전선을 무한히 확대하는 전쟁 정책의 정당성을 확보하기 위해 '악의 축'이라는 신학적 뉘앙스를 다분히 풍기는 개념을 창출하는 데 성공하고 있는 듯이 보인다.

3. 남성영웅주의

오늘의 세계에서 평화를 교란시키는 또 하나의 요인은 남성영웅주의이다. 남성영웅주의는 물론 오늘의 세계에서만 나타나지는 않았다. 그것은 가부장제가 성립된 이후 인류 문명에 깊은 뿌리를 박고 있는 하나의 분위기이다. 그러나 평화가 극도로 위협받고 있는 오늘의 세계에서 남성영웅주의는 새로운 각도에서 음미되어야 한다고 생각된다.

남성영웅주의는 가부장제 문화에서 고착된 '남성다움'의 한 환상 (Illusion)이다. 가부장제 문화에서 이른바 남성다움이 어떤 특성을 지니는가에 대해서는 앞에서 간략하게 언급한 바 있지만, 남성영웅주의는 공격, 폭력, 지배, 투쟁, 승리 등을 중요한 덕목으로 추구하며, 주어

문명권과 비서구 문명권을 나누고 양자를 적대 관계로 규정하는 전형적인 대결 패러다임이다. 헌팅턴은 이와 같은 문명의 충돌이 각 문명권의 '특성'에서 비롯된다고 짐짓 실증적인 분석을 하고 있는 듯이 행세하지만, 그의 문명 특성론은 오리엔탈리즘 같은 편견에서 비롯되었거나 유사선험적인(pseudo-transcendental) 판단에 지나지 않는다. 예컨대 어째서 법치와 대의제가 서구 문명권만의 특성이라고 강변할 수 있는가?(헌팅턴, 앞의 책, 89f.) 이와 같은 대결 도식은 민주주의와 공산주의를 서로 이원론적으로 분리하고 대립시켰던 냉전 도식과 다르지 않다. 이와 같은 문명 대결 패러다임을 전제하고서 새뮤얼 헌팅턴은 다문화, 다극화 상황으로 성격화되는 오늘의 세계에서 문명 간의 질서를 유지하고 이 질서의 틀 속에서 서구 문명권의 독자성을 유지하기 위해서는 미국에 강력한 경제력과 군사력, 그리고 단일문명적 결속력이 필요하다고 역설한다.(헌팅턴, 앞의 책, 429ff.)

진 목적의 정당성을 비판적으로 성찰하지 않고 그 목적을 달성하기 위해 수단들의 합리성을 추구하는 경향을 보인다. 이와 같은 합리성 추구에서 두드러지는 것은 맹목성과 감정 배제이다. 남성영웅주의는 생물학적인 성징과 성기, 그리고 육체적인 힘을 남성 우월의 표지로 삼는 경향이 있기 때문에 여성 적대적인 태도를 조장한다. 많은 경우, 남성영웅주의는 파시즘이나 쇼비니즘이 지배적인 사회에서 강화되는 경향이 있다.

남성영웅주의는 남성들이 지배하는 국가 기관, 국제 조직, 이익 단체, 시민 기구, 종교 단체 등의 규범과 행동 양식을 형성하는 데 크게 작용한다는 연구 보고가 있다.[25]

군사 조직에서 남성영웅주의는 중요한 역할을 한다. 남성영웅주의는 적과 아군을 이원론적으로 갈라놓는 상황 설정을 통해 강력하게 분출된다. 투쟁과 승리를 향한 열정과 적을 향한 공격성은 상명하복의 엄격한 위계질서에 힘입어 '주어진 임무'를 냉혹하게 수행하는 추진력으로 나타난다. 전쟁 상황에서 빈발하는 성폭력은 남성영웅주의에 도사린 '페니스 파시즘'[26]에서 비롯된다고 볼 수 있다. 남성영웅주의는 전쟁영웅에 대한 국가적 포상을 통해 전쟁을 미화하고 남성들을 전쟁에 동원하는 심리적 장치가 된다.

---

25) 이에 대해서는 국회 일본국'위안부'문제연구모임 · 한국여성의전화 · 한국정신대문제대책협의회 · 에베르트재단 · 미국친우봉사회,『아시아의 여성인권 – 무력갈등과 성폭력』(세계 인권선언 50주년 기념 국제 세미나 자료집, 1998), 20을 참조하라.

26) '페니스 파시즘'이라는 표현은 개마고원 편집부, "이 땅에서 여성으로 산다는 것은," 노혜경 외,『페니스 파시즘』(서울: 개마고원, 2001), 9에 나온다. "그리하여 '페니즘 파시즘'!!! 이는 어쩌면 파시즘의 정체를 까발리려 했던 모든 파시즘론이 아직도 범접하지 못한, 아니 이 남성 지배 사회가 오히려 감추고자 애썼던 근원적 파시즘이 아니겠는가. 남성의 허약함을 은폐하는 치졸한 가면, 이제 그 이름을 남성에게 회부한다."

이런 점에서 볼 때, 남성영웅주의는 오늘의 세계에서 전쟁을 억지하고 평화를 수립하는 과정에서 매우 심각하게 거론되어야 할 문화적 코드이다. 그 코드를 해독하면, 폭력과 여성 비하가 선명하게 드러난다.

IV. 현대 전쟁의 참혹한 결과들에 대한 여성신학적 관찰

전쟁이 가져오는 결과들은 전쟁의 현대화로 인해 날로 참혹해져 가고 있다. 그 결과들을 하나하나 꼽는다면, 한없는 목록을 만들어야 할 것이다. 여기서는 전쟁의 참혹한 결과들을 모두 열거할 수 없기 때문에 서로 긴밀하게 연결되어 있는 다음의 세 가지를 여성신학의 관점에서 관찰하는 데 그치고자 한다. 여성 인권의 침해, 빈곤의 확산, 생명과 지구 환경의 파괴가 그것이다.

1. 무력 분쟁 상황에서 나타나는 여성 인권의 침해

무력 분쟁 상황에서 나타나는 여성 인권의 침해 사례 가운데 가장 두드러지는 것은 성폭력이다. 강간을 포함한 광범위한 성폭력 행위는 군대에서 전쟁과 테러 행위의 전술로서 사용되는 것으로 알려져 있다. 전시 강간은 군대 조직에 팽배한 남성영웅주의와 뿌리 깊게 연결되어 있고, 점령 지역 민족과 인종에 대한 멸시도 중요한 요인으로 작용한다.

무력 충돌 지역에서 나타나는 성폭력 사례의 목록은 20세기 중반 이후만 꼽아 본다 해도 일본 군부에 의해 체계적으로 조직되었다고 알려진 한국인 정신대 문제를 비롯하여 보스니아 내전 때 세르비아 민병대가 이슬람 여인들을 대상으로 자행한 조직적인 강간에 이르기까지 끝이 없을 정도이다. 그러나 전쟁 상황에서 벌어진 성폭력은 오랫동안 공론에 회부되지 않았고, 이를 전범으로 규정하여 처단하려는 움직임도 거의 없었다. 전쟁 지역에서의 성폭력은 고작해야 강간범의 명예와 관련된 범죄로 간주되었을 뿐이다. 전쟁터에서의 성폭력을 인권을 침해한 전쟁 범죄로 규정하려는 시도는 1995년 빈에서 열린 유엔인권위원회 NGO 포럼에서 처음 이루어졌다.[27]

이와 관련해서 주목되는 것은 1995년 북경에서 열린 제4차 세계여성회의에서 결의된 행동강령이다. 강령은 여성 발전과 남녀평등의 달성을 "인권의 문제와 사회정의를 위한 조건"으로 규정하고,[28] 여성에 대한 폭력은 "평등, 발전, 평화의 목표를 달성하는 데 장애물"[29]임을 선언했다. 여성에 대한 폭력은 여성에게 신체적, 성적, 정신적인 피해나 고통을 초래하거나 그것을 가능하게 하는 행위나 위협이나 강제를 의미한다. 이와 같은 폭력은 역사적으로 불평등한 남녀의 권력 관계를 반영한다.

이처럼 여성에 대한 폭력을 인권 차원에서 인식하고 대응책을 마련하고자 한 것은 획기적이다. 1985년 유엔여성지위위원회는 여성에 대한 폭력이 "모든 사회의 일상생활에서 다양한 형태"로 이루어지고 있음을 인식하고 폭력의 예방과 치유에 주력했으나, 여성에 대한 폭력은 정부나 국제기구가 개입할 수 있는 공적인 인권 문제라기보다는 개인들 간의 사적인 문제로 인식하는 데 그쳤다. 그러나 유엔여성지위위원

---

27) Nira Yuval-Davis, "Gender Relations and The Nation," *Encyclopedia of Nationalism* 4 (2001), 307.

28) 한국여성개발원 편, 『제4차 세계여성대회 북경선언: 행동강령』 (서울: 한국여성개발원, 1995), 19.

29) 앞의 글, 55.

회는 1986년에 가정 폭력을 여성의 인권 침해로 규정하는 전향적인 입
장을 취하기 시작하였고, 1993년에는 전쟁 및 무력 분쟁 상황에서 여성
들과 여아들이 당하는 성폭력에 주목했으며, 1995년 개발도상국과 경
제적 과도기에 있는 국가들에서 벌어지는 성거래 인신매매를 총회에서
언급하였다.

무력 분쟁 상황에서 인권 침해는 군인보다는 민간인, 특히 여성, 아
동, 노인, 장애자들에게서 집중적으로 나타난다. 그 구체적인 사례들을
열거하면, 주택과 재산의 손실, 가족과 친척의 사망 및 실종, 가족 해체
와 별거, 전후 빈곤, 집단 학살, 테러 행위, 고문, 인종 청소, 조직적 강
간, 성적 노예화, 강제 임신, 전시 긴장으로 인해 폭증하는 가정 폭력
등이다. 특히 난민 여성들과 여아들은 생존 기반을 잃고 고향에서 살
권리를 박탈당하고 상시적으로 성폭력에 노출된다.[30]

2. 빈곤

전쟁의 참혹한 결과는 전쟁 시기와 그 이후에 악화되는 빈곤에서도
볼 수 있다. 전쟁 경비를 조달하기 위해 사회 부문과 복지 부문에서 정
부 지출을 줄임으로써 전쟁 시기의 빈곤은 애초부터 프로그램화되는
것이지만, 전쟁으로 인해 개인과 가족의 생활기반이 파괴되고 국민 경
제와 지역 경제의 기반이 붕괴됨으로써 전쟁 지역의 시민들은 견딜 수
없는 빈곤을 겪지 않으면 안 된다.

---

30) 여성과 어린이는 세계의 난민과 피난민의 80%를 차지한다. 이에 대해서는 국회 일
　　본국'위안부'문제연구모임 · 한국여성의전화 · 한국정신대문제대책협의회 · 에베르
　　트재단 · 미국친우봉사회,『아시아의 여성인권 - 무력갈등과 성폭력』(세계 인권선
　　언 50주년 기념 국제 세미나 자료집 1998), 21을 보라.

오늘날 빈곤은 경제의 군사화로 인해 전 세계적으로 확산되는 추세에 있다. 가난한 나라들은 강대국들의 무기 수입처로서 막대한 예산을 탕진하고, 사회 개발과 환경 보호는 뒷전에 밀어놓기 일쑤이다.[31]

빈곤은 여성들로 하여금 성적 착취를 받아들이게 하는 요인이 되기도 한다. 특히 전시 빈곤과 전후 빈곤은 생활의 기회를 정상적으로 얻지 못하는 여성들을 매춘이나 인신매매의 대상이 되게 한다.

3. 생명과 지구 자원의 파괴

전쟁은 생활의 터전이 되고 양식의 공급처인 자연을 대규모적으로 파괴하고 오염시킨다. 융단 폭격이나 네이팜탄 같은 화학무기의 투척으로 인한 경작지와 산림의 초토화, 식수 오염, 환경오염 등은 사람들의 생활환경을 극도로 악화시키며, 이러한 환경 파괴는 전시와 전후의 주된 생계 담당자인 여성들의 고통을 가중시킨다.[32]

전쟁에서 광범위하게 사용되는 지뢰도 사람들의 생명과 지구 환경에 큰 피해를 가져 온다. 강대국들에 의하여 제조되어 주로 동남아시아와 아프리카로 판매되는 지뢰들로 인하여 매년 2만 5천 명에 달하는 민간인이 목숨을 잃거나 부상을 당하고 있다.[33] 전 세계적으로는 64개국

---

31) 한국의 경우를 예로 들면, 남한의 무기 구입은 대부분 미국으로부터 이루어지고 있으며 증가 추세이다. 1994년에는 10억 1226만 달러의 구입비가 1996년에는 15억 4324만 달러로 증가되었다(『한겨레신문』 1997년 9월 30일). 1996년의 복지 예산은 국가 예산의 4.03%(1993년 여성복지비는 전체 사회복지비의 0.31%)로 22%를 차지하는 국방 예산과 심한 불균형을 이루고 있다(이에 대해서는 정현백, "테러, 전쟁 그리고 여성,"『평화를 만드는 여성들』, 통권 15호 (2001/겨울호), 170).

32) J. Turpin, "Women and War," *Encyclopedia of Violence, Peace and Conflict*, ed. by Lester Kurtz (San Diego: Academic Press, 1999), 805.

33) 이삼성, 앞의 책, 504.

에 1억 개 이상의 대인살상용 지뢰가 산재해 있는데, 이 잠재적인 무기로 인해 생명과 건강을 상실하는 사람들은 주로 농촌 여성들을 포함한 빈곤 여성들과 아동들이다.[34]

또한 핵무기를 위시한 무기 실험으로 인한 생태계 파괴는 이미 심각한 수준이며, 군대에서 제대로 처리되지 않는 핵폐기물은 광대한 지역을 오염시키고 있다.

평화 시에 진행되는 군사 훈련도 폭격 연습장이나 사격장 주변의 생활환경과 생태계를 극심하게 파괴한다. 군사 기지를 설치하고 군사 도로를 뚫는 과정에서 산림의 무절제한 훼손은 경종을 울리고 있다.

V. 맺음말을 대신하여: 전쟁 억지와 평화 증진을 위한 여성 신학적 제언들

이제 이 글을 마무리 지으면서 전쟁을 억지하고 평화를 수립하기 위해 어떤 방안을 세워야 할 것인가를 여성신학적 관점에서 시론적으로 제시하고자 한다.

• 인권과 생명을 옹호하는 반전·평화 문화를 형성하기 위해 평화교육을 활성화해야 한다. 평화 교육에서는 전쟁의 역사와 현실을 피해자의 입장에서 학습하는 것이 중요하다. 전쟁의 원인과 과정과 그 결과를 인식하여 전쟁의 무모성과 파괴성을 드러내는 것이 평화 교육의 첫걸음이다.

---

34) 한국여성개발원 편, 『제4차 세계여성대회 북경선언: 행동강령』, 66.

평화 교육의 또 다른 주안점은 갈등과 분쟁을 폭력에 호소하지 않고 해결하는 방법을 찾도록 하고, 평화를 향한 감수성을 증진시키기 위해 편견을 극복하고 다양성을 존중하는 상호 이해 프로그램을 개발하는 것이다.

평화 교육은 사회 제도와 의식구조에 깊이 자리 잡은 폭력을 비판적으로 인식하고, 인터넷과 매스컴을 통해 확산되는 폭력문화와 반평화 분위기에 저항할 수 있도록 학습자들의 연대를 촉진시킬 수 있어야 한다. 이러한 연대는 전쟁과 폭력에 의해 파괴되는 인권과 생명의 고통에 대한 감수성을 기를 때 이루어질 수 있다.

- 군비 삭감을 위한 시민들의 압력을 조직하여야 한다. 군비 삭감은 한정된 자원을 인간 개발과 사회 개발, 그리고 환경보호를 위해 활용할 수 있게 하는 최선의 선택이다. 이것은 빈곤 문제를 푸는 열쇠이기도 하다. 군비 확장은 결코 평화를 보장하지 못하고 전쟁을 불러일으킬 뿐이다. 전쟁을 도모하고 이를 지원하는 세력들은 사람들의 삶의 복지를 증진시키고 생태계를 안정시키는 데 사용되어야 할 귀중한 공유 자원들을 살상과 파괴를 위해 탕진한다.

국가 지도부는 안보 강박과 권력 유지 욕구로 인해 군비 유지 내지는 군비 확장으로 나서는 편향이 강하기 때문에, 적정 안보 개념[35]에 대한 시민들의 인식을 고취하여 적정 안보 이상의 군비 확대에 반대하고 '협력적 안보'나 '포괄적 안보'[36]와 같은 대안적 안

---

35) '적정 안보'는 적의 공격에 대해 국가공동체를 방어할 수 있는 수준의 전력 유지에 주안점을 두는 개념이다.

36) 유럽에서는 서로 다른 체제의 국가들 사이의 전쟁을 억지하기 위해 '협력적 안보' 개념이 창안되어 1975년의 헬싱키 협정으로 귀결되었다. 최근에는 정치군사적 문

보 개념에 입각하여 군비 축소를 요구할 수 있도록 시민들의 압력을 조직하는 것이 중요하다.

- 정의를 위한 시민들의 투쟁을 격려하여야 한다. 평화는 정의의 열매이다. 정의 없이는 평화도 없다. 오늘의 세계에서 정의 개념은 인간과 인간 사이에만 한정되어서는 안 된다. 인간과 자연의 관계가 바르게 형성하는 데까지 정의 개념이 확장되어야 한다.

- 지배의 문화를 섬김의 문화로 전환시키기 위해 노력하여야 한다. 위로부터 아래로 향하는 지배는 폭력을 동반하기 마련이고, 이와 같은 폭력은 결코 평화를 보장하지 못한다. 그리스도가 보여 주신 평화의 도구는 '섬김'(막 10:43-45)이다. 예수의 제자들이 취하는 섬김은 폭력을 정당화하지 않으며 지배의 유혹을 배제한다. 섬김은 보상을 요구하지 않으나, 섬김으로 모두가 변화되기를 소망하며 이를 위해 인내하고 저항한다. (마 10:34-39)

  섬김을 강조할 때 반드시 유념할 것이 있다. 섬김은 결코 상전을 향한 것일 수 없다. 그렇게 되면 섬김은 왜곡되고 악용된다. 예를 들면, 여성들이 가부장제에서 일방적으로 강요받은 섬김이 여성들의 억압과 희생을 가져오지 않았는가? 섬김은 섬기는 자와 섬김을 받는 자 사이의 수평적 관계가 이루어져서 다함께 공생할 수 있는

제, 경제적 문제, 인권 문제 등을 함께 다루는 '포괄적 안보' 개념이 개발되어 전쟁의 부재라는 소극적 평화를 넘어서서 정의와 인권과 민주주의를 다함께 실현하는 적극적 평화의 실현 방안이 논의되고 있다. 이에 대해서는 구갑우, "한반도의 국제정세와 사회문화 교류 – 한반도 평화과정의 정치경제,"『남북여성교류와 통일교육』, 평화를 만드는 여성회 편 (자료집 2002년 9월 4일), 12f.를 참조하라.

길이어야 한다. 그리고 섬김은 사람들 사이에서만 이루어지는 것
이 아니라, 우리의 이웃인 피조물의 섬김으로도 구현되어야 한
다. 그것이 세상을 정의와 평화가 숨 쉬는 생명 공동체로 가꾸는
길이다.

• 성폭력을 근절하는 문화를 형성하기 위해 노력하여야 한다. 성폭
력은 남성에 의한 여성의 살인 행위라고 규정해도 결코 지나치지
않다. 성폭력을 근절하기 위해서는 이에 대한 여성들의 저항력을
기르는 것이 중요하다. 무엇보다도 성폭력을 당한 여인들이 겪는
수치심과 죄의식과 무력감을 극복할 수 있도록 적절한 상담과 심
리치료를 위한 프로그램이 개발되어야 할 것이며, 그러한 불행한
여인들을 공동체 관계로부터 따돌리는 것이 관행화된 구조적 폭력
임을 인식할 수 있도록 계몽하는 작업이 필요하다.

　성폭력이 왜 여성에 대한 살인 행위가 되는가를 인식할 수 있도
록 남성을 위한 교육 프로그램을 조직하는 것도 중요한 일이다.

• 아래로부터의 평화운동을 조직하여야 한다. 일상생활에서 나타나
는 작은 불의와 폭력을 극복하기 위한 운동으로부터 구조적 폭력
과 문화적 폭력에 대항하기 위한 운동에 이르기까지 평화운동은
다양한 삶의 맥락에서 분화된 형태로 전개되어야 할 것이다.

　전쟁 정책을 요구하는 군산복합체는 지구적 차원에서 막강한 힘
을 발휘하고 있기 때문에, 군산복합체의 이익 추구로 인해 희생당
하는 시민들이 아래로부터 평화를 위한 연대를 구축하여 저항하는
것이 평화운동의 과제이다. 이러한 취지에서 '아래로부터의 세계
화 네트워크'가 모색되기 시작한 것은 매우 시사적이다.[37]

여성들이 아래로부터의 평화운동을 위해 헌신할 때가 왔다.

---

37) "아래로부터의 세계화 네트워크"의 창설은 2001년 10월 페루지아에서 모인 제4차
민중의 유엔대회에서 결의되었다. 이에 대해서는 정경란, "새로운 세계를 향한 연대
 – 제4차 민중의 유엔 대회에 다녀와서,"『평화를 만드는 여성들』통권 제15호
(2001/겨울), 54f.를 보라.

한국 교회
양성평등 실현을 위한
기독교교육의 과제

I. 머리말

최근 한국 교회에서는 양성평등에 관한 논의가 활발하게 벌어지고 있고, 이와 관련된 활동이 늘어나고 있다. 2006년 기독교대한감리회(이하 감리교) 교육국에는 양성평등위원회[1]가 설치되었고, 2007년 한국기독교장로회(이하 기장) 총회에 양성평등위원회[2]가 설치되었으며, 한국기독교교회협의회(이하 NCCK)는 2006년 기존의 여성위원회를 양

---

1) 감리교에서 양성평등위원회를 설립하기 위한 움직임은 2002년에 본격화되었다. 2002년 감리교단에 속한 여덟 개의 여성 단체가 감리교여성연대를 구성하여 양성평등위원회 기구 설립을 제안한 바 있다.

2) 한국기독교장로회 총회의 교회와사회위원회는 2006년 교회에서 양성평등 실현과 관련된 문제들을 체계적으로 해결하기 위해 양성평등위원회를 총회 상임위원회로 신설할 것을 건의하였다.

성평등위원회로 개편하였다. 감리교 양성평등위원회는 2006년 『양성평등지수 통계자료집』[3]을 발간하였고, NCCK 양성평등위원회는 2007년 『양성평등, 이렇게 재미있고 유익하네요』[4]라는 교재를 출판한 바 있다.

양성평등에 관한 한국 교회의 논의는 이제 막 시작되었지만, 그동안 여성학계와 정부는 양성평등을 실현하기 위해 많은 노력을 기울여 왔다. "평등은 유토피아가 아니다"는 주제를 내걸고 2008년 7월 마드리드에서 열린 제10차 세계여성학대회에는 우리나라 여성학자들이 대거 참여하였는데, 이 대회는 양성평등에 기초한 젠더 질서의 재편성과 그에 부합하는 사회 정책 및 여성 정책의 패러다임을 새롭게 정립하는 과제를 집중적으로 논의하였다. 우리나라 여성부는 1995년에 제정된 '여성발전기본법'[5]을 '성평등기본법'으로 개정하기 위한 초안을 2008년 8월에 마련하고 12월까지 국무회의에 상정한다는 계획을 발표하였다.

이처럼 한국 교회 안팎에서 활발하게 이루어지고 있는 양성평등에 관한 논의를 염두에 두고서 이 글에서는 한국 교회에서 양성평등을 실현하기 위한 기독교교육의 몇 가지 과제들을 성 인지적 관점[6]에서 제

---

3) 기독교대한감리회 교육국 양성평등위원회, 『양성평등지수 통계자료집』(서울: 기독교대한감리회 교육국 양성평등위원회, 2006).

4) 한국기독교교회협의회 양성평등위원회, 『양성평등, 이렇게 재미있고 유익하네요』(서울: 한국기독교교회협의회 양성평등위원회, 2007).

5) '여성발전기본법'은 여성의 정치 참여, 고용 평등, 성희롱 예방, 여성의 권익 증진에 기여했다는 평가를 받고 있다.

6) 성 인지(性認知, gender sensitivity)는 현존하는 성 차이와 성차별 그리고 성(gender)과 관련된 문제를 인지할 수 있는 능력과 성차별적인 영향을 배제하는 데 필요한 통찰력을 의미한다. 일반적으로 성차별에 대한 감수성은 남성들보다 여성들에게 더 민감한 것으로 나타난다. 이것은 지배자보다 억압자가 차별의식에 예민한 것과 마찬가지일 것이다. 억압자의 성차별 감수성이 의식화 교육을 통하여 개발되면, 지배자와 다른 눈으로 세상을 보고 새로운 변화를 꿈꿀 수 있는 원동력이 될 수 있다.

시하고자 한다. 이것은 한국 교회에서 양성평등론이 일반론의 차원에서 한 걸음 더 나아가 좀 더 구체적인 실천 방안을 모색하는 데 이바지하기 위한 작업이다. 이를 위해 우선, 최근에 실시된 의식 조사와 통계 자료를 중심으로 한국 교회의 양성평등 현실을 분석하고, 그다음에 성 정체성 학습, 성 역할 변화에 대한 대응, 양성평등 실현을 위한 경제 교육 등 한국 교회에서 양성평등을 실현하기 위해 강조하여야 할 기독교 교육의 과제들을 살피고자 한다.

이 두 가지 작업을 본격적으로 수행하기 전에 오늘날 학계와 정부에서 양성평등 실현을 위해 논의하고 있는 몇 가지 논점들을 간략하게 짚고 넘어가고자 한다.

II. 양성평등 논의의 주요 초점

오늘날 학계와 정부 차원에서 널리 사용하고 있는 양성평등이라는 개념은 그동안 젠더 연구의 성과를 반영하고 있다. 양성평등 실현과 관련해서 논의되고 있는 중요한 개념들은 양성평등지수, 여성권한척도, 성 주류화 등이다.[7]

성 인지적 관점은 남성 지배적 학문에 대한 비판적 방법론으로 다양한 분야에서 활용되고 있다. 성 인지적 방법론이 연구자의 성별과 어떤 상관성이 있는가에 대해서는 아직 활발한 논의가 이루어지지 않고 있으나, 성 인지적 연구는 대부분 여성학자들에 의해 이루어진다.

7) 변화순, "성 평등정책과 성 주류화," 『2007 기독여성포럼 자료집』(한국기독교교회협의회 양성평등위원회, 2007년 4월 26일, 5-25).

1. 젠더 연구와 양성평등 개념

여성학 연구에서 '성'(性)을 지칭하는 젠더 개념은 섹스 개념과는 구별된다. 일반적으로 섹스가 생물학적으로 부여된 성을 가리킨다면, 젠더는 사회문화적으로 형성된 성을 의미한다.

젠더 연구가 본격적으로 발전하게 된 계기는 1995년 베이징에서 유엔이 개최한 '세계여성대회'이다.[8] 이 대회에 모인 여성들은 한 목소리로 "이제 우리는 섹스라는 말 대신에 젠더라는 말을 쓰겠다."고 선언하였는데, 이것은 '성'을 고정불변의 실체가 아니라 변화 가능하고 형성 가능한 것으로 보는 인식이 굳게 자리를 잡았음을 의미한다. "양성을 동시에 포착하면서, 양성 사이의 본질주의적 구분을 극복하고, 양성 간의 경계를 이동 가능하게 만든다."[9]는 명제는 이러한 인식의 변화를 잘 보여 준다. 오늘의 젠더 연구가 "문화와 사회와 학문에서 성(젠더)이 어떤 의미가 있는지를 묻고, (…) 성 개념이 어떻게 생겨나고 만들어지는가를 추적"[10]하는 것은 당연한 일이라 하겠다. 여기에는 여성학자들은 물론이고 남성학자들도 참여하고 있으며, 다양한 연구 분야들을 망라하면서 학제 간 통합 지식을 창출하는 단계로 나아가고 있다. 오늘의 젠더 연구는 양성평등의 실현 가능성을 모색하는 다양한 학문 공동체뿐만 아니라 양성평등 정책을 수립하고 시행하는 국가 기관들에 의하

---

8) 물론 젠더 연구는 프랑스 출신의 페미니스트 철학자 시몬느 보봐르가 여성은 태어나는 것이 아니라 만들어지는 것이라고 갈파하면서 태동하였다고 주장하는 사람들이 있을 만큼 그 뿌리가 깊다. 시몬느 보봐르, 『제2의 성』, 윤영내 역 (서울: 자유문학사 1990).

9) 크리스티나 폰 브라운 · 잉에 슈테판 편, 『젠더연구 – 성 평등을 위한 비판적 학문』, 탁선미 · 김륜옥 · 장춘익 · 장미영 역 (서울: 나남출판, 2002), 22.

10) 앞의 책, 19.

여 주도적으로 진행되고 있다.

양성평등(gender equality)은 여성과 남성이 동등한 조건에서 인권을 존중받고 자아실현과 사회 발전을 위한 잠재력을 개발하여 공동의 발전과 그 발전의 혜택을 함께 누리는 것을 그 핵심 내용으로 하는 개념이다. 양성평등의 초점은 여성과 남성이 서로 상대에 대한 배려와 지원을 통하여 상호 발전과 상호 만족을 얻도록 도와주고, 성차별 문화와 교육에 대하여 끊임없이 질문하고 관심을 갖게 하는 것이다.

이와 같은 양성평등의 실현에서 핵심을 이루는 질문은 '평등'을 어떻게 이해하는가이다. 일차적으로 평등은 성별의 제약 없이 참여의 기회를 얻는 기회의 평등이다. 그러나 같은 기회가 부여되어 있어도 성별에 따라 그 기회를 제대로 활용할 수 없다면, 기회의 평등은 형식적 평등에 불과할 것이다. 기회의 평등이 실질적 평등이 되려면, 기회의 부여뿐만 아니라 기회의 활용에도 성별의 차이가 없도록 조건을 마련해야 한다. 이것이 바로 조건의 평등이다. 그러나 같은 조건을 마련해도 결과의 평등을 보장하지 못할 때에는 결과의 평등을 강제하기 위한 '적극적 조치'(affirmative action)[11]가 있어야 하는데, 이는 법률의 제정과 제도의 변화를 통해 이루어진다.[12]

---

11) 2002년 '여성발전기본법'(1995년 제정)이 개정되면서 '적극적 조치'라는 개념이 사용되기 시작하였는데, 그 이전에는 '잠정적 우대조치'라는 개념이 쓰였다. '적극적 조치'는 차별을 적극 시정하고 여성 집단의 요구를 적극 반영하는 강제 조치를 뜻한다. 이에 대해서는 김경희, 『양성평등과 적극적 조치』(서울: 푸른사상, 2004), 7을 보라.

12) 우리나라의 경우 관련 법정은 다음과 같다. 기본법의 역할을 하는 것은 '헌법', '민법'('가족법' 1958, 1990년 개정), '여성발전기본법'(1995)이며, 성차별 금지와 성폭력 처벌 등과 관련된 법은 '성매매방지법'(2004, 모법은 1961년에 제정된 '윤락행위등 방지법'이었음), '일제하 일본군위안부에 대한 생활안정지원법'(1993), '성폭력범죄의 처벌 및 피해자보호 등에 관한 법률'(1994), '가정폭력 범죄의 처벌 등에 관한

이 세 개념을 사례를 들어 설명하면 다음과 같다. 대졸 여성과 대졸 남성에게 취업의 기회를 동등하게 부여하는 것이 기회의 평등이고, 기혼 여성이 양육 때문에 취업 기회를 포기하지 않도록 보육 시설을 제공하는 것이 조건의 평등이고, 여성 고용의 일정 비율을 의무화하는 것은 결과의 평등으로 볼 수 있다. 양성평등은 선언이나 당위성만으로 실현되지 않기에 구체적이고 적극적인 지원을 필요로 한다. 동등한 기회의 부여와 같은 형식적 평등은 양성평등의 필요조건이기는 해도, 양성의 공동 발전과 동등한 혜택의 분배를 위한 충분조건이 아니기 때문이다.

가부장제 사회에서 양성평등을 다룰 때에는 양성에게 '동등한 조건'이 과연 무엇을 가리키는가, 그것을 판가름하는 기준이 무엇인가, 그리고 그 기준을 누가, 어떤 절차를 통하여 정하는가를 엄중하게 물을 필요가 있다.

2. 양성평등 지표들과 새로운 정책 방향

그동안 학계와 정부에서는 양성평등의 실현 정도를 측정하는 몇 가지 지표들을 개발하여 왔고, 양성평등 실현을 위한 정책 방향을 새롭게 가다듬어 왔다. 양성평등지수와 여성권한척도는 양성평등 실현 정도를 측정하는 지표들이고, 성 주류화는 양성평등 실현 정책의 새로운 방향을 가리키는 주요 개념이다.

특례법'(1997), '가정폭력 방지 및 피해자보호 등에 관한 법률'(1997), '남녀고용평등법'(1987), '남녀차별 금지 및 구제에 관한 법률'(1999), '여성기업지원에 관한 법률'(1999), '청소년 성보호에 관한 법률'(2000)이다. 우리나라는 '유엔 여성차별철폐협약'(1979/1984)에 가입하고 있다. 가족 관련 법으로는 '모자보건법'(1986), '모부자복지법'(2002, 모법은 1989년에 제정된 '모자복지법'이었음), '영유아보육법'(1991), '국적법'(1997), '호주제 폐지와 1인 1적 가족법'(2007) 등이 있다.

양성평등지수(Gender Related Development Index)는 국민소득, 평균수명, 성인 문자해득률, 초·중등학교 등록률 등에서 나타나는 남녀 평등 정도를 수치로 나타낸 결과이다. 세계 140개국을 대상으로 한 조사에서 나타난 국가별 순위는 노르웨이 1위, 오스트레일리아 2위, 아이슬란드 3위, 스웨덴 4위, 캐나다 5위, 스위스 6위, 룩셈부르크 7위, 미국 8위, 벨기에 9위, 핀란드 10위, 일본 14위, 영국 15위, 프랑스 16위, 독일 20위, 홍콩 22위, 한국 27위, 필리핀 63위, 중국 64위이다. 우리나라 여성들의 문자해득률과 진학률은 매우 높은 수준이기 때문에 양성평등지수도 아시아에서 높은 축에 속한다.

여성권한척도(Gender Empowerment Measure)는 여성 국회의원 수, 행정관리직, 전문기술직 남녀 소득차 등을 기준으로 여성의 정치경제 활동과 정책 과정에서의 참여도를 측정한 결과이다. 세계 80개국을 대상으로 조사한 결과, 여성권한척도의 국가별 순위는 노르웨이 1위, 덴마크 2위, 스웨덴 3위, 아이슬란드 4위, 핀란드 5위, 벨기에 6위, 오스트레일리아 7위, 네덜란드 8위, 독일 9위, 캐나다 10위, 스위스 11위, 영국 18위, 일본 43위, 필리핀 46위, 말레이시아 51위, 한국 59위이다. 한국은 세계 경제 순위가 12위에 달하고, 양성평등지수 순위가 27위에 달하지만, 여성권한척도 순위는 59위에 불과하다. 이것은 한국 사회에서 여성의 지위와 역할이 매우 열악하다는 것을 시사한다. 한국 여성들의 문자해득률과 취학률은 높지만, 취업률은 낮고 남녀 소득 격차도 크다. 한국 여성들은 다른 나라 여성들에 비해 더 많은 교육을 받고 있음에도 불구하고 한국 사회에서 지도적인 위치에서 배제되는 경향이 심하다.

이렇게 양성평등의 정도와 정책 결정 과정에 여성이 참여하는 정도를 수치화하는 것은 가부장제 역사에서 여성 문제나 여성과 관련된 사항들을 눈에 보이지 않게 처리하는 이른바 '불가시화' 관행을 깨뜨리고 양성불평등 실태를 명료하게 하려는 의도를 갖고 있다. 그런데 양성평등지수를 설정할 때에는 나라마다 문화와 전통이 다르고 생활방식이 다르기 때문에 세계적으로 보편적인 지수를 말하기 어려운 점이 있다. 이러한 점을 감안하여 우리나라 여성부는 우리의 생활환경과 전통에 맞는 '성평등지수'를 개발하고 이를 법에 명시함으로써 실질적 양성평등을 구현하는 '성평등기본법' 제정을 추진하고 있는 것으로 알려져 있다.

성 주류화(Gender Mainstreaming)는 여성과 관련된 이슈를 별도로 다루지 않고 여성 이슈를 정책의 기본 흐름에 통합시켜 다루는 관점이다. 젠더적 관점이 정책 결정에 끼치는 영향이 지대함에도 불구하고 그동안 여성 관련 사항은 별도로 처리되거나 아예 정책 이슈로 떠오르지 못하는 경향이 지배적이었다. 이런 점에서 성 주류화는 남성 지배적 관점과 정책 결정 관행에 대한 부분적인 수정보다는 전면적이고 근본적인 인식의 전환과 개혁을 요구하려는 시도라고 할 수 있다.

이를테면, 남녀공학 정책을 남학생 중심으로 결정하는 현실을 극복하려면, 가부장제적 교육 이념을 전면적으로 추구하면서 교육 과정에 명목상 여성과 관련된 과목을 한두 가지 추가하는 방식으로는 문제를 해결할 수 없으므로, 성 주류화는 교육 정책의 수립부터 교과목 설정에 이르기까지 일관성 있는 정책을 추구할 것을 요구한다.

III. 한국 교회의 양성평등

한국 교회의 양성평등 현실을 분석할 때에도 여성학계와 국가에서 그동안 가다듬어 온 양성평등지수와 여성권한척도는 매우 중요한 도구로 활용될 수 있다. 성 주류화도 문제 해결을 위한 정책적 관점과 접근 방법을 가리키는 것이기 때문에 교회에서 양성평등 실현 정책을 논할 때 참고할 만한 것으로 생각된다.

이 글에서 한국 교회의 양성평등 의식과 제도를 파악하기 위해 활용한 1차 자료는 한국교회여성연합회(이하 '한교연')가 2008년 6월 15일부터 7월 30까지 실시한『교회문화에 관한 교회여성 의식 실태조사』(이하『실태조사』)13)와 감리교 교육국 양성평등위원회가 2006년에 발간한『양성평등지수 통계자료집』(이하『통계자료집』)이다.

'한교연'『실태조사』의 설문 표본 집단은 예장(통합), 기감, 기장, 성공회, 복음교회 등 5개 교단에서 선정한 교회여성 800명이다. 이 표본 집단은 5개 교단 소속 교회여성 단체들에서 임원으로 일하는 여성들을 중심으로 뽑았기 때문에 50대 이상의 연령층(75.4%), 교회 출석 기간 20년 이상의 신앙 경험(81.1%), 권사와 장로 중심의 지도자층(65.9%)으로 이루어져 있다. 이 설문 조사는 교회 내 여성의 지위와 역할, 양성평등 문화에 대한 교회여성들의 인식과 대안에 초점을 두었다.

감리교 교육국 양성평등위원회가 발간한『통계자료집』은 감리교단의 교역자, 장로, 총회 대표, 총회 산하 위원회, 총회 본부 직원, 신학교육기관의 성별 비율에 대한 통계와 2006년 8~9월 동안 감리교단 목회자 142명과 여선교회 임원 208명에게 여성지도력에 대한 설문 조사를 분석한 결과를 담고 있다.

두 조사의 표본 집단이 한정되어 있기 때문에 조사의 결과가 한국 교

---

13) 한국교회여성연합회는 10년 전인 1998년에도 교회여성의식 실태조사를 실시하였다.

회의 실상을 전반적으로 대변한다고 판단하기에는 분명 무리가 있지만, 『실태조사』는 5개 교단 에큐메니칼 여성지도자들의 의견을 반영하고, 『통계자료집』은 양성평등지수를 통계화한 한국 교단 최초의 문서라는 점에서 한국 교회의 양성평등 현황을 살펴보는 데 나름대로 가치가 있다고 본다. 두 조사의 시기와 설문 내용도 큰 차이를 보이지 않기 때문에 조사 결과를 상호보완적으로 해석하는 데 큰 무리가 따르지 않는다. 이 글에서는 『실태조사』와 『통계자료집』의 내용을 항목별로 서술하지 않고 양성평등교육의 방향과 과제를 성찰하기 위해 몇 가지 초점에 맞추어 재구성하였다.

1. 교회 내 양성평등의 필요성

『실태조사』에서 교회여성들의 양성평등 지지도는 높은 것으로 나타났다. 『실태조사』에서 여성들은 남녀가 평등하게 창조되었고(81.1%), 교회에서는 차별이 없어야 하고(84.3%), 교회에서 여자는 침묵하고 순종해야 한다는 것에 반대하고(78.1%), 교회지도자가 남자여야 하는 것은 아니라(77.9%)고 응답했다. 이러한 의식은 교회 내 남녀차별을 비판적으로 보고(58.7%),[14] "설교, 교육 시간, 교회 모임 중에 성적 모욕을 주는 발언이나 여성비하 발언"에 민감한 반응을 보이는 것(11.6%)에 부응한다.

교회에서 양성평등을 실현하는 것과 관련해서는 "(주요 직분에 담당하는) 동등한 기회"를 보장할 것(80.4%)과 식당 봉사나 안내에 "남녀가

---

[14] 응답자들 가운데 교회에 장기적으로 출석한 사람들(20년 이상)이 성차별에 가장 민감한 것으로 나타났다(62.6%).

구분 없는 참여"를 할 것(64.9%)을 요구하였다. 교회여성들은 교회 직분의 역할 분담이 "개인의 능력"(44.6%)보다는 "성별"(48.1%)에 의해 결정된다고 생각하고 있으며, 따라서 장로 선출이 "성별에 관계없이 자질"(70.4%)을 중시해서 이루어져야 한다고 본다.

목회자의 역할 분담도 "설교나 교육 등 남녀의 영역 구분 없이 더 잘하는 것을 맡아야"(59.1%) 하고, 동일한 조건과 자격을 갖춘 남성 교역자와 여성 교역자는 "같은 사례비를 받아야 한다"(88.1%)고 응답했다. 여성목사 안수는 "시대적 흐름"(41.1%)이기 때문에 "적극찬성"(40.5%) 하면서, 교회 내 목사의 위치와 권한에 대한 강조는 "기독교의 참모습은 아니"(45.9%)라는 비판적 인식이 "성직이므로 당연하다"(33.1%)는 응답보다 우세하였다.

이상의 결과들을 종합해 보면, 교회 내 양성평등에 대한 요구는 사회적 흐름과 다르지 않고 교회 직분의 분담에서 성별보다 개인의 능력을 강조하고 있다. 목회자나 장로의 역할에서 성별의 제한은 무의미하다고 보고 개인별 능력을 중시한다. 따라서 교회 직분에 대한 기회 평등은 당연히 이루어져야 할 것으로 여기고 "성적 모욕과 여성 비하"의 언행은 용납할 수 없다고 본다. 이와 같은 양성평등 의식은 응답자들이 속한 5개 교단의 신학적 성향과 응답자들의 에큐메니칼 활동의 성격을 상당 부분 반영하고 있다고 생각된다.

2. 교회 양성평등의 문제점

『실태조사』에 응답한 교회 여성들은 양성평등 의식이 높아서 교회에서 나타나는 성차별 현실에 대해 압도적으로 비판적인 태도를 취하고 있지만, 그들이 보기에 교회의 양성평등 실현 정도는 아직 낮다. 그들은 교회에서 발언하는 여성들이 과반수에 미치지 못하고(39.8%), 그것도 적극적으로 발언하지 않는다(60% 이상)고 보고 있다. 그렇게 되는 주된 까닭은 "익숙하지 않아서"(59.1%), "여자는 순종하고 따라야 한다는 한국의 정서와 문화 때문"(13.6%)이라고 응답하고 있다. 그 밖에도 "당회에서 미리 준비하고 통과된 내용을 전달하는 식이기에", "남성 주도로 모든 것이 결정되므로", "교회의 세부적 일에 대해 잘 알지 못하므로", "발언을 해도 시정되지 않기 때문에", "발언하면 찍히니까", "사람들(목사)의 눈치를 보기 때문에" 발언을 자제한다고 밝히고 있다.

『실태조사』에 응답한 교회여성들은 교회에서 발생하는 성차별이나 성폭력 문제가 "논의구조를 통해" 해결되거나(51.6%), "소란 없이 은혜롭게 처리"(32.7%)된다고 응답하였다.

그들은 여성 목사 안수를 적극 지지하기는 하지만, 정작 여성 목사를 담임목사로 청빙하는 것에 대해서는 "찬성"(27%)하기보다는 "능력이 뛰어나면"(61.4%) 찬성하겠다는 유보적 태도를 보이고 있다.[15] 여교역자의 사역이 심방과 상담에 편중된 현상을 "성 역할 구분 없이 잘하는 것"으로 보는 경우가 압도적이고(59.1%), "여성의 성향에 맞는 활동"으로 보는 비율도 높은 편이다(32.6%). 여교역자들은 "헌신적이고 부드럽고"(39.5%), "여성들의 입장을 더 잘 이해한다"(24%)는 점에서 그들의 사역에 긍정적인 의미를 부여하지만, "리더십과 전문적 지식이 약하다"(59.1%)고 비판적인 평가를 가하고 있다.

『실태조사』에 응답한 교회여성들은 여성 장로를 선출할 때에는 "개인의 지도력과 능력"(58.6%)을 가장 중요한 기준으로 꼽았지만, 여성

---

15) 『통계자료집』에서도 여성 목사를 담임목사나 부목사로 청빙하겠느냐는 질문에 대해 여신도들의 29.3%만이 성별의 차이 없이 찬성하겠다는 입장을 취하고, 44.2%는 여성 목사가 남성 목사보다 우월한 경우에만 지지하겠다고 답변하였다.

과 남성을 구별하지 않고 장로를 선출할 때에는 "신앙과 삶의 모범" (50.7%)을 가장 중요한 기준으로 삼고 "경제력과 사회적 지위"(26.8%) 를 그다음으로 중요한 기준이라고 응답한다.[16] 이것은 여성 장로 선출 과 관련해서 당위적 기대와 현실적 요구 사이에 차이가 있을 수 있음을 넌지시 내비치고 있다.

이상의 결과에서 주목되는 것은 양성평등의 구현 과정에서 교회여 성들의 주체적 참여가 부족하다는 것이다. 교회에서 직분을 받아 지도 력을 발휘하기 위해서는 의사 표현을 적절하게 하는 것이 필수적이다. 그러나 많은 교회여성들은 아직도 자신의 뜻을 알리고 상대방을 설득 하는 데 자신이 없다. 그것은 가부장제 문화에서 여성들의 당당한 자기 주장과 의사 표현이 여성답지 않은 행위로 평가되거나 진지하게 받아 들여지지 않기 때문이다. 가부장제 문화에서 여성들은 침묵을 강요당 하고, 침묵의 강제를 내면화한다. 설사 여성이 용기를 내어 의사 표현 을 하더라도 남성의 시선과 평가를 의식하기 때문에 여성들의 발언은 본심을 제대로 전하지 못하는 경우가 많다. 교회에서 여성의 지도력이 위축되는 것은 이처럼 뿌리 깊은 이유가 있다. 이러한 조건 아래서 여 성들이 교회에서 성차별과 성폭력 문제 같은 주요 사항들을 공론화하 지 않고 '은혜롭게' 처리하여 갈등을 확대시키지 않으려는 태도를 보이 는 것도 이해할 만하다.

여성 목사, 여성 교역자, 여성 장로의 지도력에 대한 여신도들의 기 대와 평가는 매우 모호하다. 여성들의 공적 발언이 아직도 자연스럽게 여겨지지 않는(익숙하지 못한) 상황에서 여성 지도자들에게 요구하는

---

16) 이 점에서는 『통계자료집』도 본질적인 차이가 없다. 장로의 재정적 능력이 중요하 다는 의견이 깔려 있기 때문에 여성의 장로직 선출이 어렵다는 것이다.

'개인의 지도력과 능력'이 어떤 것인지 생각해 볼 필요가 있다. 가부장
제 사회에서 지도력과 능력이 '경제력과 사회적 지위'와 거의 동일한
의미로 여겨진다는 점을 감안하면, 여성 지도자에 거는 교회여성들의
기대는 성 편향적일 수도 있다. 오늘의 사회에서 경제력과 사회적 지위
를 갖춘 사람들은 주로 남성이기 때문이다. 이처럼 남성적 기준으로 여
성의 지도력과 능력을 평가하는 것은 여성적 특성과 잠재력을 억압하
거나 제한하고 여성 목회의 다양성을 위축시킨다는 점에서 바람직하지
않다. 또한 교회에서 여성 교역자들도 남성 교역자들과 동일한 능력과
자격을 가져야 한다고 주장하면서도 여성 교역자들이 직면하는 불평등
한 현실[17]을 전혀 고려하지 않는다는 것은 주목할 만하다.

3. 양성평등 의식의 함양과 교육에 대한 요구

『실태조사』에 응답한 교회여성들의 양성평등 의식은 높지만, 교회
안에서 양성평등의 실현 정도는 아직 높다고 볼 수 없다. 이러한 현실
에서 교회여성들은 양성평등 의식을 함양하기 위한 정보와 지원을 어
디서 구하고자 할까?

『실태조사』에서 여성 응답자들은 "교회 밖에서 하는 여성 교육 프로
그램"(22.9%)을 가장 선호했지만, 대다수가 "기회(를) 보고 참여"

---

17) 1992년과 2002년에 실시된 한국예수교장로회 여교역자회의 실태 조사에서, 여성
목사들이 남성 담임목사들과 같은 인정을 받지 못하고 사례비와 보조금의 지급에서
도 차별받고 있는 것으로 나타났다. 여성 목사들은 담임목사직 청빙이 드물고 주로
부목사직 청빙을 받는데, 그 주요 업무는 심방과 교육으로 한정되고 지위도 1년 계
약직이다. 또한 교회에서 여성 목회자의 청빙을 주저하는 이유가 전문성의 약화, 언
행의 부주의, 기동성의 부족, 행정 미숙, 남성 목회자의 과다 배출 등으로 지적되었
다. 이에 대해서는 한국기독교교회협의회 양성평등위원회, 앞의 책, 35를 보라.

(58.6%)한다고 응답하였다. 그것은 교회여성들이 아직 교회 외부의 모임에 주체적으로 참여하지 못하다는 것을 시사한다. 그들은 교회에서 여성의 지위를 향상하기 위한 방안으로서 "교육을 통한 여성들의 의식화"(33.5%)를 강조하고, "목회자의 의식 변화"(26.7%), "교회나 교계의 제도 개선"(18.8%), "사회문화 전반적인 성차별 문화의 개선"(16.3%) 등을 꼽는다. 페미니스트 관점에서 성서를 '재해석'해서 여성 의식을 함양할 수 있다는 기대는 매우 낮게 나타난다(3.9%)는 것은 주목할 만하다. 의식화를 통하여 여성의 지위 향상을 바라는 교회여성들은 성가대(12.9%)나 성경 공부(8.1%)보다는 사회봉사 활동(13.5%)을 가장 선호하는 것으로 나타났다.

앞에서 본 바와 같이, 교회여성들은 양성평등 의식의 함양을 위해 '여성 의식화'와 '여성 교육'을 중시하고 있다. 이것은 목회자에 대한 의존도가 상대적으로 높은 한국 교회에서 교회 여성들이 목회자의 의식 변화나 제도 변화보다 자신들의 변화를 더 중시한다는 것을 시사하기 때문에 매우 고무적이다.

양성평등 의식화를 요구하는 여성들이 성서 공부보다 사회봉사 활동을 중시하고, 교회 안보다 교회 밖에서 실시하는 양성평등 교육을 선호하는 것은 양성평등의 실현 정도가 낮은 교회의 폐쇄적인 교육에 대해 실망하고 있음을 암시한다.

IV. 기독교 양성평등 교육의 과제

여기서는 한국 교회의 현실에서 요구되는 기독교 양성평등 교육의 과제를 성 정체성, 성 역할, 경제 교육을 중심으로 생각해 보기로 한다.

1. 성 정체성 교육

양성평등 교육은 성 정체성(gender identity) 교육을 강조하는데, 그 이유는 두 가지이다. 그 하나는 자신의 성 정체성에 대한 바른 인식이 자존감과 양성의 상호 신뢰를 형성하는 데 중요하기 때문이다. 성 정체성의 확립은 생애주기별로 요구되는 과제로서 성별에 따라 다른 특징을 보인다. 예를 들면, 소년들은 소녀들을 성적 대상으로 다루거나 소녀들을 성적으로 괴롭히면서 남성의 성 정체성을 형성하고 심리적으로 여성성과 거리를 둠으로써 자신의 남성다움을 만들어 가는 경향이 있다.[18] 이런 과정은 양성 모두에게 자신의 성 정체성에 대하여 적절하지 못한 우월감이나 열등감을 형성하는 데 영향을 끼친다. 특히 성차별의 희생자들은 소외의 경험을 통하여 자신이 쓸모없다는 생각을 내면화하여 자아 존중감이 낮고 자기비하에 빠진다.

성 정체성 교육이 강조되어야 하는 또 하나의 이유는 오늘날 세계적으로 증가하고 있는 성폭력에 대응하여야 하기 때문이다. 양성 사이의 갈등과 폭력은 신체적, 언어적, 심리적, 문화적으로 다양하게 나타나고 있다. 이러한 폭력은 양성 모두의 자존감을 훼손하고 상호 불신의 벽을 만드는 원인이 된다. 이에 대응하기 위해 양성평등 교육은 특히 성 정체성이 부정되거나 왜곡되는 사람들에게 관심을 갖고 성의 의미와 역할을 바르게 이해시키고 우호적인 성 관계를 형성하는 지식과 방법을 개발해야 한다.

기독교는 성 정체성을 확립하는 데 도움을 줌으로써 양성평등 교육

---

18) Vivien Burr, 『사회적 성별과 사회심리학』, 황정은 역 (서울: 시그마프레스, 2002), 78.

에 기여할 수 있다. 기독교가 가르치는 성 정체성은 무엇보다도 인간을 성적 존재로 지은 창조주의 의도에서 엿볼 수 있다.[19]

"하나님이 말씀하시기를 '우리가 우리의 형상을 따라서 우리의 모양대로 사람을 만들자. 그리고 그가 바다의 고기와 공중의 새와 땅위에 사는 온갖 들짐승과 땅 위를 기어다니는 모든 길짐승을 다스리게 하자.' 하시고, 하나님이 당신의 형상대로 사람을 창조하셨으니, 그들을 남자와 여자로 창조하셨다. 하나님이 그들에게 복을 베푸셨다. 하나님이 그들에게 말씀시기를, '생육하고 번성하여 땅에 충만하여라. 땅을 정복하여라. 바다의 고기와 공중의 새와 땅 위에 살아 움직이는 모든 생물을 다스려라' 하셨다."(창 1:26-28)

이 유명한 성서 말씀은 사람이 하나님의 형상대로 지음을 받았다고 선포한다. 하나님의 형상을 입은 사람이 다른 피조물과 구분되는 것은 자유와 책임을 지닌 존재라는 데 있다. 하나님은 사람에게 말을 거시고 사람은 이에 응답하는 존재이다. 바로 이것이 사람을 소중하게 여기고 존중해야 하는 이유이다. 사람은 인종, 성별, 연령, 계급의 차이 때문에 다른 사람을 차별해서는 안 된다. 인종 차별, 성차별, 연령 차별, 계급 차별의 역사는 당연하고 자연스러운 것이 아니다. 그것은 창조주의 뜻에 어긋난다.

하나님은 자신의 형상대로 지으신 남자와 여자에게 복을 주셨다. 하나님의 형상을 입고 축복받은 존재라는 점에서 남자와 여자의 관계는 평등하다. 둘로 나누어 지음을 받은 여성과 남성이 하나가 되면서 하나

19) 한국기독교교회협의회 양성평등위원회, 앞의 책, 23-25.

님의 형상은 더 온전하게 드러나고 축복도 더 풍성해진다. 여성과 남성 사이에 지배와 복종이 나타난 것은 타락의 결과일 뿐, 축복과는 무관하다.(창 3:16)

사람은 하나님이 지은 피조물의 세계를 다스리도록 창조되었다. 그는 하나님의 형상으로서 땅 위에서 하나님을 대리한다.[20] 그는 하나님의 대리자로서 피조물의 세계를 다스린다. 피조물의 세계를 다스리도록 위임을 받았다고 해서 사람이 땅과 땅 위의 생물들을 억압하거나 착취하도록 허락받은 것은 아니다. 고대 중동에서 이상적인 통치가 신민의 행복을 보장하는 지도자의 역량을 의미했듯이,[21] 하나님의 대리자로서 피조물의 세계를 다스리는 사람은 자신의 욕망을 제한하고 피조물의 세계가 함께 어울려 생명의 꽃을 피우도록 할 책무를 져야 한다. 그는 피조물의 세계의 주인이 아니라 그 세계의 일부분이며, 자신의 생육과 번성에 책임을 지는 존재이다. 사람은 하나님의 청지기로서 세상을 향한 책임을 지고, 인류의 번성에 책임을 진다. 이 두 가지 책임은 남자와 여자 모두에게 부여되었다. 따라서 성별의 차이를 근거로 내세워 이 두 가지 책임과 권한을 독차지할 수 없다.

여성과 남성의 동등성과 협력은 예수 그리스도 안에서 확립된 질서이기도 하다. 그리스도 사건에서 하나님과 인간, 여성과 남성, 인간과 인간, 인간과 자연의 관계를 깨뜨리고 왜곡시켜 왔던 죄의 권세는 종말론적으로 부정되고, 그리스도 안에서는 지배의 전환이 일어났다.[22] 죄

---

20) W. H. Schmidt, *Die Schoepfungsgeschichte der Priesterschrift* (Neukirchen-Vluyn: Neukirchener Verlag, 1964), 144.

21) G. Liedke, *Im Bauch des Fisches: Oekologische Theologie*, 4. Aufl. (Stuttgart: Kreuz Verlag, 1984), 132.

22) 지배의 전환이라는 주제에 대해서는 E. Kaesemann, "Kritische Analyse von Phil 2, 5-11," *Exegetische Versuche und Besinnungen* II, 2. Aufl. (Goettingen: Vandenhoeck &

의 지배는 하나님의 지배로 대체되었기에, 그리스도 안에서 옛것은 죽고 새것이 살아나는 일이 벌어지게 된 것이다. 그리스도 안에서는 주인과 종이 없고, 유대인과 헬라인이 없고, 여성과 남성도 없다.[23] 죄의 침입 이래로 인류의 역사를 폭력의 역사로 점철하게 만들었던 계급 차별, 인종 차별, 성차별이 종말론적으로 극복된 것이다. 그리스도인들은 바로 이 종말론적 현실을 바라보면서 오늘의 계급 차별, 인종 차별, 성차별과 투쟁하여 온 세상에 대한 그리스도의 주권을 다시 구현하는 일을 하도록 부름을 받았다. 그리스도 안에서 이루어진 지배의 전환은 특히 양성평등의 실현을 위해 노력하는 그리스도인들에게 성차별을 넘어서서 성 정체성을 확립하는 데 많은 것을 시사한다.

이와 같은 구약과 신약의 핵심 메시지에 바탕을 두는 기독교 양성평등 교육은 하나님이 각기 다르게 지으신 여성과 남성이 모두 하나님의 형상으로서 하나님과 이웃과 피조물에 대해 책임 있는 존재로 서 있음을 강조하고, 그리스도 안에서 이미 실현된 차별 너머의 현실을 종말론적으로 선취하며 살아가도록 가르친다.

2. 성 역할에 대한 고정관념의 극복

성 역할은 특정 문화에서 성별에 따라 적절한 것으로 규정하는 행동이나 태도에 대한 기대를 가리킨다. 따라서 성 역할은 생물학적 성에 기반을 두면서도 사회문화적 기대를 반영한다. 성 역할은 고정된 것일 수 없지만, 이를 고정된 것으로 봄으로써 많은 문제가 발생한다. 예를

Ruprecht, 1965), 94를 보라.

23) 갈 3:28 "유대 사람이나 그리스 사람이나, 종이나 자유인이나, 남자나 여자나 차별이 없습니다. 그것은 여러분이 그리스도 예수 안에서 다 하나이기 때문입니다."

들면, 사회 변동에 따라 전통적 성 역할의 변화가 불가피한 상황에서 성 역할에 대한 고정관념이 그대로 유지되는 경우, 양성관계에 갈등과 불화가 나타나는 경우가 많다.

성 역할에 대한 고정관념은 특정 행위나 활동이 성별에 따라 배타적으로 적용된다고 판단하는 사고이다. 이 고정관념은 가부장제 역사의 산물인데 탈가부장제 문화가 확산되면서 근본적인 도전에 직면하고 있다.

고정된 성 역할의 기본 구조는 남성이 가정 바깥의 활동과 부양의 책임을 맡고, 여성이 가사 활동과 양육·돌봄의 책임을 맡는 것으로 정형화되었다. 이러한 성 역할의 분화는 일찍부터 나타났으나 특히 근대 산업시대에 들어와서 정치적, 경제적, 사회적 필요에 의해 강화되었다. 성 역할은 역사적 조건들 아래서 분화된 것인데, 이를 초역사적인 불변의 질서로 간주하는 이데올로기가 성행하는 것이 문제이다. 근대 사회에서 핵가족이 등장하면서 성 역할은 임금노동과 성애로 성별에 따라 고정되었으며, 이는 가부장제 가족 이데올로기의 핵심을 이룬다.

보수적인 기독교 전통도 근대 사회에서 확립된 가부장제적인 성 역할을 수용하고 이를 창조질서로 정당화하였다. 교회여성들의 지도력과 공적 활동이 제대로 평가되거나 지원받지 못하고 여성들의 바람직한 역할을 남성의 보조직이나 가사와 유사한 봉사활동(교회의 청소, 정리, 단장, 새 신자 안내와 관리, 식사 담당 등)에 고정시키는 것도 성 역할에 대한 고정관념과 밀접한 관계가 있다. 정형화된 성 역할이 학습되고 내면화되면 개인의 활동 범위가 남성 영역과 여성 영역으로 나누어지고, 그 경계를 지키도록 강압을 받게 되면 여성과 남성의 잠재력을 개발하고 성취하는 데 제약이 따르기 마련이다. 이런 폐해는 여성뿐 아니라 남성에게도 나타나는데, 오늘의 한국 사회에서 중년기 퇴직 남성들

이 경험하는 가정 부적응이 그 대표적 사례로 볼 수 있다.[24]

이런 점에서 기독교 양성평등 교육은 성 역할의 다양성을 인정하고 수용하는 법을 가르쳐야 한다. 이와 관련해서 기독교 양성평등 교육이 주안점을 두어야 할 것이 세 가지가 있다. 첫째, 가부장제적인 양성 관계를 정당화하는 질서신학을 비판적으로 극복하는 것이다. 질서신학은 남성과 여성이 본질적인 차이가 있다고 본다. 따라서 남성이 맡는 일과 여성이 맡는 일은 엄연히 구별된다. 질서신학은 또한 남성과 여성의 관계를 위계적인 관계로 본다. 따라서 남성이 하는 일은 여성이 하는 일보다 우월하다. 이러한 질서신학의 논리는 남성과 여성의 차이를 빌미로 삼고서 남성에 의한 여성의 차별과 지배를 정당화하는 데까지 이른다.[25] 이러한 질서신학은 앞에서 살펴본 바와 같이 성서적 근거를 갖는다고 볼 수 없다.

둘째, 고정된 성 역할을 가르치는 교육 이념, 교육 과정, 교육 활동, 교육 자료 등을 비판적으로 분석하고 그 대안을 모색하여야 한다. 성 역할에 대한 고정관념은 교육을 통하여 내면적 가치로 자리를 잡는 경향이 크기 때문에 대안 교육의 방법을 정교하게 가다듬는 것은 매우 중요한 과제이다. 이와 관련해서는 새로운 성 역할 의식을 형성하도록 돕는 양성평등적 교재를 집필하고,[26] 교회 예배를 통하여 여성과 남성의

---

24) 한국여성정책연구원 연구보고서, 『중년기 퇴직 남성 부부의 성 역할 변화와 성평등 실현방안』(2008/1)을 참조하라,

25) 레티 M. 러셀·J. 샤논 클락슨 엮음, 『여성신학사전』, 황애영 역 (서울: 이화여자대학교출판부, 2003), 351.

26) 이와 관련된 내용이 현재 사용되는 고등학교 교과서에서 다음과 같이 서술되고 있다: "여성의 사회 참여율 증가는 가족 내부 변화와 사회 변화를 예견하게 한다. 가정 안에서의 역할 분담, 남성의 재택근무 증가는 과거 여성적 가정에서 남성적 가정으로의 변화를 불러올 수 있다. 또 여성의 경제적 능력 향상과 이혼 증가 현상이 맞물려 만혼이 보편화될 것이며, 결혼 실패를 경험하지 않기 위해 젊은이들이 결혼을 하

동등한 역할을 보여 주는 양성평등적 예배문을 개발하고, 교회에서 양성평등적 언어를 사용하도록 권고하여야 한다.[27]

셋째, 이를 위해서는 교단 내 교육위원회, 교육 실무자, 교재 집필자, 교육 담당자들의 양성평등 의식을 함양하고 각 영역마다 의식화된 여성들의 당연직 참여를 보장하도록 요구하여야 한다. 바로 이 맥락에서 현재 여러 교단들에서 거론되는 여성할당제의 의의를 살펴볼 만하다.

본래 여성할당제는 제도권과 비제도권에서 여성 이슈를 관철시키기 위한 '적극적 조치' 가운데 하나이다. 여성할당제는 현재의 양성불균형을 재조정하여 양성평등 구조를 확립하기 위한 잠정적 방편으로서 목표를 달성한 뒤에는 폐지되어야 하는 제도이다. 여성할당제는 주요 정책 결정 과정에 여성이 참여하도록 함으로써 여성의 정치 세력화를 가능하게 만든다. 여성할당제에 관한 유엔의 권고안은 이 제도의 의의를 명확하게 밝혀 주고 있다.[28]

여성할당제와 관련해서 감리교는 총회 여성 대표, 여성 장로, 교단

는 데 신중할 것이다. 가족 개념의 변화는 동성 가족, 결혼하지 않는 동거 가족, 공동체 가족 등 비전통적 가족을 발생시키며, 새로운 가족은 기업의 작업 형태, 근무 조건, 근무 시간 등에 영향을 미치게 되고, 이는 또 다른 사회 변화를 촉진시킬 것이다." 고등학교 교과서 『사회문화』(서울: 지학사, 2007)에서 인용.

27) 특히 교회에서 사용하는 군대 용어, 여성 비하 혹은 여성 배제의 용어에 주목할 필요가 있다.

28) 유엔 여성차별철폐협약도 정책 결정 과정에서 여성 참여가 낮기 때문에 양성평등 실현이 저해된다고 지적하고, 여성의 평등한 참여가 사회 발전에 기여하리라는 것을 강조하면서 국제적으로 여성의 실질적 참여를 보장하는 '결정적 다수'로 최소한 여성 참여 30% 비율을 권고한다. 이보다 적은 수의 여성을 참여시키면, 여성들을 여성 관련 분야나 별로 중요하지 않은 것으로 여겨지는 부서에 배치하는 데 그치거나 여성 참여 자체를 상징적 역할에 머물게 할 것이라고 본다. 협약의 제4조 제2항의 규정은 다음과 같다: "오랫동안 여성에 대한 차별이 존재하여 남녀 간에 현격한 격차가 야기되었기 때문에 남녀평등을 효과적으로 촉진하기 위해서는 잠정적이나마 여성을 우대하는 방법을 채택할 수 있으며 그것은 남녀차별로 간주되지 않는다."

총회 프로그램 담당 실무자, 교단 책자의 여성 필자 참여율 30%를 요구하고, 기장도 총회 상임위원회 의결 기구의 여성 비율을 30%로 할 것을 주장하고 있다.[29] 그러나 2006년 현재 각 교단 총회의 여성 총대 비율은 예장의 경우 0.67%, 감리교의 경우 6.4%, 기장의 경우 2%에 불과하다. 이런 점을 볼 때, 여성할당제의 시행이 얼마나 시급한가를 알 수 있다.

정책 결정 과정에서 나타나는 여성의 배제와 소외는 성 역할의 고정화와 남성의 권력 독점을 유지시킨다는 점에서 비판되어야 한다. 여성이 정책 결정과 같은 업무에 적합하지 않다는 인식은 성 역할에 대한 고정관념을 강화시킨다. 정책 결정에서 주어지는 혜택은 정책 결정에 대한 힘을 가진 개인이나 집단에게 돌아가기 쉽다. 교단의 여성 총대들이 소속된 위원회가 비정치적이고 인지도가 떨어지는 분야에 배정되는 것도 이와 무관하지 않다.[30]

이런 점에서 기독교 양성평등 교육은 일방적이고 획일적인 단성 지배 구조와 관행을 상호 의존과 소통의 방식으로 전환하고 공동 참여의 책임과 즐거움을 공유하는 제도를 마련하는 데 주력해야 할 것이다.

3. 양성평등 경제 교육의 구상

양성평등을 실현하는 데 여성의 경제력을 향상시키는 경제 교육은

---

29) 세계교회협의회는 여성할당제 50%를 권유하고 있다. 기장 여성연대는 이를 수용하여 여성할당제 30%, 청년할당제 20%를 요구하고 있다. 또 30%의 비율도 2008년에 10%, 2011년에 20%, 2015년에 30%라는 단계적 달성을 제안한다.

30) 감리교의 경우, 유지재단이사회, 기본재산관리위원회, 은급재단이사회, 총회실행부위원회, 장정유권해석위원회, 신학정책 및 이단대책위원회, 행정조정위원회 등에는 여성 참여가 전무한 형편이다. 이에 대해서는 『통계자료집』, 16을 보라.

매우 중요하다. 성 역할에 대한 고정관념과 이에 기초한 여성 경제 활동의 억압과 차별은 가난의 여성화를 초래하고 양성불평등을 악화시키는 주요 요인이다.[31] 경제의 지구화가 급속하게 진행되는 오늘의 세계에서 여성들을 위시한 사회적 약자들은 엄청난 고통과 희생에 노출되고 있다. 대부분의 여성들은 비정규직 노동에 종사하고 있기에 노동권과 생존권을 보장받지 못하고 자원의 생산, 분배, 소비, 혜택에서 배제되고 소외된다.

이와 같은 상황에서 기독교 양성평등 교육은 개인의 생존권을 확보하기 위해 맘몬의 지배를 거부하고 자원과 힘을 독점하는 소수의 세력에 저항하면서 사회적 약자들의 고통에 연대할 것을 강조한다. 가난의 여성화가 심화되는 오늘의 세계에서 기독교 양성평등 교육이 강조하는 정의는 '젠더 정의'(Gender Justice)일 수밖에 없을 것이다.

기독교의 양성평등적 경제 교육은 일시적 동정이나 자선을 자제하고 빈곤 집단의 자존감 회복과 자립을 도울 수 있는 참여의 지혜를 함께 모으고 그것을 실천하는 방법을 중시한다. 취업을 위한 정보와 교육, 물질주의와 소비문화에 대한 비판, 대안적 생활양식의 개발, 여성 가장이나 여성 한 부모 가정을 위한 사회안전망과 보육서비스 구축 등이 과제 목록에 들어 있다.

이러한 과제들을 해결하기 위해 지역사회 차원에서 시민단체나 교회가 지역에 기반을 두는 경제 교육 프로그램을 마련하는 것이 바람직할 것이다. 이와 관련된 좋은 사례는 한국여성단체연합이 올 9월부터 시행하는 '빈곤 여성과 자녀를 대상으로 하는 경제 교육'[32]이다. 이 교

---

31) 이런 점에서 2008년 유엔이 '세계여성의 해' 100주년을 기념하면서 올해의 목표를 '여성경제력 향상'으로 설정한 것은 의미심장하다.
32) 『한겨레신문』(2008년 8월 22일자), 25면.

육의 주요 내용은 경제적 자존감 찾기, 나를 위한 재무 설계, 자녀들을 위한 경제 교육 등이며, 이들을 위한 경제교과서의 출판도 계획하고 있다. 경제적 자존감의 회복은 빈곤을 사회구조적 문제로 인식하고 빈곤한 자신을 존중하는 마음을 상실하지 않도록 하는 데 주력한다. 무엇보다 건강한 경제관념을 자녀들에게 가르치고, 함께 경제 계획을 세우고, 가난 속에서도 삶의 가치를 실현하는 길을 찾는다.

이와 관련해서 성 인지적 예산 제도[33]의 의의를 짚고 넘어갈 필요가 있다. 성 인지적 예산 제도는 교회와 교단의 재정 운영에도 암시하는 바가 크다. 성 인지적 관점에서 교회와 교단의 예산을 편성하고 집행한다면, 교회에서 양성평등 실현은 획기적인 기회를 얻게 될 것이다. 성 인지적 예산 제도는 성별 영향이 뚜렷한 분야뿐만 아니라 교회와 교단의 모든 활동 분야에서 양성평등의 원칙에 따라 귀중한 자원을 할당할 것이다. 이러한 성 인지적 예산 제도를 확립하기 위해서는 교회에서도 성 주류화 정책이 자리를 잡아야 할 것이다. 오직 교회 재정이 투명하게 공개되고 그 집행이 양성평등적으로 이루어질 때에만, 성 인지적 정책의 실효성을 보장할 수 있을 것이다.

경제 정의를 추구하는 양성평등은 남성 중심의 기득권을 평등하게 배분하는 것을 넘어서 정의로운 경제의 새로운 패러다임을 모색하는

---

33) 본래 성 인지적 예산 제도는 양성평등적 국가 정책 가운데 하나이다. 이것은 성 인지적 정책의 효율적 집행을 위해 예산을 편성하는 제도이다. 성 인지적 정책은 정책 과정에 양성의 동등한 참여를 보장하고 여성과 남성의 요구와 관점을 고르게 통합하여 의도하지 않은 성차별을 초래하는 일이 없도록 함으로써 양성평등에 기여하는 정책을 의미한다. 이것은 양성평등의 실질적 실현을 위한 성 주류화 정책의 구체적 실현으로 평가된다. 우리나라는 2008년 제정된 성별 영향 분석 평가법에 따라 성 인지 예산 제도의 시행을 준비해 왔다. 2010년 회계연도부터 성 인지적 예결산서 작성을 의무화하는 국가재정법이 제정됨에 따라 중앙부처는 2009년부터 성 인지적 예산서를 작성할 예정이다.

것을 의미한다. 이 과정에서 필요한 것은 제로섬 게임으로 끝나는 '지배하는 힘'이 아니라 협동과 상호 연관을 통해 창조적 변형을 불러일으키는 '관계 형성의 힘'[34]이다. 여성들의 역량 강화(empowerment)는 바로 이러한 관계 형성의 힘을 기르기 위한 노력이라고 볼 수 있다.

V. 맺음말

양성평등에 대한 요구와 필요성은 시대 변화와 선진화에 따라 확대되고 있고 한국 교회도 이와 같은 시대 상황과 사회 변동에 대하여 적절한 준비와 대응을 마련해야 한다.

앞에서 살펴본 바와 같이, 한국 교회의 양성평등 실태는 교회 바깥의 현실보다 뒤떨어져 있다. 그러나 교회여성들의 양성평등 의식은 살아 있고, 양성평등 교육에 대한 교회여성들의 요구는 강력하다.

이 글은 교회에서 양성평등 교육의 필요성을 강조하면서 특히 성 정체성, 성 역할, 성 인지적 재정 운영의 필요성에 초점을 맞추어 기독교 양성평등 교육의 과제들을 제시하였다. 이와 같은 과제들을 실현하는 과정에서 한국 교회가 양성평등 신앙 공동체로 변화하기를 기대하며, 한국 사회에서 양성평등 문화를 정착시키는 데 이바지하기를 바란다.

그러나 양성평등의 실현은 단순히 법률을 제정하고 제도를 바꾸고 담론을 형성하는 것만으로는 부족하다. 이 모든 시도들과 활동들이 결

---

34) '관계 형성의 힘'을 강화하는 것을 흔히 '역량 강화'(empowerment)라는 말로 표현한다. '역량 강화'는 "개인 · 가정 · 집단 · 공동체가 그들의 개인적, 인간관계적, 사회경제적, 정치적 힘과 영향을 증진시키고 그들의 복지를 향상시키는 과정"을 뜻한다. 레티 M. 러셀 · J. 샤논 클락슨 엮음, 『여성신학사전』, 410.

실을 얻으려면 무엇보다도 새로운 변화의 필요성에 공감하면서 변화 과정에 주도적으로 참여하려는 헌신적인 자세가 필요하다.

먹거리 문화에 대한 기독교교육적 성찰[1]

I. 머리말

살기 위해 먹는 것은 진지한 일이다. 밥 먹는 일이 '진지(眞知) 드시는 일'이 되는 까닭은 생명과 관계되기 때문이다. 그만큼 그것은 단순하지 않다. 최근 우리 사회에서 먹거리를 두고 일어나는 일련의 사건들은 먹는 일이 지닌 복합적이고 다양한 측면을 보여 준다. 2008년 9월 언론에 의해 밝혀진 중국산 분유의 멜라민 함유 사건은 어린아이들의 생명과 건강을 위협한다는 점에서 가히 충격적이었다. 플라스틱이나 아스팔트의 원료로 사용되는 멜라민은 각종 유제품 원료로서 과자류, 요구르트, 치즈, 초콜릿 등에 포함되기 때문에 전 세계에 멜라민 파동

---

1) 이 논문은 한국기독교교육학회 2009년 춘계학술대회 때(4월 4일) 발표한 논문이다.

을 일으켰다. 이것은 비윤리적 이윤 추구의 도구가 된 글로벌 식품체계
가 길고 복잡한 가공 과정에서 식품의 안전성과 투명성을 보장하지 못
하는 것을 분명하게 보여 준 사례이다. 또한 2008년 촛불집회로 확대
된 미국산 소고기 수입 반대운동은 먹거리 문제를 사회정치적 쟁점으
로 부각시켰다. 이처럼 신자유주의적 세계화 시대에 먹거리는 생존의
필수 조건일 뿐 아니라 정치경제적이고 사회문화적 의미[2]를 지닌다.

기독교는 예수의 먹고 마시는 행위와 잔치, 오병이어의 나눔, 성만찬
등을 통해서 그리스도인들이 무엇을 어떻게 먹어야 하는지, 그 의미와
가치가 무엇인지를 가르치고 실천한다. 이것은 생명을 살리시는 그리
스도의 가르침을 배우는 것과 다르지 않다. 그런 점에서 우리 시대에
일어나는 먹거리 문화의 불의함과 그로 인한 피조물들의 고통에 관심
을 갖고 그에 대한 대안을 모색하는 일은 기독교교육의 중요한 과제가
아닐 수 없다. 그러나 세계화 과정에서 나타나는 먹거리 문화의 문제점
과 그와 관련된 정치경제적이고 사회문화적 의미를 기독교교육적 관점
으로 성찰한 연구는 기독교 밥상공동체에 대한 생태윤리적 해석을 시
도한 조은하의 글[3] 이외에는 찾아보기 힘들다. 세계화 시대의 먹거리
를 주제로 한 대다수의 선행 연구들은 종교적 성찰보다 사회과학적 분
석과 인문학적 이해에 집중되어 있다.

이 글에서 필자는 우선 오늘의 세계에서 먹거리의 생산과 유통과 소
비를 둘러싼 문제를 드러내기 위하여 먹거리의 정치경제학과 먹거리

---

2) 2008년 우리나라의 사회 안전에 대한 의식 조사에서 가장 불안해하는 항목이 먹거리
(69.0%), 교통사고(61.2%), 전쟁 등 국가안보(32.5%)로 집계되었다. 통계청, 『2008
년 사회통계조사 결과 - 교육 · 안전 · 환경부문』(2008. 10. 17).
3) 조은하, "공존의 아름다움을 위한 기독교교육: 기독교 밥상공동체에 관한 성찰을 중
심으로,"『한국기독교교육학회 2009년 춘계학술대회 자료집』, 87-100.

문화에 은폐된 폭력의 현실을 분석하고자 한다. 그다음, 대안적 먹거리 문화를 구상하기 위하여 먹거리에 대한 신학적 이해를 정리하고 대안적 먹거리 문화에 대한 기독교교육적 의미를 성찰하고자 한다.

II. 먹거리 담론의 주제들

1. "죽음의 밥상"[4]을 둘러싼 정치경제학

매일 먹는 먹거리가 반생명적 요소들로 오염되고 죽음의 밥상이 일상화되면서 이에 대한 비판이 다양하게 제기되고 있다. 그 주요 사안으로 식품안전성의 약화, 농촌의 몰락, 지역 먹거리 문화의 붕괴, 에너지 과다 소비, 생태계 파괴 등이 지적된다.

전통적 농업 국가였던 한국 사회는 한국전쟁 후 값싼 미국 농산물의 수입과 도시화로 인해 농촌이 피폐해지고, 1970년대 이후 산업형 농업이 자리를 잡으면서 다량의 농약과 화학비료의 사용으로 토질이 악화되면서 식품안전성의 문제가 생겨났다. 특히 지속적인 단일 작물의 재배는 생물학적 다양성과 유전학적 다양성이 약화되고, 이로 인해 질병과 해충에 취약해진 작물에 더 많은 농약과 화학비료를 사용함으로써 토양의 황폐화가 심화된다.[5]

---

4) 죽음의 밥상이란 개념은 피터 싱어와 짐 메이슨이 쓴 책의 제목에서 인용한 것으로 밥상을 둘러싼 먹거리의 정치경제적, 사회문화적 환경이 직접·간접적으로 먹거리 공동체들의 죽음을 초래하는 상황을 의미한다. 피터 싱어·짐 메이슨, 『죽음의 밥상』, 함규진 역 (서울: 웅진싱크빅, 2008).

이런 상황에서 1980년대부터 진행된 농산물 시장의 개방과 세계화로 농업 기반의 붕괴가 가속화되었다. 1986년 우루과이 라운드는 농산물 수입 규제를 철폐하는 농산품 무역 규정을 만들어 미국과 유럽의 값싼 농산물을 전 세계에 공급하는 기반을 마련했다. 1995년 새로운 식량 안보 개념을 내세운 WTO의 농업협정(AOA)은 자유무역의 틀에서 식량 시장의 세계화를 추진함으로써 초국적 식품 기업들이 출현하여 성장할 수 있는 기반[6]을 제공하였다. 그 결과, 세계 주변부 농업은 자국의 식량 공급보다 환금 작물의 생산에 치중하여 식량을 수입하는 추세가 확산되었다.

최근 수입 자유화와 규제 완화를 강제하는 한미 FTA는 값싼 유전자 변형(GMO) 농산물[7]을 포함한 정체불명의 식품들[8]이 우리의 밥상을 차지하도록 만든다. 생산성 증대에 목적을 둔 미국의 공장제 축산이 사료, 항생제, 성장 호르몬을 사용하는 것은 널리 알려진 사실이다. 이렇게 값싸게 수입되는 먹거리와 산업형 농산물은 소비자의 생명과 건강을 위협한다.

식품안전성에 대한 우려와 더불어 생각해야 할 문제는 국제 식량 시

---

5) J. Mander, "Machine logic: Industrializing nature and agriculture," *The fatal harvest reader: The tragedy of industrial agriculture*, ed. by Andrew Kimbrell (Washington D.C.: Island Press, 2002), 23.

6) 대표적으로 카길, 몬산토, ADM 등을 들 수 있는데 이들이 식량 시장의 안정성을 좌지우지한다.

7) 미국에서 유통되는 대표적인 유전자 변형 식품은 콩(50%)과 옥수수(27%)인데 우리나라에서 수입하는 콩과 옥수수는 전량이 미국산이다.

8) 밀 수입의 경우, 운송 시간은 미국 서부의 경우 약 2주, 동부 뉴올리언스의 경우는 약 5~6주가 걸린다. 운송 과정에서 높은 기온의 적도를 통과하는 점을 두고 생산지의 농약 처리(방부제, 살균제, 살충제 포함)가 이루어진다는 것은 잘 알려져 있다. A. Beardsworth/T. Keil, *Sociology on the menu: An invitation to the study of food and society* (London; New York: Routledge, 1997), 54.

장의 양극화 현상9)이다. 우리 사회의 낮은 식량자급률은 식량의 해외
의존을 심화시킨다. 2008년 한국의 식량자급률은 약 25%로 OECD 국
가들 가운데 매우 낮은 수준이다.10) 그 가운데 대부분 사료로 쓰이는
곡물의 자급률은 밀 0.8%, 옥수수 0.8%, 콩 13.6%에 불과하다. 이것은
우리 사회에서 육류 공급의 해외 의존도를 심화시키는 한 원인이 된다.
국제 곡물 가격의 폭등으로 나타나는 식량 위기11)는 식량의 해외 의존
도가 높을수록 그 피해가 심각해진다. 2008년 한국은 급변하는 국제
식량 시장의 여파로 국내 식품 가격의 인상12)과 물가 상승을 경험하였
다. 신자유주의 세계화의 국제 식량 분업 구조에서 광고와 로비를 앞세
운 초국적 식품 기업들의 이윤 추구는 지역 먹거리와 먹거리 지역공동
체의 희생을 초래한다. 기업 식품 체계는 이윤의 극대화를 위해 대량
생산과 대량 소비의 구조를 형성하고 세계적으로 먹거리의 획일화13)

---

9) 유엔식량농업기구(FAO)의 발표에 따르면, 현재 식량생산량은 세계 인구의 두 배가
   먹을 수 있는 수준임에도 불구하고 2008년 연말 현재 기아 인구는 전 세계에서 10억
   명으로 추정되고 있다.『서울신문』(2008년 9월 19일).
10) 국제적 수준을 비교해 보면, 미국 109%, 프랑스 222%, 영국 125%이며, 우리나라와
    는 현격한 차이를 보이고 있다.
11) 미국 월드워치 연구소의 자료에 따르면, 2030년 예상되는 세계 인구는 89억 명, 예
    상 곡물생산량은 22억 톤이다. 일인당 곡물소비량을 400kg(멕시코 기준)으로 계산
    할 경우, 22억 톤으로 먹일 수 있는 세계 인구는 55억 명이라고 한다. 게다가 석유
    의존도가 높은 대량 생산형 농업 체계는 석유 생산량이 감소하고 국제 원유 가격이
    불안정한 상황에서 식량 위기를 초래할 가능성이 높다. 이에 대해서는 맹주형, "사
    람들이 밥을 같이 먹는 세상,"『경향잡지』통권 1625 (2003/7), 41을 보라.
12) 이 과정에서 국내 식품 기업들은 값이 싸다는 이유로 유전자 변형 농산물을 대량으
    로 수입하였다.
13) 맥도날드의 경우, 전 세계 119개국에 30,000여 개의 점포를 두고 매일 4,700만 명의
    고객에게 식품을 판매하여 연간 18억 달러의 이윤을 얻고 있다. 미국에서 식당 이
    용자의 1/7이 맥도널드 고객이라고 한다. J. Vidal, *McLibel: burger culture on trial*
    (New York: The New Press, 1997), 44.

를 확대시킨다. 그 결과, 지역 먹거리와 전통적 먹거리 문화는 점차 사라져가고 그에 따라 지역사회도 황폐해진다.

먹거리의 장거리 유통은 화석 연료의 대량 소비와 생태계 파괴를 만들어낸다. 값싼 장거리 유통 식품이 대중화되면서 푸드 마일리지가 증가하고 그에 비례하여 화석 연료와 전기 에너지의 소비도 증가한다. 농업 생산과 유통에서 소비되는 화석 연료 가운데 생산에 사용되는 것은 10%에 불과하고 나머지는 포장, 수송, 마케팅에 쓰인다는 연구 결과는 많은 것을 시사하고 있다.[14] 특히 장거리 운송 과정에서 대량 방출되는 유해 물질과 이산화탄소는 지구 온난화를 초래하고, 그 결과 생태계가 파괴된다. 밀 1kg을 미국에서 수입하는 경우 운송 과정에서 방출되는 이산화탄소는 982kg이고, 전남 해남에서 구입하는 경우는 이산화탄소의 방출량이 63kg이라고 한다.[15]

위에서 개략적으로 살펴본 대로, 식품안전성의 약화, 농촌의 몰락, 지역 먹거리 문화의 붕괴, 에너지 과다 소비, 생태계 파괴와 관련된 죽음의 밥상은 권력과 자본의 독점과 지배를 추구하는 세력과 그들이 만든 기업 식품 체계에 의해 생성·유지되고 있음을 알 수 있다.[16] 이로 인한 인류 대다수의 희생과 고통을 직시하면서 죽음의 밥상을 주도하는 불의한 세력과 구조에 저항하는 대안들 가운데 주목되는 것은 먹거리 주권(food sovereignty)과 지역 먹거리 운동이다. 먹거리 주권은 먹

---

14) G. Transey/T. Worsley, *The food system: A guide* (London: Earth Scan Publications Ltd, 1995), 24.

15) 조완형, "식생활패턴과 지구환경문제,"「환경운동연합·ERISS 토론회 자료집 – 위기에 처한 삶, 위험사회 어떻게 극복할 것인가」(2008. 6. 26).

16) 장 지글러,『왜 세계의 절반은 굶주리는가』, 유영미 역 (서울: 갈라파고스, 2007); 제레미 시브룩,『세계의 빈곤, 누구의 책임인가』, 황성원 역 (서울: 이후, 2007).

거리에 대한 소비자의 소외를 극복하고 당사자들의 생명과 건강을 위한 주체적인 먹거리의 선택과 결정을 의미하는 개념으로서 식품안전성과 식량 공급의 문제를 모두 포괄하고 있다. 먹거리에 대한 정치적 관심은 개인의 건강과 기호 수준을 넘어서서 먹거리의 생산, 유통, 분배, 소비에 대한 알 권리와 먹거리 문화의 형성과 변화에 참여하는 책임도 수반한다. 특히 글로벌 식품 체계 안에서 성별, 나이, 계층, 지역을 초월하는 먹거리 생활 정치와 먹거리 생활 교육은 시급한 과제가 된다. 이와 관련된 대표적인 실천 사례는 지역 먹거리를 강조하는 생활협동조합과 시민 농업(civil agriculture)과 도시 농업 등이 있는데, 이에 관련된 자세한 언급은 III장에서 다루기로 한다.

2. 먹거리 생산 과정에 감추어진 폭력

죽음의 밥상을 둘러싼 정치경제학은 먹거리 상품을 만드는 과정에 개입되는 다양한 폭력을 감추고 있다. 이 은폐된 폭력들을 불러내는 것은 이윤 극대화 욕구와 인간 중심주의이다. 그 대표적인 예는 사람들의 육식을 위한 동물 살해이다. 역사학자 리처드 불리엣은 동물의 가축화와 관련된 기술, 종교, 정치, 경제의 문제를 역사적 관점에서 분석하고 육식을 위한 사육 과정에서 나타나는 인간의 폭력을 폭로하였다.[17]

동물권의 침해와 동물에 대한 폭력은 무엇보다도 육식의 생산, 유통, 소비를 통하여 육식에 대한 욕망을 재생산하는 식품 체계[18]에 의하여 발생한다. 육식의 대량 소비에 부응하는 생산량의 증가는 사육 기간의

---

17) 리처드 W. 불리엣, 『사육과 육식, 사육 동물과 인간의 불편한 동거』, 임옥희 역 (서울: 알마, 2005).

18) 난 멜링거, 『고기』, 임진숙 역 (서울: 해바라기, 2002).

단축을 필요로 한다. 이를 위해 기업형 축산은 소의 사료로 초식 사료와 동물성 사료를 혼합해서 사용하고 여기에 다량의 성장 호르몬과 항생제를 투입한다. 돼지의 사육 기간도 3년에서 9개월로 단축하고 있다.[19] 이로 인한 동물의 비정상적 발육 외에도 비용 절감을 위한 공장식 거대 축사의 비위생적 시설과 관리 그리고 도살 과정의 잔인함은 문헌과 다큐멘터리 영상을 통해 널리 보도된 바 있다. 이러한 생산 과정에서 광우병, 닭과 오리의 조류독감, 돼지의 구제역 등이 발생하고, 이로 인하여 대량의 소가 죽임을 당하고, 수십 톤의 닭과 오리가 살처분되고, 돼지들이 떼몰이로 생매장된다.

이처럼 동물에게 가해지는 학대와 폭력을 사회운동가인 캐럴 아담스는 부재 지시대상(absent referent)이라는 개념으로 설명하였다.

"모든 육식의 이면에 부재하는 것, 그것은 음식으로 먹힐 고기를 남기고 죽는 동물의 죽음이다.

'부재 지시대상'은 육식가를 동물과 분리하고, 동물을 자신의 최종 생산물인 고기에서 분리하는 것이다. (…) 동물은 육식 행위에서 부재하는 지시대상이다."[20]

"도살을 통해 동물은 부재 지시대상이 된다. 동물의 이름과 신체는 고기로 존재하는 동물에게는 부재하는 무엇이다. (…) 동물이 고기라는 음식으로 전환되기 때문에 동물은 고기를 먹는 행동에서 부재하는 무엇이다. (…) 살아 숨 쉬는 동물은 고기의 개념에서는 부재하는 지시대상

---

19) 아담 바바라, "산업적 식품에 대한 단상," 한국농어촌사회연구소,『세계의 식료와 농정』9 (2001), 32.
20) 캐럴 J. 아담스,『육식의 성정치, 페미니즘과 채식주의 역사의 재구성』, 이현 역 (서울: 미토, 1990), 17.

이다. 부재 지시대상은 독립된 실체로서 동물을 망각하도록 만들고, 그런 동물을 떠올리는 것조차 불가능하게 만든다."21)

아담스는 도살을 육식을 위한 가장 본질적인 행동 방식으로 규정하면서 "살고자 몸부림치는 동물에 아랑곳하지 않고, 우리의 시선과 감정을 격리시키면서 글자 그대로 동물을 해체"22)하는 폭력으로 비판한다. 그녀는 육식을 위한 동물에 대한 잔인성과 폭력을 성별 간 불평등과 인종 간 불평등과 연관을 짓는다. 가부장제 역사에서 육식의 정치문화적 맥락은 고기는 남성 음식, 채소는 여성 음식으로 분리하고, 단백질의 불균등한 분배를 정당화하였다.23) 남성들이 사냥을 통해 고기를 얻고 지배 권력을 획득하면서 고기는 남성성을 대표하는 힘의 상징이 되었다. 이것은 "남자는 강하고, 남자는 강할 필요가 있으며, 따라서 남자에게는 고기가 필요"하다는 신화와 함께 "육식을 멀리하는 남자는 사나이답지 못한 인간으로 놀림"받는 문화를 이루었다.24) 또한 육식 문화는 고기가 최상의 단백질이고 이성적 능력을 부여하는 식품이라는 생각25)으로 "지적으로 우수한 육식자들과 열등한 채식자들"을 분리하고, 육식을 하는 백인(문명인)과 육식을 멀리하는 유색 인종(미개인)을 구분·차별하였다. 여기서 주목해야 하는 것은 이와 같은 육식의 성 정

---

21) 캐럴 J. 아담스, 앞의 책, 81.

22) 아담스는 동물을 도살하는 폭력과 강간 피해자인 여성이 자신을 '고깃덩어리'로 비하하게 만드는 성폭력의 상관관계에 주목한다. 캐럴 J. 아담스, 앞의 책, 80.

23) 레위기 6장에서도 "여자들은 고기 맛을 볼 수 없었다. 아론의 사내아이들만(…)"이라는 구절을 볼 수 있다.

24) 캐럴 J. 아담스, 앞의 책, 66-68.

25) 오늘날 "고기를 먹어야 키도 크고 튼튼해진다." "우유와 계란은 완전식품이다."라는 과학 신화도 육식 소비를 부추기고 있다. 이에 대해서는 존 로빈스,『육식, 건강을 망치고 세상을 망친다』, 이무열·손혜숙 역 (서울: 아름드리 미디어, 2000)을 보라.

치학과 인종 정치학에서 동물에 대한 인간의 폭력이 여성과 타 인종에 대한 폭력으로 연관된다는 점이다. 근대 이전에 짐승으로 취급받던 유아, 젊은이, 가난한 사람들, 흑인, 아일랜드인, 미친 사람들, 여성들은 근대 초기에 동물과 인간의 구별을 강조하는 '인간 지배의 윤리'에 따라 "동물과 비슷한 상태에 처해 있는 인간"을 동물처럼 학대하는 것을 정당화했다.[26]

아담스는 가부장제 폭력 구조에서 다루어지는 동물(혹은 여성)의 학대를 다음과 같은 단계로 설명한다.

첫째, 객체화 단계: 이것은 살아 숨 쉬는 존재를 죽은 객체로 대상화함으로써 폭력을 행하도록 만든다.

둘째, 절단 또는 해체 단계: 본래 자아를 객체화된 대상과 분리시키는 작업인데 동물 분해 라인에서 동물의 몸이 사용 목적에 따라 부위별로 나누어짐으로써 온전한 형체가 사라지는 것이다.[27]

셋째, 소비 단계: 폭력의 희생된 대상은 더 이상 자신의 의지나 정체성을 상실한 상태로 소비된다. 이 단계에서 죽은 소 대신 맛있게 요리된 스테이크나 불고기를 먹는 문화가 일상화된다.[28]

먹거리 문화에 내재된 인간 중심주의는 동물(혹은 식물과 동물로 취급되는 사람들)을 감정과 욕구와 영혼이 없는 대상으로 분류하고 인간

---

26) K. Thomas, *Man and the natural world: A history of the modern sensibility* (New York: Pantheon, 1983), 44

27) 아담스는 동물의 절단 과정을 사사기 19:29에 나타난 대로 성폭행 후 여성의 신체를 절단하는 것과 비교한다.

28) 캐럴 J. 아담스, 앞의 책, 92-94.

의 지배와 소유욕을 충족시키는 도구로 물상화한다. 그것은 암수로 구분되는 동물의 대명사가 '잇(It)'으로 표현되고 조롱과 비하적인 동물 비유(여우같은 마누라/늑대 같은 남자들)에서 잘 드러난다. 여기에서 생각되는 것이 육식 문화에 대한 윤리적 선택, '윤리적 채식주의'(육식의 자발적 포기)이다. 이것은 먹거리 선택의 자율성과 다른 종에 대한 인간 중심의 통제와 폭력에 대한 저항을 의미한다. "성폭력은 폭력이지 섹스가 아니"듯이 "육식은 필수 음식이 아니라 동물에 대한 억압적이고 포괄적인 제도화된 폭력"이 되기 때문이다.[29]

그러나 폭력적인 육식 문화를 비판한다고 해서 채식 근본주의나 채식을 둘러싼 계층 간 위화감을 옹호하자는 것은 아니다.[30] 오늘날 육식 문화가 동물에 대한 폭력 이외에도 다음과 같은 복합적 의미로 자연에 적대적이고 반생태적인 사회환경의 형성에 끼치는 영향이 지대한 점을 인식하고 그에 대한 대안을 모색하는 것이 중요하다.

"환경과학이 발달함에 따라 동물의 고기에 대한 인간의 욕망이야말로 지금 인류의 미래를 위협하고 있는 거의 모든 환경 피해, 즉 삼림 소멸, 표토 소실, 청정수 부족, 대기 오염과 수질 오염, 기후 변화, 생물 다양성 감소, 사회적 부정의, 공동체 파괴와 새로운 전염병 창궐 등의 저변에 있음이 뚜렷해졌기 때문이다."[31]

고기 1kg를 생산하기 위해 9kg의 사료가 필요한데 사료의 대부분은

---

29) 캐럴 J. 아담스, 앞의 책, 139-151.
30) "채식, 친환경, 녹색" 등의 구호로 브랜드화하는 식품 판매 전략에 대한 비판도 있다.
31) 싱어 · 메이슨, 앞의 책, 338.

곡물과 조사료라고 한다. 또 식품 생산 과정에서 사용되는 물의 양은 쌀 1kg에 3,400리터가 필요한 반면, 같은 무게의 소고기 생산에는 15,000리터가 사용된다고 한다.[32] 또한 육식의 확대는 사료용 곡물의 소비를 증가시키고,[33] 곡물 사료를 생산하기 위해 숲을 목초지나 콩밭으로 개간함으로써 지구 온난화는 촉진된다.[34]

III. 대안적 먹거리 문화의 형성에 기여하는 기독교교육

앞에서 분석한 바와 같은 죽음의 먹거리 문화를 극복하기 위해 여기서는 먹거리의 신학적 의미를 밝히고, 그것에 바탕을 두고 대안적 먹거리 문화를 형성하기 위한 실천적 과제를 기독교교육적 관점에서 성찰하고자 한다.

1. 식탁 친교의 의미

구약과 신약에 나타난 식탁 친교는 먹거리에 대한 가르침을 제공하고 대안적 먹거리 문화를 구상하기 위한 실마리를 제공한다.

---

32) 김철규, "글로벌 식품체계와 대안: 새로운 먹거리 정치를 향해,"『문화과학』56 (2008/겨울), 267.
33) 싱어 · 메이슨, 앞의 책, 326.
34) "아마존 강 유역의 열대우림은 지금도 매년 25,000평방km씩 사라지고 있으며, 그 자리에 소를 기르는 목초지나 동물들을 먹일 콩밭이 들어서는 중이다"(싱어 · 메이슨, 앞의 책, 327).

1) 제사와 식탁 친교

구약성서 시대의 사람들은 곡식과 동물(염소, 양, 소, 비둘기 등)을 제물로 바치고 그 제물을 제사 후 공동으로 나누어 먹었다.(출 18:12) 시나이 산에서 계약을 맺은 뒤에도 사람들은 공동 식사를 나누었다.(출 24:9 이하) 이스라엘의 주요 절기(유월절, 무교절, 추수절, 초막절)는 언제나 먹고 마시는 축제였다. 이 축제들에는 누구나 참여할 수 있었다. 가난한 사람들, 떠돌이, 고아, 과부, 레위인 등은 어떤 제약도 없이(신 16:11-14) 이 축제들에 참여해서 먹고 즐길 수 있었다. 오랜 옛날부터 제사와 식탁 친교와 축제는 깊은 상관관계를 맺고 있었던 것이다.

히브리인들에게 땅은 언제나 소중한 것이었다. 그것은 생존에 필수 불가결했기 때문이다. 이집트에서 종살이하던 히브리인들은 땅이 없는 민족이었다. 그들에게 '젖과 꿀이 흐르는 땅'은 굶주리지 않고 먹을 수 있도록 약속된 땅이었다. 광야에서 굶주리던 히브리인들이 먹었던 만나와 메추라기는 야훼 하나님이 주신 일용할 양식이었다. 양식은 하나님의 종말적 사건에서도 중요한 모티프로 나타난다. 마지막 날 하나님은 시온에서 "살진 고기를 굽고 술을 잘 익히고 연한 살코기를 볶고 술을 맑게 걸러" 잔치를 베풀 것이다.(사 25:6)

야훼를 믿는 이스라엘에게 구원은 함께 음식을 나누어 굶주림의 고통에서 벗어나 평안을 느끼는 것(잔치), 욕심과 이기심에 눈이 어두워 다른 사람을 배고프게 하지 않는 것(정의), 배고픈 이웃을 외면하지 않고 자기가 먹을 것도 나누어주는 것(연민)을 의미한다. 이스라엘은 굶주림으로 인하여 '젖과 꿀이 흐르는 땅'이 우상이 되지 않도록 경계하였고, 더 많은 먹거리를 축적하고 소유하기 위해 다툼과 분열이 일어나지 않도록 경계하여야 했고(출 16:23 이하), 먹거리를 얻기 위하여 이웃 피조물을 살육하지 않고 그들과 공생하기 위하여 하나님의 대리인으로서 그 책임을 다하여야 했다.(창 1:29) 이것은 인간이 타락한 후 폭력으로 짐승을 먹거리로 삼는 행위와 대조를 이룬다.(창 9:3)

이상에서 살펴본 대로 구약성서가 가르치는 먹거리 문화는 오늘날 권력과 자본의 독점과 지배를 위해 인류 대다수와 피조물의 희생과 고통을 강요하는 죽음의 밥상과 대조적이다. 하나님의 정의는 죽음의 먹거리를 주도하는 불의한 세력과 구조적 폭력에 저항하고, 모든 사람이 하나님 잔치에서 먹고 나누며 생명 공동체를 이루는 것을 의미한다.

2) 예수의 식탁 친교

예수는 하나님 나라를 "굶주린 자들이 배부르고"(눅 6:20-21), 일용할 양식이 있는(눅 11:2-3) 잔치에 비유했다. 로마 제국의 지배 아래서 억압과 핍박을 당하는 작은 사람들에게 일용할 양식을 얻고 "먹고 마시는" 것은 생존의 절실한 과제였다. 예수는 굶주린 사람들의 고통을 대수롭게 여기거나 그 의미를 추상화하지 않고, 그들에게 관심을 갖고 구체적인 도움을 주었다. 예수의 공생애에서 사람들과 함께 먹는 것은 매우 중요한 모티프를 이루며(막 2:15, 23; 6:30 이하; 7:2; 8:10 이하; 14:3, 18 등), 부활 후에 제자들에게 나타난 자리도 식탁이었다.(눅 24:13 이하, 30 이하, 40 이하; 막 16:14 등)

예수의 식탁 친교에는 정치적, 사회적, 종교적, 민족적인 차별 없이 누구나 초대를 받았다. 그들은 예수와 식탁을 나누며 즐거워했다. 예수는 '죄인과 세리의 친구'였고, 가난한 사람들, 병든 사람들과 어울리고 그들과 함께 먹는 기쁨을 누렸다.(막 2:16) 예수의 식탁 친교는 정결법이나 안식일법의 기준에 따라 사람들을 죄인으로 정죄하고 그들과 같이 먹고 마시는 일을 금기시했던 종교인들과 종교적 권위에 대한 저항으로 평가될 수 있다.[35]

오병이어의 나눔(막 6:30-44)은 예수에게서 먹을 것을 나누는 것이 얼마나 중요한 의미를 가졌는가를 시사한다. 오천 명의 사람에게 보리떡 다섯 개와 물고기 두 마리는 턱 없이 부족한 양이었다. 그러나 오병이어를 나눔으로써 오천 명의 사람은 배불리 먹고도 남는 것이 있었다. 오병이어의 사건은 사람들의 합리적 계산을 초월한 기적이다. 이러한 기적은 사람들로 하여금 자신이 갖고 있었던 먹을 것을 내어놓게 하고,[36] 굶주리는 사람들이 굶주리는 고통을 공감하면서 서로 나누어먹도록 만들었다.[37] 바로 여기서 식탁 친교의 복합적인 측면이 드러난다. 지위고하를 막론하고 누구나 배고프면 먹어야 한다는 단순한 사실은 배고픔을 경험하는 사람들로 하여금 서로 연대하게 만들고, 굶주림 앞에서 한없이 작아지는 생명의 모습을 보고 생명의 가치와 겸손을 새롭게 깨닫게 한다. 함께 먹음으로써 사람들은 고립에서 벗어나 서로 관계의 다리를 놓는다. 요한계시록의 말씀은 이를 잘 표현하고 있다.

"보라, 내가 문 밖에 서서 문을 두드리고 있다. 누구든지 내 음성을 듣고 문을 열면 내가 그에게 들어가 그와 함께 먹고 그도 나와 함께 먹을 것이다."(계 3:20)

'대동세상(大同世上)'의 모습도 이와 같을 것이다. 大同世上에서 同은 "천막을 치고 사람들이 같이 밥을 먹는 모습"이라고 한다. 천막 안

---

35) 안병무, "예수와 오클로스,"『민중과 한국신학』, NCC 신학연구위원회 편 (서울: 한국신학연구소, 1982), 93.

36) J. Gnilka,『마르코복음』(서울: 한국신학연구소, 1985), 336.

37) 박재순, "예수의 밥상 공동체 운동과 교회,"『안병무 박사 고희기념 논문집』(서울: 한국신학연구소, 1992), 540.

에 들어와 함께 먹는 배고픈 사람들에게 인종, 성별, 계층, 연령, 학벌
등의 차이가 무슨 의미가 있을까? 그런 것들이 배고픈 사람들에게 밥보
다 소중하다고 볼 수 있을까? 이현주 목사는 그런 밥의 의미를 이렇게
이야기한다.

> "한 톨 쌀에 하늘, 땅, 사람이 들어 있으면 그 쌀은 우주인 것이오. 거기
> 하느님도 있고 사람도 있고 자연도 있소. 그 쌀을 함부로 버린다는 것은
> 인간으로서 차마 못할 자기 경멸이요 신성모독이 아닐 수 없소."[38]

우주와 하나님이 들어 있는 밥이 몸을 만드니, 그 몸이 우주요 하나
님이 된다는 말이다. 그런 몸을 지닌 나와 이웃은 서로를 학대하거나
하찮게 여길 수 없으며 영성이 깃든 밥을 함께 나누는 생명 공동체가
된다. 그래서 제대로 먹는 일은 모두가 같이 사는 길이고 하느님과 함
께 사는 길이다. 이런 점에서 음식 낭비나 과식 풍조는 소비 자본주의
에 영성을 넘겨주는 행위이고 굶주린 이웃과의 유대를 저버리는 결과
를 빚는다.

이상에서 살펴본 대로 먹거리 문화와 관련된 예수의 가르침은 먹거
리를 둘러싼 사람들 사이의 갈등과 분열의 현실을 비판하고, 그 죄와
악한 구조를 넘어서는 새로운 세상에 대한 희망과 비전을 제시한다. 그
것은 불의한 먹거리 문화에 동조하거나 침묵하는 대다수 사람들의 자
성을 촉구하며 용기를 불러일으키는 소리이기도 하다.

---

38) 이현주, "영성과 밥상," 『세계의 신학』 48 (2000. 9), 49.

2. "희망의 밥상"[39]을 위한 실천과 교육적 과제

죽음의 밥상이 일상화되어 가는 현실에 저항하는 방법들 가운데 하나는 희망의 밥상을 새롭게 차리는 일일 것이다. 침팬지 연구가인 제인 구달은 이러한 대안적 밥상운동을 '맛있는 혁명'[40]이라고 불렀다. 맛있는 혁명은 자기가 먹을 것을 주체적으로 선택하는 행위에서 시작된다. 먹거리의 소비자는 화려한 포장과 세련된 마케팅으로 죽음의 밥상을 확산하는 기업형 시장과 프랑켄푸드를 거부하면서 맛있는 작은 혁명을 주도할 수 있다. 제인 구달이 구상하는 희망의 밥상 차리기의 기본은 먹거리의 민주주의다.[41] 그것은 내 고장 식품 먹기, 제철 음식 먹기, 전통 음식 먹기를 통해서 이루어진다.[42] 내 고장 식품 먹기는 정체불명의 먹거리를 무차별적으로 진열·판매하는 대형 글로벌 마켓의 시장 독점에 저항하고, 지역 먹거리를 거래하는 재래시장을 활성화하는 데 도움이 된다. 제철 음식 먹기는 생산량을 증가시키기 위해 먹거리의 성장 기간과 사육 속도를 단축시키는 기업 식품 체계를 거부하고, 화학비료, 농약, 항생제, 성장 호르몬, 살충제 등의 남용에 저항하면서 유기농법에 종사하는 사람들을 지원할 수 있다. 전통 음식 먹기는 인스턴트푸드, 냉동식품, 패스트푸드 등 건강에 유해한 획일적인 먹거리[43]를 세계적으로 확산시키는 글로벌 먹거리 문화를 바꾸는 대안이 된다. 특히 패

---

39) '희망의 밥상'은 제인 구달이 제안한 대안적 먹거리 생태운동을 지칭하는 개념이다.
40) 제인 구달, 『희망의 밥상』, 김은영 역 (서울: 사이언스북스, 2006), 342-350.
41) 제인 구달, 앞의 책, 86.
42) 제인 구달, 앞의 책, 276-303.
43) 패스트푸드에 다량의 콜레스테롤, 소금, 지방, 설탕이 함유되었다는 것은 잘 알려진 사실이다. 이에 대해서는 에릭 슐로서, 『패스트푸드의 제국』, 김은령 역 (서울: 에코리브르, 2001)를 보라.

스트푸드는 밥상 공동체의 유대와 사회화를 약화시키고, 지역과 민족의 정체성이 담긴 전통 먹거리 문화를 붕괴시키기 때문에 그 대안이 절실하다. 슬로푸드 운동과 채식주의 운동은 그러한 대안의 실례들일 것이다.

유기농 먹거리(Organic food or Biofood)는 생명의 유대와 순환을 존중하는 전통적인 방식으로 생산되지만, 그러한 먹거리의 유통 가격이 비싸기 때문에 희망의 밥상을 차리는 데 많은 부담이 따른다.[44] 그러나 죽음의 밥상에서 비롯되는 다양한 질병과 이로 인한 의료비 발생, 심신의 고통 등을 감안한다면 먹거리 비용은 장기적인 안목에서 달리 계산되어야 할 것이다. 희망의 밥상은 단지 먹거리의 경제적 가치에만 초점을 두지 않는다. 먹거리 생산 과정에 참여한 사람들과 음식을 만든 사람들의 수고와 정성, 햇볕과 물과 바람과 흙의 도움, 피조세계의 어울림과 상생을 만들어 가시는 하나님에 대한 감사와 사랑의 가치를 잊지 않기 때문이다. 이런 점에서 자연요리 연구가 문성희는 생명과 평화가 깃든 밥상을 차리면서 "음식을 받는 몸은 영혼을 담는 그릇"이라고 생각하고 "영성과 음식, 영성과 몸, 몸과 영혼의 불가분 관계"[45]를 이야기한다.

이러한 희망의 밥상은 가정에서 시작해서 지역 공동체와 교회와 학교와 사회로 확산되어야 한다. 맛있는 혁명은 개인의 생명을 보호하고 인간과 더불어 살아가야 할 다른 종(種)들과의 관계를 바르게 하는 기독교의 창조신앙과 다르지 않다. 이러한 정신은 생명 공동체의 영혼에 건강한 생명력을 불어넣는 기독교교육과 사회 교육으로 구체화된다.

---

44) 제인 구달, 앞의 책, 253-300.
45) 이영란, "자연요리연구가 문성희 – 생명과 평화가 깃든 밥상, 나를 살리며 지구를 살린다,"『기독교사상』599 (2008/11), 15.

그 대표적인 사례가 시민 농업이다. 시민 농업은 지역 단위로 경제적·환경적·사회적으로 지속 가능한 농업 및 먹거리 생산 체계를 만들자는 구상인데, 이 구상의 핵심은 협동적인 이윤 추구와 상호 지원적 사회 관계를 통하여 지역 공동체의 문제를 해결하려는 노력이다.(Lyson, 2004) 시민농업과 관련된 관계망 가운데 중요한 역할을 하는 것은 생활협동조합운동인데, 생협운동이 먹거리 문화 형성에 끼치는 긍정적 효과는 다음과 같다:

- 생산지와 소비지의 물리적 거리를 줄임으로써 생산자에게는 적절한 경제적 보상을 주고, 소비자에게는 저렴한 가격으로 먹거리를 제공한다. 먹거리 이동 거리를 최소화함으로써 먹거리의 신선도와 안전성을 유지하고 화석 연료와 에너지의 소비 절약과 유해 물질의 감소로 생태계 보존에 도움을 준다.
- 생산자와 소비자의 사회적 거리를 줄이고, 둘 사이의 직거래를 통하여 상호 소통과 상호 신뢰를 형성하고, 상생의 먹거리 문화를 만들어 간다.[46]

희망의 밥상을 활성화하려면 먹거리 지역공동체를 구축하는 것이 무엇보다 중요하다. 우리나라에서 친환경 농업 종사자들이 가장 힘들어하는 것은 친환경 농산물의 유통과 판매 문제이다. 그것은 친환경 농산물이 글로벌 먹거리와 가격 경쟁을 하기 힘들기 때문이다. 먹거리 지역운동은 이 문제를 극복하는 데 기여할 수 있다. 신자유주의적인 세계 식량 체계에 대한 대안으로서 지역 식량 체계가 확립되면, 보다 친환경

---

46) 김철규, 앞의 글, 273.

적인 소규모 영농과 노동집약적 다품종 소량 생산으로 지역 먹거리의 특성화와 지역 경제의 활성화 그리고 지역 환경 보존에 기여하게 될 것이다. 전국에 있는 교회들이 먹거리를 중심으로 한 생명 교육과 먹거리 지역운동에서 지도적 역할을 담당한다면, 이것은 하나님이 창조하신 세상에 대한 청지기적 책임과 불의한 현실에 대한 하나님의 정의를 추구하는 것이며 사회적으로는 기독교에 대한 새로운 인식과 평가를 획득하는 계기가 될 것이다.

3. 대안적 기독교 먹거리 교육: 녹색교회와 살림밥상

기독교교육은 먹거리 문화에 대한 신학적 이해와 먹거리 지역운동의 실천을 기반으로 다양한 프로그램을 개발하고 전개할 수 있다. 여기서는 녹색교회와 살림밥상의 사례를 통하여 대안적 먹거리 문화에 관한 기독교교육적 의미를 성찰하고자 한다. 이 사례들은 먹거리를 둘러싼 불의한 구조와 폭력에 저항하는 비폭력적 방식이며 그리스도 안에서 희망과 비전을 모색하는 먹거리 교육으로 평가할 수 있다.

기독교환경운동연대와 한국기독교교회협의회 생명윤리위원회가 연합하여 만들어진 녹색교회위원회는 다음과 같은 '녹색교회다짐'을 중심으로 교육 활동을 하고 있다.

1. 만물을 창조하고 보전하시는 하나님을 예배한다.
2. 하나님 안에서 사람과 자연이 한 몸임을 고백한다.
3. 창조보전에 대하여 교육한다.
4. 어린이와 청소년을 친환경적으로 키운다.
5. 환경을 살리는 교회 조직을 운영한다.

6. 교회가 절제하는 생활에 앞장선다.

7. 생명밥상을 차린다.

8. 교회를 푸르게 한다.

9. 초록가게를 운영한다.

10. 창조보전을 위하여 지역사회와 연대한다.

'녹색교회다짐'은 하나님이 만드시고 보전하시는 생명 공동체에 대한 그리스도인들의 청지기적 인식과 책임을 강조하고 이에 대한 교회의 실천적 역할을 제안한다. 여기에서 주목되는 것은 교회의 청지기 교육이 전 교인을 대상으로 한다는 점, 교육의 실천 범위를 교회의 환경, 조직, 생활 차원으로 확대하고 상호연결시킨다는 점, 교회녹색운동을 지역사회와 연대하는 선교적 과제로 인식한다는 점이다. 이러한 조건들은 대안적 먹거리 문화를 형성하고 기독교 먹거리 교육을 전개하는 기본 토양이 된다. 녹색교회에서 제안하는 '생명밥상'은 교회뿐 아니라 각 가정과 사회에서 실천할 수 있는 교육적 과제이다.

여성신학자 안상님 목사는 기독교환경운동과 생태여성신학운동의 일환으로 오랫동안 특별한 밥상을 차리고 있다. 그는 "사람을 살리고 자연을 살리는 '살림이'가 되"[47]고자 살림밥상을 차리고 외부 사람들을 초대한다. 살림밥상의 주요 재료들은 안 목사의 서울 자택 옥상[48]에 만

---

47) 이는 여성교회가 지향하는 선교사명이라고 한다. 안상님, "생명밥상과 여성신학,"
『한국 · 재일 · 일본 여성신학 포럼 자료집』(2009. 2. 17), 10-19.

48) 안상님 목사의 집은 서울 중심가에 있다. 이것은 도시형 텃밭농업의 사례로서 농사에 대한 도농(都農) 간 경계를 약화시킨다. 도시농업은 도시 경계 안에서 이루어지는 식량 생산을 의미하는데 주로 생산자의 자가소비를 목적으로 하기 때문에 친환경적 방식이 주류를 이룬다. 도시농업에 대한 쿠바의 성공적인 사례가 있다. 우리나라에서도 '인천도시농업 네트워크'가 '상자텃밭'과 '지렁이 상자'를 보급하고 공

들어진 텃밭에서 자란 유기농 채소들이다. 손수 가꾸는 도시 농업으로 지금까지 300번 이상 살림밥상을 마련한 안 목사는 자신의 생각을 다음과 같이 밝혔다.

"조그만 옥상 밭에서 저는 놀라운 자연의 원리를 배웁니다. 내가 필요한 만큼만 거두고 나면 나머지는 자연으로 돌아가서 다음의 생명을 살리는 데 쓰이는 것입니다. 이 세상에 있는 어느 것 하나도, 쓸데없이 존재하지는 않는 것 같습니다. 풀 한 포기라도 다 할 일이 있고 필요한 존재로 여겨집니다. 식물은 우리가 먹을 만큼만 취하고 나머지는 그냥 놔두면 다른 사람이나 동물들이 먹으면 됩니다. 또 그냥 놔두어서 썩으면 자연으로 돌아가기 때문에 쓰레기가 되지 않습니다. 과일 껍질이나 채소를 다듬은 찌꺼기는 그대로 땅에 묻으면 다 썩어서, 미생물들이 먹고 분해하기 때문에 모두 생명을 위해 쓰여집니다. 다른 생명의 밥이 되고 좋은 비료가 되는 것이지요. 하나님이 지으신 자연의 질서는 이리도 오묘한데 인간의 욕심이 자연을 파괴합니다. 하루 먹을 것으로 만족할 수 있다면 그 또한 하늘의 질서에 응하는 것입니다."[49]

안 목사의 살림밥상에 모인 사람들은 밥을 먹기 전에 다 함께 다음과 같은 노래를 부른다. 이 노래는 우리들의 먹는 행위가 먹거리의 그물망에서 어떤 의미를 갖는가를 성찰하고, 그리스도인들로 하여금 성육신의 정신에 따라 사는 삶의 가치를 되새기도록 만든다. 이러한 과정은

동텃밭을 운영하는 활동을 전개하고 있다. 이것은 도시민의 농사 체험, 도시 환경 바꾸기, 어린이들의 환경 교육과 생명 교육, 노인들의 여가 선용 등에 기여하는 것으로 평가한다. 『한겨레』(2009년 3월 20일).

49) 안상님, 앞의 글.

일상생활에서 누구나 참여하는 먹거리 교육의 한 방법이 될 수 있다.

"천천히 씹어서 공손히 삼켜라

봄부터 여름 지나 가을까지 그 여러 날들을

비바람 땡볕 속에 익어온 쌀인데

그렇게 허겁지겁 먹어서야

어느 틈에 고마운 마음이 들겠느냐

사람이 고마운 줄을 모르면 그게 사람이 아닌 거여(1절)[50]

주님을 모시듯 밥을 먹어라

햇빛과 물과 바람 농부까지 그 많은 생명

신령하게 깃들어 있는 밥인데

그렇게 남기고 내다 버리면

생명이신 주님을 버리는 것이니라

사람이 소중히 밥을 대하면 그게 예수 잘 믿는 거여(2절)

밥되신 예수처럼 밥되어 살거라

쌀 보리 밀 옥수수 물고기에 온 만물들은

자신을 제단 위에 밥으로 드리는데

그렇게 사람들만 밥되지 않으면

어느 누가 생명 세상을 열겠느냐

사람은 생명의 밥을 먹고 밥이 되어 사는 거여(3절)[51]"

---

50) 가사는 이현주 목사의 '밥 먹는 자식에게'라는 글에서 인용한 것임.

51) 2절과 3절의 가사는 채희동 목사가 지은 것임.

IV. 맺음말

오늘날 먹거리 문화는 먹거리의 양극화로 인해 풍요와 궁핍이 공존하고 있다. 이런 현실은 개인의 생명과 건강, 공동체의 상생, 생태계의 공존을 위협하고 일상적으로 '먹는 것이 두려운' 죽음의 밥상을 만든다. 이것은 먹거리가 함께 살아가는 진지(眞知)한 것이 아니라 이윤을 남기는 식량으로 상품화하면서 식품제국주의의 지배 아래 놓여 있음을 의미한다.

먹거리 문화는 더 이상 개인의 문제만이 아니라 정치경제적·사회문화적 과제로 인식되어야 하고, 모든 사람이 대안적 먹거리 문화의 형성에 관심을 갖고 참여할 필요가 있다. 성서의 가르침은 바른 먹거리 관계를 위해 그리스도인들이 해야 하는 선택과 실천을 분명하게 제시한다. 그런 점에서 이 땅에서 하나님 나라를 세우려하는 한국 교회도 더 이상 먹거리 문화의 불의한 현실에 눈 돌리지 않고 이에 대응하는 기독교 생활교육에 관심을 가져야 한다.

일부 기독교 단체와 개교회들이 친환경운동을 벌이고 지역 먹거리 운동을 펼치고 있는 것은 분명히 고무적인 일이다. 다양한 그리스도인들의 지혜와 헌신으로 만들어지는 대안적 먹거리 문화는 오늘날 절실하게 요구되는 살림문화와 생명교육을 실천하는 의미 있는 길이 될 것이다.

제국 시대의
대안 교육[1]

I. 머리말

오늘 우리는 제국의 탄생을 운위하는 시대를 살아가고 있고, 이 엄청난 변화의 소용돌이 속에서 교육도 매우 새로운 특성을 띠고 발전되고 있는 것 같다. 만일 마이클 하트와 안토니오 네그리가 주장하는 바와 같이 제국이 네트워크 경제에 대응하는 네트워크 권력의 이름이라고 한다면, 제국 시대의 교육은 제국의 문화와 지배의 형식을 전제로 해서 편성되고 발전할 것이며, 바로 이 점에서 제국 시대의 교육이 갖는 고유한 특성이 이론적으로 설명될 수 있을 것이다.

제국 시대의 교육은 노동에 대한 자본의 포섭이 '형식적' 포섭 단계

---

1) 성공회대학교 신학연구원 편저,『제국의 신』(서울: 동연, 2008)에 실렸던 글이다.

에서 '실질적 포섭'의 단계로 나아갔음을 반영하는 교육이며, 따라서 생체권력적인 '훈육'을 폐기하지 않으면서도 인간을 구성하는 지성과 감성과 의지, 더 나아가 공동체 능력에 대한 철저한 '통제'를 구현하는 교육일 것이다. 이러한 교육은 사회화 과정과 공교육을 통해 대중적 기반을 형성하며, 제국은 막대한 물질적 지원과 전략적 통제를 통해 이러한 교육이 효율적으로 유지되도록 뒷받침할 것이다.

그러나 교육은 시대적 요구에 부응하고 적응하는 수동적인 측면만을 갖고 있지 않고, 현실에 대한 비판적 성찰과 미래에 대한 비전의 제시를 통해 현실을 능동적으로 변혁할 수 있는 잠재력과 능력을 지닌다. 이런 점에서 교육은 제국을 위해 특정한 역할을 담당하는 것을 그치고 반제국(counter-empire)을 지향하는 새로운 역할을 맡을 수 있다. 이러한 일은 시대의 주류에 안주하거나 편승하지 않고 시대의 흐름을 바꾸려는 소수에 의해 시도되고 대중적 지지를 얻어 가면서 성취되기에 쉽지 않은 과정을 거쳐야 할 것이다.

이 글에서는 먼저 제국에 종속되는 교육의 특성을 분석하고, 그다음 이에 대항하는 대안적 교육의 가능성과 과제를 살펴보고자 한다.

II. 제국 시대의 교육의 특징

1. 제국의 탄생

마이클 하트와 안토니오 네그리가 말하는 제국은 자본의 축적과 팽창이 도달한 마지막 단계에 나타난 주권의 형태를 이론적으로 설명하고자 하는 개념이다. 오늘의 세계에서 생산과 소비, 거래와 금융, 노동과 소유 등은 국지적으로 이루어지지 않고 지구적 네트워크를 통해 이루어지고 있고, 이 네트워크를 둘러싸고 여러 층위에서 새로운 형태의 권력이 형성되고 있다. 마이클 하트와 안토니오 네그리가 말하는 제국은 바로 이러한 네트워크 권력을 최종 심급에서 전 지구적으로 아우르는 새로운 형태의 주권이다.[2]

제국의 위계질서에 대한 마이클 하트와 안토니오 네그리의 설명에 따르면, 제국은 네트워크들의 네트워크로 나타나는데, 이러한 네트워크 구조에서는 어디가 중심이고 어디까지가 안이고 어디서부터가 바깥인지 인식할 수 없다. 마이클 하트와 안토니오 네그리가 말하는 제국의 탈중심성과 무장소성은 이러한 네트워크 권력의 성격을 드러내는 적절한 은유일 것이다. 이것은 제국의 현실에 절망하고 환멸을 느끼는 사람들이 제국을 공격하기 위하여 타격을 집중해야 할 곳을 인식할 수 없고, 제국 바깥으로 탈주할 엄두조차 갖지 못한다는 것을 뜻한다. 제국이 바깥을 갖지 않는다는 마이클 하트와 안토니오 네그리의 주장은 제국의 해체가 오직 제국의 내파를 통해서만 가능하다는 것을 시사한다.[3]

제국의 물질적 기반인 네트워크 경제는 노동에 대한 자본의 형식적 포섭을 넘어서서 실질적 포섭까지도 실현하기 때문에 인구의 대다수가 사회적 삶의 기회를 박탈당하게 될 것이다. 만일 이들이 단결하여 제국 네트워크의 약한 고리를 공격한다면 제국의 내부 분열선이 드러나고 이 홈으로 인해 제국이 내파되는 일이 벌어질 수도 있다. 이러한 내파를 방지하기 위해 네트워크는 사회적 기회를 박탈당하는 사람들을 고

---

2) 안토니오 네그리 · 마이클 하트, 『제국』, 윤수종 역 (서울: 이학사, 2001), 403.
3) 내파의 성격과 조건에 대해서는 박상진, "제국의 내파, 그 징후와 가능성," 『문학과 경계』 11 (2003/겨울), 158-173을 참조하라.

립시키고 분산시키되 이들이 네트워크에 통합되어 정상적인 삶을 살아 가고 있다는 환상을 심어 주지 않으면 안 될 것이고, 한 사람 한 사람의 삶에 훈육의 코드를 새기는 데 그치지 않고 이들을 속속들이 '통제'하 는 장치를 구축하지 않으면 안 될 것이다. 마이클 하트와 안토니오 네 그리가 기 드보르의 스펙터클 사회[4]를 인용하고 제레미 벤삼의 음산한 파놉티콘 구상[5]을 끌어들여 제국 신민의 의식 세계와 이들에 대한 정 교한 지배가 안팎으로 맞물려 있음을 지적한 것은 매우 의미심장하다 고 할 것이다. 제국의 시대에 구현된 이와 같은 통제는 미셸 푸코가 근 대 사회의 억압 구조를 설명하기 위해 고안한 '생체권력'[6]이라는 코드 를 훨씬 뛰어넘을 정도로 철저하고 정교한 지배를 가리킨다. 제국은 원 자화된 개인들을 속속들이 지배하고 각각의 개인이 제국의 틀 안에서 살아가는 방식을 서로 다르게 할당한다.

이러한 제국을 위해 교육이 담당하는 순기능은 원자화된 개인들이 네트워크 경제의 틀에 편입하는 데 필요한 경쟁 능력을 기를 수 있도록 돕는 것이다. 개체화되고 고립된 개인들 상호 간의 치열한 경쟁(학력 경쟁, 자격 경쟁 등)은 제국의 일상적인 질서이기에 이에 대해 의문을 품는 것은 인문학적 사치에 불과하다는 것을 강조할 것이며, 개인의 주 도권을 조금이라도 약화시킬 수 있는, 이를테면 사회적 연대 같은 가치 는 제국 체제에 대한 도전으로 간주할 것이다.

아래의 글에서는 제국을 위한 교육의 특성을 개발과 소비의 강박, 허

---

4) 기 드보르,『스펙터클의 사회』, 이경숙 역 (서울: 현실문화연구, 1996), 52.

5) 파놉티콘은 거대한 원형 감옥처럼, 보이지 않는 감시와 규율로 지배하는 권력을 상 징한다.

6) 푸코가 주장한 생체권력(bio-powers)이란 몸에 대한 지식을 통해서 인간의 행위 전 반을 통제하는 권력을 의미한다. 동시에 생체권력은 권력에 순응하는 주체를 생산해 내는 지식이다.

구적 이미지의 내면화, 불의한 지배 문화의 은폐 등에 초점을 맞추어
설명하고자 한다.

2. 개발과 소비의 강박

제국의 물질적 기반인 네트워크 경제는 지속불가능한 개발과 지구
적 소비문화의 확산을 전제로 한다. 지구 전체에서, 그 가운데서도 특
히 개발도상국에서 강조되는 '개발'은 제국의 에이전트들과 서구화된
지역 엘리트가 일방적으로 주장하는 과학기술의 편리함과 근사한 삶에
사로잡힌 채 진행되고 있다. 그러한 개발이 누구에 의해서 무슨 목적으
로 이루어지고 있는지, 개발로 얻는 이익과 그것을 위해 치러야 할 대
가가 무엇인지에 대한 성찰과 논의는 도외시되기 일쑤이다. 이를 잘 말
해 주는 예를 하나 들겠다.

1975년부터 16년 동안 티베트 고원 위의 라다크에서 생활한 노르베
리 호지는『오래된 미래』[7]라는 책에서 세계의 한 작은 마을에 가져온
개발의 결과를 다음과 같이 요약한다.

"텔레비전이 갈수록 라다크 사회 내부로 깊이 침투해 들어오는 한편, 막
대한 공공보조금의 혜택을 받은 가공식품들이 라다크의 자연적인 비가
공 유기식품을 밀어내고 있다. 도시화가 장려됨에 따라, 농업체계가 붕
괴되고 농사일이 존경받는 일일 수 있다는 생각이 사라지고 있다. 이러
한 자기부정은 심각한 수준에 이르러, 다수의 라다크 십대들이 금발머

---

7) 헬레나 노르베리 호지,『오래된 미래』, 김종철 · 김태언 역, 증보판 (서울: 녹색평론
　사, 2003).

리와 푸른 눈이라는 상투적인 서구인의 이미지를 본떠 '페어 앤 러블리'
라고 불리는 유해한 피부 표백 크림을 사용하기 시작했다"[8]

이 인용문에서 주목되는 것은 '개발과 원조'의 명목으로 거대 자본이
세계 곳곳에서 취하는 이윤 독점의 방식만이 아니다. 보다 심각한 문제
는 개발도상국에 지구적 소비문화에 대한 환상과 기대를 불러일으키고
그에 따라 이제까지 유지해 온 삶의 방식과 삶의 근거들이 거부당하고
주민들이 자신의 정체성을 스스로 부인함으로써 제국의 지배가 용이할
뿐 아니라 주민들의 자발적 복종까지 획득하게 되는 현상이다. 『오래
된 미래』의 저자는 이 과정에서 산업화를 앞서 경험한 서구 사회가 서
구 문화를 전 세계인들이 따라야 할 바람직하고 유일한 모델로 여기는
사고방식을 비판하면서, 이 위험한 세계관이 라다크의 학교 교육을 통
해 전달되어 학생들이 서구 문화에서 형성된 가치관과 생활방식을 그
대로 받아들이고 서구화된 도시 소비자가 되도록 훈련받고 있음을 지
적한다.

"개발은 인공적인 결핍을 만들어 내고 불가피하게 더 큰 경쟁을 초래하
며 사람들에게 그들이 흉내 낼 수 없는 표준적인 서구의 모델을 따르라
는 압력을 가한다. (…) 그것이 우리의 '지구촌'에서 떠받들어지는 이상
적인 이미지인 것이다."[9]

서구식 개발과 소비 모델에 대한 모방과 맹종은 오늘날 동유럽에도

그대로 적용되고 있는데, 그 한 결과에 대한 다음과 같은 증언은 문제의 심각성을 보여 준다.

"야만스런 경쟁의식과 돈을 향한 탐욕이 우리의 공동체 의식을 파괴하고 있다. 거의 모두가 두려움, 우울증 혹은 불안감을 절감하고 있다."[10]

마지막으로 소개하는 것은 오늘날 한국 사회에서 살아가는 한 청년의 이야기이다. 이것은 자율적 선택의 여지를 고려하지 않는 무한 개발과 강요되는 소비의 전 지구적 현상이 개인의 일상에 초래하는 것이 무엇인지를 반영하고 있다.

"이제 20대의 후반에 오면서 지금까지의 삶을 돌아보고, 또 앞으로의 삶에 대해 고민할 때면 나는 항상 마음이 답답해지는 것을 느낀다.

현대 문명은 내가 살아온 짧은 순간조차도 너무도 빠르게 발전하고 있으며, 그것들은 나에게 너무도 편안한 생활을 보장한다. 하지만 그것들이 정말로 나에게 행복을 주고 있으며, 우리 모두에게 가장 필요한 것인가를 생각해 보지 않을 수 없다. 아주 어릴 적 TV가 없었던 시절에는 우리 가족은 결코 그것이 불행하지 않았다. 오히려 지금보다도 더욱 많은 시간을 서로 간의 대화에 쏟았다. 하지만 TV가 생긴 이후 지금은 밥 먹을 때조차 TV를 켜 놓고 그것에 전념한다. 컴퓨터가 없었던 때, 나는 그것이 힘들지 않았다. 하지만 컴퓨터가 생긴 이후에 더 컴퓨터에 매달리게 되고, 이제는 컴퓨터가 없이는 지내기 힘들어졌다. 휴대폰이 없었던 때, 전혀 불편함이 없었다. 하지만 이제는 휴대폰이 없으면 생활이

---

10) 노암 촘스키, 『실패한 교육과 거짓말』, 강주헌 역 (서울: 아침이슬, 2003), 63.

어렵게 되었고, 휴대폰이 없었을 때보다 더욱 구속되고 바빠졌다. 이런 것들은 이제 나에게 없으면 안 되는 것들이다. 내 생활에서 없으면 너무도 불편함을 느끼기 때문이다. 하지만 이런 것들로 인해 나의 마음은 좀 더 구속되는 것을 경험하고 좀 더 조급하고 바빠지게 되었다."11)

이상에서 살펴본 대로 제국의 네트워크 경제는 개발과 소비의 강박을 전 지구적으로 유포시키고 '생활 세계의 식민화'를 확산시킨다. 이 과정에서 거대 자본이 제공하는 스펙터클한 이벤트와 거대 기업이 만들어 내는 광고와 상품이 주체적인 생활 세계를 자발적으로 포기하거나 상실한 사람들의 무기력하고 지루한 일상을 채워 주고, 다수의 사람들은 수동적인 구경꾼과 소비자가 되어 자신도 모르는 사이에 네트워크 권력이 마련한 고도 관리 시스템 안으로 편입되어 간다.12) 그런데 제국의 힘에 의존하고 그 지배 아래 있는 사람들은 왜 불안하고 우울한 것일까? 제국의 내부에서 불안과 우울이 발생하고 확대되는 것은 네트워크 권력에겐 불길한 조짐이다. 이에 대한 대응으로 제국은 대중 매체, 광고, 관광 사업 그리고 교육을 매개로 개발과 소비에 대한 허구적 이미지를 생산하고 유포시킨다.

3. 허구적 이미지의 내면화

도시화가 진행되면서 초래된 소외와 단절의 인간관계는 전통적 공동체 생활에서 누렸던 안정감과 정체성을 상실하고 개인 중심의 자의

---

11) 이것은 성공회대학교 2008년 1학기 기독교교육사 강의에 참여한 신학과 4학년 천상화 씨의 리포트에서 부분 발췌한 내용이다.
12) 크리스 로젝, 『포스트모더니즘과 여가』, 최석호 역 (서울: 일신사, 2002), 202-204.

식을 증대시키는 경향이 지배적이다. 그러나 급변하는 기술 개발과 끊임없이 새로운 이미지를 제공하는 대중 매체의 공세는 개별화된 개인으로 하여금 나름대로 바람직한 가치관과 역사의식에 기초한 자의식을 형성할 시간을 허용하지 않는다. 개발과 진보의 상징으로 제시되는 온갖 소비 상품은 상품의 필요성이나 소비자의 욕구와는 무관한 이미지를 만들어 냄으로써 상품의 구매와 소유를 강박적으로 요구한다. 결국 도시 생활에서 고립된 개인이 갖는 불안정은 광고에 나타난 상품의 이미지를 더 쉽게 받아들이고 물질적 소유와 소비를 통해서 자신의 존재 가치를 확인하려는 동기를 부여한다. 사람들이 소비와 소유를 최우선으로 여기는 추세에 맹목적으로 의존하게 될수록 인간관계는 분열되고 분열된 사회적 조건은 개인을 더 외롭고 불안하게 한다. 산업화 과정에서 사람들은 개발을 위하여 가족과 공동체를 떠나고, 근사하고 나아지는 생활수준을 따라잡기 위해서 소비하고 구매할 수 있는 돈을 구하려고 자신과 서로서로에게 분리되어야 한다. 이러한 삶의 맥락을 도외시하면서 제국을 위한 교육이 경쟁과 공격성과 이기심을 필연적인 인간 본성으로 규정하고 강조하는 것은 비판되어야 한다. '개방, 경쟁, 시장'을 기본 원리로 한 교육 정책은 그 압축판으로 볼 수 있다.

그런데 거대 자본에 의해 조작되는 지구적 소비문화의 이미지와 그 전달 효과는 단순히 사람들의 감성과 심리적 욕구에 의해서만 좌우되지 않는다. 허구적 이미지의 내면화에 영향을 주는 것은 상징적 호소력이다. 예를 들면 지구화가 내세우는 '하나의 시장'이란 개념은 공동체와의 협력을, '지구촌'은 관용과 상호 교류의 공간처럼 들린다.[13] 그러나 오늘의 경제 현실은 사람들을 결속하기보다 분열시키고, 하나의 자

---

13) 헬레나 노르베리 호지, 앞의 책, 186.

유 시장은 다국적 기업을 이윤 추구를 위해 온갖 제약으로부터 자유롭게 만드는 것이다. 자연 자원뿐 아니라 인적 자원까지 개발하여 기필코 달성해야 하는 '경제 성장'은 교육의 중요한 목표가 되고, 부단한 기술 혁신과 더 넓은 시장을 필요로 한다. 이러한 심리적 압박이 강박적인 소비문화를 조장하고 그것에 기초한 '경제 성장'의 개념은 그 대가로 요구되는 사회적 빈곤과 심리적 불안 그리고 문화적 결핍을 도외시한 채 기술 개발의 진보적 이미지를 유지한다.

교육은 이러한 허구적 이미지를 내면화하는 과정에서 중요한 역할을 한다. 특히 학교는 국가의 교육 정책에 따라 학생들의 훈육과 순종을 강조하는 통제와 억압의 장소가 된다. 지배 계급의 이익을 반영하는 교과 과정은 사전 검열에 의해 선택되고, 선택된 내용들은 반복과 시험을 통해 학생들에게 주입된다. 이 과정에서 교육자들은 '과학적 탐구의 중립성'과 교육의 객관적 가치를 주장하면서 지배 계급의 논리에 동조하는 역할을 수행하기도 한다.[14] 이들은 "물질적 혜택을 안겨 주는 지배 계급의 질서를 재생산하고 합법화시키고 유지하는" 사람들이다.[15] 가령 경제학자들이 긍정적으로 주장하는 '노동시장의 유연성'은 일자리를 두고 불안해하며 계약과 권리를 상실한 사람들에게는 다른 의미를 갖는다. 학생들의 교화와 순종을 강조하는 교육은 학생들에게 개개인의 자율성과 창의성과 비판적 사고를 허용하거나 진리의 다양한 측면을 제공하지 않는다.[16] 지배 계급의 질서를 유지하고 인정하는 획일

---

14) 보다 자세한 내용에 대해서는 Paulo Freire, *The Politics of Education: Culture, Power, and Liberation* (South Hadley, Mass.: Bergin & Garvey, 1985)를 참조하라.

15) 노암 촘스키, 앞의 책, 45.

16) "왜 학교는 우리에게 사고하고 의심하는 법을 가르쳐주지 않는가. 사람이 왜 사는가. 삶은 어떤 가치가 있는가. 추구할 만한 가치가 무엇인가. 왜 학교는 우리에게 남보다 앞서야 하고 성공해야 한다고 요구하면서, 어떻게 내재된 가치를 추구하고

적인 학습을 일방적으로 제공한다. 학생이 여기에 잘 적응하여 높은 성적을 얻게 되면 그에 따른 적절한 보상과 특권이 부여된다. 학교 성적은 입시 경쟁을 통하여 명문 학벌과 지배 계급의 일원이 될 수 있는 자격증이다. 학교는 이 자격증이 출세와 성공을 보장한다는 환상을 만들어 학생들을 길들이고, 교육의 획일화와 비인간화에 대한 저항을 약화시키면서 제국에 복속하는 '온순한 소비자'를 양산해 낸다.

4. 불의한 지배 문화의 은폐

지속 불가능한 개발과 강박적 소비의 허구적 이미지가 전 지구적으로 일상화된 시대에 소수의 이윤 독점과 다수의 경제적·사회적 불이익을 양산하는 불의한 지배 문화는 다양한 형태로 이루어진다. 그 가운데 성과 인종과 연령에 따른 억압 구조와 차별 의식은 복합적인 상관관계를 이루며 강화되고 있다. 제국을 위한 교육은 사회적 양극화를 통해 심화되는 사회적 약자들의 희생과 소외를 진지하게 다루지 않거나 왜곡하는 경향이 지배적이다.

지구적 네트워크를 통해 확산되는 경제적 가치에 대한 숭배 문화는 성차별을 심화시킨다. 오늘날 다수의 여성들은 무임의 돌봄 노동과 저임금의 생산 노동에 종사하고 있는데, 그들은 가난과 열악하고 불안정한 노동 조건으로 인해 노동에 대한 자부심과 자신감을 상실하고 소비 자본주의 문화에 과도하게 의존하는 경향을 보인다. 여성들의 교육 기회와 경제 활동 참여가 과거에 비하여 증가하고 있음에도 빈곤의 여성

어떻게 사랑하고 나눌 곳인가를 가르쳐주지 않는가." 이것은 학교생활을 배경으로 한 대만의 베스트셀러 소설에서 인용한 중학생의 물음이다. 오늘날 교육의 실상을 잘 말해 주고 있다. 호우원용, 『위험한 마음』, 한정은 역 (서울: 바우하우스, 2008).

화 추세가 식지 않는 현상은 주목되는 점이다. 이러한 결과에서 교육의 문제점을 찾아볼 수 있을 것이다. 무엇보다 '개방, 경쟁, 시장'을 기본 원리로 한 교육 정책은 외형적으로는 성 중립적 이념을 내세우지만 실질적으로는 기존의 남성 중심적 관점과 전통적 성 역할을 유지·강화하고 있다. 성 역할에 대한 고정관념은 남성에 대한 여성의 의존성을 정당화하고 여성들을 살벌한 경쟁으로부터 보호한다는 구실로 여성의 능력 개발을 저해한다. 여전히 남성 중심적 관행을 극복하지 못한 교육은 여성의 삶을 자기가 배운 지식과 분리시키고 교육받은 여성들이 주체적인 언어를 갖지 못하고 외부의 지적 권위에 의존하면서 교육을 단지 계층 상승의 도구로 여기도록 만든다. 이처럼 자신과 현실에 대한 진지한 성찰과 비판적 의식을 함양하지 못한 채 교육으로 길들여진 여성들은 소비 자본주의 사회에서 자존감의 결핍을 주로 소비로 대체하려는 환상을 갖게 되고 소비 강박에 속박되는 경향을 보인다. 반면 세계화 시대에 아시아·아프리카·남미 여성들은 개발로 인해 황폐해진 자연 환경과 싸우며 생존에 매달리고 있다.[17]

제국 시대의 인종 차별과 편견은 노동의 유동화에 따라 확대되는 이주 노동자 문제에서 잘 드러난다. 제국의 네트워크 권력은 인종을 피부색은 물론 국가 경제력으로 분리시키고 위계화한다. 이러한 현실에서 제국을 위한 교육은 인종과 계급과 성 문제가 중첩되는 이주 노동자들의 인권과 국제적 연대에 대한 학습을 소홀히 다루거나 배제시킨다. 한국 사회에서 급증하는 이주 노동자들과 성폭력으로 삼중으로 고통받는 이주 여성 노동자들에 대한 정책적 배려와 다른 문화에 대한 이해와 존

---

17) 이에 대한 자세한 내용은 국제연대정책정보센터 편,『세계화에 불만 있는 여성들을 위한 자료집: 여성적 사고, 지구적 저항』(2001)을 참조하라.

중을 배우는 다문화 교육이 부족한 것도 이와 다르지 않다. 동시에 가난한 나라의 여성들이 한국 농촌으로 결혼하러 오는 현상도 주목해야한다. 한국 사회의 공교육이 사교육과 가족의 지원에 지나치게 의존적이라는 점[18]에서 다인종 사회와 다문화 가족에 대한 교육적 배려와 지원은 필수적이다. 이런 점에서 한국이주여성인권센터가 외국인 이주여성들의 인권 보호와 권익 신장을 위하여 상담, 모성 보호, 쉼터 운영, 교육, 의료 지원, 가족 치유 프로그램 등의 활동을 전개하는 것은 주목된다. 역사적으로 혼혈의 차별 관행은 제국적 성격을 적나라하게 드러내는 것이라는 지적은 시사하는 바가 적지 않다.[19]

연령 차별 또한 효율과 업적을 중심으로 한 경쟁 구조와 물질주의 가치관에 의해 인간관계와 사회적 연대를 분열시키고 불의한 차별의식을 심화시키는 현상이다.[20] 일상의 삶 속에서 다양한 연령층이 만나고 어울리면서 배움을 주고받던 전통적인 문화는 점차 사라지고 있다. 세대 간 학습은 연륜을 중시하고 존경하며 연륜을 통해 얻은 지혜와 책임을 공유함으로써 같은 세대 사이에 이루어지는 상호 비교의 긴장이나 경쟁심을 완화시킨다. 이에 비하여 학교에서 이루어지는 연령별 학습은 또래 학습 참여자들의 상호 비교와 경쟁을 쉽게 유발시키고 다른 사람이나 세대에 대해 배울 수 있는 능력을 감소시킨다. 이러한 현상은 급변하는 사회 변화와 세대 간 접촉이 점차 줄어드는 추세에 따라 상호 이해와 상호 관용의 기회를 상실하고 세대 간 소통과 연대를 단절시킴

---

18) 이에 관련한 자세한 설명은 김덕영,『입시공화국의 종말』(서울: 인물과 사상사, 2007), 85-94를 참조하라.

19) 에두아르도 갈레아노,『거꾸로 된 세상의 학교』, 조숙영 역 (서울: 르네상스, 2004), 57 이하.

20) 임희숙, "여성주의 관점에서 본 나이 듦,"『삶의 신학 콜로키움 생로병사 관혼상제』, 대화문화아카데미 편 (서울: 대화문화아카데미, 2007), 133.

으로써 세대 갈등을 초래하기도 한다. 세대 갈등을 조장하고 부추기는 것 가운데 하나가 시장 경제의 생산성과 효율성을 삶의 모든 영역에 적용하려는 문화 전략이다. 젊을수록 높은 업적과 이윤을 생산하고 낮은 고용 비용이 지불된다는 경제적 가치관은 나이 들수록 능력과 역할의 결핍을 실감하고 자신의 쓸모없음을 받아들이게 만든다. 대중매체가 만들어 내는 '젊은 우상'의 이미지 효과 또한 세대 단절과 세대 갈등을 심화시킨다. 그 결과 젊음에 대한 강박과 나이 듦으로 인한 일상적인 배제와 소외가 생겨난다. 세대 간 유대와 상호의존성의 경험을 통하여 불안하고 고립된 개인이 안정된 정체성과 긍정적인 자아 이미지를 형성하고 차이를 인정하고 관용을 배울 수 있도록 연령 차별은 극복되어야 한다.

III. 제국 시대의 대안 교육

앞에서 살펴본 대로 제국을 위한 교육이 개발과 소비에 대한 강박을 조장하고 그와 관련된 허구 이미지를 내면화시키고 불의한 지배 문화를 은폐한다면 이에 대응하는 대안 교육의 구상도 다양할 것이다. 여기서는 지면 관계상 유기체적 학습의 필요성과 소통과 연대를 모색하는 교육 문화의 창출을 중심으로 대안을 성찰해 보고자 한다.

1. 유기체적 학습의 발견: 분리와 지배에 대한 저항

제국을 위한 교육은 배움의 목적보다 교육의 공학적 측면과 학습방법론의 개발을 강조하는 성향을 보인다. 그 가운데 통계와 수치는 학습 효과와 교육의 질을 평가하고 판단하는 중요한 근거로 이용된다. 이것은 객관적이고 과학적이라는 인상을 주기도 한다. 이처럼 통계화된 교육 자료를 우선적으로 신뢰하고 맹목적으로 지지하는 추세는 경제적 가치를 중시한 교육관이 반영된 것으로 볼 수 있다.

수치계량주의가 객관적이고 합리적이라는 맹신을 조장하고 통계와 수치의 진실성을 묻지 않는다면 교육으로 획득하는 지식과 정보의 가치는 오직 가시적인 생산물과 잘 팔리는 상품으로 평가되고 만다. 그 단적인 사례가 교육의 결과를 점수로 제시하는 것이다. 성적 점수는 요구하는 정답을 제대로 맞히는 시험을 기준으로 산출되고, 우열의 '변별력'을 가르기 위한 점수의 세분화는 자율적이고 논리적인 사유 능력을 평가하는 논술에서 조차 0.01점의 차이를 내야 하는 방식으로 이루어진다.[21] 이러한 점수 제도는 경쟁력을 높이는 가장 효율적이고 합리적이라는 점에서 강조되고 국가 권력으로 강요되고 있다. 정답을 요구하는 시험과 그 결과로 산출되는 시험 점수가 사람과 삶을 지배하는 사회에서 교육의 무비판성과 획일화는 당연한 결과일 것이다. 그와 관련하여 다음과 같은 김상봉의 언급은 시사하는 바가 많다.

"이런 교육 속에서 학생은 스스로 생각할 수 없고 또 그래서도 안 된다. 주어진 모든 문제에는 하나의 정답이 있고 출제 의도가 있다. 수험생은 그 타자적인 진리, 소외된 지식에 노예적으로 굴종하지 않으면 안 된다. 그리하여 이 땅에서는 교육이 학생들의 자유로운 생각의 능력을 함양하기보다는 조직적으로 사유를 노예화시킨다."[22]

---

21) 김덕영, 앞의 책, 265-267.

22) 김상봉, 『학벌사회 - 사회적 주체성에 대한 철학적 탐구』(서울: 한길사, 2004), 237.

이처럼 교육의 도구적 합리성을 일방적으로 강조하는 현상은 학문 연구의 방식에서도 나타난다. 인문사회과학의 연구가 통계 위주의 실증주의적 방법에 지배당하는 과학주의 강박이 그것이다. 인류학자 조혜정은 일상성과 생활 세계를 주제로 하는 학문이 편협한 실증주의적 과학에 머무는 것을 비판하고, 그 대안으로 일상의 관찰로 이루어지는 귀납법적 방법과 미시 이론, 삶의 작은 이야기들과 다중적 주체에 주목할 것을 주장한다.[23]

현대 사회의 분석적이고 단편화된 기계론적 사고는 생산성과 효율성을 강조하는 경제 능력의 개발에 적합한 것으로 강조되고 있다. 그러나 이러한 사고방식은 무엇보다 학습자의 경험을 지식과 분리시킨다. 논리적 수준이나 정서적 차원에서 경험을 지식과 통합하려는 인식 구조는 무엇보다 관계와 연관을 중시하는 태도와 관련이 깊다. 이런 유기체적 학습 유형은 논리와 분석 위주의 교육에서 오랫동안 배제되어 온 경험적 지식과 체험적 가치를 강조하고 남성보다 여성의 인식 단계에서 드러난 관계 중심의 특성에 관심을 갖게 한다. 페미니스트 페다고지는 교육에서 오랫동안 배제되었던 여성의 경험을 지식과 관련을 맺고, 자신들의 발전 가능성을 발견하고, 그와 관련된 다양한 선택 가능성을 강조한다.[24] 이러한 유기체적 학습은 브라질의 교육사상가 프레이리가 말한 대로 "타인과 현실에 대한 호기심을 지니고 경험적으로 사고하는 것"으로 단순히 생각을 소비하는 것이 아니다.

경험을 통한 학습은 그동안 현실과 유리된 상태에서 이미지와 개념

---

23) 조혜정, "생활과학, 일상생활, 그리고 일상성: 식민지적 근대화와 '일상'을 지운 학문을 넘어서기,"『대한가정학회지』 44/8 (2006), 147.

24) 송현주, "여성주의 교육(feminist pedagogy)의 이론적 접근," 김재인 외,『여성교육개론』(서울: 교육과학사, 2001), 84.

들로 추상화된 지식의 전달과 축적을 극복하고, 역설적이고 혼란스러운 현실에서 배움의 기회와 삶의 지혜를 얻는다. 그것은 과학기술 개발의 의미를 사회적·문화적 맥락과 단절해서 추구하려는 현상을 비판적으로 판단하게 만든다. 정보화 시대에 정보를 더 많이, 더 빠르게, 더 편하게 제공한다는 점에서 기술 혁신에 대한 관심과 기대가 증가하지만, 기술 교육이야말로 유기체적 학습이 필요한 부분이다. 새로 개발된 자동차에 대하여 사람들이 배워야 하는 것은 단순히 운전 기술만이 아니다. 그 자동차가 대기, 환경, 사회적 관계, 가족생활, 기업 구조, 사회 계층화 등에 미치는 영향에 대해서도 알아야 하고 그 영향에 대한 개인과 사회의 대응 방식도 논의되어야 한다.[25] 기술 만능 학습은 사람들을 단순한 기술자나 기술의 노예로 만들지만 유기체적 기술 학습은 기술로부터 해답만 얻는 것이 아니라 기술에 대한 질문을 하도록 만든다. 이것이 기술과 정보에 대한 맹신을 자제하고 학습의 주체적 역량을 키우며 기술, 계급, 문화, 교육을 동시에 파악하는 통합 학습이 될 수 있다.

제국 시대에 배움의 목적을 상실한 교육은 화려하고 세련된 외양을 갖고 확대되지만 그 결과에 대해서는 주목하지 않고 책임지지 않는다. 사람들은 교육을 통하여 출세와 고액의 연봉을 차지하기 위한 전력 질주를 시작하지만, 마지막에는 소수의 승자와 실업과 비정규직으로 고통받는 다수의 패자들이 남는 것이 오늘의 현실이다. 증가하는 사회적 약자에 대한 배려와 대책은 필수적이고 시급하다. 이것은 돈으로만 해결되는 것이 아니라 공생의 가치관을 배우는 교육으로 이루어진다. 여기서 "생산의 궁극적인 목표가 상품의 생산이 아니라, 평등한 조건에

---

25) 닐 포스트먼,『교육의 종말』, 차동춘 역 (서울: 문예출판사, 1999), 70.

서 서로가 연대하는 자유로운 인간의 생산"이라는 존 듀이의 말을 상기
할 필요가 있다.[26] 동시에 높은 연봉으로 주어지는 물질적 풍요 때문에
자신을 거대 기업의 부속품으로 여기는 현실에 눈을 감지 않도록 배우
고 가르쳐야 한다.

오늘날 제국에 저항하는 교육은 학교 교육의 개혁을 요구한다. 학교
라는 제도 교육은 교육의 자율성을 인정하면서도 정치권력의 지배와
사회적 기대로부터 자유롭지 않은 경향이 있다. 이런 의미에서 "학교
는 시민들의 사회적 신념을 반영하는 거울"이다.[27] 우리는 학교라는
거울에 비추어진 우리 사회의 모습을 본다. 교육의 사영화, 교육 시장
의 경쟁 구조, 교육을 상품화하고 시장화하려는 교육 정책, 교육을 출
세와 취업의 수단으로만 치부하는 사회의식 등이 그것이다. 오늘날 교
육의 문제가 그 어느 시기보다 정치 · 경제적 차원과 소통하면서 문화
산업에 주목해야 하는 이유가 여기에 있다. 그 가운데 학벌주의와 정보
교육 문화를 선택하여 성찰해 본다.

먼저 한국 사회의 학벌 중시와 입시 체제는 성적 우열의 가르기와 경
계짓기를 정당화하고 그 분열을 뒷받침하는 사회적 권력에 대해서는
침묵한다.[28] 학벌은 공정한 시험에서 입증된 개인의 능력으로 획득된
것이고 그에 따라 소수 엘리트의 지배는 합당하다는 생각이 일반적이

---

26) 노암 촘스키, 앞의 책, 61에서 재인용.

27) 앞의 책, 89.

28) 한국 사회의 학벌주의에 대한 비판은 『내일을 여는 역사』 37 (2008/봄)을 참조하라.
이 책의 '정부 수립 60년, 병리현상의 역사'라는 특집에서 정진상은 학벌을 "근대적
개인에게 안기는 봉건적 낙인"으로 규정하면서 한국 근 · 현대사의 식민지적 구조
에서 비롯된 결과라고 주장하고, 홍세화는 한국 교육이 개인의 자유, 창의력, 적성
을 무시하고 타율적 질서의식과 안보 이데올로기를 주입하면서 학생들을 국가 경쟁
력을 위한 인적 자원으로 여기는 국가주의 교육이라는 점을 지적한다.

다. 그러나 자녀의 학업 성적 순위는 부모의 재산 순위와 비례한다는 현실은 학벌 체계의 공정성을 부정하게 만든다. 여기에서 비판적으로 주목해야 하는 것은 계층 상승의 과정에 개입하는 사회적 불평등이다. 그러나 높은 실직율과 어느 때보다도 경제적 욕망의 확대를 조장하는 현실에서 대다수 사회적 약자들은 교육을 통하여 사회적 불평등에 대한 저항을 배우는 것이 아니라 어떻게 하든지 경쟁에서 살아남아야 한다는 절박함과 막연한 계층 상승에 대한 환상을 갖게 된다. 그 결과 지배층의 사고방식과 삶의 유형은 사회적 비판의 대상이 되기보다 부러움과 추종의 목표가 된다. 이런 점에서 학벌주의는 성적의 서열화를 통해 부와 권력을 획득한 소수 엘리트가 다수 사회구성원을 지배하는 것을 정당화하는 식민 교육으로 볼 수 있다.

다음으로, 정보 격차로 인한 정보 불평등은 빈부 격차, 세대차, 지식 격차, 장애 격차를 통하여 사회적 불평등을 심화시킬 수 있다. 정보 격차란 "경제적·지역적·신체적 또는 사회적 여건으로 인하여 정보 통신망을 통한 정보 통신 서비스에 접근하거나 이용할 수 있는 기회에 있어서의 차이"를 의미한다. 이것은 정보 접근과 정보 이용의 기회가 누구에게나 골고루 제공되지 않음을 시사한다. 이에 대한 조사 결과에 의하면 저소득층, 농어촌 지역, 장애인, 여성이 정보화 기회 균등에서 불리한 것으로 나타난다.[29] 이처럼 정보 접근과 이용의 차이가 계층, 지역, 성별에 의하여 좌우되는 현상이 문제인 것은 이것이 단순히 기회 불평등에 국한되지 않고 정보 선별과 활용 능력의 격차를 초래하여 결과적으로 사회적 불평등을 심화시킨다는 데 있다. 정보화 시대에 정보

---

29) 한국정보문화진흥원, "2006 정보격차 지수 및 실태 조사," 『2006~2007 정보격차 해소 백서』를 참조하라.

격차는 빈부 격차, 지역 격차, 성별 격차와 밀접한 상관성을 지니고 사회적 양극화를 형성하는 동인이 된다. 동시에 정보를 독점하고 통제할 수 있는 능력은 정치적 목적으로 남용되어 지배 권력의 강화에 일조할 수 있다.

특히 고도 정보 사회가 될수록 정보 불평등은 경제적 불평등만이 아니라 교육 기회와 취업 기회를 제약함으로써 교육과 문화적 불평등을 확대 재생산한다. 새로운 지식의 생산이 빠른 속도로 증가하는 오늘날 이미 배운 지식의 유효기간은 갈수록 짧아지고 그에 따라 끊임없는 학습이 요구된다. 지식 생산과 유통의 변화가 가속화되면 무용(無用) 지식도 증가하기 마련이다. 동시에 정보의 빠른 흐름은 불확실성을 초래하고 정보의 양이 증가할수록 정보에 대한 불신도 생겨난다.[30] 가령 인터넷을 통한 정보 홍수는 인간의 정보 처리 능력을 초과한 나머지 정보 선택이 수월하지 목하고 그 결과 인간의 의식과 행위에 끼치는 영향도 감소한다. 선별되지 못한 잡다한 정보들은 사람들로 하여금 일상의 현실을 제대로 보지 못하고 피상적인 단편 지식의 수준에 머무르게 만든다. 이러한 정보문화는 일시적인 욕망과 소비를 자극하고 부추기는 데는 효과적일지 모르나 현실을 파악하고 세상을 전망하는 데는 한계가 있다. 그런 점에서 정보 시대의 교육은 정보의 선별 능력과 선택한 정보를 기초로 새로운 가치를 만드는 정보 창출 능력을 함양하는 일에 주력해야 할 것이다.

---

30) 노르베르트 볼츠, 『보이지 않는 것의 경제』, 유현주 역 (서울: 문학동네, 2008), 87.

2. 대안 교육 문화의 뿌리내리기: 소통과 연대

자본과 권력을 독점한 소수 세력이 사회적 약자와 자연을 착취하고 지배하는 것을 옹호하는 교육은 한 사회의 소통과 통합을 저해하고 상호 적대와 분열을 가져온다. 인터넷과 대중 매체의 보급은 대면 관계를 소홀하게 만들고 고립된 개별화를 증대시킴으로써 사람들의 사회성과 사회적 책임감을 저하시킨다. 또한 학교를 통해 주입되는 과학(지식)은 인간 이성의 실수를 교정하는 수단이 아니라 궁극적 진리를 추구하는 수단으로 과장되고 그 결과 확실성과 절대 권위에 대한 강박적 추구가 생겨난다. 이것은 배움에 대한 겸손과 다양한 시각의 균형 잡기를 방해하면서 교육과 문화의 획일성을 조장한다.

제국은 "감정, 성공에 대한 환상, 강력한 힘의 상징들, 소비 명령, 폭력 예찬" 등을 동원하여 자신의 획일 문화를 보급한다.[31] 그러나 생명 세계와 마찬가지로 언어나 예술의 경우도 다양성이 허용되지 않고 자신의 틀에만 한정되어질 때 스스로 도태되는 엔트로피의 운명을 맞는다. 다음과 같은 반다나 시바의 말은 이를 잘 지적하고 있다.

"단일 문화는 항상 억압·통제·중앙집중화와 같은 정치적 폭력과 연관이 되어 있다. 중앙집중화된 통제와 강압적인 힘이 없었을 때, 풍부한 다양성으로 가득 찬 이 세계는 균질한 구조로 변형될 수 없었거니와 단일문화는 지속성을 가질 수 없었다. 자기조직적이고 분산화된 공동체와 생태계는 다양성의 근원을 이루고 있다. 반면에 세계화는 강압적으로 통제되는 단일 문화를 발생시킨다."[32]

---

31) 에두아르도 갈레아노, 앞의 책, 295.

"세계화는 다양한 사회들 간의 문화 교류 작용이 아니다. 그것은 특정한 하나의 문화를 나머지 다른 모든 사회에 강요하는 것이다. 세계화는 또한 전 지구적인 규모에서 생태적 균형을 찾고자 하는 시도도 아니다. 그것은 하나의 계급, 하나의 인종 혹은 하나의 종의 한쪽 성에 의한 나머지 모든 종의 약탈이다. 지배적인 담론에서 '세계적'이라는 것은, 우세한 지역이 생태적인 지속 가능성과 사회 정의라는 절대 명령이 불러일으키는 한계들에 대한 책임을 방기하면서 세계적인 통제를 추구하는 정치적 영역을 의미한다."[33]

세계화를 배경으로 단일 문화를 지향하는 교육의 특성은 보편성을 내세운 획일화에 있다.

제국은 그 보편성의 기준을 누가 어떤 관점에서 만들어 내는지에 대한 질문을 하지 않는다. 경제적 성공으로 더 많은 소유와 소비를 이루려고 하는 이 시대의 '보편적 욕망'은 교육의 목적에 대한 진지한 성찰을 대치하고 그 욕망의 실현에 가장 효율적인 교육 정책을 요구한다. 세계화 시대에 교육의 시장화는 경쟁력 있는 인적 자원의 개발과 활용을 강조함으로써 교육을 자본 축적의 도구로 만들고 교육의 자율성과 주체성을 약화시킨다.[34] 오늘날 한국 사회를 포함해서 전 세계에 확대되는 영어 교육의 편향성에서 그 실례를 엿볼 수 있다. 경제적 실용성을 내세우며 강요되는 영어 학습은 영어 우상화를 통해 영어 식민지의 언어(모국어)를 정복하고, 영미식 사고방식과 행동 양식으로 영어 식민

---

32) 반다나 시바, 『자연과 지식의 약탈자들』, 한재각 외 역 (서울: 당대, 2000), 188.

33) 앞의 책, 191.

34) 이와 관련하여 김상봉, "교육과 권력," 『역사비평』 77 (2006/겨울)을 참조하라.

지 사람들의 생활 세계를 지배·통제하고, 모국어의 상실로 인한 식민지 사람들의 정체성 혼란과 안전 강박에는 책임을 지지 않는다. 이것이 영어 제국을 위한 교육의 전형이다.

이런 점에서 제국에 저항하는 교육이란 진리의 보편성에 대한 선전을 그치고 다양한 개별성과 특수성의 가치를 부정하면서 차별에 대한 두려움을 악용하는 전략에 맞서는 일과 다르지 않다. 이것을 위해서 새롭고 다양한 사회정치적 지식 네트워크와 지역화를 기반으로 한 사회자본(social capital)을 형성하는 일이 필요하다. 여기서 중요한 것은 네트워크 저항의 조직화이다. 안토니오 네그리와 마이클 하트는 제국의 네트워크 체제에서 나타난 새로운 주체로 '다중'을 주목한다. 다중은 "모든 차이들이 자유롭고 평등하게 표현될 수 있는 개방적이고 확장적인 네트워크"35)를 의미한다. 다중은 개별적 존재들의 차이와 특성을 평준화하는 획일화하는 민중이 아니다. 또한 다중은 차이를 제대로 성찰하지 못하고 무차별적으로 함께 움직이는 대중과도 다르다. 다중은 인터넷처럼 분리된 네트워크를 형성하고 소통과 협력을 이루어 가는 사회적 주체이다. 이런 다중이 중심과 경계가 없는 권력의 네트워크인 제국의 지배를 극복할 수 있는 잠재력을 가진다고 한다. 그 실례로 우리 사회에서 나타났던 2002년 월드컵 응원전과 SOFA 개정을 위한 촛불시위, 그리고 2008년 미국산 쇠고기 수입 반대를 위한 촛불집회를 들 수 있을 것이다. 다중의 저항 방식에서 주목되는 것은 공통의 목표를 위해 성별, 계층, 세대를 초월한 자발적 참여와 축제 양식의 소통 네트워크이다. 교육은 이러한 다중의 네트워크 소통과 자발적 연대에 주목

---

35) 안토니오 네그리·마이클 하트, 『다중: 제국이 지배하는 시대의 전쟁과 민주주의』, 조정환·정남영·서창현 역 (서울: 세종서적, 2008), 18.

하고 반제국의 저항 능력을 기르는 일에 기여할 수 있다.

　폭력을 동반한 획일화는 현실에서 이루어지는 구체적인 차이와 그로 인한 변화에 무관심하게 만든다. 현실에 참여하기보다 일정한 거리를 두고 관망하면서 실패한 결과에만 집착하는 냉소적인 이상주의도 생겨난다. 다양한 차이를 인정하지 않는 사회는 언제나 지배 권력이 제공하는 동일한 기준과 목표를 기반으로 줄서기와 경쟁을 합리적이고 과학적이라는 이름으로 강조한다. 이런 구조에서는 지배층과 다른 약자들의 차이가 무시되고 억압당하는 것이 일반적이다. 약자들의 다름은 특수한 구조나 원인의 결과로 여겨지기보다 약자 자신의 무능력과 게으름의 결과로 받아들여진다. 이런 점에서 획일화된 사회 구조와 삶의 방식에서 약자들이 자신들의 다름과 차이에 민감해지고 그 원인과 변화 가능성을 성찰하는 일은 매우 중요한 저항의 방식이 된다. 같음보다 차이를 주장하고 인정하는 일은 성숙한 사고와 태도를 필요로 한다. 차이를 제대로 인식하는 능력은 저절로 이루어지는 것이 아니라 배우고 노력하면서 획득되는 힘이다. 오늘날 교육이 이 힘을 키우고 발전시키는 일에 어떤 역할을 하고 있는지 물어야 한다. 특히 차이가 분열과 차별을 초래하는 원인이 되지 않도록 서로 다른 사회 구성원들이 공유하는 가치를 생산하고 학습하는 것이 중요하다.

　차이를 인정하는 것이 분리를 의미하진 않는다. 오히려 차이는 다른 것의 도움을 필요로 하고 협력과 유대를 형성하는 조건이 된다. 여기에 비해 지배 권력의 통치 전략은 분리를 강조한다. 분할 통치는 분리의 기준을 다양하게 제시하면서 지배층의 권력 독점을 은폐하거나 강화하는 데 유용하다. 정규직과 비정규직, 남자와 여자, 많이 배운 사람과 적게 배운 사람, 선진국과 후진국, 백인종과 유색 인종, 젊은 사람과 나이든 사람 등 복합적인 분리 체계는 서로 다른 이해관계 안에서 약자들의 연대와 저항을 약하게 하고 강자들의 요구에 자발적으로 순응하게 만든다.

다양성을 인정하면서 연대하는 일은 다름에 대한 배타성을 극복하고 다름을 다름으로서 받아들이고 존중하는 교육으로 이루어진다. 자기와 다른 것을 거부하고 공격하는 태도는 다른 것에 대한 두려움과 그것으로부터 자기의 정체성을 지키고자 하는 의지와 관련이 있다. 그러나 참된 정체성은 "다름을 다른 것으로 인정하고 존중하면서도 자기다움을 유지하는 것"[36]으로 형성된다. 타자로부터 영향을 받지 않는 고립성에서 벗어나 열린 정체성을 형성하기 위해 "생산적으로 차이를 경험할 수 있는 능력"[37]을 배우고 가르치는 일이 필요하다. 유대인 지도자 조너선 색스는 이러한 배움의 과정을 다음과 같이 잘 표현해 주고 있다.

"그건 마치 고향에서는 편안함과 안정감을 느끼고 낯선 이방의 고장에서 풍기는 아름다움에도 감동할 줄 아는 마음과 같을 것이다. 그곳이 나에게는 고향이 아니더라도 다른 누군가에게는 고향이고 나아가서는 우리가 사는 이 세상의 영예를 드높이는 곳임을 알기 때문이다. 또한 영어에 유창한 사람이 조금밖에 알아듣지 못하는 이탈리아 소네트의 리듬과 울림에도 전율을 느끼는 것과 같다. 나는 내 민족과 종교가 풀어내는 이야기 한 자락에 속하지만, 다른 이야기도 있음을 아는 것과 같다. 그 이야기들 역시 저마다 공동체로 묶인 사람들의 삶으로 쓰인 것이며 사람

---

36) 임희숙, "근본주의 연구의 최근 동향과 그 기독교교육학적 함의," 『신학사상』 110 (2000/가을), 243.

37) A. Groezinger, *Differenz-Erfahrung: Seelsorge in der multikulturellen Gesellschaft* (Waltrop: Spenner, 1994), 26.

이 하나님을 찾고 하나님이 인간을 부르는 더 큰 이야기의 일부이기 때문이다. 제 신앙에 믿음이 확고한 사람들은 다른 사람들의 다른 신앙에 겁을 먹거나 두려움을 느끼는 대신 자신이 커지고 확장된다고 느낄 것이다. 여러 방면에서 불안한 상황이 가중되고 있는 오늘날 우리에게 필요한 것은 그런 자신감이다."[38]

소통과 연대를 위한 교육은 권위에 맹종하는 태도에서 벗어나 주체적으로 참여하고 행동하고 책임을 질 수 있도록 돕는 일이다. 권위에 맹종하는 멘탈리티는 주체적 자유를 포기하고 권위로 도피하는 데서 비롯되고 굳어진다. 자유가 가져다주는 불안을 해소하기 위해서는 바로 그와 같은 처지의 사람들이 소통하고 연대하여 불안을 주체적으로 극복하는 방법을 학습하여야 한다. 이것이 네트워크 경제의 '훈육'과 '통제'를 받아들이도록 하는 강박에서 벗어나는 길을 제공한다. 그 길 위에서 "역동적이고 살아 있으며 또한 다양하고 개별적이며 의식적"[39]인 저항이 가능하다.

IV. 맺음말

제국 시대의 대안 교육에 대한 구상은 지구 전체에 미만(彌滿)해 있는 제국에 대한 저항을 모색하는 일이다. 중심과 바깥이 없는 지구적 네트워크 권력의 지배력은 시공간의 경계를 뛰어넘어 우리의 삶 전체

---

38) 조녀선 색스, 『차이의 존중』, 임재서 역 (서울: 말글빛냄, 2007), 118-119.
39) 박상진, "제국의 내파, 그 징후와 가능성," 『문학과 경계』 11 (2003/겨울), 172.

에 영향을 미치고 있다. 그런 의미에서 제국에 대한 저항도 우리의 삶, 구체적인 일상, 지역화에서부터 시작할 수 있을 것이다.

서구의 발전 모델에 대한 무비판적 모방과 맹목적 추종은 지역화의 붕괴를 초래한다. 지속 가능한 자원의 분배와 사용을 위한 지역 경제의 형성이 소수에 의한 권력과 자원의 집중화를 막을 수 있는 하나의 대안이다. 지역 경제의 활성화는 지역의 조건과 필요에 기초한 개발과 기술을 독자적으로 선택함으로써 지구적 낭비와 중앙화를 거부할 수 있다. 여기에서 다양한 지역사회 교육의 역할이 중요하다. 지역사회에 삶의 터전을 둔 주민들의 자발적인 학습 공동체는 상호 의존과 연대를 통하여 자의식을 강화하고 지역 개발의 의지와 능력을 키움으로써 허구적인 이미지와 강요되는 소비 욕구에 사로잡혀 특정 문화를 모방하고 자존감을 폄하하지 않도록 돕는다. 이러한 자생적 지역 문화가 경제의 지구화와 제국에 대한 투쟁이고 미래에 대한 희망이 되리라 본다.

서구의 발전 모델이 20대 80으로 양극화되는 신자유주의 사회에서 초래한 결과는 서구 사회에서도 찾아볼 수 있다. 이와 관련된 한 연구는 선진국 사람들이 강력 범죄, 우울증, 불안, 스트레스, 알코올 중독, 향정신성 약물 중독 등으로 고통을 받고 있으며 그 주요 원인으로 상대적 박탈감을 초래하는 불평등을 지적한다.[40] '승자독식'의 사회에서 소외되고 고통받는 사람들은 선진국도 예외는 아니다. 전 지구적으로 80에 속하는 다양한 사람들은 이제 소통과 연대를 통한 저항과 대안 만들기를 선택해야만 한다.[41]

끝으로 제국 시대의 대안적 학습 사회는 "세계를 정말 돌아가게 하

---

40) 리처드 윌킨슨, 『평등해야 건강하다』, 김홍수영 역 (서울: 후마니타스, 2008).
41) 이와 관련해서 새로운 사회를 여는 연구원 편, 『새로운 사회를 여는 희망의 조건』 (서울: 시대의 창, 2008)을 참조하라.

는 것은 돈이 아니라 보다 깊은 가슴 속의 힘이라는 사실"[42]을 깨닫고 사람들이 쉽게 잊어버리는 헌신과 사랑의 가치를 일깨우는 일이 필요하다. 자본주의는 발전할수록 결핍을 만들어 냄으로써 자연적인 모든 것을 돈으로 대체해야만 하고, 혁신적인 과학기술이 만든 생산품도 그것을 활용할 시간과 능력이 우리에게 부족하다면, 진정한 삶의 의미와 가치를 어디서 찾아야 하는지를 새롭게 배우고 가르쳐야 하지 않을까.

---

42) 헬레나 노르베리 호지, 앞의 책, 20.

한국 가족문화와 기독교

I. 들어가는 말

2005년은 한국 사회가 가족 문제에 대한 획기적인 변화의 기반을 마련한 해이다. 이 변화의 핵심은 호주제[1]가 폐지되고, 정부에 여성가족부를 설치하여 가족정책을 수립하게 되었다는 데 있다.

국회는 지난 3월 2일 호주제 폐지에 대한 민법 개정안을 통과시킴으로써 1958년 제정 당시부터 논란이 되어 왔던 호주제 문제를 정리하였다. 그동안 호주제를 둘러싸고 가족의 해체를 우려하면서 전통 고수를 앞세운 유림측과 가족 현장에서 일어나는 가부장제의 폐단과 가족 관계의 불균형을 극복하고자 하는 여성계는 서로 극심하게 대립해 왔다. 호주제 폐지는 우리 사회가 가족에 대한 시대적 요구를 인식하고 탈가

---

1) 호주제도는 민법 제4편 제2장과 제8장을 중심으로 호주와 가족의 정의, 가의 변동, 자(子)의 성과 본, 호주 승계 등을 다루고 있다. 이 내용에 따라 개인의 혼인, 이혼, 부모자녀 관계 등 가족 관계 전반이 영향을 받는다.

부장적 가족의식을 수용하였기에 이루어졌다고 볼 수 있다.

이와 병행하여 여성부는 지난 3월 2일 정부조직법의 개정에 따라 올 상반기 중에 「여성가족부」로 개편되고 여성정책과 함께 가족정책을 총괄하는 역할을 담당하게 되었다. 종래 보건복지부 소관이었던 가족정책을 여성부에 통합함으로써 우리 사회는 가족의 가치를 새롭게 정립하고 위기가족 예방과 다양한 형태의 가족을 지원하는 총괄적 가족정책[2]을 추진할 수 있게 되었다. 이것은 한국 사회의 사회경제적 변화에 따라 가족 형태가 다양화되고, 가족에 대한 가치관과 가족 관계가 변화되고, 가족의 기능이 약화되는 데서 비롯되는 사회적 문제들을 예방하고 이에 능동적으로 대처하기 위한 국가적 차원의 노력을 반영한 것이라고 볼 수 있다.

역사적으로 한국 사회에서 가족의 변화가 사회 문제로 부각되었던 시기는 구한말과 1960~70년대였다. 구한말에는 봉건제가 붕괴되고 전통적인 유교 사상이 약화되고 서구를 본뜬 근대화가 추진되면서 가족 문제가 대두되었고, 1960~70년대에는 급속한 산업화로 인해 농촌 인구가 도시로 집중되고 핵가족이 확대되면서 가족 문제가 심화되었다. 이 두 시기에 공통적으로 나타나는 것은 크게 보아 세 가지이다. 하나는 급변하는 사회 변동으로 전통적 가족 형태와 가족 관계의 변화가 불가피했다는 것이고, 또 하나는 탈가부장적 사회를 추구하는 여성의식이 고양되고 여성운동이 전개되었다는 것이고, 나머지 하나는 새로운 가족의 형성 과정에 기독교가 어느 정도 영향을 끼쳤다는 것이다.

---

2) 여성부는 올해를 '가족정책의 원년'으로 정하고 지난 1월부터 시행된 건강가정기본법에 따라 높은 이혼율, 세계 최저의 출산율 등 새로운 가족의 변화에 능동적으로 대처하고 가족구성원들이 친밀감, 응집성, 위기관리 능력을 갖추게 하여 가족해체를 막기 위한 일에 주력하고 있다.

기독교는 구한말의 사회 변동 과정에서 근대사상과 서구문명을 소개함으로써 여성의 억압과 희생을 강요해 온 전통적 가족주의에 도전하였고, 1960년대 중반 이후로 급속한 산업화와 도시화가 전개되면서 전통사회가 제공하던 '고향'을 상실하고 정체성 혼란을 겪던 사람들에게 종교적 유사 가족주의3)를 제공함으로써 급격한 교회 성장을 이루었다.4)

이러한 역사 경험과 오늘의 시대 상황을 염두에 두면서 가족문화의 형성과 관련된 기독교의 역할과 과제를 성찰해 보는 일은 의미가 있을 것이다. 이를 위한 선행 작업은 한국 가족문화의 변화에 끼친 기독교의 영향을 실증적으로 분석하는 것이겠지만, 이 작업은 단순치가 않다. 가족의식은 공식적인 기록에 제대로 기록되어 있지 않고, 사회 분석 방법에 의해 잘 드러나지 않는 개인적이고 일상적인 친밀성이 그 핵심이기 때문이다. 이와 같은 한계를 인정하면서 나는 최근 한신대 학술원 신학연구소가 현대리서치에 의뢰하여 전국 단위의 기독교인과 일반인 1,300명을 대상으로 실시한 "가족문화 변화에 관한 설문조사"(2005년)

---

3) 유사 가족주의란 개인이 가족 외 다른 집단에서의 인간관계나 사회관계를 조절하고 규제하는 방식으로 가족 내 관계를 적용하는 것을 의미한다. 한국 사회에서 나타나는 유사 가족주의의 특징은 온정주의와 배타성으로 볼 수 있다. 이러한 특징이 정치적, 경제적, 사회적 영역에서 이데올로기화되면 사회의 보수화를 초래하는 경향이 있다. 공장 새마을 운동이 강조되던 시기에 "공장을 내 가정처럼"이라는 구호가 대표적인 예이다. 실제 공장 내 생산관계는 노동과 자본의 지배관계와 이해관계이지, 결코 가족 관계가 아닌데도 말이다.

4) Hee-Sook Lim, Hee-Sook Lim, Eine Analyse des protestantischen Fundamentalismus Koreas im Rahmen der kirchlichen Erwachsenenbildung. Mit einer Fallstudie zum "Handbuch fuer den Gottesdienst im Hauskreis" der Presbyterianischen Kirche Koreas zwischen 1975 und 1985, Diss. Univ. Hamburg 1999. 친족집단이 담당하던 2차집단의 역할이 약화되자 농촌의 동년배 집단과 도시의 직장동료와 종교집단이 그 대리 역할을 했다는 연구 결과도 있다. 김주희,『품앗이와 정의 인간관계』(서울: 집문당, 1983).

의 결과와 관련 문헌들을 중심으로 연구 주제에 접근하고자 한다. 이를 위해 성 인지적 여성주의 관점(gender sensitive feminist perspective) 에서 설문조사 결과와 관련 문헌들을 분석하고, 유교 전통의 요소들과 기독교의 요소들이 서로 대조되기도 하고 융합되기도 하는 항목들을 중심으로 가족문화의 주요 내용을 살피고자 한다. 또한 설문 조사에서 드러나는 기독교인과 일반인의 가족문화 의식과 가족에 대한 가치관을 비교함으로써 한국 가족문화의 형성과 기독교의 상관관계를 파악하고 자 한다.

본 논문은 한국의 가족문화가 역사적으로 변화한 과정을 정리하고 (II장), 한국 기독교인의 가족문화 의식을 주제별로 분석하고(III장), 새 로운 한국 가족문화의 형성을 위한 기독교의 역할과 과제를 제시하고 자 한다(IV장).

II. 한국 가족문화의 역사적 전개와 특성

한국 가족문화의 변화를 사회 변동과 관련지어 생각할 때 초점이 되 는 것은 가족주의라는 문화 원리이다. 가족주의는 사회 구성의 기본 단 위를 개인보다 가족에 두고 이 가족을 어떤 사회집단보다도 최우선으 로 여기는 신념을 의미한다. 한국 가족주의의 뿌리는 조선 시대의 성리 학이다. 성리학은 유교의 가(家)5) 개념을 일상생활에 실현하기 위하여

---

5) '가'란 사실상의 거주 상태와는 무관하게 본적(本籍)에서 호주를 중심으로 편제된 호 적(戶籍)에 기록된 가족을 말한다. 따라서 호적상의 '가'는 경제적·정서적 생활 공 동체라는 점에서 가족들과는 구별이 된다. 장남이 결혼해도 분가하지 않으면 장남의 가족에는 호주가 없다. 이처럼 호주제는 실제 가족생활과 유리되어 서류에만 있기

부계혈연을 중심으로 한 가족의 배타적 계승과 발전을 강조하였다. 이러한 가족주의는 한국 문화의 중요한 특징을 이루면서 역사 변화와 사회 발전에 순기능을 하기도 하고 역기능을 하기도 했다.

조선 시대의 사회문화는 지배 이념인 유교와 가례(家禮)와 농업경제에 기반을 두었다. 구한말의 위기 상황은 유교사상과 유교적 생활양식에 의한 사회통합을 약화시켰고, 천주교와 개신교의 유입, 동학의 세력 확장은 기존 사회에 큰 위협이 되었다. 특히 기독교가 소개하고 확산시킨 서구적 문화의식은 전통 의례를 비합리적인 미신으로 간주하고 기독교 신앙생활을 위해 전통을 타파해야 한다는 생각을 심어주기까지 했다. 이러한 상황에서 개화파 인사들은 기독교의 새로운 문물을 근대적 사회개혁 사상으로 수용하였지만, 전통적 유교세력은 위정척사 사상을 강조하고 나섰다. 유림은 사회문화의 혼란을 극소화하기 위하여 친족조직과 가문을 중시하고 조상 숭배를 기반으로 한 가례의 준수를 강화했다. 이러한 움직임은 당시 양반 계층의 생활 근거지인 농촌을 중심으로 전개되었고, 조선 후기 신분 제도의 와해 과정에서 신분 상승의 욕구를 지녔던 일반 계층에 널리 수용된 것으로 평가된다.[6]

그러나 유교의 전통 가례는 식민화 과정에서, 또한 일제 강점기의 식민통치 정책으로 인해 불가피한 변화를 겪었다. 가례의 관혼상제(冠婚喪祭) 가운데 관례는 1905년에 시행된 단발령에 의해 소멸의 위기를 맞게 되고, 혼상제례는 1934년 조선총독부가 반포한 '의례준칙'으로 큰 변화를 겪게 되었다. 의례준칙의 취지는 농촌의 생활개선과 근대적 생활합리화를 위해 가례의 허례허식을 고친다는 것이었지만, 그 본래 의

때문에 '관념상의 가'를 나타낼 뿐이다.

6) 이효제,『조선조 사회와 가족』(서울: 한울 아카데미, 2003).

도는 조선의 풍속을 말살하고 마을공동체의 유대를 파괴하는 데 있었다고 평가된다.[7]

혼례 양식의 변화를 살펴보면, 전통혼례의 간소화를 주장하는 경향이 강해졌으며, 전통혼례보다 개신교식 혼례를 권장하고, 예식장이 혼례장소로, 연미복과 웨딩드레스가 혼례복장으로 등장하였다. 그 가운데 결혼식에서 신부의 아버지가 신랑에게 신부를 넘겨주는 부분은 유교의 삼종지도와 연관되어 쉽게 수용되었는데, 이 점은 주목을 요한다.[8]

상례도 큰 변화를 겪었다. 상례의 변화는 총독부가 산림조사 정책의 일환으로 1912년에 반포한 '묘지, 화장장, 매장, 화장 규칙'이 촉발시켰다. 이 규칙에 따라 묘지의 허가기준이 정해지고, 묘지의 면적도 제한되었다. 공동묘지와 사설묘지가 조성되고, 비석 상점과 직업적인 장의사가 등장하였다. 또한 화장 비용이 묘지 사용료보다 저렴했기에 화장이 증가하는 추세를 보였다. 장례식도 가족이나 친족, 마을 단위로 이루어지던 것이 사회 업적에 따라 연합장이나 사회장을 시행함으로써 그 범위를 확대시켰다.[9]

제례의 경우에는 조선 후기의 4대(代) 봉사가 단대(單代) 봉사로, 제사 시간이 초저녁으로, 신주가 사진으로, 축문이 한글로, 곡이 읍으로 바뀌는 경향이 강해졌다.

이처럼 전통 가례의 변화는 근대화라는 이념적 이유와 의례 비용의

---

7) 박혜인, "전통혼례의 연속과 단절,"『자본주의 시장경제와 혼인』(서울: 또하나의 문화, 1991).

8) 박혜인, 앞의 글, 132.

9) 장철수, "현대 한국인의 종교와 민간신앙,"『한국사회론』(서울: 사회비평사, 1995), 192-193.

절약이라는 경제적인 이유로 인해 대중에게 어느 정도 수용되었으나, 한민족의 전통문화에 대한 진지한 성찰 없이 일제 식민정책이 시행되고, 기독교 선교정책이 이에 편승하였다는 것은 냉정하게 검토되어야 할 점이다.

가례가 가족주의를 유지하는 중요한 기능을 담당했다는 점에서 전통의례의 변화는 그 의미가 적지 않다고 볼 수 있지만, 전통의례의 외형적 변화에도 불구하고 혈연 위주의 가족주의와 가족주의 생활양식은 한국 사회에서 여전히 유지되고 있다는 것은 주목할 만한 점이다.10)

한국의 가족주의를 구조주의 관점에서 분석한 조혜정에 의하면, 한국의 가족주의는 조선 중기까지의 도덕적 가족주의, 조선 후기부터 일제 강점기와 한국전쟁 전후 시기의 공리적 가족주의, 산업화와 도시화가 집중되던 시기의 도구적 가족주의, 현대의 이기적 가족주의로 대별된다고 한다.11) 가족주의의 성격이 변화되는 과정에서 주목되는 점은 사회 변동이 급격한 시기에 가족의 형태와 구조가 변화되지만 가족주의는 가족 내부적으로나 사회적으로 더 강화되는 양면성을 지닌다는 것이다.

예컨대, 조선 후기에 공적 영역에 대한 국가의 구속력과 영향력이 약화되는 혼란기에 가족은 생존의 보루이자 삶의 목표가 되었다.

일제 식민정책으로 인해 토지를 잃은 사람들의 농촌 이주가 빈발하고 징용과 독립운동으로 남자들이 집을 떠나는 상황에서 아버지의 부재로 인해 어머니의 역할이 강조되지만 전통적 가족주의는 위기 상황

---

10) 신수진, "한국의 사회변동과 가족주의 전통,"『한국가족학회지』제4권 1호, 1999, 181.

11) 조혜정, "사회변동과 가족주의,"『한국문화인류학』17집, (서울: 한국문화인류학회, 1985), 81-98.

에서 가족의 결속과 유대를 지탱해 주는 이념으로 그 맥을 유지하였다.

특히 전쟁은 사회적 혼란과 불안을 고조시키기 때문에 가족의 보호와 지지는 더 요구되었다.

1960년대 이후 경제개발 과정은 전통적으로 가족이 담당하던 생산적 기능과 사회적 기능을 축소시키고, 일터와 가정을 분리시키고, 핵가족화를 촉진하였다. 핵가족은 성 역할 분담 구조에 따라 남성 가장에게 임금노동을 통한 부양자 역할을, 가정주부에게 가사노동을 통한 정서적 역할을 분배하고, 가족을 업적과 경쟁으로 이루어지는 바깥사회에서 격리된 피난처와 안식처의 사적 영역으로 성격화[12]하였다. 이러한 핵가족의 개념은 서구 사회의 그것과 다를 바 없다고 볼 수 있다. 그러나 한국의 핵가족은 외형상으로 가구 구성상의 변화를 보이지만, 가족 내부적으로는 가족과 친족 사이의 혈연관계와 상호부조를 중심으로 하는 가족주의를 넘어서지 못하고 있다는 점에서 서구사회의 핵가족과 다르다.[13]

이러한 한국 가족의 특수성에 대한 인식은 기능주의적 관점에서 이루어진 기존의 가족 연구 결과들을 비판적으로 분석하는 데 도움을 준다.

---

12) 그 대표적인 것이 개인의 원자화와 조직의 관료화에 대한 대응으로 '나의 집'을 강조하는 '마이 홈 이데올로기'이다. 박영은, "산업화와 가족주의," 『정신문화연구』(서울: 한국정신문화원, 1985), 176.

13) 최홍기, "현대 한국 가족제도의 변화," 『한국사회론』(서울: 사회비평사, 1995), 153.

III. 한국 기독교인의 가족문화 의식

1. 결혼과 출산을 통한 가족개념과 혈연의식

전통적 의미의 가족을 부계 혈통의 직계가족으로 볼 때, 결혼은 새로운 가족을 형성하는 인륜지대사로 사회적 인정을 받았고,[14] 결혼하지 않은 자녀는 개인과 집안의 수치로 여겨졌다. 전통적 가족에서 결혼은 혈통을 계승하기 위해 집안과 집안이 결합하는 의미가 있다. 결혼을 통해 구성되는 가족은 '대'(代)를 잇는 역할을 맡는다고 여겨졌다. '대'는 제사상속자와 호주의 지위를 통합하는 개념인데, '대'를 잇는 일이 중시되면서 여성에게는 남아 출산의 부담이 지워졌다. 이런 점에서 전통적 가족문화의 특성은 부계혈연 중심의 가족주의라고 평가할 수 있다.

그러나 시대가 변하면서 성인의 결혼과 결혼한 부부의 출산은 필수 조건에서 선택 사항으로 바뀌는 경향이 증가하고 있다. 결혼의 사회적 구속력이 약화되고 개인주의가 확대되는 과정에서 이혼이 증가하고 다양한 동거 형태가 생겨나고 있다. 이로 인해 전통적 가족 개념도 달라질 수밖에 없었다. 가족 의식에 대한 김규원의 3세대 비교연구에 따르면, 노인 세대에서 부모 세대나 자녀 세대로 갈수록 가족의 범위가 좁아지고 함께 동거하는 식구를 가족으로 여기는 경향이 나타난다고 한다.[15] 가족의 형태가 다양해지는 상황에서 부계혈연 중심의 가족 개념은 가족성원 간의 갈등과 마찰의 요인으로 작용하여 생활 공동체의 유

---

14) 이 때문에 혼례는 가족을 형성하기 위해 두 남녀가 결합하는 것을 사회적으로 인정하는 통합의례로서 매우 중시되었다.

15) 김규원, "가족개념의 인식과 가치관," 『가족학논집』 7집, (서울: 한국가족학회, 1995), 133.

대와 화목을 저해하기도 한다. 따라서 성차별적인 혈연 중심의 전통적 가족 개념은 오늘 중대한 도전에 직면해 있다고 볼 수 있다.

혈연 중심의 가족 개념이 변화되는 추세를 보이고 있다는 기존의 연구 결과를 한신대 설문조사 결과와 비교, 분석하여 정리하면 다음과 같다.

1) 결혼이 필요하다는 응답은 대체로 높은 편이나(일반인 72.9%, 기독교인 79.9%), 결혼의 의미를 집안 간 결합이나 혈통 유지에 두기보다는 인생의 반려자를 구하는 개인과 개인의 결합으로 보는 견해가 우세하다(일반인 52.1%, 기독교인 55.6%). 결혼을 거부하는 경우, "독신이 편하다"는 응답이 높다는 것(일반인 55.4%, 기독교인 59.3%)은 예전보다 개인주의 성향이 강화된 것으로 평가된다. 결혼을 거부하는 사람들 가운데 여성(일반인 33.3%, 기독교인 26.2%)이 남성(일반인 21%, 기독교인 12.7%)보다 많은 비율을 차지하는 것은 결혼이 남성에게보다 여성에게 더 부담이 된다는 현실을 반영할 뿐만 아니라 결혼에 대한 여성들의 주체성이 강해졌음을 시사한다.

2) 배우자의 선택에서는 집안 어른들의 의사(일반인 5.3%, 기독교인 5.6%)보다 개인의 선택과 결정이 중요시되는 자유연애(일반인 71.9%, 기독교인 69.7%)가 지배적이고, 결혼의 결정 여부도 결혼 당사자들의 의사(일반인 52.3%, 기독교인 56.8%)가 가족들의 합의(일반인 43.5%, 기독교인 40.8%)보다 더 중시되고 있다.

증가 추세에 있는 이혼에 대해서는 관용적인 입장(일반인 69.4%, 기독교인 61.3%)이 두드러지는데, 이는 많은 응답자들이 현실 수용의 경향을 보이고 있음을 시사한다.

이 조사 결과들은, 배우자에 대한 본인의 결정이 부모의 결정보다 중시되는 경향이 1970년대를 기점으로 확대되고 있다는 1992년도 한국보건사회연구원의 조사 결과와 맥을 같이 한다고 평가된다.

3) 이러한 변화 추세에도 불구하고 전통적인 결혼규범이 얼마만큼 유지되고 있는가를 살펴보면, 일반적으로 남자 배우자의 연령이 여자보다 많아야 하고(일반인 48.2%, 기독교인 49.3%), 배우자 간 학력 수준(일반인 53.7%, 기독교인 60.3%)과 종교(일반인 57.5%, 기독교인 81.0%)가 비슷하거나 동일하기를 기대하는 경향이 나타난다.

또한 배우자의 초혼과 재혼 여부(일반인 56.2%, 기독교인 59.2%), 결혼 적령기(일반인 49.1%, 기독교인 59.9%), 배우자의 집안 배경(일반인 41.4%, 기독교인 36.4%)을 중요하게 고려한다.

국제화 시대에 접어들었음에도 배우자의 국적(일반인 41.0%, 기독교인 35.9%)을 중시하는 점도 주목된다.

저출산이 사회 현상으로 대두하고 있음에도 불구하고, 출산과 자녀가 필요하다는 응답은 높은 편이다(일반인 65.9%, 기독교인 73.2%). 일반인들에 비해 기독교인들이 결혼과 출산의 필요성을 더 적극적으로 옹호하는 것은 결혼과 출산을 창조질서의 맥락에서 이해하는 기독교의 가르침과 가치관이 반영된 것으로 생각된다.

4) 입양 문제에서 나타나는 혈연의식을 분석해 보면, 자녀가 없을 경우에 입양 의사는 평균 수준(일반인 51.0%, 기독교인 49.1%)이지만, 입양을 원치 않는다는 응답자들이 꼽은 이유들은 주로 양육의 부담(일반인 38.5%, 기독교인 31.4%)과 혈연문제(일반인 32.9%, 기독교인 31.4%)

이다.

입양을 할 경우, 친족(일반인 24.2%, 기독교인 19.9%)보다는 입양기관(일반인 75.8%, 기독교인 80.1%)을 이용한다는 견해가 지배적이고, 입양아의 성별 선호도에서 딸(일반인 37.1%, 기독교인 38.0%)이 아들(일반인 14.2%, 기독교인 10.9%)보다 훨씬 높은 것은 혈통 계승을 위한 남아 선호도가 낮아지는 경향(일반인 36.3%, 기독교인 41.3%)과 일관성을 보이고 있다.

이것은 자녀가 가계 계승 때문에 필요하다고 보기보다는 애정의 동기를 촉발하고 정서적 욕구를 충족시키기 때문에 필요하다고 여기는 경향이 강해지고 있음을 시사하며, 자녀의 필요성에 대한 1981년도 한국 갤럽조사에서 가문의 대를 잇기 위해 자녀가 필요하다는 응답(68.2%)이 지배적이었던 것과 비교하면 큰 차이를 보이고 있다.

설문조사를 통해 나타난 기독교인들의 가족 개념은 결혼과 출산에 기초한 전통적 혈연가족을 일반인들보다 더 중시하고 있지만, 대를 잇는다는 의미에서 강조되는 남아선호 사상은 일반인들보다 적게 지닌 것으로 보인다. 기독교인들은 한국 교회가 오늘날 다양하게 전개되는 가족관과 가족 형태에 대하여 보수적인 입장을 취하고 있으며 혈연의식도 강한 것으로 사료된다.

2. 성 윤리의식과 관계 형성

성에 대한 개인의 주관적 의미 체계와 파트너 사이의 성 공유의 의미를 형성하는 데 가장 중요한 역할을 하는 것이 가족생활이다.[16] 가족성원들은 가족규범과 사회적 상호작용에 의하여 성 인식, 성에 대한 가치

관과 태도를 형성한다. 이런 점에서 성은 가족의 주요한 주제로 다루어
져야 한다.

한국 사회의 성 윤리와 성적 관행을 형성하는 데 지대한 영향을 끼친
것은 유교적 성문화이다. 조선 시대에는 부계혈통의 순수성과 문중 세
력을 유지하려는 통제 기제로 여성의 순결을 강조하고 재가를 금지하
였다. 국가적으로는 풍기문란을 단속하여 사회질서를 세운다는 명목으
로 성 윤리를 강조하였고, 이를 어길 경우 가문의 명예를 더럽힐 뿐만
아니라 자식의 출세를 가로막는다는 이유를 내세워 여성의 성을 통제
하였다. 이에 반해 남성에게는 축첩과 향락의 자유를 허용함으로써 전
통적 가족은 이중적 성 윤리를 일반화하였다.

선교 초기 기독교는 여성의 인권을 보호하고 권익을 주장하는 차원
에서 조혼과 축첩을 반대하고 일부일처제를 창조질서에 합당한 것으로
강조하였다. 그러나 유교적 순결 이데올로기를 극복할 수 있는 성 윤리
의식을 기독교가 제공했다고 볼 수 없다. 기독교의 이원론적 전통은 육
체와 성에 대한 금욕적이고 부정적인 가치관을 중시해 왔기 때문에 성
문화는 오랫동안 교회에서 터부시되었다.

성은 부부의 친밀감과 상호 신뢰를 도모하여 결혼생활을 안정되고
풍요롭게 한다. 성생활의 상호작용은 애정, 열정, 보살핌과 배려, 상호
의존, 개방적 의사소통, 정서적 지지, 스스로 만족하고 자신이 쓸모 있
는 존재라는 느낌을 준다.17) 가족의 변화에 따라 성은 전통적으로 강조
되던 출산의 목적 이외에도 개인의 행복을 추구한다는 차원에서 그 가

---

16) J. Maddock, "Hwealthy family sexuality: Positive principles for education and
clinicians," *Family Relations*, 38, 1989.

17) 이홍식, 『완전한 부부: 전문의가 쓴 알기 쉽고 완벽한 성의학 백과』 (서울: 오늘,
1989).

치와 의미를 새롭게 인정받고 있다. 여기서 주목되는 것은 부부의 성 인식과 두 사람의 관계 형성이다.[18) 부부가 성에 대해 서로 다른 기대나 태도를 가지고 있는 경우에는 부부 갈등이 일어날 가능성이 높다.

오늘날 성 의식이 개방적으로 바뀌는 추세에서 성은 개인과 가족의 문제뿐만 아니라 사회 문제로도 인식되고 있다. 성 정체성과 성적 자율성과 결정권을 두고 생겨나는 성별, 세대 간 격차는 외도, 성매매, 혼전 성관계를 중심으로 가족 갈등을 불러일으킨다.

성 윤리의식과 관계 형성에 관련된 한신대 설문조사 내용을 분석하면 다음과 같다.

1) 장래의 결혼 배우자의 혼전 성관계를 나누는 것에 대한 절대 반대 의견은 기독교인(50.7%)이 일반인(30.6%)보다, 여성(36.6%)이 남성(24.8%)보다, 연령이 많을수록(10, 20대가 17.4%, 60대 이상이 72.7%) 높게 나타나 보수적인 성 의식을 나타났다. 배우자나 가족들의 혼외 성관계(일반인67.4%, 기독교인 71.8%)와 성 매매(일반인 78.5%, 기독교인 83.6%)에 대해서도 상당히 비판적이다. 이런 성향은 응답자들이 2004년 9월에 시행된 성매매방지특별법을 크게 반겼다는 조사 결과와 맥을 같이 하고 있다(폐지론 일반인 7.9%, 기독교인 6.8%). 성별로는 남성이 여성보다 가족들의 혼외 성관계에 엄격한 태도를 취한다는 점이 주목된다(5%포인트 증가). 이것은 전통적인 이중 성윤리를 반영하는 결과로 해석된다.

---

18) 정현숙, "가족학 연구와 발달적 접근", 한국가족학연구회 편,『가족학 연구의 이론적 접근』(서울: 교문사, 1994).

2) 동성애 부부의 법적 허용에 대하여 기독교인들(12.7%)의 지지율과 일반인들의 지지율(14.5%)이 비슷하게 나온 것은 기독교인들의 보수적인 성 가치관과 대조를 이룬다. 미혼모 문제의 해결 방안으로 기독교인들도 혼전 성관계를 막는 순결교육보다 혼전 임신을 방지하는 피임교육을 크게 강조하는데(일반인 68.9%, 기독교인 60.6%), 이것은 기독교인들이 혼전 성관계에 대해 현실적인 태도를 취하고 있음을 말해 준다.

3. 가족 관계와 성 역할

전통 가족에서의 가족 관계는 '효' 사상을 기본으로 부모-자녀의 위계질서를 강조하고 가장의 권위와 독점적 역할을 인정함으로써 가장에 대한 가족성원의 복종을 요구하였다. 이에 비교하면, 핵가족의 가족 관계에서는 가장권이 약화되고 주부권이 부각되며, 가족성원들의 민주적인 의사결정과 정서적 유대가 중시되는 특성을 보인다. 특히 부부의 결정권이 확대되는 현상은 1958년도 이효재의 연구[19]나 1981년도 한국갤럽조사 연구소의 조사에서도 잘 드러난다. 이것은 가장권을 중심으로 한 위계적 가족 관계가 해체되고 성차별과 연령 차별이 극복되는 과정으로 평가할 수 있다. 그러나 일부 가족 연구자들은 한국 가족에서 전통적인 성 역할 분담과 부모에 대한 자녀의 의존이 변형된 모습으로 유지되고 있다고 지적한다. 여기서 성별 분업은 단순한 기능적 분업을 의미하는 것이 아니고, 여성이 임금노동에 참여할 경우에도 여성의 노동은 가사노동의 연장으로 간주되어 저임금과 특정직을 분배받는 성

---

19) 이효재, "서울시 가족의 사회학적 고찰", 『한국문화논총』 (서울: 이화여대출판사, 1959).

차별적 의미를 띠고 있다. 가족 관계에 관련된 갈등과 마찰의 경우, 다종교사회인 한국에서 종교가 그 한 요소가 되고 있음도 주목되는 현상이다.

가족 관계와 성 역할에 관련된 한신대 설문조사의 결과에 대한 분석은 다음과 같다.

1) 부모의 영향력과 관련해서, 부모가 반대하는 결혼을 재고하겠다는 견해가 과반수에 달한다는 것(일반인 50.1%, 기독교인 50.5%)은 자녀의 결혼에 대한 부모의 영향력이 여전히 크다는 것을 의미한다. 이러한 조사 결과는 배우자의 선택과 결혼 결정에서 본인의 의사를 강력하게 주장한다는 앞서의 조사 결과와 모순되는 측면이 있다. 이러한 모순은 이념적으로 개인주의가 증가하는 추세이지만 현실적으로는 결혼을 앞둔 자녀 세대가 경제적, 심리적 측면에서 충분히 독립하지 못했다는 것과 사회복지 제도가 성숙하지 못한 사회적 조건 아래서 부모의 지원과 도움을 요청하는 것이 불가피하다는 것을 시사한다.

또한 가족 관계에서 부모를 배우자보다 더 중요하게 여긴다는 견해(일반인 45.4%, 기독교인 39.7%)는 부부 중심의 핵가족화에 대한 재고를 요하는 부분으로 전통적인 효의 가치관이 여전히 중시되고 있음을 반영한다. 또한 부모 봉양이 시가와 친정의 차별 없이 평등하게 이루어져야 한다는 견해가 지배적인 것(일반인 60.0%, 기독교인 69.2%)은 양계화[20] 추세가 확대되는 것으로 평가된다. 그러나 양계화 현상은 혈연가족이 확대된 형태로 실질적인 양성평등을 구현한 것으로 보기 어렵다

---

20) 양계화란 친족관계의 범위에 남편과 아내의 친족 모두를 포함하는 것을 의미한다.

는 연구 결과도[21] 주목할 필요가 있다.

2) 자녀 문제에 대한 응답 결과를 살펴보면, 자녀들의 학업 성취가 가정 생활에서 차지하는 비율은 높은 편이지만(일반인 44.4%, 기독교인 42.7%),[22] 자녀의 사회적 성공을 위해 부모가 희생하는 데 대해서는 비판적인 견해가 많다(일반인 36.7%, 기독교인 39.9%). 자녀교육에서 성별에 따라 차별하거나 전통적인 성 역할을 강요하지 않는다는 견해가 지배적이다. 가족 내 역할 분담의 측면에서 나타난 양성평등 경향은 부모 세대보다 자녀 세대에서 더 강조되는데, 이것은 세대 간 차이를 보여주는 좋은 사례로 볼 수 있다.

3) 전통적 성 역할에 관해서는 남편의 가장권을 인정하고(일반인 49.8%, 기독교인 53.5%), 부부 사이에 의견 차이가 있을 때 남편의 의사를 우선적으로 인정하고(일반인 39.2%, 기독교인 41.1%), 남성 가장이 가정의 경제적 책임을 담당해야 한다는 견해가 두드러졌다(일반인 43.4%, 기독교인 46.0%). 이것은 호주제 폐지를 찬성(일반인 39.4%, 기독교인 40.8%)하는 입장과 모순되는 현상인데, 가족제도의 개혁과 의식 변화 사이의 격차를 반영한다고 볼 수 있다.

호주제에서 강조되는 '가장' 개념은 농업 경제와 유교적 신분질서를 기반으로 한 대가족제도의 배경에서 발전한 것인데, 사회생활의 조건이

---

21) 이재경, "여성의 경험을 통해 본 한국가족의 근대적 변형,"『한국여성학』제15권 2호, (서울: 한국여성학회, 1999), 75-78.
22) 장경섭의 연구는 한국 부모들의 자녀교육에 대한 적극적인 지원의 동기를 자녀들의 계층상승에 대한 기대로 보고 있다. 장경섭, "한국 가족의 이념과 실제,"『철학과 현실』22집, 1994.

변화된 요즈음 가족 공동체를 형성하고 유지하는 데 중요한 것은 가장
이나 호주라는 이름과 존재가 아니라 공동체 구성원들의 사랑과 신뢰임
을 계속 강조할 필요가 있을 것이다.

4) 종교 갈등이 가족 관계에 미치는 영향을 살필 수 있는 항목인 가족
모임과 종교생활의 우선순위에 대한 응답을 분석해 보면, 일반인과 기
독교인은 상반되는 입장을 갖고 있다. 일반인들은 종교생활보다 가족의
모임을 중시하는 경향이 높은 반면(40.7%), 기독교인들은 종교생활을
우선시하는 경향을 보였다(43.2%). 이것은 다종교사회에서 종교의 차
이가 가족 사이에서 갈등 요인이 되고 있는 현실을 반영하고 있다.

종교생활이 부부관계와 가족 사랑에 끼치는 영향에 대해서도 기독교
인들과 일반인들은 대조적인 평가를 내리고 있다(부부관계: 일반인
40.0%, 기독교인 71.4%; 가족 사랑: 일반인 36.0%, 기독교인 65.7%).

그러나 가족을 전도해야 신앙심이 깊다는 견해에 대해서는 일반인들
과 기독교인들은 모두 비판적인 입장을 취했다(일반인 42.7%, 기독교
인 43.7%).

4. 가정의례와 여가문화

가정의례는 가족에게 특별한 의미를 부여하는 반복적이고 공동으로
행해지는 활동이며, 많은 상징적 의미와 정서적 측면을 포함한다.[23] 일
반적으로 가정의례는 그 구체적인 절차가 규정되어 있고, 세월이 흘러
도 쉽게 변화하지 않고, 전통이 오랠수록 변화에 대한 저항이 크고, 지

---

23) 정현숙, 앞의 글.

속적인 반복을 통하여 그 절차와 방식의 정당성을 창출해 낸다는 특성을 지닌다. 이러한 가정의례의 정당성은 논리나 이성보다는 정서와 더 밀접하게 관련되어 있고, 가정의례에서 상징적 의미부여의 주관성이 매우 중요하다는 점을 염두에 두면, 가정의례에 대한 서로 다른 입장이 갈등과 반목의 요소가 된다는 것을 쉽게 이해할 수 있다. 특히 종교적 이유로 의례 절차에 대한 의견 차이가 발생할 경우, 이는 가족의 유대와 결속에 걸림돌이 되기 쉽다.[24]

가족성원들은 가정의례를 통하여 문화전통을 전달받고, 상호 결속을 다지고, 뿌리의식을 공유하고, 집단적 정체감을 형성한다. 가정의례는 치료 기능과 가족의 성장과 변화를 촉진하는 기능을 담당한다. 이와 동시에 가정의례는 가족주의를 유지하는 중요한 기제로서 성차별적 감수성을 체득하는 과정이 되기도 한다. 그 단적인 예가 남성이 제사를 주관하고 여성이 제사의 뒤치다꺼리를 맡는 식으로 성 역할이 나뉘어지는 것이다.

유교의 전통적인 가족에서 강조되는 관혼상제는 대표적인 통과의례인데, 모든 통과의례는 자손의 번성과 조상 숭배의 의미를 갖는다. 그 가운데 상례는 개인의 삶과 죽음을 가르는 통과의례인 동시에 산 자와 죽은 자를 가로지르는 분리의례이다. 한국 문화 전통에서 죽음은 단절이 아니라 삶의 연장으로 여겨졌으며 죽은 자는 본래 있었던 곳으로 되돌아간다고 생각했다. 따라서 효는 부모가 살았을 때나 죽었을 때를 구별하지 않고 한결 같아야 했다.

제례도 산 자와 죽은 자가 부단히 연결되어 있다는 생사관에 바탕을

---

24) 최봉영, "가족의 정체성 회복과 행복한 삶," 『가족에게 용기와 희망을』, 이화여대 인간생활환경연구소, 가정문화운동 심포지움 자료집, 1997 참조.

둔 것으로 산 자가 죽은 자의 영혼과 만나는 의식이다. 제례에서는 조상 숭배의 의례가 강조되기 마련이어서 통과의례보다 강화의례의 기능에 중점을 둔다. 여성을 제례에서 소외시키는 전통은 조선 시대의 내외법과 남존여비 관념에 기초한 것으로 지적된다(『한겨레21』, 1996년 10월 10일자).

선교 초기 기독교는 죽음에 대한 조선 사람들의 전통적 인식과 의례를 수용하지 못하고 한국 문화 전통과 갈등과 마찰을 일으켰다. 조상을 기리는 제례[25]를 우상숭배로 해석하여 배척의 대상으로 삼고, 제례의 의미를 추모로 축소시키는 한국 교회의 전통적 입장은 토착화 신학의 노력에도 불구하고 오늘에 이르기까지 기독교인들에게 큰 영향을 미치고 있다. 이런 점에서 상제례 문화의 변화를 살피면서 한국 전통문화에 대한 기독교의 영향을 분석하는 것은 의미 있는 일이다.

가정의례의 변화는 가족 단위의 통과의례보다 자녀들의 입학, 졸업, 군 입대, 취업, 승진 등 개인 단위의 통과의례와 결혼기념일, 어버이날, 어린이 날 등 가족 관계를 강조하는 강화의례를 강조하는 추세로 나타나고 있다. 통과의례의 참여 범위가 가족성원들에 국한되지 않고 사회연계망으로 확장되는 현상도 주목된다. 가정의례에 참여하는 구성원이 다양하고 많다는 점을 감안할 때, 가정의례의 변화는 가족 관계와 사회적 인간관계를 변화시키는 효과를 가진다. 이와 동시에 가정의례에 여성의 참여가 확대되는 추세는 여성의 역할과 지위를 변화시킨다는 점도 고려할 필요가 있다.

요즈음 새로운 사회적 관심사로 떠오르고 있는 여가[26]는 가족성원

---

25) 개신교의 강경한 제사 반대 입장과는 달리 천주교는 제례를 조상 기념의 형식으로 해석하고 인정함으로써 전통문화와의 마찰을 피할 수 있었다.
26) 여가란 가정, 노동, 기타 사회적 의무로부터 벗어난 자유시간에 참여자 스스로 결정

들이 함께 시간을 효과적으로 활용하여 가족 관계를 증진시키는 기능을 갖는다. 가족의 여가 활동은 가족성원들의 자아실현을 도모하는 기능뿐만 아니라 가족성원들의 상호이해와 신뢰를 증진하여 결속을 강화하는 기능도 있다. 한국 가족의 여가 생활은 삶의 질과 문화환경에 대한 관심이 높아지면서 확대되는 추세인데, 1999년 통계청이 실시한 여가시간에 대한 조사 결과에 따르면, 10세 이상 국민의 여가시간이 하루 21%인 5시간 정도로 나타났다. 그런데 20세 이상 성인의 경우, 일요일 여가시간이 남자는 7시간 4분, 여자는 5시간 43분으로 집계되었는데, 이것은 여가시간에도 성차별이 나타나고 있음을 시사한다.

가정의례와 여가문화에 관련된 한신대 설문조사의 내용을 분석하면 다음과 같다.

1) 제사 문제는 기독교인들이 일반인들에 대해 가장 두드러지는 차이를 보이는 항목이다. 기독교인들은 전통 제사에 대하여 반대하는 입장을 보이는데(일반인 22.1%, 기독교인 63.1%), 그 이유로 종교적인 이유(41.6%)를 들고 있지만, 그 외에도 제사를 우상숭배(27.5%)로 판단하거나 조상의 은덕을 기리고 감사하는 조상 숭배(23.2%)로 인식하고 있다는 점을 주목할 필요가 있다. 기독교인들 가운데 실제로 제사에 참여하는 사람들의 비율이 49.5%로 나타나고 있지만, 기독교인들은 설사 여러 가지 이유로 제사에 참여하더라도 이를 기독교 신앙에 위배되는 종교 행위(53.1%)로 인식하는 경향이 강하다. 2000년도에 생활개혁범국민실

하는 활동과 경험으로 정의될 수 있다. 홍성희 · 문숙재, "주부의 여가활동과 여자제약요인에 관한 연구," 『대한가정학회지』, 29집 3호, (서울: 책세상, 1991).

천협의회가 실시한 '제례와 성묘 실태 및 의식 조사'에 따르면 응답자의
87.6%가 제사에 찬성한 것으로 나타났다.

2) 전통 제례가 개혁되어야 한다는 생각은 일반인들보다 기독교인들에
게서 더 적극적으로 나타나는데, 기독교인들은 종교적인 이유로 제사를
거행할 때 절을 하지 않는 행위에 대하여 관용적이고(일반인 59.9%, 기
독교인 87.6%), 제사의 날짜와 시간을 조정하는 데 융통적인 입장을 보
이고(일반인 22.0%, 기독교인 43.4%), 제사에서 반드시 전통예법을 준
수해야 한다는 견해에 대해서는 반대 입장이 우세하고(반대 일반인
21.0%, 기독교인 51.6%), 제사는 장남이 지내야 한다는 견해에 대해서
도 반대 입장이 많고(반대 일반인 34.9%, 기독교인 47.7%), 제사 음식
을 격식에 따라 준비해야 한다는 견해에 대해 반대 의견이 일반인들보
다 압도적으로 높고(반대 일반인 22.7%, 기독교인 40.6%), 제사 음식을
집 바깥에서 장만하는 일에 대해서도 관용적인 입장을 취하고 있다(일
반인 37.6%, 기독교인 42.0%).

3) 사위나 성이 다른 가족들(일반인 50.1%, 기독교인 47.4%), 혹은 여
성들(일반인 50.4%, 기독교인 28.2%)이 제사에 참여하여 절을 하는 일
을 허용하고, 남자만 제주가 되는 것에 반대하고(일반인 42.0%, 기독교
인 46.0%), 제사를 시대에 맞추어 간소화하고(일반인 42.2%, 기독교인
52.3%), 친정의 제사도 시가의 경우처럼 평등하게 참여해야 한다는 견
해가 강하게 나타난다(일반인 48.4%, 기독교인 36.9%).

　　이러한 경향은 2001년 1월에 동아일보가 실시한 차례 방식에 대한
조사에서 여성의 참여가 39.5%로 나타난 것으로 남성 중심적인 제례문
화가 양성평등적으로 변화되는 과정을 반영한다고 볼 수 있다.

4) 상례의 경우, 기독교인들은 화장(48.1%)과 장기 기증(62.2%)을 부활 신앙과 무관하다고 생각하는 경향이 높은 편이며, 장기 기증 의사(일반인 38.3%, 기독교인 49.5%)와 시신 기증 의사(일반인 15.7%, 기독교인 26.8%)를 표명하는 비율이 일반인들보다는 높은 것으로 나타났다.

기독교인들이 전통 장례에 대해서는 비판적인 의견이 높은 편이지만(일반인 20.7%, 기독교인 43.9%), 장례의식의 결정권은 고인의 뜻에 따르는 것이 지배적이다(일반인 60.4%, 기독교인 64.6%). 선호하는 장례 방식은 화장이 우선적이고(일반인 73.9%, 기독교인 71.4%), 화장한 뒤에 유골을 납골당에 안치하겠다는 의견이 지배적이다(일반인 59.6%, 기독교인 62.2%).

그러나 납골당이나 공원묘지가 거주지 주변에 있는 것에 대해서는 거부감이 큰 편이며, 그 이유로는 우울한 분위기 조성을 많이 들었다(일반인 58.1%, 기독교인 57.0%).

전통적인 매장 중심의 장묘문화는 2001년에 시행된 개정 장묘법과 화장 캠페인으로 인해 크게 변화되기 시작했다. 2001년도에 한국토지행정학회가 실시한 '21세기 장묘문화 국민의식 조사'에서는 응답자의 63.4%가 화장을 선택했다. 이것은 화장문화가 점차 일반화되는 현상을 반영하고 있다.

5) 유족과 문상객이 종교적 차이를 가질 때, 기독교인들은 서로 다른 조문 의식을 수용하는 데 일반인들보다 더 관용적인 입장을 취하지만(일반인 41.2%, 기독교인 54.0%), 유족들이 곡을 하는 의식과 평상복 대신 따로 수의를 장만하는 일과 묘를 지나치게 크게 장만하는 일과 묘 자리에 특별한 의미를 부여하는 일에는 비판적인 견해를 가지고 있다. 전통적인 상제례 문화를 기독교에 수용하는 일에 대하여 기독교인들은 찬성

보다는 반대 의견을 더 많이 갖고 있는 것으로 나타났다(찬성 31.0%, 반대 38.7%).

6) 기혼 여성들의 명절 스트레스가 문제가 되고 있는 요즈음 기독교인들의 경우에도 기혼 여성들의 명절 스트레스는 별 차이를 보이지 않았다(일반인 68.1%, 기독교인 64.8%). 명절 스트레스의 주요 원인은 음식 장만을 위한 육체노동으로 지적되었다(일반인 75.8%, 기독교인 72.0%). 한국 기독교가 민속 명절보다 교회력에 치중하여 종교 활동을 전개하고 있는 것이 현실이기는 하지만, 명절 준비로 인한 여성들의 부담이 기독교인들의 경우에도 다르지 않다는 것은 기독교인들의 명절 의식이 이중성(기독교적 성격과 민속적 성격)을 띤다고 평가할 수 있다.

7) 주5일 근무제에 대한 평가와 기대는 일반인들과 기독교인들 모두에게서 높게 나타났다. 여가 생활 방식을 보면, 가족이나 친지들과의 공동 활동보다는 개인 취미생활을 훨씬 선호하고(일반인 48.4%, 기독교인 49.8%), 가족 구성원들이 서로의 여가 활동에 대하여 간섭하지 않는다는 의견이 지배적이었다(일반인 51.2%, 기독교인 44.6%). 이것은 1994년 서울 YMCA 시민회가 남녀 중고생을 대상으로 실시한 조사에서 응답자의 32.2%가 "각자 따로 논다"고 답변한 것과 맥을 같이 하고 있다. 이러한 조사 결과들은 핵가족 내부의 결속력을 중시하기보다는 개인의 취향을 인정하면서 수용하는 현실을 반영하고 있을 뿐만 아니라, 가족 단위의 여가 활동을 즐길 만한 사회적 여건이 미비한 상황도 반영하고 있다고 생각된다. 또한 세대 간 취향의 차이와 가치관의 차이가 크다는 것도 함축되어 있다고 평가할 수 있다.

　　여가 활동의 내용은 등산, 영화감상, 여행, 독서, 운동 등의 순위로 집계되었는데, 이것은 1998년도에 한국일보가 실시한 여가활동의 순위가 TV나 비디오 시청, 운동, 독서, 영화 감상, 등산, 여행 등으로 나타난 것과 별 차이를 보이지 않는다. 다만, 일반인들이 선호하는 여가 활동에는 종교 활동이 고려되지 않는 반면, 기독교인들은 종교 생활(5.6%)도 여가 활동으로 여긴다는 점이 주목된다.

여가 활동의 어려움으로 경제적 부담보다 시간적 부족이 더 많이 지적되었는 것(일반인 49.7%, 기독교인 60.8%)도 주목된다.

IV. 맺는 말

1. 정부는 2008년부터 개정 가족법에 따라 호주제를 폐지하고 새로운 신분등록제를 실시하고자 하는데, 이 새로운 제도를 정착시키기 위해서는 정부뿐만 아니라 시민사회와 교회도 가족 간 평등 의식의 저변을 확대하고 다양한 가족 모델을 제시하고 구현하려는 많은 노력을 기울여야 할 것이다. 식민지 시대에 크게 왜곡된 가족문화를 청산하고 여전히 남아 있는 성차별적 가족 구조를 극복하고 다양한 가족 형태들을 수용하고 배려하기 위해서는 가족에 대한 이해가 새로워지고 가족에 관한 가치관과 의식이 전환되어야 할 것이다.

우리 사회에는 서구 사회와는 달리 가족주의의 뿌리가 아직도 매우 깊게 뿌리박고 있다. 외형적 근대화가 급속하게 진행되었음에도 불구하고 내면 깊숙한 곳에는 전통적인 가족주의가 도사리고 있으며, 오늘의 한국 사회에서는 개인주의와 가족주의의 교묘한 절충이 큰 문제가 되어 있기까지 하다. 내 가족만 잘 되면 된다는 생각이 얼마나 많은 사회적 폐해를 불러일으키고 있는가? 이러한 이기적 가족주의를 배척한다는 명분을 내세워 가족의 의미를 평가 절하한다면, 그것은 매우 어리석은 일일 것이다. 개개인들이 고립 분산되어 불안과 공포 속에서 살아가기 쉬운 오늘의 상황에서 가족의 결속과 정서적 안정을 도모하는 것은 의미 있는 일임에 틀림없다. 이러한 상황에서는 전통 문화와 민족 정서에 대한 이해의 폭을 넓히고 전통 속에서 장점을 취하고 단점을 극복하려는 노력이 절실히 필요하다.

2. 한신대 의식조사 결과를 기반으로 가족문화를 새롭게 형성하는 일에 교회는 다음과 같은 과제를 수행할 필요가 있다고 사료된다.

1) 결혼과 출산에 대한 기독교인들의 의식과 가치관은 일반적으로 일반인들에 비하여 두드러지는 차이를 보이지 않지만, 결혼과 출산의 필요성과 당위성에 대해서는 더 확고한 입장을 보인다고 평가할 수 있다. 이것은 한국 교회가 오늘의 다양한 결혼관과 가족 관계에 대해 보수적인 입장을 취하고 있다는 것과 무관하지 않다. 기독교인들의 혈연의식도 한국적 문화 전통에서 크게 자유롭지 않은데, 이것은 서구 기독교인들의 그것과 비교된다고 볼 수 있다.

2) 결혼, 재혼, 무자녀, 비혈연, 독신, 동성애 가구 등 다양한 생활 공동체에 대해 개방적인 자세를 취할 수 있도록 의식의 전환을 위해 노력하고 다양한 생활 공동체에 맞는 의례를 마련함으로써 삶의 현장과 유리되지 않는 종교적 역할을 수행할 필요가 있다. 가족에 대한 전통 교리를 고수하여 살아 있는 사람들의 고통과 아픔을 은폐하거나 도외시하는 일이 없어야 할 것이다.

이와 관련해서 기독교는 전통적인 혈연 가족주의를 뛰어넘는 생활 공동체의 이념과 모델을 준비할 필요가 있다. 사랑과 유대를 나누는 이웃관계는 혈연 중심의 배타성과 이기주의를 극복하고 함께 사는 정신과 지혜를 요구한다. 가족 이기주의는 가족우상[27]을 만들고 가족을 사회와 분리시킴으로써 더 큰 공동체와의 결합을 어렵게 할 뿐 아니라 극단의 경우 반사회적인 의식과 가치관을 형성할 가능성이 높다. 또한 가족 중심의 지나친 '우리 의식'은 우리 밖의 사람과 집단에 대한 경계와 배타적 태도를 형성함으로써 사회문제를 일으킨다.

3) 사회의 최소 구성 단위인 가족이 민주주의를 배울 수 있는 장소라는 점을 염두에 둔다면, 가족 내 성차별과 연령 차별을 비판적으로 극복할 필요가 있다. 돌이켜 보면, 가부장제 사회의 성 역할 분담에 따라 한편으로는 아내, 딸, 며느리들의 일방적인 희생이, 다른 한편으로는 가장, 장남, 호주들의 과도한 부담이 강요되어 왔는데, 이를 더 이상 미덕으로 간주하는 일이 없어야 한다.

가족이 하나님 나라를 경험하는 자리라고 한다면, 성과 연령에 따른 차별 없이 평등한 가족 관계를 이루어야 한다. 가족은 사랑과 화목이 넘치는 곳이고 동시에 갈등과 분열이 생겨나는 곳이기도 하다. 하나님이 고통의 신음 소리를 들으시고 약자를 강하게 하시듯이 가족에서 일방적인 지배와 희생으로 아파하는 약자가 생겨나지 않도록 상생의 노력을 가르치고 배워야 한다. 따라서 교회는 여성과 부부 단위의 상담과 치유로만 전개되는 교육 프로그램을 확대하여 민주적 가족공동체를 이루고 평등 가족을 실현할 수 있도록 결혼 예비자들과 전체 가족 성원들을 교육하는 일이 필요하다.

---

27) 매튜 폭스,『영성 – 자비의 힘』(서울: 다산글방, 1999), 58-59.

4) 신학적으로 요청되는 일은 가족과 관련된 성서의 구절들을 문자주의적으로 해석함으로써 역사적 가부장주의를 절대화하는 근본주의 신학의 가르침을 경계하는 것이다. 역사적 가부장주의를 비역사적인 절대 진리로 탈바꿈시키는 신학적 기획에서 가족은 더 이상 역사의 구체적인 상황에서 살아가는 사람들의 역동적인 관계와 이야기의 주체가 될 수 없다. 딱딱하게 굳어진 가부장제 질서를 하나님의 이름으로 옹호하기에 이르면, 이 질서를 흔들거나 위협한다고 여겨지는 모든 것은 악으로 규정되고 죄로 단정될 수밖에 없을 것이다. 그렇게 되면, 성차별은 정당화되고 부계 혈통의 직계가족만이 정상 가족(the family)이고 그 이외의 가족형태는 거부될 것이다.

5) 대중 여가 시대를 맞이하여 가족성원들의 세대 간 화목과 조화를 고려하는 교회의 공동체 프로그램이 다양하게 개발되고 제공되어야 할 필요가 있다. 특히 종교적 차이로 인한 가족 갈등을 극복하기 위하여 교회는 가족의 특수성을 배려하는 종교 생활의 지혜에 대하여 목회자와 신도들이 함께 대안을 마련하는 일이 시급하다.

■ 참고 문헌

1. 한글 저술과 번역서

갈레아노, E.『거꾸로 된 세상의 학교』. 조숙영 역. 서울: 르네상스, 2004.

강남대학교 신학대학 엮음.『한국교회의 미래와 평신도』. 서울: 대한기독교서회, 1994.

강남순. "종교근본주의의 담론과 젠더."『신학사상』123 (2003/겨울).

강영진.『갈등분쟁 해결 매뉴얼』. 서울: 성공회대학교, 2001.

강원돈.『살림의 경제: 사회적이고 생태적인 경제적 민주주의를 향하여』. 서울: 한국신학연구소, 2001.

강인철. "수렴 혹은 헤게모니 - 1990년대 이후 개신교지형의 변화."『경제와사회』62 (2004/여름호).

겔너, E.『민족과 민주주의』. 이재석 역. 서울: 예하, 1983.

고등학교 교과서『사회문화』. 서울: 지학사, 2007.

고부응.『초민족 시대의 민족 정체성』. 서울: 문학과 지성사, 2002.

곽안련(C. A. Clark). "이상적인 어머니상."『신학지남』16/3 (1934).

구갑우. "한반도의 국제정세와 사회문화 교류 - 한반도 평화과정의 정치경제."『남북여성교류와 통일교육』. 평화를 만드는 여성회 편. 자료집 (2002년 9월 4일).

구달, J.『희망의 밥상』. 김은영 역. 서울: 사이언스북스, 2006.

국제연대정책정보센터 편.『세계화에 불만 있는 여성들을 위한 자료집: 여성적 사고, 지구적 저항』(2001).

국회 일본국'위안부'문제연구모임 · 한국여성의전화 · 한국정신대문제대책협의회 · 에베르트재단 · 미국친우봉사회.『아시아의 여성인권 - 무력갈등과 성폭력』(세계 인권선언 50주년 기념 국제 세미나 자료집, 1998).

권두승.『평생학습사회 실현을 위한 성인학습 지도방법의 이론과 실제』. 서울: 교육과학사, 2000.

권성수. "딤전 2:11-15에 관한 주석적 고찰."『신학지남』가을호 (1996/9).

그닐카, J.『마르코복음』. 서울: 한국신학연구소, 1985.

기독교대한감리회 교육국 양성평등위원회.『양성평등지수 통계자료집』. 서울: 기
        독교대한감리회 교육국 양성평등위원회, 2006.

기든스, A.『현대성과 자아정체성 - 후기 현대의 자아와 사회』. 서울: 새물결,
        1997.

김경희.『양성평등과 적극적 조치』. 서울: 푸른사상, 2004.

김규원. "가족 개념의 인식과 가치관."『가족학 논집』7 (1995).

김누리 편저.『머릿속의 장벽 - 통일 이후 동서독 사회문화 갈등』. 서울: 한울아카
        데미, 2006.

김누리 외.『나의 통일 이야기』. 서울: 한울아카데미, 2006.

김누리 외.『변화를 통한 접근. 통일 주역이 돌아본 독일 통일 15년』. 서울: 한울아
        카데미, 2006.

김덕영.『입시공화국의 종말』. 서울: 인물과 사상사, 2007.

김동춘.『근대의 그늘 - 한국의 근대성과 민족주의』. 서울: 당대, 2000.

김상봉.『학벌사회 - 사회적 주체성에 대한 철학적 탐구』. 서울: 한길사, 2004.

김상봉. "교육과 권력."『역사비평』77 (2006/겨울).

김영명.『우리 눈으로 본 세계화와 민족주의』. 서울: 오름, 2002.

김용복. "해방 후 교회와 국가."『국가권력과 기독교』. 한국기독교사회문제연구원
        편. 서울: 민중사, 1982.

김재은.『성인교육론 - 신앙공동체 인간화 모형』. 재판. 서울: 성광문화사, 1999.

김준곤. "도덕적 건강 진단을 위한 일곱 가지 죄목." www.kccc.org.

김철규. "글로벌 식품체계와 대안: 새로운 먹거리 정치를 향해."『문화과학』56
        (2008/겨울).

깁스, M.・T. 모오튼.『평신도의 해방』. 이계준 역. 서울: 대한기독교서회, 1977.

네그리, A.・M. 하트.『제국』. 윤수종 역. 서울: 이학사, 2001.

네그리. A.・M. 하트.『다중: 제국이 지배하는 시대의 전쟁과 민주주의』. 조정
        환・정남영・서창현 옮김. 서울: 세종서적, 2008.

대한예수교장로회 총회교육원.『한국교회와 노인목회 - 노인교육목회 연구시리

즈 I』. 서울: 한국장로회출판사, 1995.

노혜경 외.『페니스 파시즘』. 서울: 개마고원, 2001.

대한예수교장로회총회교육부 · 덕수교회 편.『평생교육 커리큘럼의 이론과 실제』. 서울: 한국장로교출판사, 2000.

두크로, U. · G. 리트케.『샬롬 – 피조물에게 해방을, 사람들에게 정의를, 민족들에게 평화를』. 손규태 · 김윤옥 역. 서울: 한국신학연구소, 1989.

두크로, U.『자본주의 세계경제의 대안 – 생명을 위협하는 자본주의적 경제를 극복하기 위한 성서의 정치경제학』. 손규태 옮김. 서울: 한울, 1998.

드보르, G.『스펙터클의 사회』. 이경숙 역. 서울: 현실문화연구 1996.

라페이, A. L.『여성신학을 위한 구약개론』. 서울: 대한기독교서회, 1998.

랭햄, R. · D. 피터슨.『악마같은 남성 – 인간 폭력성의 근원을 찾아서』. 서울: 사이언스북스, 1997.

러셀, L. M. · J. 샤논 클락슨 엮음.『여성신학사전』. 황애영 역. 서울: 이화여자대학교출판부, 2003.

로빈스, J.『육식, 건강을 망치고 세상을 망친다』. 이무열 · 손혜숙 역. 서울: 아름드리 미디어, 2000.

로젝, C.『포스트모더니즘과 여가』. 최석호 역. 서울: 일신사, 2002.

마드슨, G.『근본주의와 미국 문화 1870-1925』. 서울: 생명의 말씀사, 1997.

멜링거, N.『고기』. 임진숙 역. 서울: 해바라기, 2002.

Morrey, A. "기독교 자녀교육". 민로아 역.『신학지남』6/4 (1924) – 8/3 (1926).

미스, M. · V. 시바.『에코 페미니즘』. 손덕수 · 이난아 역. 서울: 창작과 비평사, 2000.

맹주형. "사람들이 밥을 같이 먹는 세상."『경향잡지』통권 1625 (2003/7).

바바라, A. "산업적 식품에 대한 단상." 한국농어촌사회연구소.『세계의 식료와 농정』9 (2001).

박상진. "제국의 내파, 그 징후와 가능성."『문학과 경계』11 (2003/겨울).

박순경. "지구화 시대에 있어서의 민족사회의 통일과 정의를 갈구하는 영성." 原草 (본디 풀) 박순경 박사 팔순기념문집,『과거를 되살려내는 사람들과 더불어』. 서울: 사계절. 2003.

박아론. "여성의 목사안수에 관한 여권주의자들의 주장과 우리의 견해."『신학지
　　남』가을호 (2006/9).

박아청.『아이덴티티의 세계』. 서울: 교육과학사, 1990.

박영은. "산업화와 가족주의."『정신문화연구』. 서울: 한국정신문화원, 1985.

박재순. "예수의 밥상 공동체 운동과 교회."『안병무 박사 고희기념 논문집』. 서울:
　　한국신학연구소, 1992.

박형룡. "에큐메니칼 운동의 교리와 목표."『신학지남』24/1 (1958).

박호성.『남북한 민족주의 비교연구』. 서울: 당대, 1997.

벨로프 편.『여성, 최후의 식민지』. 강정숙 외 역. 서울: 한마당, 1987.

벵스트, C.『로마의 평화 - 예수와 초대 그리스도교의 평화 인식과 경험』. 정지련
　　옮김. 천안: 한국신학연구소, 1994.

변화순. "한국 가족정책의 발전방향."『가족정책의 새 패러다임 모색을 위한 심포
　　지엄』자료집 (2005. 3. 28, 국회헌정기념관 대강의실).

변화순. "성 평등정책과 성 주류화."『2007 기독여성포럼 자료집』(한국기독교교회
　　협의회 양성평등위원회. 2007년 4월 26일. 5-25).

보봐르, S.『제2의 성』. 윤영내 역. 서울: 자유문학사 1990.

볼츠, N.『보이지 않는 것의 경제』. 유현주 역. 서울: 문학동네, 2008.

Burr, V.『사회적 성별과 사회심리학』. 황정은 역. 서울: 시그마프레스, 2002.

불리엇, R. W.『사육과 육식, 사육 동물과 인간의 불편한 동거』. 임옥희 역. 서울:
　　알마, 2005.

사우업. "가족."『신학지남』3/4 (1920).

사해문집 편집부 편,『내일을 여는 역사』37 (2008/봄).

색스, J.『차이의 존중』. 임재서 역. 서울: 말글빛냄, 2007.

성공회대학교 신학연구원 편저.『제국의 신』. 서울: 동연, 2008.

성시정. "IMF시대 가족주의 담론의 등장과 성 정체성의 위기."『여성학연구』8/1
　　(1998).

송현주. "여성주의 교육(feminist pedagogy)의 이론적 접근." 김재인 외,『여성교
　　육개론』. 서울: 교육과학사, 2001.

슈메이커, D.『임신중절과 성경의 가르침』. 황영철 역. 서울: 말씀사, 1988.

슐로서, E.『패스트푸드의 제국』. 김은령 역. 서울: 에코리브르, 2001.

박종성.『한국의 매춘』. 서울: 인간과 사랑, 1994.

브라운, 크리스티나 폰 · 잉에 슈테판 편.『젠더연구 - 성 평등을 위한 비판적 학
　　문』. 탁선미 · 김륜옥 · 장춘익 · 장미영 역. 서울: 나남출판, 2002.

새로운 사회를 여는 연구원 편.『새로운 사회를 여는 희망의 조건』. 서울: 시대의
　　창, 2008.

시바, V.『자연과 지식의 약탈자들』. 한재각 외 역. 서울: 당대, 2000.

시브룩, J.『세계의 빈곤, 누구의 책임인가』. 황성원 역. 서울: 이후, 2007.

신용하. "민족 형성의 이론."『민족이론』. 신용하 편. 서울: 문학과 지성사, 1985.

심창섭. "여성 안수에 대한 소고."『신학지남』여름호 (1997/6).

싱어, P. · J. 메이슨.『죽음의 밥상』. 함규진 역. 서울: 웅진싱크빅, 2008.

아담스, C. J.『육식의 성정치, 페미니즘과 채식주의 역사의 재구성』. 이현 역. 서
　　울: 미토, 1990.

안병무. "예수와 오클로스."『민중과 한국신학』. NCC 신학연구위원회 편. 서울: 한
　　국신학연구소, 1982.

안상님. "생명밥상과 여성신학."『한국 · 재일 · 일본 여성신학 포럼 자료집』(2009.
　　2. 17).

앤더슨, B.『민주주의의 기원과 전파』. 윤형숙 역. 서울: 나남, 1991.

Erdmans, W. C. "국제주일학교공과에 대한 논평."『신학지남』11/1 (1929).

Erdmans, W. C. "국제주일학교공과에 대한 논평."『신학지남』19/5 (1937).

Erdmans, W. C. "국제주일학교공과에 대한 논평."『신학지남』20/4 (1938).

Erdmans, W. C. "국제주일학교공과에 대한 논평."『신학지남』20/6 (1938).

여성한국사연구회 편.『남성과 한국사회』. 서울: 사회문화연구소, 1997.

오두요예, M. A. "항목 이방인."『여성신학사전』. 레티 M. 레쎌 · 샤논 클락슨 엮
　　음. 황애영 역. 서울: 이화여자대학교출판부, 2003.

옥한흠.『예수 믿는 가정 무엇이 다른가』. 서울: 국제제자훈련원, 1991.

옥한흠.『다시 쓰는 "평신도를 깨운다"』. 서울: 두란노, 1998.

왕대일. "성서에서 본 혈연, 혈연주의, 가정."『기독교사상』473 (1998/5).

우에노 치즈코.『내셔널리즘과 젠더』. 서울: 박종철출판사, 1999.

웨스터호프, J. H. III. 『교회의 신앙교육』. 정웅섭 역. 제4판. 서울: 대한기독교교
　　　육협회, 1990.

윌킨슨, R. 『평등해야 건강하다』. 김홍수영 역. 서울: 후마니타스, 2008.

유네스코한국위원회 기획. 『평화를 위한 국제선언 유엔과 유네스코의 평화선언
　　　자료집』. 백운선 역. 서울: 도서출판 오름, 1995.

유영님 편. 『두레방 이야기』. 서울: 두레방, 2001.

융ㆍ에릭슨. 『현대의 신화 아이덴티티』. 이부영ㆍ조대경 역. 서울: 삼성출판사,
　　　1993.

이관직. "성경 속에 나타난 여성안수에 대한 이해." 『신학지남』 여름호 (1997/6).

이승미. "가족정책의 방향과 과제 건강가정기본법을 중심으로." 『가족정책의 새
　　　패러다임 모색을 위한 심포지엄』 자료집 (2005. 3. 28, 국회헌정기념관 대
　　　강의실).

이영란. "자연요리연구가 문성희 생명과 평화가 깃든 밥상, 나를 살리며 지구를
　　　살린다." 『기독교사상』 599 (2008/11).

이에리 아키라. 『20세기의 전쟁과 평화』. 서울: 을유문화사, 1999.

이원규. 『한국교회 어디로 가고 있나』. 서울: 대한기독교서회, 2000.

이장식. 『평신도는 누구인가?』. 서울: 대한기독교서회, 1980.

이재경. "여성의 경험을 통해 본 한국가족의 근대적 변형." 『한국여성학』 15/2
　　　(1999).

이주영 외. 『미국현대사 진주만 기습에서 클린턴 행정부까지』. 서울: 비봉출판
　　　사, 1996.

이주영. 『미국의 좌파와 우파』. 서울: 살림, 2003.

이지명. 『넘쳐나는 민족 사라지는 주체 민족담론의 공존을 위해』. 서울: 책세상,
　　　2004.

이현주. "영성과 밥상." 『세계의 신학』 48 (2000. 9).

이효재. "서울시 가족의 사회학적 고찰." 『한국문화논총』. 서울: 이화여대출판사,
　　　1959.

이홍식. 『완전한 부부: 전문의가 쓴 알기 쉽고 완벽한 성의학 백과』. 서울: 오늘,
　　　1989.

임지현.『민족주의는 반역이다 - 신화와 민족주의 담론을 넘어서』. 서울: 소나무,
    2005.

임희숙. "한국 교회 세습 문제와 그 여성신학적 성찰."『한국여성신학』43 (2000/
    가을).

임희숙. "근본주의 연구의 최근 동향과 그 기독교 교육적 함의."『신학사상』110
    (2002/가을).

임희숙. "한국 가족 문화와 기독교."『한국인의 문화의식 조사 - 가족 문화의 변화
    를 중심으로』. 한신대학교학술원 신학연구소 편. 서울: 한울아카데미,
    2005.

임희숙. "현대 한국 사회에서 가족 변화에 대한 기독교 근본주의의 대응에 관한 성
    인지적 연구."『신학사상』138 (2007).

임희숙. "여성주의 관점에서 본 나이 듦."『삶의 신학 콜로키움 생로병사 관혼상
    제』. 대화문화아카데미 편. 서울: 대화문화아카데미, 2007.

임희숙. "현대 미국 사회에서 가족 변화에 대한 기독교 근본주의의 대응에 관한 성
    인지적 연구."『한국기독교신학논총』56 (2008).

잔슨, D. W.・F. P. 잔슨.『함께 참여하기 - 그룹 지도의 이론과 실제』. 서울: 한
    국장로교출판사, 1996.

장정애. "미국의 앵글로-개신교 문화에 나타난 저항적 프로테스탄티즘: 노동윤리
    와 개인주의를 중심으로."『춘계학술대회』(자료집). 국제지역학회 편. 서
    울: 국제지역학회, 2007.

정경란. "새로운 세계를 향한 연대 - 제4차 민중의 유엔 대회에 다녀와서."『평화
    를 만드는 여성들』통권 제15호 (2001/겨울).

정숙. "한국교회에서의 여교역자의 역할에 관한 연구."『신학지남』봄호 (1997/3).

정웅섭.『현대 교육목회의 전개』. 서울: 한국신학연구소, 2001.

정유진. "미군범죄와 여성."『두레방 이야기』. 유영님 편. 서울: 두레방, 2001.

정현백. "테러, 전쟁 그리고 여성."『평화를 만드는 여성들』15 (2002. 6.).

정현백.『민족과 페미니즘』. 서울: 당대, 2003.

정현숙. "가족학 연구와 발달적 접근."『가족학연구의 이론적 접근』. 한국가족학연
    구회 편. 서울: 교문사, 1994.

정현숙. "가족정책의 방향설정을 위한 과제."『가족정책의 새 패러다임 모색을 위한 심포지엄』자료집 (2005. 3. 28, 국회헌정기념관 대강의실).

정훈택. "존재론적 평등성, 기능적 종속성? - 우리의 여성 안수불가 논의에 관하여."『신학지남』여름호 (1997/6).

조완형. "식생활패턴과 지구환경문제."「환경운동연합 · ERISS 토론회 자료집-위기에 처한 삶, 위험사회 어떻게 극복할 것인가」(2008. 6. 26).

조은 · 조주현 · 김은실.『성해방과 성정치』. 서울: 서울대학교 출판부, 2002.

조은하. "공존의 아름다움을 위한 기독교교육: 기독교 밥상공동체에 관한 성찰을 중심으로."『한국기독교교육학회 2009년 춘계학술대회 자료집』.

조정문 외.『남성학과 남성운동론』. 서울: 동문사, 2000.

조혜정. "사회변동과 가족주의."『한국문화인류학』17 (1985).

조혜정.『성찰적 근대성과 페미니즘 - 한국의 여성과 남성 2』. 제2판. 서울: 또 하나의 문화, 2000.

조혜정. "생활과학, 일상생활, 그리고 일상성: 식민지적 근대화와 '일상'을 지운 학문을 넘어서기."『대한가정학회지』44/8 (2006).

John, S. "기독교 가정교육 지도." 민로아 역.『신학지남』4/1 (1922) - 6/3 (1924).

지글러, J.『왜 세계의 절반은 굶주리는가』. 유영미 역. 서울: 갈라파고스, 2007.

차갑부.『열린 사회의 평생교육』. 2판. 서울: 양서원, 1998.

촘스키, N.『507년, 정복은 계속된다』. 서울: 이후, 2000.

촘스키, N.『실패한 교육과 거짓말』. 강주헌 역. 서울: 아침이슬, 2003.

최홍기. "현대 한국 가족제도의 변화."『한국사회론』. 서울: 사회비평사, 1995.

크레머, H.『평신도 신학』. 유동식 역. 서울: 대한기독교서회, 1968.

파울러, J. W.『신앙의 단계들』. 이재은 역. 서울: 대한기독교서회, 1986.

포스트먼, N.『교육의 종말』. 차동춘 역. 서울: 문예출판사, 1999.

피오렌자, E. S.『성서 - 소피아의 힘(여성해방적 성서 해석학2)』. 김호경 역. 서울: 다산글방, 2002.

한국기독교교회협의회 양성평등위원회.『양성평등, 이렇게 재미있고 유익하네요』. 서울: 한국기독교교회협의회 양성평등위원회, 2007.

한국여성개발원 편.『제4차 세계여성대회 북경선언: 행동강령』. 서울: 한국여성개발원, 1995.

한국여성정책연구원 연구보고서. 『중년기 퇴직 남성 부부의 성 역할 변화와 성평
　　　등 실현방안』(2008/1).

한국정보문화진흥원. "2006 정보격차 지수 및 실태 조사." 『2006~2007 정보격차
　　　해소 백서』.

한완상. "교회의 양적 급성장에 대한 사회학적 고찰." 한국크리스찬아카데미 편.
　　　『한국 교회 성령운동의 현상과 구조 – 순복음중앙교회를 중심으로』. 서
　　　울: 대화출판사, 1984.

한준상 편. 『앤드라고지 – 현실과 가능성』. 서울: 학지사, 1998.

한춘기. "성경과 낙태." 『신학지남』 봄호 (1994/3).

Horney, K., 『갈등의 심리학』. 김재은 · 김현옥 역. 제2판. 서울: 배영사, 1995.

헌팅턴, S. 『문명의 충돌』. 서울: 김영사, 1997.

호우원용. 『위험한 마음』. 한정은 역. 서울: 바우하우스, 2008.

호지, H. N. 『오래된 미래』. 김종철 · 김태언 역. 증보판. 서울: 녹색평론사, 2003.

홍치모. "여성신학의 역사적 배경과 최근의 동향." 『신학지남』 가을호 (1996/9).

후버, W. · H. R. 로이터. 『평화윤리』. 서울: 대한기독교서회, 1997.

2. 외국 논문과 저술

Adorno, Th. *Studien zum autoritaeren Charakter*. Frankfurt am Main: Suhrkamp, 1973.

Albanese, C. *America: Religion and Religion*. Belmont: Wadsworth Publishing
　　　Company, 1992.

Aquino, M. P. *Our Cry for Life: Feminist Theology from Latin America*. tr. by D.
　　　Livingston. New York: Orbis Books, 1993.

Balz, H. R. *Heilsvertrauen und Welterfahrung: Strukturen der paulinischen Eschatologie nach
　　　Roemer 8,18-39*. Muenchen: Chr. Kaiser, 1971.

Barth, K. *Kirchliche Dogmatik* III/3. Zuerich: Zollikon, 1950.

Beardsworth, A./T. Keil, *Sociology on the menu: An invitation to the study of food and society*.
　　　London; New York: Routledge, 1997.

Berk, F. *The Gender Factory: The Apportionment of Work in American Households*. New York and London: Plenum Press, 1985.

Bielby, D./W. Bielby. "She Works Hard for the Money: Household Responsilities and the Allocation of Work Effort." *American Journal of Scociology* 93/5 (1988), 1031-1059.

Biernatzki, W. E. "Televangelism and the Religious Uses of Television." *Communication Research Trends* 11/ 1 (1991), 13.

Blair, W. N. *The Korean Pentecost*, Pamphlet (1909).

Blank, J./G. Hasenhuettl (hg.), *Erfahrung, Glaube und Moral*. Düsseldorf: Patmos-Verlag, 1982.

Boff, L. *Kirche: Charisma und Macht*. 5. Aufl. Duesseldorf: Patmos Verl, 1985.

Bonhoeffer, D. *Ethik*. Muenchen: Kaiser, 1981.

Brim, O./S. Wheeler, *Erwachsenensozialisation*. Stuttgart: Enke, 1974.

Chatterjee, P. *Nationalist Thought and the Colonial World: A Derivative Discourse?* London: Zed Books, 1986.

Chung Hyun-Back, "Arbeiterinnen und Arbeiterinnenbewegung in Suedkorea in den 70er Jahren." *Beitaege zur Geschichte der Arbeiterbewegung* 2(1998).

Cox, H. *Fire from Heaven: The Rise of Pentecostal Spirituality and the Reshaping of Religion in the Twenty-first Century*. Massachusetts: Addison-Wesley Publishing Company, 1994.

Drewermann, E. *Glauben in Freiheit oder Tiefenpsychologie und Dogmatik: Dogma, Angst und Symbolismus*. Solothurn und Duesseldorf: Walter, 1993.

Ebach, J. *Das Erbe der Gewalt: Eine biblische Realitaet und ihre Wirkungsgeschichte*. Guetersloh: Guetersloher Verlagshaus, 1980.

Ehrenreich, B. *The Hearts of Men*. New York: Anchor Press, 1983.

Englert, R. *Religioese Erwachsenenbildung: Situation - Probleme - Handlungsorientierung*. Stuttgart; Berlin; Koeln: Verlag W. Kohlhammer, 1992.

Erikson, E. *Identitaet und Lebenszyklus*. Frankfurt: Suhrkamp, 1966.

Falwell, J. *Listen, America!*. New York: Bantam Books, 1981.

Feiner, J./L. Vischer (hg.), *Neues Glaubensbuch: Der gemeinsame christliche Glaube*. Freiburg; Basel; Wien: Herder, 1973.

Fiorenza, E. S. *Zu ihrem Gedaechtnis. Eine feministisch-theologische Rekonstruktion der christlichen Urspruenge, aus dem amerikanischen Englisch uebersetzt von Christian Schaumberger*. Muenchen: Kaiser, 1993.

Fore, W. F. *Television and Religion: The Shaping of Faith, Values, and Culture*. Minneapolis: Augusburg, 1987.

Freedman, E. et al., "Introduction to 'The Feminist Sexuality Debates'." *Signs* 10/1 (1984).

Freire, P. *The Politics of Education: Culture, Power, and Liberation*. South Hadley, Mass.: Bergin & Garvey, 1985.

Frieling, R. (hg.), Die Kirche und ihre Konservativen: Traditionalismus und Evangelikalismus in den Konfessionen. Goettingen: Vandenhoeck & Ruprecht, 1984.

Galtung, J. *Struktuelle Gewalt*. Reinbek bei Hamburg: Rowohlt, 1975.

Giddens, A. *The Constitution of Society. London:* University of California Press, 1986.

Giddens, A. *A Contemporary Critique of Historical Materialism 2: The Nation-State and Violence*. Berkeley: University of California Press, 1987.

Green, J. *Religion and the Culture Wars: Dispatches from the Front*. Lanham, MD: Rowman and Littlefield, 1996.

Groezinger, A. *Differenz-Erfahrung: Seelsorge in der multikulturellen Gesellschaft*. Waltrop: Spenner, 1994.

Groome, T. H. *Christian Religious Education: Sharing Our Story and Vision*. San Francisco: Harper & Row, 1980.

Hardacre, H. "The Impact of Fundamentalism on Women, the Family, and Interpersonal Relations." Fundamentalisms and Society: Reclaiming the Sciences, the Family, and Education. ed. by Martin E. Marty and R. Scott Appleby. Chicago: The University of Chicago Press, 1993.

Hasenhuettel, G. *Charima: Ordnungsprinzip der Kirche*. Freiburg; Basel; Wien: Herder,

1969.

Hawley, J. S. (ed.) *Fundamentalism and Gender*. New York & Oxford: Oxford University Press, 1994.

Heaton, T./E. Pratt. "The Effects of Religious Homogamy on Marital Satisfaction and Stability." *Journal of Family Issues* 11(1990).

Holthaus, S. Fundamentalismus in Deutschland: Der Kampf um die Bibel im Protestantismus des 19. und 20. Jahrhunderts. Bonn: Verlag für Kultur und Wissenschaft, 1993.

Horkheimer, M./Th. Adorno, *Dialektik der Aufklaerung*. Frankfurt am Main: S. Fischer, 1969.

Howard, K. (ed.) *True Stories of the Korean Comfort Women*. London: Cassell, 1995.

Hunter, J. D. *Evangelism: The Coming Generation*. Chicago: The University of Chicago Press, 1987.

Hutchison, W. *The Modernist Impulse in American Protestantism*. Cambridge: Harvard University Press, 1976.

Jarvis, P. "Trends in Education and Gerontology." *Educational Gerontology* 16 (1990).

Kaesemann, E. *"Kritische Analyse von Phil 2,5-11." Exegetische Versuche und Besinnungen 2, 2. Aufl.* Goettingen: Vanderhoeck & Ruprecht, 1965.

Kaesemann, E. *An die Roemer, HNT 8a*. Tuebingen: Mohr, 1973.

Kessler, R./J. McRae, Jr. "The Effect of Wives' Employment on the Mental Health of Married Men and Women." *American Scociological Review* 47(1982).

Kim, E./Ch. Choi (ed.) *Dangerous Women : Gender and Korean Nationalism*. New York: Routledge, 1998.

Knowles, M. "Andragogy: An Emerging Technology for Adult Learning." *Boundaries of Adult Learning*. ed. by R. Edwards. London; New York: Routledge in association with The Open University, 1996.

Knowles, M. *The Modern Practice of Adult Education*. New York: Association Press, 1970.

Koch, K. Artikel "gemeinschaftstreu/heilvoll sein." *Theologisches Handwoerterbuch zum Alten Testament II*. München: Kaiser [u.a.], 1976.

Lee, G. "How the Spirit come to Pyongyang." *The Korea Mission Field* 3/3 (1907/3).

Lepsius, R. "Zur Soziologie des Buergertums und der Buergerlichkeit." *Buerger und Buergerlichkeit im 19. Jahrhundert*, hg. v. J. Kocka. Goettingen: Vandenhoeck & Ruprecht, 1987.

Levitt/Klassen, "Public Attitudes Toward Homosexuality." *Gay Men* (1980), 20-35.

Lewis, M. E. "The Warring State in China as Institution and Idea." *War: A Cruel Necessity? - The Basis of Institutionalized Violence*. ed. by Hinde & Watson. London; New York: I.B. Tauris 1995.

Liedke, G. *Im Bauch des Fisches: Oekologische Theologie*. 4. Aufl. Stuttgart: Kreuz Verlag, 1984.

Lim, Hee-Sook. *Eine Analyse des protestantischen Fundamentalismus Koreas im Rahmen der kirchlichen Erwachsenenbildung. Mit einer Fallstudie zum "Handbuch fuer den Gottesdienst im Hauskreis" der Presbyterianischen Kirche Koreas zwischen 1975 und 1985*. Aachen: Verlag an der Lottbek im Besitz des Verlags Mainz, 2000.

Lorenzer, A. *Sprachzerstoerung und Rekonstruktion: Vorarbeiten an einer Metatheorie der Psychoanalyse*. Frankfurt: Suhrkamp, 1970.

Lorenzer, A. *Das Konzil der Buchhalter: Die Zerstoerung der Sinnlichkeit. Eine Religionskritik*. Frankfurt: Europäische Verlagsanstalt, 1981.

Lott, J. *Handbuch Religion II: Erwachsenenbildung*. Stuttgart; Berlin; Koeln; Mainz: Kohlhammer, 1984.

Luther, H. *Religion, Subjekt, Erziehung*. Muenchen: Kaiser, 1984.

Luther, H. Religion und Alltag: Bausteine zu einer Praktischen Theologie des Subjekts. Stuttgart: Radius-Verlag, 1992.

Maddock, J. "Wealthy family sexuality: Positive principles for education and clinicians." *Family Relations* 38 (1989).

Mander, J. "Machine logic: Industrializing nature and agriculture." *The fatal harvest* reader: The tragedy of industrial agriculture. ed. by Andrew Kimbrell. Washington D.C.: Island Press, 2002.

Marsden, G. *Understanding Fundermentalism and Evangelicalism.* Grand Rapids: William B, Eerdmans Publishing Company, 1991.

Martin, M. E./S. R. Appleby (ed.) *The Fundamentalism Project* 1: *Fundamentalisms Observed.* Chicago: Univ. of Chicago Press 1991.

Martin, M. E./S. R. Appleby (ed.) *The Fundamentalism Project* 2: *Fundamentalisms and Society: Reclaiming the Sciences, the Family, and Education.* Chicago: Univ. of Chicago Press, 1993.

Martin, M. E./S. R. Appleby (ed.) *The Fundamentalism Project* 3: *Fundamentalisms and the State: Remaking Politics, Economies, and Militance.* Chicago: Univ. of Chicago Press, 1993.

Martin, M. E./S. R. Appleby (ed.) *The Fundamentalism Project* 4: *Accounting for Fundamentalisms: The Dynamic Character of Movements.* Chicago: Univ. of Chicago Press, 1994.

Matzko, D. "Heterosexuality and the Practices of Marriage." *Modern Theology* 13/3 (1997).

McFague, S. *The Body of God: An Ecological Theology* . Minneapolis: Fortress Press, 1993.

Mead, G. *Geist, Identitaet und Gesellschaft.* Frankfurt: Suhrkamp, 1973.

Meier, Chr. *Kirchliche Erwachsenenbildung.* Stuttgart; Berlin; Koeln; Mainz: Kohlhammer, 1979.

Merriam, S. B./R. S. Caffarella. *Learning in Adulthood: A Comprehensive Guide.* San Francisco: Jossey-Bass Publishers, 1999.

Meyer, Th. *Fundamentalismus: Aufstand gegen die Moderne.* Reinbek bei Hamburg: Rowohlt, 1989.

Meyer, Th. "Fundamentalismus: Die andere Dialektik der Aufklaerung." *Fundamentalismus in der Modernen Welt. hg. v.* Thomas Meyer. Frankfurt am Main: Suhrkamp, 1989.

Moltmann, J. *Gott in der Schoepfung: Eine oekologische Schoepfungslehre. 3. Aufl.* Muenchen: Kaiser, 1993.

Moran, G. *Catechesis of Revelation.* New York: Herder and Herder, 1966.

Noller, A. *Feministische Hermeneutik: Wege einer neuen Schriftauslegung.* Neukirchen-Vluyn: Neukirchener Verlag, 1995.

Ortlund, R. "Male-Female Equality and Male Headship." *Recovering Biblical Manhood and Womanhood.* Wheaton: Crossway, 1991.

Pfuertner, S. H. *Fundamentalismus: Die Flucht ins Radikale.* Freiburg u.a.: Herder, 1991.

Prammer, F. *Die philosophische Hermeneutik Paul Ricoeurs in ihrer Bedeutung fuer eine theologische Sprachtheorie.* Insbruck; Wien: Tyrolia-Verl, 1988.

Rich, A. *Compulsory Heterosexuality and Lesbian Experience.* London: Onlysomen Press, 1981.

Ricoeur, P. *Hermeneutik und Psychoanalyse: Der Konflikt der Interpretationen II.* Muenchen: Koesel, 1974.

Rienecker, F. *Linguistic Key to the Greek New Testament.* Grand Rapids, Mich. : Zondervan, 1976.

Riesebrodt, M. Fundamentalismus als patriarchalische Protestbewegung: amerikanische Protestanten (1910-28) und iranische Schiiten (1961-79) im Vergleich. Tuebingen: Mohr, 1990.

Riesebrodt, M. "Fundamentalism and the Political Mobilization of Women" (Paper presented at the 85th Annual Meeting of the American Sociological Association, Washington, D.C., 11-15 August 1990).

Rohr, E. *Die Zerstoerung kultureller Symbolgefuege: Ueber den Einfluss protestantisch-fundamentalistischer Sekten in Lateinamerika und die Zukunft des indianischen Lebensentwurf.,* 2. Aufl. Muenchen: Eberhard, 1993.

Rose, S. "Christian Fundamentalism and Education in the United States." *Fundamentalisms and Society: Reclaiming the Sciences, the Family, and Education.* ed. by Martin E. Marty and R. Scott Appleby. Chicago: The University of

Chicago Press, 1993.

Ruddick, S. "Notes Toward A Feminist Peace Politics." *Gendering War Talk.* ed. by
Cooke & Woollacott. New Jersey: Princeton University Press, 1993.

Schaefer, H. *Protestantismus in Zentralamerika. Christliches Zeugnis im Spannungsfeld von
US-amerikanischem Fundamentalismus: Unterdrueckung und Wiederbelebung
"indianischer" Kultur.* Diss. Uni. Bochum (1991).

Schmidt, W. H. *Die Schoepfungsgeschichte der Priesterschrift.* Neukirchen-Vluyn:
Neukirchener Verlag, 1964.

Schwarz, H. "Froemmer? Christlicher? Reaktionaer? Der Fundamentalismus im
deutschen Protestantismus. Historische und aktuelle Bezuege."
Fundamentalismus, hg. v. W. Kuenneth, H. Schwarz und A.
Koeberlin. Neuendettelsau: Freimund-Verlag 1990.

Scroggs, R. *The New Testament and Homosexuality.* Philadelphia: Fortress Press, 1988.

Shils, E. "The Concept and Function of Ideology." *International Encyclopedia of the
Social Sciences 7* (1968).

Spivak, G. C. "Can the Subaltern Speak?." *Marxism and Interpretation of Culture.* ed.
by Cary Nelson and Lawrence Grossberg. Urbana: University of Illinois
Press, 1986.

Steffensky, H. "Wie ernaehren wir unsere Traeume? Ueber den Zusammenhang
von Spiritualitaet und der Liebe zur Gerechtigkeit." Die
Sowohl-als-auch-Falle. Eine theologische Kritik des Postmodernismus,
hg. v. Kuno Fuessel u.a. Luzern: Ed. Exodus, 1993.

Tehranian, M. "Fundamentalist Impact on Education and the Media: An
Overview." *Fundamentalisms and Society: Reclaiming the Sciences, the Family, and
Education.* ed. by Martin E. Marty and R. Scott Appleby. Chicago: The
University of Chicago Press, 1993.

Thatcher, A. *Liberating Sex.* London: SCM Press, 1993.

Thomas, K. *Man and the natural world: A history of the modern sensibility.* New York:
Pantheon, 1983.

388

Thompson, L./J. Walker. "Gender in Families: Women and Men in Marriage, Work, and Parenthood." *Journal of Marriage and the Family* 51(1989).

Transey, G./T. Worsley, *The food system: A guide*. London: Earth Scan Publications Ltd, 1995.

Turpin, J. "Women and War." *Encyclopedia of Violence, Peace and Conflict*. ed. by Lester Kurtz. San Diego: Academic Press, 1999.

UNESCO, *Adult Education: The Hamburg Declaration*. Paris: UNESCO, 1998.

Vidal, J. *McLibel: burger culture on trial*. New York: The New Press, 1997.

Wallace, R/A. Wolf, *Contemporary Sociological Theory: Continuing the Classical Tradition*. New Jersey: Prentice Hall, 1991.

Wengst, K. *Pax Romana: Anspruch und Wirklichkeit*. Muenchen: Kaiser, 1986.

Westermann, C. "Der Frieden(Shalom) im Alten Testament." *Studien zur Friedensforschung* 1. hg. v. G. Picht/H. Toedt. Stuttgart: Klett; München: Kösel, 1969.

Wilson, J. "MODERNITY." *Encyclopaedia of Religion* 10. New York: Macmillan and Free Press, 1987.

Wittkopf, E. *American Foreign Policy*. CA: Thomson & Wadsworth, 2003.

Yuval-Davis, N. "Gender Relations and The Nation." *Encyclopedia of Nationalism* 4 (2001).

3. 신문 및 통계 자료

『동아일보』 (2000년 6월 27일).

『동아일보』 (2000년 8월 27일).

『서울신문』 (2008년 9월 19일).

『한겨레신문』 (1997년 9월 30일).

『한겨레신문』 (2000년 3월 30일).

『한겨레신문』 (2006년 6월 10일).

『한겨레신문』 (2006년 8월 8일).

『한겨레신문』(2008년 8월 22일).

『한겨레신문』(2009년 3월 20일).

한국여성정책연구원,『2004 여성통계연보』(2004).

통계청,『2008년 사회통계조사 결과 – 교육 · 안전 · 환경부문』(2008. 10. 17).

성적 관행 27, 119, 357

성적 노예화 259

성적 문란 35, 49

성적 자율권 51, 118, 119

성적 자율성 28, 358

성적 쾌락 48, 70, 79

성 정체성 28, 268, 280-282, 284, 291, 358

성 주류화 268, 271, 273, 274

　　성 주류화 정책 290

성 중립적 이념 328

성차별 80, 115, 205, 215, 219, 221, 224,
　　267, 270, 276, 277-282, 284, 327, 354,
　　359, 360, 365, 371, 372

성차별적 가족 구조 369

성차별적 감수성 363

성평등기본법 267, 273

성평등지수 273

성폭력 81, 220, 224, 235, 257-259, 264,
　　270, 277, 278, 281, 303, 328

성 해방 31, 79, 111, 118

간음 50, 51, 98, 113, 114

강간 257, 259

　　전시 강간 214, 220, 257

낙태 51, 66, 67-70, 77, 78, 84, 85, 105,
　　107, 118, 119

생물학적 성 284

섹슈얼리티 77

여성의 성적 자유 78

외도 28, 358

우호적인 성 관계 281

육식의 성 정치학과 인종 정치학 302

이중적 성 윤리 28, 51, 119, 357

인공 유산 50, 51

임신중절 77

출산 21-23, 29, 34, 37, 43, 51, 70, 71, 77,
　　79, 81, 105, 115, 118, 214, 219, 249,
　　353, 355-357, 370

　　출산의 거부 105

포르노 66

혼전 성관계 28, 358, 359

혼전 임신 359

성령

성령 개신교 141

성령 교회 141, 142

성령운동 139, 141, 143

성령의 강림 99

성서

성서 고등비평 63, 64

성서무오설 64, 96, 153, 163

성서 문자주의 5, 54, 64, 96, 97, 115, 124,
　　143, 144, 164, 171, 191, 194

성서 읽기 169, 171, 172

　　근본주의적 성서 읽기 174, 178

　　문자주의적 성서 읽기 172

　　대안적 성서 읽기 153, 163, 164, 167,
　　172

　　비판적 성서 읽기 47, 164

　　탈근본주의적 성서 읽기 163, 171

성서의 권위 29, 47, 53, 169

성서의 문자적 진리 99

성서의 해방 전통 170, 171

성서적 공동체 171, 175

문자주의적 성서 해석 64, 96, 97, 153, 163,
　　194

역사주의적 성서 비평 63

생명/생태

생명 파괴 현실 197

생명의 본질과 존엄성 197

생존을 향한 모든 생명체의 권리 250

생명권 77

　　모성의 생명권 78

　　생태계의 생명권 251

　　태아의 생명권 77, 78

■ 논문 출처

"현대 한국 사회에서 가족 변화에 대한 기독교 근본주의의 대응에 관한 성 인지적 연구",『신학사상』138집 (2007. 9), 279-316.

"현대 미국 사회에서 가족 변화에 대한 기독교 근본주의의 대응에 대한 성 인지적 연구",『한국기독교신학논총』56집 (2008. 4), 257-277.

"현대의 가족 변화에 대한 기독교 근본주의의 대응에 대한 성 인지적 비교 연구 – 미국과 한국을 중심으로",『신학사상』144집 (2009. 3), 251-282.

"근본주의 연구의 최근 동향과 그 기독교교육학적 함의",『신학사상』110집 (2000. 9), 219-243.

"기독교 성인 교육의 탈근본주의적 구상",『종교연구』35집 (2004. 6), 225-248.

"성인들을 위한 교회교육의 전망과 과제",『신학사상』113집 (2001. 6), 197-215.

"세계화 시대의 민족 담론과 여성신학",『한국기독교신학논총』47집 (2006. 10, 17-44.

"여성신학의 관점에서 본 전쟁과 평화",『한국기독교신학논총』26집 (2002. 10), 291-315.

"한국 교회에서 양성평등 실현을 위한 기독교교육의 과제",『한국기독교신학논총』61집 (2009. 1), 267-287.

"먹거리 문화에 대한 기독교교육적 성찰",『기독교교육논총』23집 (2010. 1), 273-296.

"제국 시대의 대안 교육",『제국의 신』(서울: 도서출판 동연, 2008), 336-363.

"한국 가족문화와 기독교",『한국기독교신학논총』41집 (2005. 10), 323-346.